HEIDELBERGER FORSCHUNGEN

Herausgegeben von
Jens Halfwassen
Nikolas Jaspert
Winrich Löhr
Gerhard Poppenberg
Jürgen Paul Schwindt

Band 43

Mystik und Literatur

Interdisziplinäre Perspektiven

Herausgegeben
von
GIULIA AGOSTINI
MICHAEL SCHULZ

Universitätsverlag
WINTER
Heidelberg

Bibliografische Information der Deutschen Nationalbibliothek
Die Deutsche Nationalbibliothek verzeichnet diese Publikation in der Deutschen Nationalbibliografie; detaillierte bibliografische Daten sind im Internet über *http://dnb.d-nb.de* abrufbar.

UMSCHLAGBILD
Johan August Strindberg:
Underlandet Wonderland (1894)

ISBN 978-3-8253-6966-8

Imprimé en Allemagne · Printed in Germany
Umschlaggestaltung: Klaus Brecht GmbH, Heidelberg
Druck: Memminger MedienCentrum, 87700 Memmingen

Gedruckt auf umweltfreundlichem, chlorfrei gebleichtem und alterungsbeständigem Papier

Den Verlag erreichen Sie im Internet unter:
www.winter-verlag-hd.de

Inhalt

Vorwort

Ausgangspunkt des vorliegenden Bandes war ein gleichnamiger Workshop, der im Juli 2018 am Romanischen Seminar der Universität Heidelberg stattfand. Dieser hatte die Erkundung des Verhältnisses zwischen Mystik und Literatur vom späten Mittelalter bis in die Gegenwart in einer interdisziplinären Perspektive zum Ziel. Im Zentrum standen dabei verschiedene Werke von höchstem literarischen Rang – Werke vornehmlich der christlichen Mystik (vom Umkreis Meister Eckharts über die ‚Arbeit der Nacht' Johannes Taulers bis zu Santa Teresas ikonischer Rhetorik des Unvergleichlichen und San Juan de la Cruz' gegenstandsloser ‚dunkler Nacht') und ihre grenzgängerischen modernen Wandlungen, die sich zwischen Mystik, Literatur und Philosophie bewegen (Georges Batailles und Marcel Prousts Verständnis der Literatur als einer ‚profanen Mystik' im Sinne Paul Valérys, die ‚mystisch formatierte' Literatur Thomas Manns und María Zambranos ‚Wissen von der Seele', das ihr literarisch-philosophisches Spätwerk im Modus ‚dichterischer Vernunft' eröffnet).

Der interdisziplinär angelegte Band gilt derselben epochenübergreifenden Auseinandersetzung mit der Frage nach dem Verhältnis von Mystik und Literatur, allerdings in einer philosophisch-interkulturellen, dezidiert interreligiösen Perspektive: so knüpft er an zentrale christlich-okzidentale Bezugspunkte an, geht zugleich aber weit über sie hinaus, indem er auch christlich-orientalische, islamische, jüdische und buddhistische Gedanken miteinbezieht und dadurch bereichert wird. Die hier versammelten Beiträge verstehen sich als exemplarische Untersuchungen, die eine mögliche Annäherung an den Gegenstand der Mystik und ihr Band zur Literatur in seiner ganzen theologischen, philosophischen und literarischen Komplexität bedeuten; dabei geht es *nicht* um eine etwaige ‚einheitliche Darstellung', eine wie auch immer geartete ‚Einheit' der Blickpunkte, sondern um eine *bewusste Divergenz*, die uns dem Gegenstand in seiner Wandelbarkeit allein angemessen erscheint. Gleichwohl kommt innerhalb dieses weitgespannten Bogens und des Reichtums der gewählten Perspektiven der entschieden komparatistisch-interdisziplinären *Begegnung zwischen* Theologie, (Religions-)Philosophie und theoretischer Literaturwissenschaft besonderes Gewicht zu, die allererst *systematische* Perspektiven eröffnen mag.

Für die umsichtige Korrektur und die ausgezeichnete Vorbereitung des Manuskripts zum Druck möchten wir Dimitri Schmidt und Jakob Höfting herzlich danken.

Bonn/Heidelberg, im September 2019

Die Herausgeber

Mystik und Institution. Unmittelbarkeit und Vermittlung des Heils

Michael Schulz (Bonn)

1 Hinführung

> Hier ist es […], wie wenn Wasser vom Himmel in einen Fluss oder eine Quelle fällt, wo alles zu einem Wasser wird, so dass man es nicht wieder aufteilen oder voneinander trennen kann, was nun Flusswasser ist oder vom Himmel fiel, oder wie wenn ein kleines Rinnsal ins Meer fließt: Da gibt es keine Möglichkeit mehr, um sie zu trennen.[1]

Mit diesen Worten beschreibt im Alter von 62 Jahren Teresa von Ávila (1515–1582) in ihrem 1577 verfassten geistlichen Werk *Castillo interior* die mystische Einigung von Seele und Gott. Sie bedient sich der Metaphorik verschiedener Wasser, die alle zusammenfließen und sich vermischen, so dass sie niemand mehr zu trennen vermag: „No podrán ya dividir ni apartar cuál es el agua del río u lo que cayó del cielo."[2] Die definitive *unio mystica* des Menschen mit Gott, die sich in der siebten, zentralen und letzten Wohnung der aus klarem Kristall bestehenden Seelen-Burg ereignet, ist ebenso unauflösbar. Im Durchgang durch die Wohnungen der Burg schildert sie mit autobiographischen Zügen den spirituellen Weg des Christen im Ausgang von seiner unvollkommenen Existenz hin zur endgültigen Gotteinung.

In der sechsten, vorletzten Wohnung ist diese finale untrennbare Einheit des Menschen mit Gott noch nicht erreicht, was Teresa ins Bild von zwei

[1] Teresa von Avila: *Wohnungen der Inneren Burg*. Gesammelte Werke Band 4, hg., übers. u. eingel. v. Ulrich Dobhan/Elisabeth Peeters, Freiburg/Basel/Wien ^{4}2012, VII, Kap. 2, Nr. 4, S. 341–342.

[2] Santa Teresa de Jesús: *Moradas del Castillo Interior*, in: dies.: *Obras Completas*, hg. v. Efren de la Madre de Dios/Otger Streggink, Madrid ^{9}1997, S. 469–583, hier: VII, Kap. 2, Nr. 6, S. 571.

Kerzen setzt, die man einander so annähern kann, dass ihre Flammen zu einer verschmelzen; auch die Kerzen beginnen, wie eine einzige zu erscheinen. Aber dennoch bleibe es möglich, die beiden Kerzen und Flammen wieder voneinander zu trennen: „se puede apartar la una vela de la otra y quedan en dos velas.“[3]

Der Münchener Religionswissenschaftler Michael von Brück erkennt in der Beschreibung mystischer Gotteinung im Zeichen des Wassers die nicht-duale Erfahrung des Ozeanischen wieder, die die asiatische Mystik des Buddhismus und Hinduismus bestimmt.[4] Der Mensch selbst wird im Nirwana „schwer zu ergründen wie der Ozean.“[5] Aber nicht nur die Zweiheit von Ich und Absolutum scheint im *Ozeanischen*[6] unterzugehen, auch jede Vermittlung zwischen dem Menschen und der letzten Wirklichkeit weicht der unmittelbaren Einigung.

Die Vermittlung der transzendenten Instanz mit dem menschlichen Sein ist aber an sich das, was im dogmatischen und institutionellen Zentrum vieler Religionen steht. Weil allem Anschein nach gerade die doktrinellen und institutionellen Zentren der Religionen in einem konfliktiven Verhältnis zueinanderstehen, empfiehlt der Bonner Philosoph Wolfram Hogrebe eine Allianz von Philosophie und Mystik, um „die historisch vorfindliche Kultur und Religion“[7] zu transzendieren. „Im spekulativen Ziel [von Mystik und Philosophie] verdampfen ja alle historisch gegebenen Kontraste.“[8] Ob aber Philosophie und Mystik sich gerade deshalb für

[3] Ebd.

[4] Vgl. Michael von Brück: *Mystik – gemeiner Kern der Weltreligionen?*, in: *Mystik als Kern der Weltreligionen. Eine protestantische Perspektive*, hg. v. Wolfgang Achtner, Fribourg 2017, S. 143–159, hier S. 151 Wenn Teresa die mystischen Einheit mit Gott mit den Bildern von verschiedenen Wasser vergleiche, die sich vermischen, dann entsprechen diese „Vergleiche den indischen bis in den Wortlaut“ hinein (151).

[5] Majjhima Nikāya: *Mittlere Sammlung*, Teil II: Die mittleren Fünfzig, VIII. Buch, Nr. 72/20. http://www.palikanon.com/majjhima/majjhima1.htm.

[6] Zum Ausdruck des *Ozeanischen* vgl. Brück: *Mystik* [Anm. 4], S. 151–154.

[7] Wolfram Hogrebe: *Spekulative Identität und diskursive Differenz. Gelingensbedingungen des interkulturellen Dialogs in der Philosophie*, in: *Tradition und Traditionsbruch. Interkulturelle philosophische Perspektiven*, hg. v. Claudia Beckmann/Hermann-Josef Scheidgen/Tobias Voßhenrich/Markus Wirtz, Amsterdam/New York 2006, S. 249–263, hier S. 252.

[8] Ebd.

den interkulturellen und interreligiösen Dialog auszeichnen, weil sie historisch formierte Kontraste zwischen den Religionen *vaporisieren*, bleibt die Frage.

Dieser Beitrag konzentriert sich zunächst auf die Mystik der Teresa de Ávila. Ihre Mystik ist interessant und provokativ, weil sie weder die christologische Mitte und Vermittlung zwischen Gott und Mensch *verdampft*, noch die gottmenschliche Einheit in Christus zum bloßen *Exemplum* für die Gotteinung des Mystikers herabsetzt. Vielmehr bildet die Christologie das Gravitationszentrum ihrer Mystik, sie ist christozentrisch. Gleichzeitig zeigt sie faktisch eine Offenheit für mystische Motive des Sufismus. Wie sehr ihr Ansatz durch die Christozentrik der Mystik des Ignatius von Loyola (1491–1556) Bestätigung erfährt, wird anschließend entwickelt. Dies geschieht im Vergleich mit Martin Luthers (1483–1546) früher Mystik, die sich an Johannes Tauler (1300–1361) orientiert.[9] Trotz der markanten Unterschiede zwischen der Christozentrik der spanischen Mystik und der Martin Luthers bietet die christozentrische Mystik beider Traditionen ein konfessionsübergreifendes Potenzial, das in interreligiöser Hinsicht genutzt werden kann, was abschließende Anmerkungen skizzieren.

2 Die christozentrische Mystik der Teresa de Ávila

Auf jene Zeilen über die ozeanische Vereinigung, die Michael von Brück als Hinweis auf Teresas Offenheit für asiatische, ja a-personale Formen der Mystik begreift, folgen unmittelbar biblische Hinweise zur geistgewirkten Einheit des Menschen mit Gott, die deutlich machen, dass die Reformkarmelitin sie christologisch begreift, nämlich als „soberano matrimono“, das sich ereignet, wenn „Su Majestad“ in der Seele angekommen ist, um sich mit ihr zu einen.[10] Den Ehrentitel „Seine Majestät“ verleiht Teresa Christus. Nie ist von der Einigung mit einer abstrakten, transreligiösen Gottheit oder dem Absoluten die Rede, unterstreicht der Exeget

[9] Johannes vom Kreuz übergehe ich aus Platzgründen. Das Menschsein Christi ist auch nach seiner Auffassung entscheidend. Vgl. dazu Olegario González de Cardedal: *Cristianismo y mística*, Madrid 2015, S. 171.

[10] Teresa de Jesús: *Moradas* [Anm. 2], VII, Kap. 2, Nr. 6, S. 572 / Teresa von Avila: *Wohnungen der Inneren Burg* [Anm. 1], VII, Kap. 2, Nr. 5, S. 342.

und Professor für Spirituelle Theologie an der Jesuitenuniversität Comillas in Madrid, der Karmelit Secundino Castro Sánchez in seiner 2009 erschienenen Studie *Cristología Teresinana.*[11] Dass mit „Su Majestad“ Christus gemeint ist, verdeutlicht das folgende Zitat aus dem paulinischen Philipperbrief, das in einem fehlerhaften Latein lautet: Miqui bibere cristus est, mori lucrum / Mihi vivere Christus est, mori lucrum: „Für mich ist Christus das Leben, und Sterben ist mir Gewinn.“[12] Ihr Leben ist also Christus, mit ihm erfolgt die unio.[13]

Dass näherhin der Christus *der Passion* ihr Leben ist, zeigt Teresas Bekehrung, die sich im Anblick einer Figur des gegeißelten Jesus ereignet:

> Es war das Bild eines ganz mit Wunden bedeckten Christus und so andachterweckend, daß es mich beim Anblick zuinnerst erschütterte, ihn so zu sehen, denn es stellte gut dar, was er für uns durchlitten hatte. Das, was ich empfand, weil ich mich für diese Wunden kaum dankbar gezeigt hatte, war so gewaltig, daß es mir war, als würde es mir das Herz zerreißen.

[11] Vgl. Secundino Castro Sánchez: *Cristología Teresiana,* Madrid 2009, S. 11. Vgl. González de Cardedal, *Cristianismo y mística* [Anm. 9], 171: „Frente a intentos de centrar la mirada del contemplativo en el Absoluto sin nombre y sin rostro, en la divinidad más allá de toda concreción, … [Juan de la Cruz y Teresa de Jesús] lucharon denodadamente por poner en el centro de su atención amorosa la persona de Cristo, la que santa Teresa llama su ‚humanidad santísima‘“; 177: „ […] no hay un más allá en la experiencia que deje atrás la figura humana de Dios, que es Cristo con sus palabras y sus comportamientos. El ser de Dios es el aparecer de Cristo […].“

[12] Teresa von Avila: *Wohnungen der Inneren Burg* [Anm. 1], VII, Kap. 2, Nr. 5, S. 342 (und Anm. 21) / Teresa de Jesús: *Moradas* [Anm. 2], VII, Kap. 2, Nr. 6, S. 572 (und Anm. h).

[13] Ich schließe mich der Auffassung des katholischen Kirchenhistorikers Mariano Delgado (*Gesagtes und Gemeintes unterscheiden. Zur interreligiösen Hermeneutik mystischer Texte*, in: *Mystik als Kern der Weltreligionen* [Anm. 4], S. 160–174, hier 170) an, der die mystische Metaphorik von Wasser und Ozean christologisch auslegt, und zwar im Sinn der Mystik des Apostels Paulus, der in seinem Galaterbrief die Formel christozentrischer Einheitsmystik prägt: „Nicht mehr ich lebe, sondern Christus lebt in mir.“ (Gal 2,20)

> Aufgelöst in Tränen warf ich mich vor ihm nieder und flehte ihn an, mir ein für allemal Kraft zu geben, ihn nicht mehr zu beleidigen.[14]

Diesem Zitat zufolge schmeckt für sie das Salzwasser des mystischen Ozeans immer nach den Tränen Christi, die sich mit den ihren vermischen.

Ein weiterer Aspekt der christozentrischen Mystik Teresas ist beachtenswert. Der gegeißelte Christus ihrer Bekehrung verlangt, das Menschsein Christi in den Mittelpunkt der Betrachtung zu stellen. Unverständlich ist Teresa der geistliche Ratschlag, den sie bei dem Franziskaner Francisco de Osuna (um 1492–1541) in seinem Traktat *Tercer abecedario espiritual* zitiert findet. Diesem Ratschlag zufolge, dem sich Osuna allerdings nur bedingt anschließt, solle man im Gebet einfach auf *Gott* bzw. die *Gottheit* des inkarnierten Logos zusteuern. Die Menschheit Christi öffne zwar die Tür zur Gottheit, aber, so gibt Osuna dennoch zu bedenken, eine Betrachtung der menschlichen Natur des göttlichen Logos sei für den gebrechlichen, sinnenhaften und erbsündlich geschwächten Menschen eher ein Hindernis als ein Vorteil.[15] Osuna gibt den allgemeinen Rat: „de manera que imperfección nuestra es tener necesidad de nos apartar de los santos pensamientos de cosas criadas, para nos levantar a sólo

[14] Teresa von Avila: *Das Buch meines Lebens.* Gesammelte Werke Band 1, hg., übers. u. eingel. v. Ulrich Dobhan/Elisabeth Peeters, Freiburg/Basel/Wien [7]2013, Kap. 9, Nr. 1, S. 163.

[15] Francisco de Osuna: *Tercer Abecedario Espiritual*, hg. v. Saturino López Santidrián, Madrid 2005, S. 87–88, präsentiert Maria, die kraft ihrer Sündenlosigkeit immer schon mit Gott verbunden war und sich deshalb gefahrlos, also ohne Gott zu verlieren, dem Jesusknaben und seinen unmittelbaren Bedürfnissen als Baby und Kleinkind widmen konnte. Der sündenbelastete Christ lebe jedoch nicht in dieser apriorischen Gottesgemeinschaft. Deshalb sieht Osuna die Gefahr, mit den Sinnen am Menschsein Jesu hängen zu bleiben und die Gottheit des inkarnierten Logos verpassen. Vgl. Francisco de Osuna: *Versenkung*, ausgewählt, übers. u. eingel. v. Erika Lorenz, Freiburg/Basel/Wien 1982, S.77–83. Hans-Jürgen Prien resümiert in seiner ausführlichen Untersuchung *Francisco de Osuna – Mystik und Rechtfertigung. Ein Beitrag zur Erforschung der spanischen Theologie und Frömmigkeit in der ersten Hälfte des sechzehnten Jahrhunderts*, Hamburg 2014, S. 450–456, kurz Arbeiten über den Einfluss von Osuna auf Teresa, leider geht er in diesem Zusammenhang aber nicht auf Frage der Bedeutung der Menschheit Jesu für die Mystik ein.

Dios más enteramente."[16] Der mystische Weg wendet sich also von dem Kreatürlichen ab, um zur Erhebung zu Gott zu führen. Zu den geschaffenen Wirklichkeiten, die man dann, wenn man noch nicht, wie z.B. Maria, den Status der vollkommenen Verbindung mit Gott erreicht hat, spirituell zurücklassen solle, gehört selbst die „sacratísima humanidad del Señor".[17] Teresa resümiert diese gottheitzentrierte Spiritualität mit folgenden Worten: „Avisan mucho que aparten de si toda imaginación corpórea y que se lleguen a contemplar en la divinidad; porque dicen que, aunque sea la Humanidad de Cristo, a los que llegan ya tan adelante, que embaraza u impide a la más perfecta contemplación."[18] Der sozusagen mystisch gefahrlose Umgang mit der menschlichen Natur des inkarnierten Gottessohnes setzt bereits die mystische Einung mit Gott voraus, was die Heilsökonomie geradezu auf den Kopf stellt. Teresa hingegen weiß, dass die menschliche Schwäche, Unvollkommenheit und Sünde der Grund dafür Gottes sind, dass Gott dem Menschen in seinem inkarnierten Sohn entgegenkommt; Ziel der Menschwerdung des Sohnes war jedenfalls nicht die Implementierung eines Testverfahrens, mit dem man die Qualität der vorab vorhandenen mystischen Verbindung mit Gott evaluiert.

Teresa wendet sich außerdem gegen zweifelhafte exegetische Argumente, mit denen man zu legitimieren versuchte, sich am Menschsein Jesu vorbeizumeditieren. Nach ihrem Bericht verwies man offenbar auf einen Vers aus den johanneischen Abschiedsreden, in denen Jesus davon spricht, dass es gut wäre, dass er fortgehe, denn täte er dies nicht, könne nicht der Paraklet, der Heilige Geist, zu den Jüngern kommen. Aus diesem Vers erschloss man die Angemessenheit und Überlegenheit eines

[16] Osuna: *Tercer Abecedario Espiritual* [Anm. 15], S. 88.

[17] Ebd.

[18] Santa Teresa de Jesús: *Libro de la Vida*, in: dies.: [Anm. 2], 31–232, hier Kap. 22, S. 120 / Teresa von Avila: *Das Buch meines Lebens* [Anm. 14], S. 320. Teresa wehrt sich demnach auf spiritueller Ebene gegen das, was man auf dogmatischer Ebene den Monophysitismus nannte, den im 5. Jh. der Mönch Eutyches propagierte: Danach geht die menschliche Natur Christi in seiner göttlichen Natur auf wie ein Honigtropfen im Meer. Demgegenüber insistierte im Jahr 451 das Konzil von Chalcedon auf der unverkürzten menschlichen Natur Christi, die durch die Person des Logos mit seinem Gottsein geeint ist.

pneumatischen Zugangs zu Gott, der durch den Weggang und die Erhöhung des menschgewordenen Sohnes zur Rechten Gottes, des Vaters, und die pfingstliche Sendung des Geistes eröffnet wurde.[19]

Teresa durchschaut die exegetische Fehldeutung, die Christus und Geist trennt, zuerst aufgrund ihrer inneren Erfahrung: der Verzicht auf die Kontemplation der Menschheit Christi hinterlässt bei ihr eine innere Leere und Verstörung.[20]

Zweitens verweist sie auf dasselbe Johannesevangelium, in dem sich Jesus als Weg zum Vater offenbart und von sich sagt: Wer mich sieht, sieht den, der mich gesandt hat, den Vater. Für sie ist damit theologisch begründet, dass niemand am inkarnierten Logos vorbei Gott schauen kann.[21] Teresa bemüht sich um die Schriftgemäßheit ihrer mystischen Erfahrungen. Secundino Castro Sánchez urteilt, dass Teresas „experiencia de Cristo es contrastada constantemente con las afirmaciones del Evangelio y del N.T. en general."[22] Dadurch bindet sie in kriteriologischer Hinsicht ihre Spiritualität an die konkrete Gestalt Jesu.

Neben ihrer Erfahrung und ihren exegetischen Argumenten mobilisiert sie drittens in den *sextas moradas* anthropologische Überlegungen. Während es zu den „espiritus angélicos" passen mag, immer in Liebe zu brennen und dabei von allem Körperlichen getrennt zu sein, „apartados de todo lo corpóreo", so gilt das doch nicht für die, die wir im sterblichen Leib leben, „para los que vivimos en cuerpo mortal"[23]. Dieser anthropologische Sachverhalt lässt es für sie unverständlich werden, wie man sich nur von unserem ganzen Gut und Heil, „de todo nuestro bien y remedio" entfernen könne, das die allerheiligste Menschheit unseres Herrn Jesus Christus ist, „que es la sacratísima Humanidad de nuestro Señor Jesucristo".[24]Dieser eindeutige Befund wird nicht durch ihre Ausführungen

[19] Vgl. ebd.

[20] Vgl. Teresa von Avila: *Wohnungen der Inneren Burg* [Anm. 1], VI, Kap. 7, Nr. 6, S. 283; Teresa de Jesús: *Moradas* [Anm. 2], S. 549; Teresa de Jesús: *Libro de la Vida* [Anm. 18] , Kap. 22, Nr. 4–11, S. 120–123 / Teresa von Avila: *Das Buch meines Lebens* [Anm. 14], S. 322–328.

[21] Vgl. Teresa de Jesús: *Libro de la Vida* [Anm. 18], Kap. 22, Nr. 6, 122 / Teresa von Avila: *Das Buch meines Lebens* [Anm. 14], S. 325.

[22] Castro Sánchez: *Cristología Teresiana* [Anm. 11], 12.

[23] Teresa de Jesús: *Moradas* [Anm. 2], VI, Kap. 7, Nr. 6, S. 549 / Teresa von Avila: *Wohnungen der Inneren Burg* [Anm. 1|, S. 283.

[24] Ebd.

zu den siebten Moradas relativiert. Passend zur ozeanischen Metaphorik erläutert sie, dass sich die definitive und unlösbare „unión matrimonial espiritual“ mit Christus ohne sinnenhaft-körperhafte Vermittlung und Imagination ereigne, was christologisch nun doch auf eine Vernachlässigung der Menschheit Jesu hinauszulaufen scheint. „Aparécese el Señor en este centro del alma sin visión imaginaria, sino intelectual.“[25] Es bleibt jedoch festzuhalten, dass Teresa die Art und Weise dieser *visión intelectual* sofort wieder christologisch erklärt, indem sie die Unmittelbarkeit der intellektuellen Vision mit den Erscheinungen des Auferstandenen vergleicht. Nach dem Zeugnis des Neuen Testaments vermag der Auferstandene den Aposteln in einem Raum unmittelbar zu erscheinen, ohne zuvor durch die physische Tür dieses Raumes eingetreten zu sein. Plötzlich befindet er sich in diesem Raum, lässt sich von den Jüngern sehen und wünscht ihnen den österlichen Frieden. „Como se aperició a los Ápostoles sin entrar por la puerta, cuando les dijo: ‚Paz vobis‘.“[26] So plötzlich und unvermittelt kann auch der mystische Bräutigam Christus im Inneren der Seele erscheinen, ohne durch die Tür der Sinne und Imagination eingetreten zu sein. Aber der, der sich in der *visión intelectual* zu schauen gibt, ist der leibhaft auferstandene Kyrios, nicht Gott an sich oder nur der göttliche Logos. Folglich gibt es durchaus eine Verbindung aus der siebten Wohnung zur deutschen Mystik der Abgeschiedenheit und zu solchen Formen der Mystik, die die Sinne zum Schweigen bringt.[27] Aber diese Verbindung wird durch die Auferstehungswirklichkeit des Kyrios vermittelt, zu der seine verklärte Leiblichkeit gehört, die laut biblischer Überlieferung selbst ein Betasten des Auferstandenen erlaubt.

Die ekklesiologischen und ethischen Konsequenzen der christozentrischen Mystik Teresas liegen auf der Hand. Teresa ist davon überzeugt, dass ihre Mystik, ihre Gründungen von Reformklöstern des Karmeliterordens und ihre Schriften der Erneuerung der Kirche dienen. Ihre mystische Erfahrung führt sie nicht aus der institutionellen Kirche heraus, sondern in ihre Mitte hinein, in der sie Christus sieht. Die mystische Präsenz

[25] Teresa de Jesús: *Moradas* [Anm. 2], VII, Kap. 2, Nr. 3, S. 571 / Teresa von Avila: *Wohnungen der Inneren Burg*, [Anm. 1], S. 340.

[26] Ebd.

[27] Vgl. Reiner Manstetten: *Abgeschiedenheit. Von der negativen Theologie zur negativen Anthropologie: Nikolaus von Kues und Meister Eckhart*, in: *Theologische Quartalsschrift* 181 (2001), S. 112–131.

Christi in der Mystikerin macht für sie auch nicht den Empfang der Sakramente, wie das der Eucharistie, redundant. Vielmehr denkt sie immer wieder beim Kommunionempfang an ihre Konversion und daran, dass gewiss der Herr in ihr weilte, „estava allí cierto el Señor dentro de mí."[28]

Provokativ sind ihre oft wiederholten Sätze, mit denen sie ihre mystischen Erfahrungen, Schriften und Gründungen dem Urteil der Kirche unterwirft: „en todo me sujeto a lo que tiene la santa Iglesia Católica Romana."[29] Sie vergibt sich mit dieser Unterwürfigkeit jedoch nichts, weil sie davon überzeugt ist, sich mit ihrem Beten und Handeln ganz im christologischen Zentrum der Kirche zu bewegen. Weil Christus und Kirche eine Einheit bilden, ist für Teresa ganz unverständlich, wie man sich von ihr um Christi und Bibel willen trennen kann, wie – nach ihrer Sichtweise – im Fall der Reformation. Aber mit den Reformatoren teilt sie das Anliegen der Kirchenreform, was der reformierte Theologe Jürgen Moltmann eindrücklich unterstreicht:

> Es ist [...] unzutreffend und auch ein Mißbrauch ihres Namens, wenn sie lange Zeit eine ‚Hauptfigur der Gegenreformation' genannt wurde [...] Was sie in Wirklichkeit war, läßt sich treffender mit dem Ausdruck ‚Hauptfigur der katholischen Reform' bezeichnen. In der Notwendigkeit der gründlichen Reform der Kirche war sich Teresa mit den Reformatoren sogar ganz einig.[30]

Verifikationsprinzip ihrer inneren Erfahrung ist nicht allein die kirchliche Gemeinschaft, sondern auch der Nächste, dem jede Liebe und Zuwendung zukommen muss. In den fünften Wohnungen trichtert Teresa ihren

[28] Teresa de Jesús: *Libro de la Vida* [Anm. 18], Kap. 9, Nr. 2, S. 64 / Teresa von Avila [Anm. 14]: *Das Buch meines Lebens*, S. 164.

[29] Teresa de Jesús: *Moradas* [Anm. 2], Epílogo, Nr. 24, S. 583 / Teresa von Avila: *Wohnungen der Inneren Burg* [Anm. 1], Nr. 4, S. 374.

[30] Jürgen Moltmann: *Die Wendung zur Christusmystik bei Teresa von Avila. Oder: Teresa von Avila und Martin Luther*, in: *Gott allein. Teresa von Avila heute*, hg. v. Waltraud Herbstrith, Freiburg 1982, 184–208, hier 186; vgl. dazu Rogelio Garcia-Mateo: *Martin Luther – Ignatius von Loyola – Teresa von Avila. Ökumenische Gemeinsamkeit in spirituellen Grunderfahrungen*, in: *Geist und Leben* 59 (1986), S. 343–358, hier 344.

Schwestern ein „obras quiere el Señor“.[31] In der siebten Wohnung steigert sie diese Verpflichtung rhetorisch nochmals: „de esto sirve este matrimonio espiritual, de que nazcan siempre obras, obras.“[32] Sie denkt dabei sofort an die Krankenfürsorge, der man auch die schönste Andacht zu opfern hat zugunsten von Linderung und Mitleid, die man einer Kranken schenken kann: „si ves una enferma a quien puedes dar algún alivio, no se te dé nada de perder esa devoción y te compadezcas de ella; [...] Esta es la verdadera unión con su voluntad.“[33] Mystik muss der Erfüllung des göttlichen Willens dienen, der sich in Geboten manifestiert. Das Gebot der Gottes- und Nächstenliebe sieht Teresa in Christus zur Einheit verbunden: „Mirad lo que costó a nuestro Esposo el amor que nos tuvo, que por liberarnos de la muerte la murió tan penosa como muerte de cruz.“[34] Die Brautmystik verifiziert sich also im Nachvollzug der Selbsthingabe Christi zum Heil aller Menschen in Form der Nächstenliebe. Ihr Mantra *humildad* prägt Jesu Menschendienst als Gottesdienst und folglich die authentische Mystikerin in ihrem Dienst am Nächsten und der Kirche. Ihr synthetisches Verständnis von Kontemplation und Aktion führt das traditionelle Gegensatzpaar Maria und Marta zur kooperativen Einheit. Der Quietismus bezieht keine Wohnung in der inneren Burg, genauso wenig wie ein liebloser Aktivismus.

3 Teresas Rezeption islamischer Motive

Trotz der dezidiert christozentrischen Ausrichtung der teresianischen Mystik investiert man in die Erforschung ihrer interreligiösen Qualität, zunächst auf sprachlicher Ebene. Der katholische Kirchenhistoriker Mariano Delgado fasst in seinem Aufsatz über die islamischen Spuren bei Teresa von Avila und Johannes vom Kreuz den Forschungsstand – angefangen bei Miguel Asín Palacios – zusammen und resümiert: Auch wenn

[31] Teresa de Jesús: *Moradas* [Anm. 2], V, Kap. 3 Nr. 11, S. 519 / Teresa von Avila: *Wohnungen der Inneren Burg* [Anm. 1], S. 202.

[32] Teresa de Jesús: *a.a.O.* [Anm. 2], VII, Kap. 4, Nr. 6, S. 579 / Teresa von Avila: *a.a.O.* [Anm. 1], S. 362.

[33] Teresa de Jesús: a.a.O. [Anm. 2], V, Kap. 3 Nr. 11, S. 519 / Teresa von Avila: *a.a.O.* [Anm.1], S. 202–203.

[34] Teresa de Jesús: *a.a.O.* [Anm. 2], V, Kap. 3 Nr. 12, S. 519 / Teresa von Avila: *a.a.O.* [Anm. 1], S. 204.

sich keine unmittelbare literarische Abhängigkeit Teresas bei ihrer Verwendung der Metaphern von Burg und Wohnungen verifizieren lässt, erstaunt doch die Ähnlichkeit zwischen ihren sprachlichen Motiven und einzelnen Autoren des Sufismus. Im Spanien des 16. Jhs lagen diese Motive „sozusagen in der Luft“, urteilt Delgado.[35]

Nicht zu übergehen ist in der Tat die Schrift von Abū al-Ḥusayn al-Nūrī de Bagdad (840–907), deren Titel nach der Übersetzung der puertoricanischen Literaturwissenschaftlerin Luce López-Baralt lautet: *Moradas de los corazones*. In der Einleitung argumentiert sie, der Begriff der Morada „parece derivado del concepto islámico de *maqam*, que significa precisamente eso.“[36] Den sieben Wohnungen bei Teresa entsprechen die sieben Burgen bei Nuri, der siebten Wohnung bei Teresa die höchste Burg bei Nuri. Entscheidender als die Frage nach der Metapherderivation bleibt freilich die inhaltliche: Wer oder was könnte der Christozentrik entsprechen oder vereitelt ihre Christozentrik die interreligiöse Kompatibilität ihrer Mystik?

Die mystische Liebeslyrik der Sufis gibt zu erkennen, dass das *tertium comparationis* in der mystischen Vermählung mit Gott liegt, nicht mit dem Buch des Koran, wenngleich der Koran strukturell der Inkarnation im Christentum entspricht. Aber der Koran wird deshalb keineswegs mystisch übersprungen. Nach ascharitischer Auffassung manifestiert sich der ungeschaffene, ewige Koran im menschlichen Wort, womit zugleich an einer gottmenschlichen Vermittlung des Muslims in das Gottesverhältnis hinein festgehalten wird. Die Bonner Islamwissenschaftlerin Annemarie Schimmel demonstriert überzeugend diese grundlegende Relevanz des Koran für den Sufismus. „Er liebt sie und sie lieben Ihn.“ (Sura 5,59) – lautet der zentrale Koranvers, der das mystische Liebesverhältnis zwischen Gott und Menschen legitimiert.[37] Die Meditation des Koran gelte darum, so Schimmel, als „ein wichtiges Mittel, um den Geist in einen

[35] Mariano Delgado: *Islamische Spuren bei Teresa von Ávila und Johannes vom Kreuz? Diskussionsstand und kritische Anmerkungen,* in: *Dem Einen entgegen: Christliche und islamische Mystik in historischer Perspektive*, hg. von Erdal Toprakyaran/Hansjörg Schmid/Christian Ströbele, Münster 2018, S. 177–198, hier S. 196.

[36] Abū al-Ḥusayn al-Nūrī de Bagdad: *Moradas de los corazones*. Übers., eingel. u. m. Anm. versehen v. Luce López-Baralt, Madrid 1999, S. 55.

[37] Annemarie Schimmel: *Mystische Dimensionen des Islam. Die Geschichte des Sufismus*, München ^{3}1995, S. 68, 202, 206.

mystischen Zustand zu versetzen oder ihn gar zu entrücken“[38]. Die Möglichkeit eines koran-begründeten *raptus* sowie die Treue zu Überlieferung und Kult verhinderte es dennoch nicht, dass Anfang des 13. Jhs. der persische Mystiker Farid du-Din Attar im unendlichen Meer Gottes und angesichts der Sünde von Gläubigen und Ungläubigen – beide seien mit Blut befleckt – die Konturen zwischen Islam und anderen Religionen verschwimmen sieht.[39] Schimmel erkennt daher im Sufismus eine Synthese zwischen Treue zu den islamischen Institutionen und Traditionen und einer gerade daraus erwachsenden Offenheit für andere religiöse Phänomene. So kann, nach Einschätzung Schimmels, der aus Murcia stammenden Ibn Arabí (1165–1240) unterstreichen, dass der Gläubige „nur in der Form des Glaubens, den er bekennt, Visionen haben [kann]; der wird etwas anderes schauen als der Christ oder Jude.“[40] Andererseits versteht er in seiner theosophischen Einheitsmystik die Religionen als Manifestation Gottes, was die konkreten Religionen zu relativieren scheint, aber tatsächlich die Begründung dafür anbietet, dass Jude, Christ und Muslim überhaupt authentische Visionen haben können.

Nur wegen motivischer Überschneidungen und struktureller Ähnlichkeiten von Christentum und Islam ist die positive Beeinflussung Teresas durch Vorstellungen der islamischen Mystik denkbar; offenbar standen diese Vorstellungen nicht diametral ihrer christozentrischen Mystik entgegen, im Gegenteil. Folglich muss man die historischen Konturen und Institutionen der Religionen nicht mystisch im Ununterscheidbaren des Absoluten *verdampfen* lassen, um interreligiöses Terrain zu gewinnen. Verlebendigt durch die Mystik können vielmehr zentrale Institutionen und Glaubensvorstellungen von sich aus das Potential für transversale Verbindungen der Religionen bieten. Im Fall von Teresa werden diese interreligiösen Verbindungslinien nicht intentional gesucht, vielmehr liegen sie faktisch vor, was über Teresa hinaus systematisch zu begründen und zu entfalten ist.

[38] Ebd., S. 49.
[39] Vgl. ebd., 253, 431, 433.
[40] Ebd., S. 384.

4 Ignatius und Luther

Dass Teresas christozentrische Mystik nicht allein steht, belegt markant die von Ignatius von Loyola (1491–1556). Jesus–Betrachtungen stehen im Zentrum der Ignatianischen Exerzitien. Wie Teresa bindet auch er seine Christologie an die kirchliche Überlieferung und Institution zurück. Darum kann er seine biblische Jesus–Meditation sogar durch Überlieferung ergänzen, z.B. durch die Erzählung von einer Erscheinung des Auferstandenen vor seiner Mutter Maria, von der, wie Ignatius einräumt, im Neuen Testament nichts steht[41]. Von dieser Erscheinung handelt auch das *Leben Christi* des Ludolf von Sachsen (um 1300–1377)[42], das Ignatius las, als er seine Beinverletzung auskurieren musste, die er sich durch eine Kanonenkugel am 20. Mai 1521 bei der Verteidigung der Feste Pamplona gegen die Franzosen zugezogen hatte.[43] Die *Vita Christi*, die auch Teresa beeinflusste[44], lenkt Ignatius‘ Aufmerksamkeit zum einen auf die spirituelle Bedeutung der einzelnen Ereignisse im Leben Jesu; die *Vita Christi* lehrt ihn die Relevanz der Meditation des Menschseins Christi. Zum anderen macht er bei der Lektüre die für sein späteres Leben und seine Mystik entscheidende Erfahrung, dass ihm die Geschichte Jesu, aber auch

[41] Ignatius: *Geistliche Übungen*, übertragen u. erklärt von Adolf Haas, Freiburg/Basel/Wien ^{5}1981, Nr. 299, S. 99–100.

[42] Ludolf von Sachsen: *Das Leben Jesu Christi*, übers. u. hg. von Susanne Greiner, Freiburg 1994, S. 196-197. Ludolf von Sachsens *Vita Christi*, der von dieser Erscheinung handelt, weiß um ihren nicht-biblischen Charakter; er sieht sich jedoch die Überlieferung bestärkt, diese annehmen zu dürfen. Im 4. Jh. sehen bereits Gregor von Nyssa und Johannes Chrysostomus die *Virgen* am Grab. Im Mittelalter handeln viele Predigten davon, obgleich auch eine Reihe von namhaften Theologen, wie Bernhard von Clairvaux oder Thomas von Aquin, diese Episode mit Schweigen übergehen; Bonaventura weist diese phantasievolle Erzählung sogar explizit zurück. Ignatius folgt dem Argument, nach dem es sich „geziemt (*decet*)“, wie Ludolf von Sachsen (197) sagt, dass der Mutter Jesu die Erscheinung ihres auferstandenen Sohnes zuteil wird; ihre überaus große Nähe zu ihm spricht für einen Nähe des Auferstandenen zu ihr. Dazu vgl. Johann Michl: Artikel *Auferstehung. I. Biblisch*, in: Marienlexikon, hg. v. Remigius Bäumer/Leo Scheffczyk, St. Ottilien 1988, S. 268.

[43] Vgl. Ignatius: *Der Bericht des Pilgers*, übers. u. erläutert v. Burkhart Schneider, Freiburg/Basel/Wien ^{4}1979, Nr. 1–4, S. 41–43.

[44] Vgl. Prien: *Francisco de Osuna* [Anm. 15], S. 453.

Erzählungen über Heilige, inneren Trost und Zufriedenheit spenden, Ritterromane und -phantasien in ihm jedoch eine innere Leere und Missstimmung erzeugen, obwohl sie seinem bisherigen Lebensstil entsprechen.[45] Die *Geistlichen Exerzitien* des Ignatius weisen in diese „Unterscheidung der Geister" ein: Trost, *consolación*,[46] und Zufriedenheit, innere geistliche Freude bei den Jesus-Betrachtungen zeigen an, wohin, d.h. in welche Lebensform, in welchen Beruf der Geist Christi denjenigen treiben möchte, der die Exerzitien macht. Wie Teresa plädiert auch Ignatius für den Einsatz aller Sinne und Seelenkräfte, z.B. bei der „composición viendo el lugar"[47] einer bestimmten Szene im Leben Jesu. In Analogie zur siebten Wohnung des *Castillo interior* Teresas betont Ignatius, dass Gott auch „sin causa precedente"[48] unmittelbar in der Seele seine *consolación* schenken könne.[49]

Gleichsam als ökumenische Gegenprobe zu Teresas und Ignatius' christozentrischer Mystik bietet sich die Martin Luthers (1483–1546) an. Johannes von Staupitz (1465–1524), Generalvikar der Augustinereremiten, Vorgesetzter Luthers und Beichtvater erschließt Luther eine christozentrische Mystik.[50] Der evangelische Kirchenhistoriker Gottfried Maron, der Luthers und Ignatius' Mystik miteinander vergleicht, kommt zu dem Ergebnis[51]: Während Ignatius in seinem Exerzitienbuch an der Inszenierung der Jesus–Gestalt im Licht der Tradition interessiert ist, orientiert sich Luther strikt an der Verkündigung Jesu und macht sie zum Kriterium für kirchliche Überlieferung und Institutionen. Während Ignatius

[45] Vgl. Ignatius: *Der Bericht des Pilgers* [Anm. 43], Nr. 5–8, S. 43–46.

[46] Ignatius: *Geistliche Übungen* [Anm. 41], Nr. 316, S. 104.

[47] Ebd., Nr. 47, S. 33.

[48] Ebd., Nr. 330, S. 108.

[49] Zum Verständnis von menschlicher Freiheit bei Ignatius im Zusammenhang eines unmittelbaren Einwirkens Gottes auf sie vgl. Karlheinz Ruhstorfer: *Das Prinzip ignatianischen Denkens. Zum geschichtlichen Ort der ‚Geistlichen Übungen' des Ignatius von Loyola*, Freiburg/Basel/Wien 1998, 261–275.

[50] Vgl. Volker Leppin: *Transformationen. Studien zu den Wandlungsprozessen in Theologie und Frömmigkeit zwischen Spätmittelalter und Reformation*, Tübingen 2015, S. 241–259; Volker Leppin: *Martin Luther*, Darmstadt ^{3}2017, S. 72–89; Volker Leppin: *Die fremde Reformation. Luthers mystische Wurzeln*. München ^{2}2017, S. 11–22, 44–47.

[51] Gottfried Maron: *Ignatius von Loyola: Mystik – Theologie – Kirche*, Göttingen 2001, S. 276–281.

geradezu die physische Nähe Jesu im Heiligen Land suche, pilgere Luther durch die Heiligen Schriften zu Jesus auf geistige Weise. Während für Ignatius die Stimme Jesu im päpstlichen Petrusnachfolger vernehmbar werde, höre Luther ausschließlich auf die Stimme des Evangeliums. Während damit Ignatius seine christozentrische Mystik der kirchlichen Institution zur Verfügung stellt, entwickelt Luther eine schriftzentrierte Christozentrik im Gegenüber zur kirchlichen Institution, wenngleich – auch das ist von ökumenischer Relevanz – nicht in reiner Opposition zu ihr. Der evangelischen Kirchenhistoriker Volker Leppin erörtert Luthers Kritik an Andreas Bodenstein (1486–1541), bekannt unter dem Namen seiner Geburtsstadt Karlstadt am Main.[52] Karlstadt, der Doktorvater von Luther, ist zwar, wie der Reformator, beeinflusst sowohl von Staupitz‘ christozentrischer Mystik als auch von der Lektüre Johannes Taulers. Karlstadt setzt aber seinerseits ganz auf die innere, mystische Erfahrung. Demgegenüber bekundet Luther ein geradezu katholisierendes Interesse am Institutionellen, am Wort der Schrift, das von außen kommt, am äußeren Charakter der Sakramente, die in der Kirche gespendet werden. Leppin kommt deshalb zu dem Schluss, dass die Unmittelbarkeit des mystischen Zugangs zu Gott von Luther durch den Verweis auf die objektive institutionelle Heilsvermittlung deutlich relativiert werde.

5 Luthers Tauler

Die Möglichkeit eines unmittelbaren Zugangs zu Gott hat Luther, Leppins Studien zufolge, nicht zuletzt Tauler entnommen, dessen Schriften er über Johannes von Staupitz (1465–1524) kennenlernte so wie auch Karlstadt[53]. In einer Fronleichnamspredigt gibt Tauler den ungewöhnlich klingenden Rat, sich auch von Gott zerkauen zu lassen, wenn man in der Gestalt des Brotes den Leib Christi empfängt und isst. Von Gott werden wir gegessen, erläutert Tauler, „wenn er in uns unsere Fehler straft, unsere inneren

[52] Vgl. Leppin: *Martin Luther* [Anm. 50], S. 209–230; Leppin: *Die fremde Reformation* [Anm. 50], S. 192–195.

[53] Vgl. Leppin: *Martin Luther* [Anm. 50], S. 84–87; Leppin: *Die fremde Reformation* [Anm. 50], S. 22–26.

Augen öffnet und uns unsere Gebrechen erkennen lässt."[54] Leppin diagnostiziert hier eine bußtheologische Vertiefung der Eucharistiefrömmigkeit, was nochmals dadurch bestätigt wird, dass Tauler davor warnt, sich dem Gekautwerden durch Gott dadurch zu entziehen, dass „du sogleich zum Beichtiger eilst." „Nein, bichte Gotte zem ersten." Keine gewohnten Gebete sollen diese an Gott gerichtete Beichte einleiten, vielmehr „sprich mit eime innerlichen súfzen us grunde dines herzen: ‚eya, herre, erbarme dich úber mich armen súnder.'"[55] Natürlich will Tauler durch die empfohlene Erstbeichte bei Gott nicht die sakramentale Beichte suspendieren, vielmehr will er ein mechanistisches Sakramentsverständnis überwinden und darum den Sinn der Beichte vertiefen und verlebendigen. Aber Luther kann in diesen und ähnlichen Gedanken den Vorzug der unmittelbaren Beziehung des Christen zu Gott erkennen, deren sakramentale Vermittlung eine eher nachträgliche Relevanz zukommt.

Wer zudem durch Selbsterkenntnis und Reue innerlich leer geworden ist, kann von Gottes Gegenwart erfüllt werden. Tauler nennt einen solchen Menschen metaphorisch „oberster[n] priester, und das ist ein ieklich guot inwendig mensche",[56] „der in sein Inneres geht und mit sich das hochwürdige Blut unseres Herrn Jesus Christus führt und das Feuer der Andacht und Liebe."[57] Leppin zufolge werde damit zumindest ein Gedanke gedacht, der den Unterschied zwischen Priester und Laie relativiert, was bei Luthers Verständnis des allgemeinen Priestertums aller Gläubigen eine wichtige Rolle spielt.[58] So wenig nun Tauler die Mystik gegen kirchliche Institutionen in Stellung bringt, sondern in ihr eine Kraft zur Verlebendigung und Reform sieht, so sehr kann Luther sich dieser Vorstellungen bedienen, um sie gegen die sakramentale Dimension der Kirche auszuspielen,[59] vor allem dann, wenn sein kritisches Anliegen, eine veräußerlichte Bußpraxis zu überwinden, auf offizielle Ablehnung

[54] Johannes Tauler: *Predigten, Band 1*, übertr. u. hg. v. Georg Hofmann, Einsiedeln 1979, S. 209; vgl. Leppin: *Transformationen* [Anm. 50], 179.

[55] *Die Predigten Taulers*, hg. v. Ferdinand Vetter, Berlin 1910, S. 295: 1–3; vgl. Leppin: *Transformationen* [Anm. 50], S. 180.

[56] *Die Predigten Taulers*, S. 165: 31–32.

[57] Tauler: *Predigten, Band 2* [wie Anm. 55], S. 327. Vgl. Leppin: *Transformationen* [Anm. 50], S. 184.

[58] Ebd., 184–187.

[59] So Leppin, ebd., 185–187.

stößt – eine Ablehnung, die bereits Luthers Relativierung der ekklesialen Vermittlung der Gnade Christi anvisiert.

6 Teresa als Mystikerin des interreligiösen Dialogs

Es zeigt sich damit ein komplexes Bild der Mystik von Teresa, Ignatius und Luther. Ökumenischer Konsens besteht in ihrer Christozentrik, die im Fall von Teresa und Luther eine passiologische Kolorierung erfährt. Konsens besteht in der ekklesiologischen Prolongation der Christologie. Das anbetungswürdige Menschsein Jesu findet seine menschliche Fortsetzung in Bibel, Gemeinde und ekklesialer Institution, die die Mystik nicht überspringen kann, sondern ihr Bezugsraum bleibt mit der Aufgabe der Verlebendigung und Reform. Inwieweit diese Verlebendigung eine theoretische und praktische Relativierung oder Infragestellung der heilvermittelnden Funktion der ekklesialen Institution impliziert, wird unterschiedlich beurteilt.

Die christozentrische Zuspitzung der Mystik gerade im Fall Teresas belegt aber auch eine faktische interreligiöse Offenheit, die nicht gegen den institutionell verfassten Glaubensbestand ausgespielt wird, sondern ihn in diese Offenheit mit einbezieht. Teresa vermag die neuplatonische und asiatische klingende Einheitsmystik des Ozeanischen christologisch zu imprägnieren. Gleichzeitig verhindert diese christologische Imprägnierung des Ozeanischen nicht, es in seiner spezifisch christlichen Form mit Imprägnierungen anderer Religionen und ihren mystischen Traditionen in Beziehung zu setzen, um voneinander zu lernen. Hierin liegt ein Potential für die Gegenwart.

Literaturverzeichnis

Brück, Michael, von: *Mystik – gemeines Kern der Weltreligionen?*, in: Wolfgang Achtner (Hg.): *Mystik als Kern der Weltreligionen. Eine protestantische Perspektive*, Fribourg 2017, S. 143–159.

Castro Sánchez, Secundino: *Cristología Teresiana,* Madrid 2009.

Delgado, Mariano: *Gesagtes und Gemeintes unterscheiden. Zur interreligiösen Hermeneutik mystischer Texte*, in: Wolfgang Achtner (Hg.): *Mystik als Kern der Weltreligionen. Eine protestantische Perspektive*, Fribourg 2017, S. 160–174.

–: *Islamische Spuren bei Teresa von Ávila und Johannes vom Kreuz? Diskussionsstand und kritische Anmerkungen,* in: Erdal Toprakyaran/Hansjörg Schmid/Christian Ströbele: *Dem Einen entgegen: Christliche und islamische Mystik in historischer Perspektive*, Münster 2018, S. 177–198.

Francisco de Osuna: *Tercer Abecedario Espiritual*, hg. v. Saturino López Santidrián, Madrid 2005.

–: *Versenkung*, ausgewählt, übers. u. eingel. v. Erika Lorenz, Freiburg/Basel/Wien 1982.

Garcia-Mateo, Rogelio: *Martin Luther – Ignatius von Loyola – Teresa von Avila. Ökumenische Gemeinsamkeit in spirituellen Grunderfahrungen*, in: *Geist und Leben* 59 (1986), S. 343–358.

González de Cardedal, Olegario: *Cristianismo y mística*, Madrid 2015.

Hogrebe, Wolfram: *Spekulative Identität und diskursive Differenz. Gelingensbedingungen des interkulturellen Dialogs in der Philosophie*, in: Claudia Beckmann/Hermann-Josef Scheidgen/Tobias Voßhenrich/Markus Wirtz (Hg.): *Tradition und Traditionsbruch. Interkulturelle philosophische Perspektiven*, Amsterdam/New York 2006, S. 249–263.

Ignatius: *Der Bericht des Pilgers*, übers. u. erläutert v. Burkhart Schneider, Freiburg/Basel/Wien 41979.

–: *Geistliche Übungen*, übertragen u. erklärt v. Adolf Haas, Freiburg/Basel/Wien 51981.

Leppin, Volker: *Transformationen. Studien zu den Wandlungsprozessen in Theologie und Frömmigkeit zwischen Spätmittelalter und Reformation*, Tübingen 2015.

–: *Die fremde Reformation. Luthers mystische Wurzeln.* München 22017.

–: *Martin Luther*, Darmstadt 32017.

Ludolf von Sachsen: *Das Leben Jesu Christi*, übers. u. hg. v. Susanne Greiner, Freiburg 1994.

Majjhima Nikāya: *Mittlere Sammlung*, Teil II: Die mittleren Fünfzig: http://www.palikanon.com/majjhima/majjhima1.htm. (15.03.2019)

Manstetten, Reiner: *Abgeschiedenheit. Von der negativen Theologie zur negativen Anthropologie: Nikolaus von Kues und Meister Eckhart*, in: *Theologische Quartalsschrift* 181 (2001), S. 112–131.

Maron, Gottfried: *Ignatius von Loyola: Mystik – Theologie – Kirche*, Göttingen 2001.

Michl, Johann Michl: Artikel *Auferstehung. I. Biblisch*, in: *Marienlexikon*, hg. v. Remigius Bäumer/Leo Scheffczyk, St. Ottilien 1988.

Moltmann, Jürgen: *Die Wendung zur Christusmystik bei Teresa von Avila. Oder: Teresa von Avila und Martin Luther*, in: *Gott allein. Teresa von Avila heute*, hg. v. Waltraud Herbstrith, Freiburg 1982, 184–208.

al-Nūrī de Bagdad, Abū al-Ḥusayn: *Moradas de los corazones*, übers., eingel. u. m. Anm. versehen v. Luce López-Baralt, Madrid 1999.

Prien, Hans-Jürgen: *Francisco de Osuna – Mystik und Rechtfertigung. Ein Beitrag zur Erforschung der spanischen Theologie und Frömmigkeit in der ersten Hälfte des sechzehnten Jahrhunderts*, Hamburg 2014.

Ruhstorfer, Karlheinz: *Das Prinzip ignatianischen Denkens. Zum geschichtlichen Ort der ‚Geistlichen Übungen' des Ignatius von Loyola*, Freiburg/Basel/Wien 1998.

Schimmel, Annemarie: *Mystische Dimensionen des Islam. Die Geschichte des Sufismus*, München ^{3}1995.

Die Predigten Taulers, hg. v. Ferdinand Vetter, Berlin 1910.

Tauler, Johannes: *Predigten, Band 1*, *Band 2*, übertr. u. hg. v. Georg Hofmann, Einsiedeln 1979.

Santa Teresa de Jesús: *Libro de la Vida*, in: dies.: *Obras Completas*, hg. v. Efren de la Madre de Dios/Otger Steggink, Madrid ^{9}1997, S 31–232.

–: *Moradas del Castillo Interior*, in: dies.: *Obras Completas*, hg. v. Efren de la Madre de Dios/Otger Steggink, Madrid ^{9}1997, S. 469–583.

Teresa von Avila: *Das Buch meines Lebens.* Gesammelte Werke Band 1, hg., übers. u. eingel. v. Ulrich Dobhan/Elisabeth Peeters, Freiburg/Basel/Wien ^{7}2013.

–: *Wohnungen der Inneren Burg*. Gesammelte Werke Band 4, hg., übers. u. eingel. v. Ulrich Dobhan/Elisabeth Peeters, Freiburg/Basel/Wien ^{4}2012.

Mystik ohne Gott? Der scholastische Hintergrund tibetischer ‚Mystik' aus der Sicht des jesuitischen Missionars Ippolito Desideri (1684–1733)*

Karsten Schmidt (Frankfurt)

1 Mystik in der europäischen Wahrnehmung des Buddhismus

Es scheint selbstverständlich, den Buddhismus mit dem Begriff Mystik in Verbindung zu bringen. Im Katalog einer Ausstellung des Züricher Rietberg-Museums zu diesem Thema schreibt Michael Zimmermann sogar: „Es dürfte kaum eine Weltreligion geben, in der die Mystik eine so zentrale, ja für das spirituelle Streben entscheidende Stellung hat."[1] Bei der traditionsübergreifenden Verwendung ist aber auch Vorsicht geboten. Mystik meint hier eine Erfahrung des Absoluten, was sich begriffsgeschichtlich stark an christlichen Gottesvorstellungen orientiert.[2] Bei Übertragungen auf den buddhistischen Kontext entsteht das Problem, dass schon in den frühen Schulen die indischen Hauptgötter zu selber noch erlösungsbedürftigen sterblichen Wesen degradiert wurden und das spätere Mahāyāna die Idee eines höchsten Gottes (Skt. īśvara) ausdrücklich ablehnte. Inwieweit dann Begriffe wie Nirvāṇa, „Leerheit" (Skt. śūnyatā), oder Vorstellungen über die Buddhas einem solchen ‚mystisch' erfahrbaren Absoluten entsprechen, ist fraglich.

* Diese Publikation erscheint im Kontext des vom LOEWE-Programm des Hessischen Ministeriums für Wissenschaft und Kunst geförderten Forschungsschwerpunkts „Religiöse Positionierung: Modalitäten und Konstellationen in jüdischen, christlichen und islamischen Kontexten" an der Goethe-Universität Frankfurt /Justus-Liebig-Universität Gießen.

[1] Michael Zimmermann: *Buddhismus: Mystik zum Heil aller Lebewesen*, in: Albert Lutz (Hg.): *Mystik. Die Sehnsucht nach dem Absoluten*, Zürich 2011, S. 215-217, hier S. 215.

[2] Alois Maria Haas: *Mystik. Zur Entstehung des Begriffs*, in: ebd., S. 25-29, hier S. 25f.

Andererseits zeigen sich in den beschriebenen Erfahrungen im Christentum, im Buddhismus und anderen Traditionen durchaus Ähnlichkeiten, wie das Gefühl einer das Selbst überschreitenden Verbundenheit mit allem, die dann auch konfessionelle Grenzen zu überwinden scheint. Diese ‚mystischen' Zustände existieren jedoch nicht losgelöst von einem Referenzrahmen traditionsspezifischer Ausdrucksformen, die selbst maßgeblich von den jeweiligen normativen Lehren geprägt sind. Sowohl Buddhismus wie Christentum haben im Laufe ihrer Geschichte einen umfangreichen und hochgradig differenzierten Bestand scholastischer Literatur hervorgebracht, in denen sie die jeweiligen Lehren systematisierten, kommentierten und argumentativ rechtfertigten. In den meisten Fällen, wenn von ‚Mystikern' oder ‚Mystikerinnen' und ihren Erfahrungen die Rede ist, besteht hier ein enger Zusammenhang. Eines der prominentesten Beispiele ist Meister Eckhart (1260-1328), der für die Menschen seiner Zeit eben vor allem ein „Meister" (magister), d.h. akademischer Theologe war, auch wenn seine Ansichten teilweise von kirchlichen Positionen abwichen. Wie Kurt Flasch betont, war es erst die Germanistik des 19. Jh.s, die ihm den Titel ‚Mystiker' verlieh,[3] unterstützt durch ein steigendes Interesse an Spiritualität, das mit dem Relevanzverslust institutionalisierter Religion einherging.[4]

Gleiches gilt für viele andere Persönlichkeiten, die nicht unmittelbar dem Bild eines Mystikers entsprechen. So ist es nach heutigem Sprachgebrauch möglich, den wichtigsten Systematiker katholischen Glaubens Thomas von Aquin (1225-1274) entsprechend zu bezeichnen. Der Dominikaner Johannes Bunnenberg stellt zwar klar: „Das Wort ‚Mystik' gibt es damals noch nicht",[5] führt dann aber aus:

> Leben in Freundschaft mit Gott – diese Formel vermag daher so etwas wie den Einheitspunkt wiederzugeben, wo die Person, der Mystiker Thomas, und seine Theologie der Mystik sich treffen.[6]

[3] Kurt Flasch: *Meister Eckhart. Die Geburt der «Deutschen Mystik» aus dem Geist der arabischen Philosophie*, München ^{3}2013, S. 16.

[4] Siehe auch Christopher Partridge / Theodore Gabriel: *Introduction*, in: Christopher Partridge / Theodore Gabriel (Hg.): *Mysticisms East and West. Studies in Mystical Experience*, Carlisle / Cumbria 2003, S. XIII-XXIV, hier S. XIV.

[5] Johannes Bunnenberg: *Leben in Freundschaft mit Gott – Spuren von Mystik bei Thomas von Aquin*, in: *Geist und Leben* 71 (1998), S. 39-51, hier S. 44.

[6] Ebd. S. 51

In gleicher Weise konnte Karl Rahner dem Begründer der Gesellschaft Jesu, Ignatius von Loyola (1491-1556), eine „Mystik der Weltfreudigkeit“ zuschreiben.[7]

Obwohl die frühe europäische Rezeption seit der Aufklärung im Buddhismus überwiegend eine Form von Nihilismus sah,[8] etabliert sich ab dem 19. Jh. im Hinblick auf die dortigen Lehren und Erfahrungsbeschreibungen ebenfalls eine zunehmend großzügige Anwendung des Attributs ‚mystisch‘ und seiner Derivate, häufig noch verbunden mit Gefühlen von Irritation und Unverständnis. In einem Vortrag von 1869 artikulierte der Sprach- und Religionswissenschaftler Friedrich Max Müller die europäischen Verstehensprobleme buddhistischer Lehren mit den Worten: „Der Buddhistische Nihilismus ist von je her viel unbegreiflicher erschienen, als blosser Atheismus. Eine Art von Religion ist noch immer denkbar, wenn nur irgendwo ein Halt ist, wenn etwas Ewiges und Selbstbeständiges, wenn auch nicht ausser und über dem Menschen, doch wenigstens im Menschen anerkannt wird.“[9] Weiter heißt es:

> Es gab ja für den Buddhismus kein Göttliches, kein Ewiges, kein Absolutes, und auch die Seele […] wurde in der orthodoxen Metaphysik des Buddhismus als vergänglich, als nichtig, als ein bloßes Trugbild dargestellt.[10]

All das entsprach nicht dem bekannten Verständnis von Religion, denn sie wäre nicht mehr „was sie sein soll – eine Brücke vom Endlichen zum Unendlichen, sondern eine Fallbrücke, die den Menschen in den Abgrund schleudert, wenn er eben die feste Burg des Ewigen erreicht zu haben glaubte.“[11] Im Widerspruch dazu, so Müller, würde Nirvāṇa aber auch „das höchste Stadium geistiger Freiheit und Seligkeit bezeichnen, – nicht aber Vernichtung.“[12] Das „Verlöschen“ beziehe sich auf Dinge wie

[7] Karl Rahner: *Die ignatianische Mystik der Weltfreudigkeit*, in: ders.: *Schriften zur Theologie, Band3. Zur Theologie des geistlichen Lebens*, Einsiedeln / Zürich / Köln, [7]1967, S. 329-348.

[8] Vgl. z.B. Roger-Pol Droit: *The Cult of Nothingness. The Philosophers and the Buddha*, Chapel Hill / London 2003; Ludger Lütkehaus (Hg.): *Nirwana in Deutschland. Von Leibniz bis Schopenhauer*, München 2004.

[9] Friedrich Max Müller: *Über den Buddhistischen Nihilismus*, Kiel 1869, S. 13.

[10] Ebd., S. 14.

[11] Ebd., S. 13f.

[12] Ebd., S. 15.

„Selbstsucht“ oder „Begierde“, „ohne bis zum Erlöschen des subjektiven Bewusstseins zu gehen.“ [13] Er sah keine andere Möglichkeit, als hier eine Inkonsistenz im Buddhismus selbst zu unterstellen. Die „sinnlosen, metaphysischen Hirngespinste“ über „das Verwehen der Seele im Nirvâna“,[14] seien das Produkt nachfolgender buddhistischer Philosophen, während der Buddha und seine Jünger unter dem Heilsziel vermutlich ein „Eingehen der Seele zur Ruhe“ verstanden hätten, ähnlich wie christliche Mystiker.[15]

Deutlich negativ äußerte sich ein früher Klassiker der Tibetologie. Laurence Austine Waddells *The Buddhism of Tibet or Lamaism* von 1895 beginnt mit dem Satz: „Tibet, the mystic Land…“, was hier zunächst „verborgen“ oder „geheimnisvoll“ meint.[16] Die dem tibetischen Buddhismus zugrunde liegenden mahāyānischen Lehren, allem voran das Konzept der Leerheit, bezeichnete er als „sophistic nihilism“, das Heilsziel erkannte er aber trotzdem in einem „mystical state“.[17] Der indische Buddhismus insgesamt war für ihn „mysticism“, in seiner speziell tibetischen Ausformung aber auch „a silly mummery of unmeaning jargon and ‚magic circles‘."[18]

Derart bewertende Darstellungen wurden später zurecht als unangemessen und arrogant angesehen. Im Sinne einer Religions- und Völkerverständigung bestand ab dem frühen 20. Jh. eine Gegenreaktion darin, stärker nach überkonfessionellen Gemeinsamkeiten zu suchen, wobei der Mystik-Begriff eine zentrale Rolle spielte. Ein Beispiel hierfür ist der Theologe und frühe Religionswissenschaftler Rudolf Otto. In seinem bekanntesten Werk *Das Heilige* von 1917 widmete er dem Buddhismus nur wenige Passagen, in denen er sich auf den Begriff der „Leerheit“ (Skt. śūnyatā) konzentrierte. Die gemeinsame Basis aller Religionen sah Otto in ihren mystischen Strömungen, genauer im Bezug zu dem „Ganz Anderen“, das für ihn in der Mystik als das „Paradoxe“ und „Antinomische“

[13] Ebd.

[14] Ebd. S. 20.

[15] Ebd., 17f.

[16] Laurence Austine Waddell: *The Buddhism of Tibet or Lamaism. With its Mystic Cults, Symbolism and Mythology, and in its Relation to Indian Buddhism*, London 1895, S. 1.

[17] Ebd. S. 11.

[18] Ebd. S. 15.

erscheint. Paradigmatisch dafür galten ihm Formen europäischer Mystik, die das Göttliche nur in Negationen ausdrücken, – und der Buddhismus.

Nach Otto wird „das positive Wie des ‚Ganz anderen' zugleich höchst lebendig im Gefühl, und zwar im Gefühlsüberschwang. Was so von dem sonderbaren ‚nihil' unserer westlichen Mystiker gilt, das gilt ganz gleichermaßen von dem ‚śūnyam' und der ‚śūnyatā', von dem ‚Leeren' und der ‚Leere' der buddhistischen Mystiker. [...] Aber wie das ‚Nichts' so ist das ‚Leere' in Wahrheit ein numinoses Ideogramm des ‚Ganz Anderen'."[19] So verstanden haben Buddhismus und christliche Mystik dasselbe numinose Objekt zum Gegenstand und sind beide Formen einer „Mystischen Theologie", die sich in Ottos Worten auszeichnet durch eine „Übersteigerung des Irrationalen in der Gottesidee".[20] In seiner Arbeit *West-Östliche Mystik* von 1926 verwies er allerdings deutlicher auf die Bedeutung der divergierenden kulturellen und dogmatischen Hintergründe:

> Denn nirgends schwebt ‚Mystik' frei im Äther. Überall setzt sie auf einem gewachsenen Boden gegebener Religion, wölbt sich über diesem und über dieser; und so hoch sie sich wölbte, sie trägt bis zuletzt den besonderen Bodengeschmack und die Bodenfarbe ihres Bodens an sich.[21]

Der überwiegend ablehnenden Deutung aus der Frühzeit der europäischen Buddhismusrezeption steht hier eine Strategie gegenüber, der interreligiösen Herausforderung versöhnend zu begegnen. Die gleiche Haltung findet sich teilweise auch bei buddhistischen Autoren, z.B. in Veröffentlichungen wie *Die Grundlagen tibetischer Mystik* (1956)[22] von Lama Anagarika Govinda (bürgerl. Ernst Lothar Hoffmann), oder wenn Daisetsu Teitaro Suzuki in *Mysticism: Christian and Buddhist* (1957) überkonfessionell von einer „great school of mysticism"[23] sprach. Eine Fülle

[19] Rudolf Otto: *Das Heilige. Über das Irrationale in der Idee des Göttlichen und sein Verhältnis zum Rationalen*. Neuausgabe mit einem Nachwort von Hans Joas, München 2014 [[1]1917], S. 35.

[20] Ebd. S. 36.

[21] Rudolf Otto: *West-Östliche Mystik. Vergleich und Unterscheidung zur Wesensdeutung*, Gotha 1926, S. 236.

[22] Lama Anagarika Govinda: *Grundlagen tibetischer Mystik*, Zürich / Stuttgart 1956.

[23] Daisetsu Teitaro Suzuki: *Mysticism: Christian and Buddhist*, New York, 1957, S. vii.

von Literatur über christliche, muslimische, hinduistische usw. Mystik unterstützte den populären Eindruck, die Mystiker aller unterschiedlichen Traditionen bildeten eine große Familie, und über sie auch die Religionen selbst, deren Glaubensvorstellungen dann vielleicht nicht wirklich in Konflikt zueinander stehen, sondern lediglich unterschiedliche Einblicke in dieselbe überweltliche Realität bieten.

Neben dem nachhaltigen Einfluss stärker differenzbetonter Modelle innerhalb eines postmodernen Paradigmas ab den 1960ger Jahren, setzt sich ein solcher, vermeintliche grundlegende Gemeinsamkeiten betonender Ansatz teilweise bis heute fort. Einem spezifischen theologischen Programm verpflichtet konstatiert z.B. Perry Schmidt-Leukel auch im Buddhismus „den Glauben an eine transzendente und unbedingte letzte Wirklichkeit".[24] Dabei kommt wieder die Mystik ins Spiel. Analog zur christlichen Seite, auf der scholastische Autoritäten anachronistisch zu Mystikern erklärt werden, heißt es hier über den maßgeblichen Systematiker mahāyānischer Kernaussagen Nāgārjuna (2./.3. Jh.):

> Offenbar stellt Nāgārjuna seine radikale logische Kritik aller Ansichten, einschließlich der buddhistischen Lehre selbst, in den Dienst einer [...] radikalen, überbegrifflichen, mystischen Praxis und Erfahrung.[25]

Schmidt-Leukel zustimmend schreibt Katharina Ceming im gleichen Sinne: „Nāgārjuna analysiert mit den Mitteln der Logik, warum es für den Menschen keine Alternative zum mystischen Leben gibt."[26] Die Rede von mystischen Erfahrungen vor dem Hintergrund einer transzendenten unbedingten Wirklichkeit etc. sowohl im Christentum wie im Buddhismus suggeriert eine hinreichende Übereinstimmung nicht nur der Erfahrungen, sondern auch der zugrundeliegenden metaphysischen Weltsicht.

[24] Perry Schmidt-Leukel: *Buddhismus verstehen. Geschichte und Ideenwelt einer ungewöhnlichen Religion*, Gütersloh 2017, S. 9.

[25] Ebd. S. 243. Siehe auch Perry Schmidt-Leukel: *Mystische Erfahrung und logische Kritik bei Nâgârjuna. Zum Verhältnis von meditativer, begrifflicher und existentieller Welttranszendenz im Buddhismus*, in: Armin Kreiner / Perry Schmidt-Leukel (Hg.): *Religiöse Erfahrung und theologische Reflexion. Festschrift für Heinrich Döring*, Paderborn 1993.

[26] Katharina Ceming: *Einheit im Nichts. Die mystische Theologie des Christentums, des Hinduismus und Buddhismus im Vergleich*, Augsburg 2004, S. 285.

Die breit gestreute Verwendung und oft unklare Bestimmung des Begriffs Mystik macht es schwer zu entscheiden, ob die Übertragung auf den buddhistischen Kontext angemessen ist oder nicht. Ein Minimalkriterium scheint in der Vorstellung von etwas Absolutem zu liegen, das, wenn schon nicht christlichen Vorstellungen eines persönlichen Gottes gemäß, doch zumindest eine alles begründende Realität repräsentiert. Als Absolutes wäre es in seiner Existenz unabhängig, u.a. auch von den kontingenten Bedingungen des Bewusstseins, dem es in ‚mystischen' Zuständen erscheint. Der eigentliche Gehalt dieser Erfahrung beinhaltet dann immer schon bestimmte Existenzaussagen über das, was dort erfahren wird, die wiederum in den traditionsspezifischen Weltbildern wurzeln.

In Hinblick auf eine Betrachtung von Mystik im buddhistischen Kontext sind somit zwei Themenbereiche eng miteinander verbunden bzw. verweisen in ihren leitenden Fragestellungen aufeinander: Zum einen stellt sich die Frage nach der Angemessenheit der Rede von buddhistischer Mystik angesichts der damit übertragenen christlichen Konnotationen, was zum anderen den Blick auf die literarischen Quellen beider Traditionen lenkt, in denen die normativen Grundlagen der entsprechenden Lehren zum Ausdruck kommen und zumindest wichtige Hinweise enthalten, ob die Subsumption unter einen gemeinsamen Begriff ‚Mystik' angebracht ist oder nicht.

Wir könnten im Weiteren versuchen, den Hintergrund beider Traditionen anhand ausgewählter Beispiele in abstracto selber ins Gespräch zu bringen, im gegebenen Rahmen geeigneter erscheint mir aber die Betrachtung der Zeugnisse einer konkreten dialogischen Begegnung, weil die spezifischen Gegebenheiten immer auch eine wichtige Rolle spielen. Hierfür gäbe es mehrere Möglichkeiten. Intellektuell äußerst ergiebig ist z.B. die Auseinandersetzung europäischer oder amerikanischer Philosophen und Theologen mit Vertretern der japanischen Kyōto-Schule, bei der Martin Heidegger eine zentrale Vermittlerposition zukam. Um der oftmals täuschenden Selbstverständlichkeit heutiger Ausdrucksweisen gegenüber einen begriffsgeschichtlichen Kontrapunkt zu setzen, mag es aber interessant sein, in eine Zeit vor dem 19. Jh. zurückzugehen. Die Säkularisierungsprozesse der Moderne führten zu historisch nie dagewesenen terminologischen Zäsuren und Neubestimmungen, die auch das betrafen, wovon sie sich absetzten. Im Zuge dessen entstand ein neues Verständnis davon, was ‚Religion' bedeutet, und als Unterkategorie damit verbunden auch des Begriffs ‚Mystik'. Bei verallgemeinernd ansetzenden interreligiösen Vergleichen sollte nicht vergessen werden, welche Terminologien und welcher Sprachgebrauch über den größeren Teil der Geschichte hinweg gegolten haben. Wenn zudem jemand in den normativen Fundamenten der eigenen und einer anderen Tradition kompetent ist, und aus einer langjährigen intensiven Begegnungssituation heraus zu bestimmten Einschätzungen kommt, wäre das zumindest eine relevante Stimme.

Ich möchte daher eine der ersten und bis heute tiefgründigsten Diskussionen zwischen Buddhisten und Christen betrachten, die im Tibet des frühen 18. Jh.s stattfand. Der Begabung des jesuitischen Missionars Ippolito Desideri (1684-1733) und günstigen Umständen ist es zu verdanken, dass uns mit seinem italienischen Reisebericht und fünf auf Tibetisch verfassten Werken ein Dokument vorliegt, das insgesamt 6 Jahre wechselseitiger kritischer Auseinandersetzung zwischen buddhistischen und christlichen Positionen beinhaltet.[27] Vermittelt durch Desideri begegneten sich hierbei die höchsten Ebenen christlicher (katholischer) und buddhistischer (vor allem Gelugpa-) Gelehrsamkeit – er argumentierte vor dem Hintergrund von Aristoteles (4. Jh. v. Chr.) und Thomas von Aquin (13. Jh.), während seine buddhistischen Gesprächspartner sich u.a. auf Nāgārjuna (2./3. Jh.) und Tsongkhapa (14./15. Jh.) beriefen. Über das, was Desideri gegenüber vielen anderen Missionaren auszeichnet, schreibt der Tibetologe Rudolf Kaschewsky:

> Die Überzeugung, daß es sich um eine letztlich ‚falsche Sekte' und eine ‚höchst merkwürdige Religion' handle […], hindert Desideri nicht daran,

[27] Kritische Ausgabe von Desideris Reisebericht in: Luciano Petech (Hg.): *I Missionari Italiani nel Tibet e nel Nepal. Ippolito Desideri S.I.,* Bd. V-VII, Rom 1954-56; englische Übersetzung in: Leonard Zwilling (Hg.) / Michael J. Sweet (Übers.): *Mission to Tibet. The extraordinary Eighteenth-Century Account of Father Ippolito Desideri*, S.J., Boston 2010. Übersetzungen tibetischer Texte Desideris ins Italienische: Giuseppe Toscano (Hg.): *Opere Tibetane di Ippolito Desideri S.J. (Bd. I-IV)*, Rom 1984-1989; englische Teilübersetzungen in: Donald S. Lopez Jr. / Thupten Jinpa: *Dispelling the Darkness. A Jesuit's Quest for the Soul of Tibet*, Cambridge / London 2017.

sich nach Kräften um eine treffende Deutung dessen, was er vorfand, zu bemühen.[28]

Sehr häufig stehen eine starke Überzeugung oder ein starker religiöser Glaube dem offenen Blick auf ein anderes Denken im Wege; Desideri ist ein Beispiel dafür, dass es nicht notwendig so sein muss.

Wie Robert E. Goss in einem Aufsatz gezeigt hat, war dieser Dialog deshalb so produktiv, weil sowohl Desideri wie die tibetischen Mönche, in deren Klöstern er studieren durfte, in einer hochentwickelten Argumentationspraxis ausgebildet waren, deren formale Struktur sich zudem stark ähnelt.[29] Desideri beschrieb diese Praxis, die weitgehend dem scholastischen sic et non entspricht, wie folgt: „Sie haben auch die Kunstfertigkeit, Probleme anzusprechen und zu lösen, und ihre Methode unterscheidet sich nicht von der unseren. Die Vorgehensweise besteht darin, den strittigen Punkt vorzutragen, die Meinungen anderer darüber zu benennen, diese anzufechten, den eigenen Standpunkt zu verteidigen und Gründe dafür anzugeben, um schließlich auf die Einwände der Gegner zu antworten.“[30] Die tibetische Terminologie spricht vom einem argumentativen Dreischritt bestehend aus „wiederlegen“ ('gag) der anderen Argumente, „etablieren“ (bzhag) der eigene Position, und „überwinden“ (spong) der gegnerischen Einwände.[31]

Nur ein einziges Mal verwendete Desideri den Ausdruck „mystisch“ (mistico) mit Bezug auf Buddhismus, jedoch nur in deskriptiv-analoger Weise, ohne damit Buddhismus und Christentum als zwei Formen eines einheitlichen Phänomens ‚Mystik‘ zu bezeichnen. Das allein hat bereits einen Informationswert und man darf fragen: Warum dann eine Diskussion über buddhistisch-christliche Mystik anhand von Desideri? Genau diese Frage stellt sich aber in Hinblick auf eine unüberschaubare Zahl von Literatur über vergleichende Mystik und es geht genau darum, das zu

[28] Rudolf Kaschewsky: *Das Tibetbild im Westen vor dem 20. Jahrhundert*, in: Thierry Dodin / Heinz Räther (Hg.): *Mythos Tibet: Wahrnehmungen, Projektionen, Phantasien*, Köln 1997, S. 16-30, hier S. 21.

[29] Robert E. Goss: *The First Meeting of Catholic Scholasticism with dGe lugs pa Scholasticism*, in: José Ignacio Cabezón (Hg.): *Scholasticism. Cross-Cultural and Comparative Perspectives*, New York 1998, S. 65-90.

[30] Petech: *I Missionari Italiani*, Bd. V, S. 197; Zwilling / Sweet: *Mission to Tibet*, S. 189.

[31] Siehe dazu Zwilling / Sweet: *Mission to Tibet*, S. 686, Fn. 523.

problematisieren. In der betreffenden Stelle von Desideris Reisebericht heißt es:

> Er [der Buddha] sagt daher, dass unser gesamtes intellektuelles Wissen und unsere Urteile über jeden Gegenstand auf zwei Arten betrachtet werden können: in einem materiellem Sinn – ausgedehnt, wie sie sagen – oder in einem überlegenen, mystischen und erhöhten Sinn (un senso superior, mistico e d'elevazione). [...] In diesem zweiten Sinn, so sagt er, werden die Dinge wahrgenommen als nicht-existent und leer von jedem Wesen (vote d'ogni essere).[32]

Der Kontext macht deutlich, dass Desideri ‚mistico' in einer vor dem 19. Jh. üblichen engeren Weise gebrauchte, nämlich bezogen auf einen höheren Sinn biblischer Schriftauslegung.[33] Das texthermeneutische Äquivalent identifizierte er auf buddhistischer Seite korrekt mit dem Begriff „letztliche Bedeutung" (tib. nges don, Skt. nītārtha), in der die „höchste Wahrheit" (tib. don dam bden pa, Skt. paramārthasatya) zum Ausdruck kommt, nämlich die Leerheit von allem.[34]

Das ‚Mystische' würde demnach hier in einer Tiefendimension christlicher und buddhistischer Literatur zu suchen sein. Bezogen darauf, aber auch im weiteren Sinne von Mystik als Erfahrung des Absoluten, stellt sich die Frage, wie weit darf sich das buddhistische Wirklichkeitsverständnis – für unsere Zwecke primär am Begriff der Leerheit orientiert – von dem christlichen Verständnis einer göttlichen Wirklichkeit unterscheiden, um noch als ‚mystisch' gelten zu können? Bevor wir uns dafür dem Thema Gott vs. Leerheit am Beispiel von Desideris Schriften widmen, ist es hilfreich, den etwas weiteren historischen Horizont und die Umstände zu betrachten, in denen diese Begegnung stattfand.

[32] Petech: *I Missionari Italiani*, Bd. VI, S. 203; Zwilling / Sweet: *Mission to Tibet*, S. 371.

[33] Siehe dazu Haas: *Mystik*, S. 26.

[34] Vgl. Zwilling / Sweet: *Mission to Tibet*, S. 719, Fn. 967.

2 Die Tibetmission Ippolito Desideris

Über Tibet wusste man in der Zeit Desideris noch sehr wenig. Es war üblich, zwischen drei Tibets zu unterscheiden: Die spärlichen Informationen sprachen von Baltistan (heute in Ost-Pakistan) als dem „ersten" Tibet, das Königreich Ladakh und das westtibetische Reich Guge galten als das „zweite" Tibet, und das zentraltibetische Reich mit der Hauptstadt Lhasa nannte man das „dritte" oder „größere" Tibet. Tibet zu finden und dort Einfluss zu gewinnen hatte große strategische Bedeutung, weil es die kürzeste Verbindung war auf dem Landweg zwischen Indien und China. Die ersten nennenswerten Informationen über tibetischen Buddhismus stammen von dem portugiesischen Jesuiten António de Andrade. Unter seiner Leitung überwand eine Gruppe von Missionaren von Indien aus den Himalaya und erreichte 1624 das westtibetische Reich Guge. Der König empfing sie freundlich und erlaubte ihnen die Errichtung einer Mission in der Hauptstadt Tsaparang. Andrade reiste zwei Mal nach Guge, nachdem es jedoch 1630 vom Nachbarreich Ladakh erobert wurde, verloren sie die herrschaftliche Förderung und mussten die Mission abbrechen. Andrades Bericht enthält die ältesten direkten, wenn auch sehr oberflächlichen Darstellungen des tibetischen Buddhismus.[35] Dabei ging er von der verbreiteten These aus, die Menschen in diesen Regionen seien durch den Apostel Thomas früher bereits Christen gewesen, ihr Glaube sei aber im Laufe der Zeit korrumpiert worden. Nach Andrades Bericht erläuterte er dem König den Zweck seiner Reise wie folgt:

> Ich wollte nämlich erkunden, ob es war sei, was ich gehört hatte, daß er mitsamt seinen Untertanen ein Christ und dem wahren Gesetz Gottes verpflichtet sei.[36]

Entsprechend war seine Sicht auf den Buddhismus motiviert, christliche Relikte zu identifizieren; im November 1624 z.B. schreibt er in einem Brief:

[35] Deutsche Übersetzung des Berichts in: Jürgen C. Aschoff: *Tsaparang – Königsstadt in Westtibet. Die vollständigen Berichte des Jesuitenpaters Antonio de Andrade und eine Beschreibung vom heutigen Zustand der Klöster*, Eching vor München 1989, siehe auch Cornelius Wessels: *Early Jesuit Travellers in Central Asia (1603-1721)*, Den Haag 1924, S. 43-94.

[36] Aschoff: *Tsaparang*, S. 34.

> Es scheint ein ganz friedvolles Volk zu sein. Sie besitzen ähnlich unseren Kirchen Bethäuser, die sie auch sehr sauber halten. Diese sind an Wänden und Decken bemalt. […] Die Bilder sind aus Gold. In Tsaparang sahen wir eines in Gestalt einer Frau mit erhobenen Händen, von der sie sagen, es sei die Mutter Gottes. Sie wissen also um das Geheimnis der Menschwerdung und bekennen, daß Gottes Sohn Mensch geworden ist.[37]

Und etwas weiter: „Ganz offenbar sind sie auch im Besitz des Geheimnisses der allerheiligsten Dreifaltigkeit, denn sie sagen, Gott sei dreifaltig und zugleich einer.“[38]

Zwei andere portugiesische Jesuiten gelangten nach Bhutan, wo sie acht Monate blieben und zuvorkommend aufgenommen wurden. Da ihre Bekehrungsversuche aber weitgehend erfolglos blieben, reisten sie weiter ins tibetische Shigatse. Estêvão Cacella traf dort im November 1627 ein, sein Mitbruder João Cabral im folgenden Januar. Auch dort ließ sie die lokale Herrschaft gewähren und sie durften eine kleine Mission unterhalten. Nachdem Cacella 1630 starb, blieb Cabral noch fünf weitere Jahre, bis er wegen politischer Unruhen nach Indien zurückkehren musste. Der von Cacella verfasste Bericht zeigt kaum Interesse für oder Verständnis von tastsächlichen buddhistischen Lehraussagen.[39] Das Gleiche gilt auch für die ersten Jesuiten, die bis nach Lhasa kamen. Im Jahre 1661 machten Johannes Grueber und Albert d'Orville dort für ca. zwei Monate Halt, auf dem Weg von China nach Indien. Sie brachten eine Beschreibung des unter dem V. Dalai Lama gerade fertiggestellten Potala-Palastes nach Europa.[40]

Ein fundiertes Studium und tieferes Verständnis tibetisch-buddhistischer Lehren gelang erst dem Italiener Ippolito Desideri. Er wurde 1684

[37] Aschoff: *Tsaparang* S. 44; dabei handelt es sich vermutlich um den weiblichen Bodhisattva Uṣṇīṣavijayā (tib. gtsug tor rnam rgyal ma), vgl. ebd. Fn. 37.

[38] Ebd. S. 44.

[39] Eine englische Übersetzung des Berichtes bietet Luiza Maria Baillie: *Father Estevao Cacella's report on Bhutan in 1627*, in: *Journal of Bhutan Studies*, vol. 1, no. 1. Thimphu 1999, S. 1-35; siehe auch Wessels: *Early Jesuit Travellers*, S. 120-163.

[40] Siehe dazu Wessels: *Early Jesuit Travellers*, S. 164-204.

in Pistoia in der Toskana geboren.[41] 1700 ging er nach Rom und trat in den Jesuiten-Orden ein. Am renommierten Collegio Romano war er einer der herausragenden Studenten und begann bereits selbst zu lehren, als er seine Ordensoberen mit dem Gesuch überraschte, er wolle Missionar werden. Ohne dass es ihm zunächst bewusst war, sollte er dadurch in Machtkämpfe innerhalb der katholischen Kirche geraten.

Das weitgehende Scheitern der jesuitischen Missionen in Tibet war für die Gegner innerhalb der katholischen Kongregation zur Verbreitung des Glaubens (Congregatio de Propaganda Fide), die alle Missionstätigkeiten lenkte, ein willkommener Anlass, den Kapuzinern diesen Raum zu übertragen. 1707 schaffte es eine Gruppe, in Lhasa eine Mission aufzubauen, die aber oft jahrelang unbesetzt blieb. Die Jesuiten sahen hier eine Chance, ihre Präsenz dort wieder zu stärken und die Glaubenskongregation in Rom durch vorzeigbare Erfolge für sich einzunehmen. Der vielversprechende angehende Missionar Desideri schien dafür der geeignete Kandidat zu sein.

Obwohl die Glaubenskongregation hinsichtlich der Tibet-Mission gegen die Jesuiten eingestellt war, beschlossen Desideris Vorgesetzte, ihn auf den Weg zu schicken. Im September 1712 brach er mit einer Gruppe von Mitbrüdern von Italien zunächst nach Portugal auf, von Lissabon ging es weiter um Afrika herum bis nach Mosambik, bis sie im September 1713 Goa erreichten, die portugiesische Kolonie an der Westküste Indiens. Der zweite Teil der Reise begann im November 1713 von Goa aus wieder auf dem Seeweg nach Norden in das Gebiet des Mogul-Reiches, weiter durch Rajasthan bis in die Hauptstadt Delhi, wo die Jesuiten eine Repräsentanz hatten. Desideri wurde dort der portugiesische Jesuit Manoel Freyre als Begleiter und Vorgesetzter zur Seite gestellt. Ohne das Wissen Desideris hatte Freyre den geheimen Auftrag, die Aktivitäten der Kapuziner in Tibet auszuspionieren.[42] Im September brachen beide auf

[41] Für eine biografische Übersicht siehe Enzo Gualtiero Bargiacchi: *A Bridge across two Cultures. Ippolito Desideri (1684-1733). A Brief Biography*, Florenz 2008.

[42] Für den vollständigen Bericht Freyres in englischer Übersetzung siehe Michael J. Sweet: *Desperately Seeking Capuchins. Manoel Freyre's Report on the Tibets and their Routes. (Tibetorum ac eorum Relatio Viarum) and the Desideri Mission to Tibet*, in: *Journal of the International Association of Tibetan Studies, no. 2* (August 2006), S. 1-33. Für den italienischen Text siehe Petech: *I Missionari Italiani*, Bd. VII, S. 194-207.

und die beschwerliche Reise führte sie über die ersten Pässe des Himalayas. Mit großer Mühe schafften sie es nach Kaschmir, wo sie überwintern und sich erholen konnten. Als im Mai 1715 der Schnee zu schmelzen begann, ging es begleitet von einem kundigen Führer weiter nach Leh, der Hauptstadt des Königreichs Ladakh. Von ihrem Führer lernte Desideri bereits ein wenig Tibetisch und in Ladakh hatte er die erste Gelegenheit, aus eigener Anschauung etwas über den dortigen Buddhismus zu erfahren. Die Menschen in Leh begegneten den Reisenden mit großer Freundlichkeit. Der König empfing sie mit einem Gastmahl und stattete sie mit Pferden und Beleitern aus, damit sie den Weg sicher fortsetzen konnten. Die Eskorte brachte die beiden Missionare über die Grenze des „größeren" Tibets bis zu der Stadt Tashigang. Weiter passierten sie den Berg Kailash, die bedeutenden Klöster Sakya und Tashilhunpo und beinahe dreieinhalb Jahre nachdem er in Rom aufgebrochen war, betrat Desideri schließlich am 18. März 1716 Lhasa.

Desideris Begleiter Freyre litt sehr unter dem Klima und nachdem er keine Kapuziner in Lhasa vorfand, sah er seinen ‚Spionage'-Auftrag als beendet an. Einen Monat nach der Ankunft ging er über Nepal zurück nach Indien und Desideri blieb allein. Einige Tage später musste sich Desideri bei dem obersten Minister melden, dem er sein Anliegen vortrug, in Tibet das Christentum lehren zu wollen. Wie vorher schon in Leh war die Reaktion wohlwollend und anscheinend weckte die Anwesenheit dieses „weißköpfigen Lamas" (mgo dkar gyi blama), wie Desideri sich selbst vorstellte, auch die Neugier des damaligen Herrschers in Tibet, dem Anführer der Khoshuud-Mongolen, Lhabzang Khan.

Die politische Situation war geprägt von einem komplexen Geflecht rivalisierender Gruppen innerhalb Tibets und wechselnder Bündnisse nach außen, wobei mongolische Stämme und das chinesische Reich um Einfluss konkurrierten. Zwischen dem neunten und elften Jahrhundert war Tibet von Bürgerkriegen zerrissen, verbunden mit einer Verfolgung von Buddhisten. Während der zweiten Einführung des Buddhismus ab dem 11. Jh., in der sich die großen Schulen der Nyingmapa, Kadampa (später Gelugpa), Sakyapa, Kagyüpa u.a. ausbildeten, gewannen die Klöster immer mehr gesellschaftliche Macht, wodurch Tibet militärisch nicht mehr in der Lage war, sich gegen äußere Bedrohungen zu schützen. Stattdessen setzte man auf Diplomatie und Bündnisse. Ab dem 13. Jh. nahmen die Mongolen überwiegend den tibetischen Buddhismus an, umgekehrt akzeptierten die Tibeter eine mongolische Oberhoheit.

Seit der V. Dalai Lama, Ngawang Lobsang Gyatso, im 17. Jh. mit den Khoshuud-Mongolen ein Bündnis geschlossen hatte, war die Macht in Lhasa formal aufgeteilt. Auf der Seite der Gelugpas standen der Dalai Lama als höchste spirituelle Instanz, sowie ein ihm nahe stehender geschäftsführender „Regent" (sde srid); der Anführer der Khoshuud-Mongolen fungierte als „Dharma-König" (chos rgyal) und befehligte das Militär. Wie andere Mongolen lebten die Khoshuud überwiegend nomadisch und waren nicht ständig in Tibet präsent; ihr Einfluss ließ daher mit der Zeit nach, was unter den Gelugpas die Hoffnung verstärkte, wieder mehr Eigenständigkeit erreichen zu können. Um nicht den Anschein von Schwäche zu geben, hielten sie den Tod des V. Dalai Lama für 16 Jahre geheim, solange, bis der im Verborgenen gefundene und ausgebildete VI. Dalai Lama alt genug war, seine Position einzunehmen. Der eigentliche Herrscher während dieser Zeit war der Regent Sangye Gyatso, der außerhalb Tibets nach neuen Bündnispartnern gegen die Khoshuud suchte.

Die Situation eskalierte, als der ambitionierte Lhabzang Khan seinen Bruder tötete und die Macht innerhalb der Koshuud-Mongolen an sich riss. Danach marschierte er in Tibet ein und installierte sich als König, wobei Teile der Gelugpa-Elite ihn akzeptierten, andere strebten nach mehr Unabhängigkeit. Zu Letzteren gehörte auch Sangye Gyatso, der zwei Mal versuchte, Lhabzang Khan zu vergiften. Es kam zu einem offenen Kampf und Soldaten beider Lager lieferten sich eine Schlacht in der Nähe von Lhasa. Lhabzang Khan gewann, Sangye Gyatso wurde hingerichtet und der VI. Dalai Lama gefangen genommen. Später durfte er nach China ausreisen, starb aber unter ungeklärten Umständen auf dem Weg. Diese Ereignisse lagen zehn Jahre zurück, als Desideri am 1. Mai 1716 eine Audienz bei Lhabzang Khan bekam. Bei dem Gespräch waren auch hohe Lamas anwesend und man bat Desideri, die Grundlagen seiner Lehre vorzustellen. Dafür war er noch auf die Hilfe eines Übersetzers angewiesen, was das Gespräch sehr mühsam machte. Trotzdem lobte der Khan Desideri für seine Ernsthaftigkeit und Klugheit; damit er aber bei künftigen Treffen direkt Rede und Antwort stehen könne, befahl Lhabzang Khan, ihm einen Mönch als Tibetisch-Lehrer und Tutor zur Seite zu stellen.

In der Zwischenzeit erreichte Desideri ein Brief von drei kapuzinischen Missionaren, die ihre baldige Ankunft in Lhasa ankündigten. Sie trafen am 1. Oktober 1716 ein und mussten mit Desideri in einem kleinen Haus wohnen. Trotz eines beiderseitigen Misstrauens arrangierten sie sich und Desideri teilte mit den Kapuzinern die Aufzeichnungen, die er gesammelt hatte, sowie seinen Tibetisch-Tutor, der laut dem Kapuziner Francesco Orazio della Penna den Namen Yonten Pelsang trug.[43] Die Kapuziner begleiteten Desideri auch bei weiteren Treffen mit dem Khan. Das Verhältnis zu ihm und seine Förderung waren essentiell für ihre Mission. Zu diesem Zweck konnte Desideri bei einer Gelegenheit den Umstand ausnutzen, dass Lhabzang Khan noch unter Spätfolgen des vom Regenten Sangye Gyatso angeordneten Giftanschlages litt. Desideri hatte aus Goa verschiedene Arzneien mitgebracht. Eine davon linderte diese Beschwerden, was Lhabzang Khan und seinen Hof besonders dankbar stimmte.

Bei einem weiteren Treffen am 6. Januar 1717 war Desideri besser vorbereitet. Er hatte eine erste Darstellung der christlichen Lehre in tibetischer Sprache verfasst mit dem Titel: *Morgenröte, das Anzeichen der aufgehenden Sonne, welche die Dunkelheit vertreibt* (tho rangs mun sel nyi ma shar ba'i brda).[44] Der Khan schien beeindruckt, in Desideris Darstellung waren er und die Lamas aber auch irritiert von einigen der christlichen Glaubensinhalte, vor allem die Vorstellung eines absoluten Schöpfergottes und die Ablehnung der Wiedergeburt weckten ihren Widerspruch. Um die offenen Fragen zu klären, regte Lhabzang Khan ein Streitgespräch zwischen den Christen und Gelugpa-Gelehrten an. Vorher sollten die Gäste aber Gelegenheit bekommen, die Grundlagen buddhistischer Lehren besser kennenzulernen. Desideri und della Penna durften dafür zunächst im Kloster Shide in Lhasa, dann im großen Kloster Sera etwas außerhalb die Bibliotheken benutzen und studieren. Ein erfahrener Mönch wurde von seinen Aufgaben entbunden, um ihnen behilflich zu sein. Wie keine Europäer zuvor und für mehr als 200 Jahre danach hatten Desideri und die Kapuziner dadurch die Möglichkeit, tibetischen Buddhismus aus erster Hand intensiv zu studieren.

Die Missionare profitierten von einer weitgehend libertären Haltung in religiösen Fragen, die charakteristisch war für die mongolischen Herr-

[43] Vgl. Trent Pomplun: *Natural Reason and Buddhist Philosophy: The Tibetan Studies of Ippolito Desideri, SJ (1684-1733)*, in: *History of Religions*, Vol. 50, No. 4, *Jesuit Missionaries in China and Tibet* (May 2011), S. 384-419, hier S. 394.

[44] Italienische Übersetzung in: Toscano: *Opere Tibetane*, Bd. I, siehe auch Pomplun: *Natural Reason*, S. 387-394.

scher sowie tendenziell für Asien überhaupt. Auch in Tibet sah man religiöse Vielfalt nicht grundsätzlich als Bedrohung, zumindest solange die Gruppen nicht den sozialen Frieden gefährdeten oder die Herrschaft in Frage stellten. So gab es für die in Lhasa lebenden Muslime spätestens seit dem V. Dalai Lama eine Moschee nicht weit vom zentralen buddhistischen Heiligtum, dem Jokhang. Desideri und die Kapuziner jedoch lehnten diese Haltung vehement ab und besonders der Buddhismus hatte für sie keinerlei Existenzberechtigung. Über das Ziel seines Buches *Morgenröte...* heißt es in Desideris Reisebericht: „Der Inhalt des Buches war hauptsächlich, die Falschheit der unter den Ungläubigen so verbreiteten Ansicht zu demonstrieren, jeder könne durch sein eigenes Gesetz (legge) errettet werden, um dadurch die wichtigste aller Wahrheiten festzustellen, dass es nur ein Gesetz gibt, das zum Himmel und zu ewiger Erlösung führt."[45] Nach allem, was wir aus seinen Schriften ablesen können, blieb Desideri von dem Glauben motiviert, im Besitz der einzigen, absoluten Wahrheit zu sein und war entschlossen, die Tibeter vor dem Schicksal ewiger Höllenqual zu bewahren – ganz so, wie es laut Satzung dem Ziel der Gesellschaft Jesu entspricht:

> [...] alle Teile der Welt im Auftrag des höchsten Statthalters Christi Unseres Herrn oder des Obern der Gesellschaft zu durcheilen, zu predigen, beichtzuhören und die übrigen möglichen Mittel mit dem Beistand der Göttlichen Gnade anzuwenden, um die Seelen zu retten.[46]

Desideri ging es zunächst noch nicht darum, die Tibeter direkt zu bekehren, sondern er wollte die buddhistischen Lehren zuerst verstehen, aber als Teil einer missionarischen Strategie, die sich an die lokalen Gegebenheiten anpasste. In einem Handbuch für künftige Missionare schrieb er später:

> Die Tibeter sind durchaus offen und willens zuzuhören, sie sind nicht oberflächlich oder leichtgläubig, sie möchten alles sehen, abwägen und in

[45] Petech: *I Missionari Italiani*, Bd. V, S. 193; Zwilling / Sweet: *Mission to Tibet*, S. 185.

[46] Hans Urs von Balthasar: *Die großen Ordensregeln*, Einsiedeln [4]1980, S. 361.

> allen Einzelheiten rational diskutieren, sie möchten überzeugt und nicht belehrt werden.[47]

Um sie zu überzeugen, musste er auf Augenhöhe mit ihnen diskutieren können. Aus Desideris Notizen können wir entnehmen, dass er sich zu diesem Zweck vor allem an dem *Großen Stufenweg zum Erwachen* (byang chub lam rim chen mo) von Tsongkhapa orientierte. In dem genannten Handbuch für Missionare betonte er die Bedeutung dieses Textes, und des Studiums der tibetisch-buddhistischen Literatur überhaupt: Die Missionare „dürfen nicht versuchen, die Inhalte [cose: wörtl. „Dinge"] dieser falschen Sekte (falsa setta)[48] durch mündliche Befragung zu erlernen, sondern gründlicher und systematischer aus den Büchern. Insbesondere sollten sie sich mit dem Buch Lam rim ceà [lam rim chen mo] vertraut machen, das ein reichhaltiges, bewundernswertes, klares, elegantes, subtiles, kluges, methodisches und genaues Kompendium ist von allem, was diese Sekte (setta) betrifft."[49] In diesem für die Gelugpas zentralen Text Tsongkhapas aus dem 15. Jh. erkannte Desideri eine Entsprechung zu Thomas von Aquins *Summa Theologica* aus dem 13. Jh.; beide bieten für ihre jeweiligen Traditionen eine maßgebliche Zusammenstellung grundlegender Aussagen und ihrer rationalen Begründung. Desideri nutzte den *Lamrim* aber primär, um von dortigen Zitaten ausgehend ca. 40 weitere Werke zu rezipieren, die er zusammenfasste und deren Inhalt er mit seinem Tutor und anderen Mönchen diskutierte. Für seine apologetischen Arbeiten besonders wichtig waren Texte der von Tsongkhapa favorisierten mahāyānischen Schule des „Mittleren Weges" (tib. dbu ma, Skt. madhyamaka), die sich auf Nāgārjuna beruft und deren Auslegung von Begriffen wie der Leerheit für die tibetischen Gelugpa-Gelehrten als autoritativ gelten.[50] Die in Sanskrit geschriebenen Basistexte

[47] Petech: *I Missionari Italiani*, Bd. VII, S. 189f.; Zwilling / Sweet: *Mission to Tibet*, S. 638.

[48] „Sekte" (ital setta, lat. secta) ist hier nicht im heutigen abfälligen Sinne zu verstehen, sondern meint neutraler „Gefolgschaft", bzw. eine spezielle Gruppe im Verhältnis zu einer umfassendere Gemeinschaft.

[49] Petech: *I Missionari Italiani*, Bd. VII, S. 191; Zwilling / Sweet: *Mission to Tibet*, S. 639.

[50] Eine Auflistung dieser Werke findet sich in Toscano: *Opere Tibetane*, Bd. III, S. 18-23; S.a. Trent Pomplun: *Jesuit on the Roof of the World. Ippolito Desideri's Mission to Eighteenth Century Tibet*, Oxford 2010, S. 92.

stammen aus Indien, wurden ins Tibetische übersetzt und dort umfangreich weiter kommentiert. Der am häufigsten zitierte Text in Desideris Schriften, in denen er gegen die Leerheit argumentiert, ist dann auch Nāgārjunas *Grundlegende Verse des Mittleren Weges* (Skt. mulamadhyamakakārikā, tib. dbu ma rtsa ba shes rab), weil sich hier die zentralen Aussagen finden, die dem Glauben an Gott und somit der Bekehrungen der Tibeter im Wege standen.

Bevor es zu dem geplanten buddhistisch-christlichen Disput kommen konnte, beendeten historische Ereignisse die Studienzeit der Missionare im Kloster Sera und die privilegierte Förderung durch den Khan. Teile der gespaltenen Gelugpa-Elite hatten Kontakt zu den Dzungar-Mongolen aufgenommen, um sich mit ihrer Hilfe der Koshuud-Herrschaft zu entledigen. Am 3. Dezember 1717 fielen die Dzungaren in Lhasa ein, töteten Lhabzang mitsamt Familie, und plünderten die Stadt drei Tage lang. Desideri und die Kapuziner mussten fliehen und zogen sich südlich von Lhasa in den Ort Dagpo zurück, wo die Kapuziner ein kleines Hospiz unterhielten. Seine restliche Zeit in Tibet verbrachte Desideri überwiegend dort und schrieb u.a. an dem Reisebericht, mit detaillierten Beschreibungen seiner Erlebnisse, aber auch der Natur, des Lebens der Tibeter, des Buddhismus und der politischen Situation; außerdem verfasste er weitere apologetische Bücher auf Tibetisch, sowie einen Katechismus. Nur einmal kehrte er kurz nach Lhasa zurück, und später unternahm er noch eine Reise durch Süd- und Ost-Tibet.

Der Abbruch von Desideris Tibetmission wurde im Dezember 1718 in Rom beschlossen, als die Kongregation zur Verbreitung des Glaubens endgültig den Kapuzinern den Vorzug gab. Es dauerte mehr als zwei Jahre, bis ihn im Januar 1721 die Nachricht seiner Ordens-Oberen erreichte mit dem Befehl, Tibet unverzüglich zu verlassen. Für Desideri war das eine persönliche Katastrophe. In seiner Zeit hatte er große Sympathie für die Tibeter entwickelt und enge Freundschaften geschlossen. Er zögerte seine Abreise so lange es ging hinaus; Ende April 1721 aber machte er sich schließlich auf den Weg über Nepal zurück nach Indien. Dort blieb er noch einige Jahre, die meiste Zeit davon im südindischen Pondicherry, wo er noch begann Tamil zu lernen, bis er im Januar 1727 auf ein Schiff ging und im Oktober desselben Jahres wieder Italien erreichte, 15 Jahre nach seiner Abreise. Bis zu seinem Tod 1733 bemühte er sich vergebens, die Glaubenskongregation im Vatikan von der Fortsetzung der jesuitischen Tibet-Mission zu überzeugen. Durch die anti-jesuitische Stimmung innerhalb der katholischen Kirche in seiner Zeit wurde Desideris Reisebericht nie veröffentlicht und verschwand zusammen mit seinen tibetischen Werken in Archiven. Dort lagen sie vergessen bis Anfang des 20. Jh.s. Verschriftlichte Spuren von Desideris Mission auf tibetischer Seite haben sich bis jetzt auch nicht gefunden. Die enorme Leistung Desideris in der Erforschung des tibetischen Buddhismus und der Etablierung eines christlich-buddhistischen Dialogs blieb dadurch praktisch ohne Wirkung.

3 Desideris Sicht auf den tibetischen Buddhismus

Zur Zeit Desideris herrschten grundsätzlich zwei christliche Interpretationen des Buddhismus vor. Johannes Grueber, der auf dem Weg von China kurz in Lhasa war, schrieb z.B.: „Entweder war diese asiatische Religion ein Versuch des Teufels, das Christentum nachzuäffen, indem sie dessen Rituale verwendete – oder es lebten in vielen Ritualen (wie Rosenkranz, Segnungen, Weihe) noch Relikte eines Vorstoßes des Christentums weit nach Innerasien hinein durch den Apostel Thomas, allerdings überwuchert vom Geister- und Dämonenglauben!“[51] Desideri lehnte die These eines christlichen Ursprungs buddhistischer Traditionen ab, weil ihm die Unterschiede zu offensichtlich schienen; an der Vorstellung, dass hinter dem Buddhismus der Teufel am Werk sei, hielt er jedoch fest. Dessen Einfluss auf die Tibeter zeigte sich für Desideri nicht nur darin, dass sie die Existenz Gottes leugneten, sondern schlimmer noch, die Leugnung selbst sogar als ultimative Erkenntnis und Bedingung für ihr Heil ansahen. Im Reisebericht führt er aus: „Der Hauptfehler der Sekte (setta) der Tibeter und die Quelle aller anderen falschen Lehrsätze (falsi dogmi), an die sie glauben, ist die positive, direkte und ausdrückliche Leugnung eines ungeschaffenen und unabhängigen Wesens in sich selbst (ente a sè), und damit auch die Leugnung einer primären und universellen Ursache aller Dinge.“ Darüber hinaus gelang es dem Teufel:

> […] mit solcher Raffiniertheit und scharfsinnigen Kunstfertigkeit nicht nur die extreme Monstrosität und Unvernunft dieses Irrtums zu verbergen und zu übertünchen, sondern zudem für diese Menschen den Anschein zu

[51] Franz Braumann (Hg.): *Johannes Grueber: Als Kundschafter des Papstes nach China 1656-1664. Die erste Durchquerung Tibets*, Stuttgart 1985, S. 64.

> erwecken, es handle sich dabei um das subtilste, höchste und reinste Verständnis, um den Gipfel von Heiligkeit und Vollkommenheit, der nur auf diesem Wege erreicht werden könne, und die einzige Tür sei, die unmittelbar zu wahrem Glück und ewiger Glückseligkeit (vera felicità e all'eterna beatitudine) führt, obwohl dieser Irrtum mehr als alles andere diesen Zielen vollkommen entgegen steht.[52]

Dieser Haltung zugrunde liegt das Konzept der „Leerheit" (tib. stong pa nyid, Skt. śūnyatā), das Desideri z.B. wie folgt beschreibt:

> […] vor allem bemühte ich mich vertraut zu werden und ein vollständiges Verständnis zu gewinnen von den abstrusen (astrusi) und irreführenden (intrigati) Abhandlungen über das, was sie Tongbà-gnì oder Leerheit nennen. Dieser Begriff darf nicht in einem materiellen oder philosophischen Sinne verstanden werden, sondern in einem allegorischen. Sein letztlicher Zweck besteht in der Leugnung eines Wesens, das aus sich selbst heraus, ungeschaffen und unabhängig existiert, wodurch die Tür zur jeder Gotteserkenntnis verschlossen ist.[53]

Anders als den meisten seiner Zeitgenossen, die sich über Buddhismus äußerten, war Desideri klar, dass die Leerheit nicht eine pauschale Negation aller Existenz meint, sondern in ihrer zentralen Bedeutung die Bedingtheit von allem betont, denn „nichts existiert eigenständig aufgrund einer in ihm selbst liegenden Natur (sua intrinseca natura) und wesenhaft für sich selbst. Der Grund dafür liegt darin, […] dass nichts vollkommen eigenständig ist, denn alles unterliegt Tĕn cing breeware-n-giunvà [„abhängigem Entstehen"], d.h. es gibt nichts, das unzusammenhängend, unverbunden, oder ohne wechselseitige Beziehungen besteht."[54] Das ist eine genaue Wiedergabe der Bedeutung von Leerheit, wie z.B. nach einer klassischen Formulierung in Nāgārjunas *Mulamadhyamakakārikā* 24.18:

52 Petech: *I Missionari Italiani*, Bd. VI, S. 194; Zwilling / Sweet: *Mission to Tibet*, S. 364.

53 Petech: *I Missionari Italiani*, Bd. V, S. 199; Zwilling / Sweet: *Mission to Tibet*, S. 190f.

54 Petech: *I Missionari Italiani*, Bd. VI, S. 204; Zwilling / Sweet: *Mission to Tibet*, S. 372.

„Das Entstehen in gegenseitiger Abhängigkeit (Skt. pratītyasamutpāda), dies ist es, was wir ‚Leerheit' nennen."[55]

Aus seiner christlichen, bzw. genauer thomistischen Perspektive, deutete er die Leerheit vor allem als Leugnung Gottes im Sinne eines ens a se, eines „Seins in sich selbst". Damit unterstellte er, dass eine atheistische Position im Zentrum der mahāyānischen Soteriologie stünde. Es ist aber eine rein monotheistische Projektion zu glauben, die Frage nach der Existenz Gottes wäre die wichtigste aller Fragen, und ihr im Buddhismus dieselbe zentrale Stellung zuzuschreiben, nur ins Negative gewendet. Die beiden Begriffe ‚Leerheit' und ‚abhängiges Entstehen' schließen zwar auch ein ens a se aus, primär geht es aber auf einer allgemeineren Ebene um die Leugnung der Existenz von etwas „Selbst-Seiendem" oder „Selbst-Erzeugtem" (tib. rang bzhin / rang bzhin gyi grub pa, Skt. svabhāva), was weitgehend den lateinischen Begriffen essentia oder substantia entspricht. Die Kritik an der Vorstellung eines absoluten Gottes hat im innerbuddhistischen Diskurs keine Bedeutung, sondern ergibt sich erst im Dialog mit theistischen Vorstellungen als sekundäre Konsequenz aus der Ablehnung jedes eigenständigen Seins. Die Gründe für diese Ablehnung gehen zurück auf das Hauptanliegen buddhistischer Soteriologie: Dem Verständnis der Ursachen des „Leidens" (tib. sdug bsngal, Skt. duḥkha) und den Möglichkeiten ihrer Überwindung.

Vereinfacht lässt sich der Ansatz vielleicht wie folgt charakterisieren: Die Ursachen für das Leiden werden nicht in den als leidhaft erfahrenen äußeren Umstände gesucht, sondern in bestimmten Einstellungen ihnen gegenüber. Schon nach frühbuddhistischer Daseinsanalyse ist nichts in der Erfahrungswelt von Dauer und zuverlässig kontrollierbar. Leid entsteht durch ein falsches Verständnis, das sich gegen diesen Umstand wehrt und überzogene Erwartungen auf die Welt richtet, deren anhaltende Enttäuschung eine tiefe existenzielle Verunsicherung zur Folge hat – das vor allem, ist mit ‚Leiden' gemeint. Im Zentrum der Problematik erkennt man dabei eine egozentrische Grundhaltung: Je stärker die Ich-Bezogenheit, desto stärker die emotionalen Bindungen und desto größer das Leiden daran, dass die Welt nicht zuverlässig den eigenen Bedürfnissen und Wünschen entspricht. Der Weg, diesen Problemen zu entkommen, besteht

[55] Bernhard Weber-Brosamer / Dieter M. Back: *Die Philosophie der Leere. Nāgārjunas Mulamadhyamaka-Kārikās*, Wiesbaden 1997, S. 92.

grundsätzlich darin, sich von unerfüllbaren anhaftenden Bindungen zu lösen. Die Voraussetzung dafür ist, die Unverfügbarkeit der Welt zu akzeptieren, woraus ontologisch folgt, sowohl dem Ich als auch seinen potentiellen Anhaftungsobjekten eine beständige und kalkulierbare Existenz abzusprechen. „Leerheit" (tib. stong pa nyid, Skt. śūnyatā) und „abhängiges Entstehen" (tib. rten cing 'brel bar 'byung ba, Skt. pratītyasamutpāda) sind Komplementärbegriffe, die ein Verständnis der Wirklichkeit zum Ausdruck bringen, in der nichts dauerhaft und autonom besteht, sondern nur als vergängliche Verbindungen von konstituierenden Faktoren, die selbst ebenfalls ‚leer' sind und auf wiederum andere ‚leere' Faktoren verweisen usw. Zumindest nach den mahāyānischen Richtungen, die sich streng am Gedanken der Leerheit orientieren, findet sich in der Wirklichkeit ausdrücklich kein absolutes, dem unverfügbaren Wandel entzogenes Fundament, das durch Bindung daran ein Erlösungsziel konstituieren könnte. Scheinbar paradox zeichnet sich der Heilszustand vielmehr grade dadurch aus, jede Hypostasierung auch des Heilszieles selbst zu überwinden und das Streben nach einem absoluten Fundament loszulassen. Einer der ältesten mahāyānischen Texte, das in Sanskrit verfasste *Aṣṭasāhasrikā-Prajñāpāramitā-Sūtra* („Die Lehrrede über die Vollkommenheit der Erkenntnis in 8000 Versen") ca. aus dem 1. Jh., drückt diesen Gedanken wie folgt aus:

> Es gibt für uns keinerlei Erkenntnis oder Vollkommenheit zu erreichen, auch keine Bodhisattvaschaft und ebenso wenig einen Zustand des Erwachens (na cittabodheḥ). Wenn einem Bodhisattva dieses gesagt wird und er nicht irritiert und verängstigt ist (na ca muhyati nāsti trāso), dann hat er die Weisheit eines Wohl-Gegangenen (sugatāna prajñām) verwirklicht.[56]

Auf diesen Überlegungen aufbauend und einigen vor-mahāyānischen Spekulationen widersprechend, betonte Nāgārjuna in seinen *Kārikās*, dass der erlöste Zustand nirvāṇa keiner anderen Seinskategorie angehört, als der unerlöste Zustand saṃsāra. Wie er in 25.20 schrieb, kann zwischen

[56] Aus dem darin enthaltenen Versteil, genannt *Ratnaguṇasaṃcayagāthā* ("Das Schatzhaus der wertvollen Tugenden"), 1.5. Digital Sanskrit Buddhist Canon, URL: http://www.dsbcproject.org/.

beiden nicht der „feinste“ (Skt. susūkṣma) Unterschied gefunden werden.[57] Erst im Überwinden jeder Anhaftung an beide verwirklicht sich das eigentliche „Erwachen“.

Die Behauptung des Fehlens von substanziellem Sein ist eine Negation, dabei wird jedoch nicht die Existenz der als seiend wahrgenommenen Erfahrungsinhalte überhaupt geleugnet, sondern betont, dass für uns letztlich alles die Gestalt von Erscheinungen hat, die konstitutiv abhängig sind von anderen Erscheinungen und den Bedingungen des Bewusstseins, das sie wahrnimmt. Im Reisebericht verwies Desideri dazu auf die klassische Metapher der Spiegelung des Mondes im Wasser:

> Der Buddha lehrt, dass „nichts wahrhaft existiert, sondern alles ohne Ausnahme leer ist von Existenz und in jeder Hinsicht dem Abbild des Mondes gleicht, das im Wasser erscheint.[58]

Alles in allem ist Desideris Vergleich buddhistischer und christlicher Soteriologie sehr differenziert. Auf der ontologischen Ebene erkannte er eine fundamentale Unvereinbarkeit, bezüglich des angestrebten Gemütszustandes aber auch große Nähe. Auf dem „höchsten Grad der Kontemplation (supremo grado di contemplazione)“, [59] streben Christen und die tibetischen Buddhisten nach demselben Ziel, das Desideri beschrieb als „vollkommene, ruhige und glückselige Überschreitung (perfetta tranquilla e beata soprelevazione) seiner selbst und aller sinnlichen Dinge.“ In heutiger Sprache gäbe es hier den stärksten Anhaltspunkt, um eine Kongruenz ‚mystischer Erfahrungen‘ im Christentum und im Buddhismus zu identifizieren. Doch bezüglich der Methoden erkennt Desideri wieder deutliche Unterschiede: Die Tibeter „treiben den Willen zu einem Zustand völliger Apathie und Abgeschiedenheit von jedem affektiven oder konzeptionellen Ergreifen irgendeines Gegenstandes, ohne die geringste Neigung zu etwas verweilen sie in einem Zustand vollkommener Ausgeglichenheit (tutto equilibrate) oder vielmehr gänzlicher Abgehobenheit (interamente sospesa).“

[57] Vgl. Weber-Brosamer / Back: *Die Philosophie der Leere*, S. 100.

[58] Petech: *I Missionari Italiani*, Bd. VI, S. 204; Zwilling / Sweet: *Mission to Tibet*, S. 372.

[59] Petech: *I Missionari Italiani*, Bd. VI, S. 226f.; Zwilling / Sweet: *Mission to Tibet*, S. 390, auch die folgenden Zitate.

Der Zusammenhang von affektivem und konzeptionellem Ergreifen eines Gegenstandes (da ogni affetto a da ogni apprensione di qualunque oggetto) entspricht der buddhistischen Identifikation der primären Leidursache, die sich auch als irrige Annahme der Möglichkeit eines verlässlichen Subjekt-Objekt Verhältnisses darstellen lässt. Die gedankliche Verdinglichung suggeriert ein stabiles Ich, dem ebenso stabile Dinge gegenüber stehen, an die dieses Ich sein Glück binden kann. Weil das nicht zuverlässig funktioniert, entsteht Leiden. Das Realisieren der Leerheit soll diesen Impuls vermeiden, und zwar gegenüber jedem möglichen Anhaftungsobjekt – ohne Ausnahme.

Im Christentum geht es nach Desideri zwar ebenfalls um ein Überwinden von Anhaftung, jedoch nur bezogen auf die Dinge dieser Welt; ermöglicht werden soll diese Überwindung dagegen durch eine andere Ausrichtung des Anhaftens, nämlich der vollständigen Fixierung auf Gott. In seinen Worten: Für Christen besteht „das sicherste Mittel und die wirksamste Abhilfe darin, den ganzen Willen mit größter Anhänglichkeit (soweit das hier unten auf Erden möglich ist), unerschütterlich und untrennbar auf Gott und seine Liebe auszurichten, sich völlig an ihn zu binden (totalmente aderendo) und gewissermaßen in ihm verwandelt zu sein, sich ganz in ihm zu verlieren, ohne die Fähigkeit zu einem anderen Gefühl oder die Wahrnehmung von etwas darüber hinaus.“[60]

Folgt man dieser Gegenüberstellung Desideris, so gibt es zwar eine Gemeinsamkeit im Streben nach einem friedvollen, das Selbst und die sinnliche Welt in gewisser Weise überwindenden Geisteszustand, sowohl in den darauf ausgerichteten Methoden wie in den zugrundeliegenden Vorstellungen über Leerheit bzw. Gott jedoch zeigen sich starke Gegensätze. Auch wenn, angefangen von der alttestamentlichen Rede, sich kein Bild von Gott zu machen, über die neuplatonisch inspirierte via negativa bis hin zur thomistischen Betonung, sich Gott sprachlich nur in Analogien nähern zu können, die transzendente Realität des Absoluten menschlichem Zugriff entzogen ist, so bleibt doch die Vorstellung, dass da in der Weise eines anderen und höheren Seins ‚Etwas‘ ist, das sich entzieht. Im buddhistischen, besonders der Leerheit folgenden Denken, fehlt ein solcher Bezugspunkt. In den *Mulamadhyamakakārikās* 13.8 z.B. warnte

[60] Petech: *I Missionari Italiani*, Bd. VI, S. 226f.; Zwilling / Sweet: *Mission to Tibet*, S. 390.

Nāgārjuna ausdrücklich davor, die Leerheit konzeptionell zu einem Objekt zu machen:

> Die Leerheit wurde von den ‚Siegreichen', den Buddhas, als Zurückweisung jeglicher Ansicht gelehrt. Diejenigen aber, für welche die Leerheit eine Ansicht ist, wurden für unheilbar erklärt.[61]

Das Wort „Ansicht" (Skt. dṛṣṭi, tib. lta ba) meint hier eine ganz bestimmte Art von sprachlich vermittelter Weltanschauung, die den Wahrnehmungsobjekten beständig-autonomes Sein und damit eine feste Referenz unterstellt. Die Leerheit, als das wichtigste Hilfsmittel zum Durchschneiden aller Anhaftungen, darf nicht selbst Gegenstand von Anhaftung werden. Sie bezeichnet nicht nur die Substanzlosigkeit, Bedingtheit und Erscheinungshaftigkeit alles Seienden, sondern ist selbst ‚leer' in diesem Sinne. Allein der sprachliche Ausdruck suggeriert aber das Gegenteil, so als gäbe es da ein ‚Etwas', das man ‚Leerheit' nennt. Dabei entsteht das Problem, von der Leerheit zu sprechen als etwas, das nicht ‚ist', das also nicht ‚Etwas' ist und auch kein ‚Nicht-Etwas' ist. In letzter Konsequenz forderte Nāgārjuna daher in 22.11. seiner Grundlegenden Verse:

> Man soll weder sagen ‚leer', noch ‚nicht leer', auch nicht ‚beides zugleich' und auch nicht ‚keines von beidem'. Zum Zwecke der Verständigung (prajñapti-artham) aber mag man so sprechen.[62]

Und ganz ausdrücklich nochmal in 24.18: Die Leerheit ist nur eine „begriffliche Zuschreibung" (prajñapti).[63] Die Rede von der Leerheit bezieht sich nicht auf eine Referenz jenseits des sprachlich strukturierten Erfahrungsraumes, sondern dient einer zunächst sprachlich initiierten Umorientierung der Erfahrung, nämlich einer Einstellungsänderung gegenüber den Erfahrungsinhalten im Sinne einer Überwindung von Anhaftung.

Der alles bestimmende Begriff der Leerheit prägt im tibetischen Buddhismus auch das Verständnis darüber, was die eigentliche Natur der diversen Buddhas, Bodhisattvas und autochtonen Gottheiten (tib. lha) letzt-

[61] Weber-Brosamer / Back: *Die Philosophie der Leere*, S. 48.
[62] Ebd. S. 83.
[63] Ebd. S. 92.

lich ausmacht. Obwohl sie Objekte höchster Verehrung sind, auf den ersten Blick entsprechend den Göttern oder Gott in anderen Religionen, fehlt ihnen ebenfalls jede Substanz. Ihr ontologischer Status ist daher nicht der von autonomen metaphysischen Entitäten, sondern eher von Eigenschaften menschlicher Erfahrung; im Falle der Buddhas des erwachten Bewusstseinszustandes, den sie repräsentieren.[64] Auch in Bezug darauf gelang es Desideri, über den Rahmen seiner Konventionen hinweg den buddhistischen Ansatz angemessen zu verstehen. An einer Stelle schrieb er z.B. über sangs rgyas dkon mchog, (wörtl. das „Buddha-Juwel"), einer personifiziert dargestellten Gesamtheit der Buddhas und ihrer Qualitäten:

> Daher sind wir gezwungen zu sagen, obwohl Sanghieè kon-cciòa [sangs rgyas dkon mchog] für die Tibeter Gegenstände der Anbetung und Verehrung sind, erkennen sie in ihnen kein göttliches Wesen (divinità). Somit müssen wir unleugbar feststellen, dass sie weder theoretisch noch ausdrücklich die Existenz eines göttlichen Wesens eingestehen.[65]

Damit distanzierte er sich klar von Vermutungen anderer Missionare, im tibetischen Buddhismus fänden sich Relikte früher christlicher Bekehrung, oder von António de Andrades Beobachtungen in Tsaparang, der dort, wie oben angesprochen, Ähnlichkeiten zur Mutter Gottes, dem Geheimnis der Menschwerdung Jesu, sowie der Dreifaltigkeit zu erkennen glaubte. Sein Wissen über die Leerheit und die leere Natur der zentralen Verehrungsobjekte nutzte Desideri dann auch sehr gezielt für die schwere Aufgabe der Übersetzung christlicher Begriffe ins Tibetische. Mit genauem Gespür, wo auf buddhistischer Seite der größte Widerstand zu einem Gottesglauben liegt, verwendete er als eine Komponente seines Wortes für Gott gezielt den Ausdruck, den die Leerheit leugnet, nämlich rang bzhin gyi grub pa oder kurz rang grub („selbst-erzeugt"). Als andere Komponente wählte er dkon mchok („Juwel"), wie in dkon mchok gsum („drei Juwelen"), womit die zentralen Zufluchtsobjekte – das eben schon genannte „Buddha-Juwel" (der Lehrer), das „Dharma-Juwel" (die Lehre)

[64] Siehe auch Enzo Gualtiero Bargiacchi: *Desideri's Understanding of Emptiness*, in: *Buddhist-Christian Studies*, 29 (2009), S. 101-116, hier S. 110.

[65] Petech: *I Missionari Italiani*, Bd. VI, S. 213; Zwilling / Sweet: *Mission to Tibet*, S. 380.

und „Sangha-Juwel“ (die Gemeinschaft) gemeint sind. Beide Komponenten zusammen ergeben dann bei Desideri rang grub dkon mchog („das selbsterzeugte Juwel“) als Namen für den christlichen Gott.[66]
In Desideris Arbeiten ist deutlich eine typisch europäische Irritation ablesbar angesichts dieser Religion oder auch Doch-nicht-Religion, mit Göttern oder auch Doch-nicht-Göttern, sowie einem Streben nach Erlösung bei gleichzeitiger Leugnung von allem Absoluten. Seine Einschätzung des tibetischen Buddhismus ist daher insgesamt sehr ambivalent. Auf der negativen Seite ist es eine „sehr spezielle/eigenartige religiöse Gemeinschaft (setta di religione particolarissima), oder besser gesagt ein Kuddelmuddel seltsamer Glaubenssätze (miscuglio di dogmi stranissimi), die eine religiöse Monstrosität (un mostro di religione) erzeugen, wie sie in der mir bekannten Welt ohne Gleichen ist.”[67] Die Tibeter sind: „Götzenanbeter und Heiden” (idolatri e gentili),[68] woraus folgt: „Unser und ihr Gesetz (legge) sind vollkommen gegensätzlich und eine komplette Veränderung ihres Glaubens ist absolut notwendig.“[69]

Andererseits lobte er tibetische Texte, die vermutlich zu einer Literaturgattung über „Geistesschulung“ (blo sbyong) gehören. Darin werden u.a. Methoden beschrieben, mit deren Hilfe eine egozentrische Haltung überwunden und stattdessen eine altruistische gefördert werden kann. In der Konsequenz des Begriffspaares ‚Leerheit‘ und ‚abhängiges Entstehen‘ besteht der zugrundeliegende Gedanke darin, dass das Ich nicht substanziell aus sich selbst, sondern nur aufgrund konstitutiver Relationen zu Anderem, im sozialen Kontext primär anderen Menschen existiert. Richtig verstanden beinhaltet das eigene Dasein daher diese Relationen und der Wunsch nach individuellem Wohlbefinden muss die Mitmenschen einschließen. Nach Desideri haben die Tibeter darüber „wundervolle Abhandlungen, die mit schöner Moralphilosophie die Natur der einzelnen Leidenschaft erklären: Wie die daraus resultierenden Handlungen in uns entstehen, welche Übel und Schäden von ihnen ausgehen, und schließlich die Wege diese zu überwinden, mit den jeweiligen Heilmitteln und den entsprechenden [den Leidenschaften] entgegenstehenden Tugenden.“[70]

[66] Vgl. Lopez / Jinpa: *Dispelling the Darkness*, S. 160.

[67] Petech: *I Missionari Italiani*, Bd. VI, S. 115; Zwilling / Sweet: *Mission to Tibet*, S. 192.

[68] Petech: *a.a.O.* Bd. VI, S. 165; Zwilling / Sweet: *a.a.O.* S. 341.

[69] Petech: *a.a.O.* Bd. V, S. 194; Zwilling / Sweet: *a.a.O.* S. 186.

[70] Petech: *a.a.O.* Bd. VI, S. 198; Zwilling / Sweet: *a.a.O.* S. 367.

Zudem tat Desideri sich schwer damit, dass die Tibeter ein göttliches Absolutes ablehnen, zugleich aber auch nicht den ihm bekannten Stereotypen über Atheisten entsprachen, d.h. nur nach weltlichem Vergnügen zu streben und keine verbindlichen Werte zu haben. Stattdessen sah er bei den Tibetern „das Geben von Almosen, Gebet, Nächstenliebe, Mitgefühl für alle lebenden Wesen, Fleiß und Eifer in allen Dingen, Kontemplation, freiwillige Armut, Keuschheit und Gehorsam, Geduld und dergleichen, über die sie die schönsten Lehren und wundervollsten Abhandlungen besitzen."[71] Dass Menschen auch ohne den Glauben an Gott zu einem sinnerfüllten und moralischen Leben finden könnten, war für Desideri undenkbar. Die einzige Erklärung, die seine Weltsicht zuließ war, den Tibetern wider allem Anschein doch eine Art von Gottesglauben zu unterstellen:

> So sage ich: Ungeachtet der Tatsache, dass die Tibeter theoretisch, spekulativ und reflexiv, nicht nur keine Gottheit annehmen, sondern darüber hinaus die Existenz jeglicher Gottheit ausschließen, akzeptieren sie praktisch und implizit auf ihre verwirrte Weise doch, dass es einen Gott gibt.[72]

In den obigen Darstellungen sollte zum einen deutlich geworden sein, wie kompetent Desideri mit den Grundlagen des tibetischen Buddhismus und der dortigen Literatur vertraut war, und zum anderen, wie groß er die Unterschiede zwischen Buddhismus und Christentum einschätzte. Besonders in Hinblick auf ein Absolutes verhält sich der „mystische Sinn" (senso mistico) der mahāyānischen Texte nach Desideri antithetisch zu den metaphysisch-philosophischen Grundlagen seines christlichen Glaubens.

Nachdem bis jetzt Desideris Reisebericht als Hauptquelle gedient hat, möchte ich abschließend noch einen seiner in Tibetisch geschriebenen apologetischen Texte heranziehen, in dem er sich am intensivsten mit der Leerheit auseinandersetzt hat und wo auch die Einwände seiner buddhistischen Gesprächspartner deutlicher zur Sprache kommen.

[71] Petech: *I Missionari Italiani*, Bd. VI, S. 223; Zwilling / Sweet: *Mission to Tibet*, S. 387f.

[72] Petech: *a.a.O.* Bd. VI, S. 208; Zwilling / Sweet: *a.a.O.* S. 375.

4 Desideris Argumente gegen die ‚Leerheit'

Auf Geheiß Lhabzang Khans begannen Desideri und Orazio della Penna im August 1717 mit ihren Studien im berühmten Kloster Sera. Mithilfe eines Tutors machten sie sich dort u.a. mit der Madhyamaka-Literatur vertraut. Im Mittelpunkt dieser Texte steht der Begriff der Leerheit, in dem Desideri, mehr noch als im Glauben an die Wiedergeburt, das Haupthindernis für die Bekehrung der Tibeter erkannte. Am 28. November 1717 begann er deshalb mit der Arbeit an einem apologetischen Buch, das er *Der Ursprung der lebenden Wesen und aller anderen Dinge* (sems can dang chos la sogs pa rnams kyi 'byung khungs) betitelte und dessen Hauptaufgabe in der argumentativen Widerlegung der Leerheit bestand.[73] Aufgrund der Dzungaren-Invasion am 30. November desselben Jahres musste er diese Arbeit unterbrechen und konnte sie erst am 8. Dezember wieder aufnehmen, als die Missionare sich in den Ort Dagpo in Sicherheit gebracht hatten. In seinem Reisebericht heißt es über das Buch:

> Nachdem ich durch meine oben genannten Studien [in Sera] das Lager des Feindes erforscht hatte, die Qualität ihrer Waffen, ihre Kunstfertigkeiten und Täuschungen, entschloss ich mich Ende November [1717] gegen sie vorzugehen. Mit Gottes Hilfe begann ich ein Buch in tibetischer Sprache zu schreiben, in dem ich die Irrtümer dieser Sekte (setta) widerlegte und die Wahrheit unseres Heiligen Glaubens darlegte.[74]

Detaillierter als in seinem Reisebericht ging Desideri in diesem Text auf die Unterschiede der Ontologien ein. Aristotelisch-thomistisch zeigt sich

[73] Originalmanuskript im Archivum Romanum Societatus Iesu (ARSI) in Rom, Signatur: Goa 74, 21 Folios. Italienische Übersetzung in: Toscano: *Opere Tibetane*, Bd. III. Unter der Signatur Goa 74 im ARSI sind mehrere tibetische Texte von Desideri zusammengefasst, ohne weitere Unterscheidung oder fortlaufende Nummerierung, auch sind die Seiten von *byung khungs* nicht in der richtigen Reihenfolge. Die italienische Ausgabe von Toscano enthält ein Faksimile des Manuskripts in korrigierter Reihenfolge. Ich beziehe mich daher in den folgenden Zitaten auf Toscano: (Toscano: *Opere Tibetane*, Bd. III, S. xy, Zeile xy [im tibetischen Manuskript] / S. xy [in der italienischen Übersetzung]).

[74] Petech: *I Missionari Italiani*, Bd. V, S. 200; Zwilling / Sweet: *Mission to Tibet*, S. 192.

ein Vorrang der Identität gegenüber Relationen nach substanzmetaphysischem Muster. Dinge werden betrachtet vor allem in Hinblick auf die Merkmale, die ihnen selbst zukommen und zunächst in ausdrücklicher Abgrenzung von Beziehungen zu anderen Dingen:

> Wir identifizieren ein Objekt durch seine Qualitäten und Eigenschaften; gleichzeitig mit dem Identifizieren unterscheiden wir es aber auch ganz stark von allem, was es nicht ist oder was außerhalb von ihm ist.[75]

Das entspricht dem Begriff der Substanz, wie ihn Thomas definierte: „Er bezeichnet vielmehr eine Wesenheit, der diese bestimmte Art ‚zu sein', nämlich ‚durch sich selbst zu sein', zukommt." (*Summa Theologica*, I, q. 3, a. 5.)[76] Auf der buddhistischen Seite begegnete Desideri ein gegenteiliger Ansatz, der Relationen den Vorrang vor Identitäten gibt, bzw. stärker noch, den Dingen unabhängig von konstitutiven Relationen nicht nur substanzielles „Selbst-Sein" (tib. rang bzhin, Skt. svabhāva), sondern auch „autonome Eigenschaften" (tib. rang mtshan, Skt. svalakṣaṇa,) abspricht.

Mit dem Substanzbegriff verbunden ergab sich für Desideri zudem eine klare Unterscheidung zwischen Sein und Nicht-Sein. Er betonte: „jedes Ding existiert (yod) oder existiert nicht (med)."[77] Auch das widerspricht dem dynamisch-relationalen Wirklichkeitsverständnis, wie es sich mahāyānisch aus den Begriffen ‚Leerheit' und ‚abhängiges Entstehen' herleitet. Der Ausdruck madhyamaka im Namen der auf Nāgārjuna zurückgehenden Schulrichtung bedeutet wörtl. „von dem Mittleren", was sich auf eine mittlere Position zwischen den beiden Extremen „Sein" (Skt. bhāva) und „Nichtsein" (Skt. abhāva), bzw. „Existenz" (astitva) und „Nicht-Existenz" (nāstitva) bezieht. In den *Mulamadhyamakakārikās* 15.10 schrieb Nāgārjuna:

> Sagt man, ‚es ist', hält man an ewiger Dauer fest. Sagt man, ‚es ist nicht', hat man die Vorstellung des Aufhörens [der Dinge]. Deshalb möge sich

[75] Toscano: *Opere Tibetane*, Bd. III, S. 82, Zeile 17-18 / S. 186.

[76] Die deutsche Thomas-Ausgabe: Vollständige, ungekürzte deutsch-lateinische Ausgabe der Summa Theologica / Thomas von Aquin. Übers. von Dominikanern u. Benediktinern Deutschlands u. Österreichs. Hrsg. vom Kath. Akademikerverband; Bd. 1: *Gottes Dasein und Wesen*: 1, 1-13, Salzburg / Leipzig 1934, S. 69.

[77] Toscano: *Opere Tibetane*, Bd. III, S. 78, Zeile 13 / S. 178.

> der Verständige nicht auf die beiden [Ansichten], ‚es ist' und ‚es ist nicht', festlegen lassen.[78]

Nāgārjuna bezog sich auf Diskussionen innerhalb früher buddhistischer Schulen, in denen die Aussagen von Sein und Nichtsein verbunden waren mit den Extrempositionen des „Eternalismus" (Skt. śaśvatāvāda) und „Nihilismus" (Skt. ucchedavāda), die sich auf den vor allem postmortalen Status des individuellen Daseins bezogen. Die erste Position bezeichnet den Glauben an eine absolute Existenz des Daseins, das in Form eines beständigen „Selbst" (Skt. ātman) oder einer „Seele" (Skt. jīva) von Wiedergeburt zu Wiedergeburt weiter besteht; die zweite Position verweist auf die Ansicht von einer Nichtexistenz des Daseins – in dem Sinne, dass es mit dem Tod vollständig vernichtet wird. Beide Extrempositionen galten als heilshinderlich: Die eternalistische bewirkt leidgenerierende Anhaftungen, weil sie die Unbeständigkeit und Substanzlosigkeit der Gegebenheiten missachtet, die nihilistische dagegen leugnet die karmisch bedingte Daseinskontinuität und ihre Folgen. Die „Mitte" zwischen beiden Extremen liegt im Gedanken vom „abhängigen Entstehen" (Skt. pratītyasamutpāda).

Daraus folgt ein prozessontologischer Ansatz, nach dem weder das menschliche Dasein noch die Dinge in einem starken Sinne existieren oder nicht-existieren, sondern nur ein bedingtes, ephemeres und transitives Sein haben – ebenso sind Eigenschaften nur relational und situativ bestimmbar. Nach buddhistischem Verständnis entspricht das dem phänomenologischen Befund der Welt, dessen Akzeptanz eine heilsame Umorientierung der Erfahrung fördert. In den Worten Nāgārjunas:

> Diejenigen aber, die ‚Existenz' und ‚Nicht-Existenz' der Dinge sehen, sind von geringer Einsicht; sie sehen nicht das beglückende Zur-Ruhe-Kommen des Sichtbaren.[79]

Das Absehen von starken Urteilen über „Existenz" oder „Nicht-Existenz" bewirkt das „Zur-Ruhe-Kommen des Sichtbaren" (Skt.draṣṭavyopaśama), d.h. im Bereich der erfahrenen Wirklichkeit eine Akzeptanz der Flüchtig-

[78] Weber-Brosamer / Back: *Die Philosophie der Leere*, S. 53.
[79] Ebd. 5.8, S. 20.

keit allen Daseins verbunden mit einer Beruhigung des Hin- und Hergerissenseins zwischen übertriebenen Erwartungen und daraus resultierender existenzieller Verunsicherung, was synonym ist mit der Überwindung des Leidens. Um sich den Tibetern gegenüber verständlich zu machen, nahm Desideri diese Terminologie auf, und prägte sie in seinem Sinne um. So benutzte er den tibetischen Ausdruck chad mthar, die Übersetzung für Sanskrit ucchedavāda („Nihilismus"), aber als Charakterisierung des Buddhismus und seiner Leugnung einer absoluten Ursache der Welt.[80]

Für das weitere Vorgehen folgte er den Vorgaben des Aquinaten:

> Sollte aber der Gegner die göttliche Offenbarung im ganzen ablehnen, so bleibt uns keine Möglichkeit, die Glaubensartikel irgendwie zu begründen; wir können nur noch versuchen, die Gründe zu entkräften, die der Gegner etwa gegen den Glauben vorbringt. (*Summa Theologica*, I, q. 1, a. 8.)[81]

Mit Thomas gesprochen könnten man sagen, dass den Tibetern eine Lehre fehlt, die auf göttlicher „Offenbarung" (revelatio) basiert, bzw. sie verfügen nicht über eine sacra doctrina oder sacra scientia, die ihre Wahrheit vom „Licht des göttlichen Wissens" (lumine diviniae) empfängt. Das einzig Gemeinsame, worauf sich Desideri im Dialog berufen konnte, war das „natürliche Licht der menschlichen Vernunft" (naturali lumine rationis). (*Summa Theologica*, I, q. 1, 5.)[82]

Davon ausgehend bestand Desideris Strategie darin, das buddhistische Konzept der Leerheit zu widerlegen, damit der Begriff Gottes an seine Stelle treten kann. Seine Methode zielte dabei auf eine reductio ad absurdum, d.h. er versuchte, aus der inhärenten Logik buddhistischer Aussagen über die Leerheit Konsequenzen abzuleiten, die zu Widersprüchen führen, und damit zugleich die Notwendigkeit Gottes als absolute erste Ursache belegen. Die Vorgehensweise der Madhyamaka-Literatur in ihrer Kritik am Konzept des Selbst-Seins bzw. dem Beweis von Leerheit und abhängigem Entstehen zielt ebenfalls auf einen Selbstwiderspuch der gegnerischen Position, wofür im Sanskrit der Ausdruck prasaṅga (tib. thal

[80] Toscano: *Opere Tibetane*, Bd. III, S. 55, Zeile 14 / S. 145.
[81] *Die deutsche Thomas-Ausgabe*, Bd. 1, S. 24.
[82] Ebd. S. 14.

'gyur) steht, allerdings wird dort eine eigene positive Aussage vermieden, um nicht wieder begrifflichen Hypostasierungen zu verfallen.

Im Folgenden kann ich von Desideris Argumentation nur einen Strang herausgreifen und in Ausschnitten andeuten, und es ist hier auch nicht möglich, über seine Darstellungen hinaus eine buddhistische Perspektive umfassender einzubringen. Grundsätzlich erweist er sich als kompetenter Kenner der Madhyamaka-Literatur, sowohl in Bezug auf die zentralen Inhalte wie auch der Form ihrer Begründungen. Natürlich liegt uns mit diesem Text nur seine Darstellungen einer Begegnung vor und er ist es, der seinen Gesprächspartnern eine Stimme gab; die Gegenüberstellung der Positionen, Erwiderungen und Rechtfertigung wirkt aber glaubhaft. Da sich der Text an ein gelehrtes tibetisches Publikum richtet, musste Desideris Interesse darin bestehen, die buddhistischen Lehren so treffend wie möglich widerzugeben, um selbst als Gelehrter akzeptiert zu werden und seinen christlichen Einwänden Wirkung zu verleihen.

Zu Beginn des Textes vertrat er in thomistischer Manier die These, der Welt und allem darin müsse ein „Ursprung“ ('byung khungs) oder eine primäre „Ursache” (rgyu rkyen)[83] zugrunde liegen, bzw. ein nicht selbst durch etwas Anderes angestoßener „Beweger“ (bskyod pa po thog ma). Mit verschiedenen Alltagsbeispielen bemühte er sich zunächst, diesen Gedanken seinen tibetischen Adressaten verständlich zu machen, wie gegenüber dem Khan und anwesenden Gelehrten stieß er dabei aber vermutlich in den konkreten Gesprächen auf eine ablehnende Reaktion. Als typische buddhistische Entgegnung nannte er im Text:

> Jemand könnte aber einwenden, dass dieser erste Beweger von etwas Anderem in Bewegung gesetzt werden muss, weil es [auch] für einen solchen Beweger unmöglich ist, nicht von etwas Anderem abhängig zu sein.[84]

Die grundsätzliche Aussage, die Dinge der uns zugänglichen Welt existieren nur durch etwas Anderes, entspricht auch dem buddhistischen Standpunkt, führt dort allerdings nicht zur Annahme einer überweltlichen absoluten Ursache, sondern richtet den Blick auf einen offenen Horizont innerweltlicher Bedingungsverhältnisse. Der Nachweis der Abhängigkeit von Anderem fungiert daher auf buddhistischer Seite als ein Argument

[83] Toscano: *Opere Tibetane*, Bd. III, S. 52, Zeile 6 / S. 140.
[84] Ebd. S. 56, Zeile 1-2 / S. 146.

für die Unmöglichkeit autonomer Existenz überhaupt. In einer Zusammenfassung von Argumentationen aus Nāgārjunas *Kārikās* referiert Desideri:

> Tatsächlich lesen wir in den Grundlegenden Versen des Mittleren Weges (dbu ma'i rtsa ba): Wenn etwas eigenständig (rang bzhin) besteht, kann man nicht sagen, es sei durch eine Ursache entstanden, denn eigenständig zu sein bedeutet, ohne eine Ursache zu bestehen; wäre es nämlich aus einer Ursache entstanden, müsste man sagen, dass es von dieser Ursache abhängig ist. Wenn etwas aber nicht von einer Ursache abhängig ist, kann es unmöglich entstehen. Daraus folgt, wenn das Eigenständige nicht aufgrund von etwas Anderem entstanden und davon abhängig ist, existiert es nicht.[85]

Würde man die Annahme, alles existiere nur durch etwas Anderes, konsequent zu Ende denken, so Desideri, wäre sie mit der Leerheit nicht vereinbar: „Ich antworte, dass eure Lehre die Leerheit widerlegt, dadurch ist eure Lehre durchdrungen von Widerspruch,"[86] denn „wenn es kein Absolutes gibt, das aus sich selbst entstanden ist (rang gi ngo bos grub pa'i rang zhin), ist es unmöglich, die Existenz der Dinge zu erklären."[87] Desideri stellte es so dar, dass nur die Akzeptanz Gottes als absolute Ursache der buddhistische Rede von Leerheit und abhängigem Entstehen einen kohärenten Sinn verleihen könnte:

> Wenn man die Existenz eines selbst-seienden und unabhängigen Wesens (rang bzhin gyis grub pa yin pa'i rang dbang zhig) akzeptiert, dann ist die Lehre des abhängigen Entstehens vollkommen sinnvoll; andernfalls lässt sich abhängiges Entstehen nicht erklären, denn nur unter der Voraussetzung eines solchen Wesens kann es Ursache und Wirkungen geben. Umgekehrt gilt, wenn wir die Existenz eines absoluten Wesens leugnen, können wir nicht erklären, wie Ursachen zu Wirkungen führen, denn das lässt sich nur erklären unter der Voraussetzung, dass es eine erste unverursachte Ursachte gibt.[88]

[85] Ebd. S. 84, Zeile 17-20 / S. 193.
[86] Ebd. S. 90, Zeile 2-4 / S. 200.
[87] Ebd. S. 90, Zeile 7-8 / S. 201.
[88] Ebd. S. 91, Zeile 11-17 / S. 204f.

In einem späteren Argumentationsgang betrachtete er Konsequenzen aus dem Gedanken der Leerheit, wenn man ihn auf die Welt insgesamt anwendet. Auch hier sah er einen immanenten Widerspruch, der nur durch die Annahme der Existenz Gottes aufzuheben sei. Um sinnvoll die Leerheit der Welt behaupten zu können, müsse man sie als abhängig von etwas außerhalb der Welt betrachten – also Gott, sonst würden sie selbst zu etwas Absolutem:

> Nach den Anhängern der Lehre des mittleren Weges kann es niemals etwas gegeben haben, das außerhalb der Gesamtheit der Dinge aus sich selbst heraus existiert. Aber auch der Bereich aller Dinge – so argumentieren die Mādhyamikas – ist nicht etwas, dem ein unabhängiges eigenständiges Sein zukommt. Es ist eine prinzipielle Annahme und ein Hauptgrundsatz ihrer Lehre, dass es kein unabhängiges und eigenständiges Sein geben kann, keine Entität außerhalb des Zusammenhangs der bestehenden Dinge. Ich aber sage, der Bereich, in dem alle Dinge existieren, muss von etwas Anderem erschaffen worden sein, sonst wäre er selbst etwas Unabhängiges. Auf eure Behauptung, es gäbe nichts außerhalb der Gesamtheit der Dinge, antworte ich: Wenn wir davon ausgehen, dass der Bereich des Existierenden in Abhängigkeit besteht, wie die Mādhyamikas glauben, dann ist er und alles darin notwendigerweise durch etwas Anderes erschaffen worden, denn wäre das nichts so, dann könnte man nicht sagen, er habe eine abhängige Existenz.[89]

Den Vorgaben des Entstehens in Abhängigkeit entsprechend ergibt sich das bekannte Gegenargument:

> Weil ihr behauptet, dieses Andere existiert selbst in Abhängigkeit, so vermute ich ihr würdet versuchen, das Problem wie folgt zu lösen: Der Bereich aller Dinge und das Andere, von dem er abhängt, sind beide dauerhaft, zeitgleich und wechselseitig voneinander anhängig[90]

– worauf er wieder antwortete:

[89] Ebd. S. 93, Zeile 9-15 / S. 212f.
[90] Ebd. S. 93, Zeile 22-24 / S. 213.

> Wenn alles, was es gibt, nicht von etwas Anderem abhängig wäre, so die Mādhyamikas, würde es nicht existieren, denn nach ihrer Lehre gibt es nichts, das nicht von etwas abhängig ist. Wenn es aber am Anfang der Zeit nicht ein Anderes gegeben hätte, würde der gesamte Bereich der Dinge nicht existieren, denn ohne dieses Andere, gäbe es gar nichts.[91]

Immer wieder kam Desideri an einen Punkt, wo sich diese zwei Positionen unversöhnlich gegenüberstehen: Der Gedanke, alles würde nur durch etwas Anderes existieren, setzte für Desideri zwingend die Vorstellung einer ersten Ursache voraus, weil die gesamte Ursachenkette abhängig entstandener Dinge sonst nicht denkbar sei. Auf buddhistischer Seite leuchtet es umgekehrt nicht ein, warum es etwas geben sollte, das nicht selber durch vorausgehende Ursachen entstanden ist. Ein Grund für das Stagnieren der Argumentation an dieser Stelle scheint mir in einem Umstand zu liegen, der bis jetzt nur angedeutet wurde, aber für den Dialog weitreichende Konsequenzen hat: Mit Desideris Christentum und dem Buddhismus der tibetischen Mönche begegneten sich nicht nur zwei unterschiedliche Weltbilder, d.h. unterschiedliche Vorstellungen darüber, was überhaupt existiert, sondern darüber hinaus unterschiedliche Perspektiven darauf, was genau man unter Existenz versteht. Mit anderen Worten: Es wird nicht nur über andere *Dinge* geredet, sondern grundsätzlich *anders* über Dinge. Desideri thematisierte alles – Die Dinge der Welt, die ihr Sein in Gott haben – Gott, der sein Sein in sich selbst hat – als etwas, das unabhängig vom Bewusstsein existiert, d.h. aus einer Perspektive der dritten Person. Ausgehend von der Suche nach den Ursachen des Leidens innerhalb der Konstitutionsprozesse von Erfahrung konzentrieren sich die buddhistischen Lehren dagegen darauf, alle Dinge in ihrer Bewusstseinsgegebenheit anzusprechen, aus einer Perspektive der ersten Person. Als einen wichtigen Faktor für diese Gegebenheit erkannte man auch die Sprache.

Desideri selbst verwies auf diese unterschiedlichen Perspektiven als einen Grund, warum die buddhistische Seite für seine Argumente nicht zugänglich war. Im Anschluss an seine obigen Ausführungen, dass sich die Leerheit der Welt insgesamt nur behaupten lässt, wenn man sie als von etwas Anderem abhängig betrachtet, bemerkte er: „Die Mādhyamikas vermeiden die Konsequenz, den Bereich aller Dinge als etwas Absolutes

[91] Ebd. S. 94, Zeile 1-5 / S. 214.

zu betrachten, in dem sie behaupten, er bestehe nur kraft Bezeichnung (tha snya du yang yod pa), ohne wahre Existenz, so wie alles nur kraft Bezeichnung, also ohne einen festen Wesenskern und damit nicht wirklich existiert. Auf diese Weise halten sie es für eine erwiesene Tatsache, dass die Existenz von etwas Eigenständigem nicht begründet werden kann…“[92] Kundig zitierte Desideri die tibetischen Ausdrücke, die den phänomenalen Status der Dinge kennzeichnen, wie: „Täuschung” (smig sgyu) „Zauber-Stadt” (dri za'i grong khyer) „Illusion” (sgyu ma), oder „Traum” (rmi lam).[93]

Auch war er offensichtlich mit Methoden buddhistischer Meditation vertraut, zumindest über Beschreibungen praktizierender Mönche. Ein verbreitetes Gleichnis benutzt den Himmel als Metapher für den Horizont des Bewusstseins, in dem die Dinge erscheinen wie Wolken, was zugleich die Leerheit beschreibt als den offenen Raum konstitutiver Bedingungsverhältnisse, durch den alles Erscheinende für uns existiert. In Desideris Worten:

> In der Meditation wird die Leerheit wie der Himmel erlebt. Aus der Meditation heraus wird Leerheit als Illusion wahrgenommen. Nur so [sagen die Mādhyamikas] können wir verstehen.[94]

Die Leerheit bezeichnet keine Transzendenz, vielmehr die Eigenschaft des Fehlens substanziellen Seins im Bereich der Immanenz, wodurch der Leerheit selbst nur ein phänomenales, bzw. als Begriff, sprachliches Sein zukommt. Dabei verwenden buddhistische Texte, vor allem die frühmahāyānische Prajñāpāramitā-Literatur sowie darauf aufbauende Madhyamaka-Kommentatoren gerne scheinbar paradoxe Formulierungen; sinngemäß in der Art wie: Das Wesen der Dinge besteht darin, dass sie kein Wesen haben, also leer sind. Desideri erkannte sehr genau, dass hier immer phänomenologisch gesprochen wird.

> Im Allgemeinen lehren die tibetischen Texte, dass das, was die Wahrnehmung betrifft, nur relativ ist. Es wird auch von Substanz (rang bzhin) und

[92] Ebd. S. 94, Zeile 30-31; S. 95, Zeile 1-2 / S. 216.
[93] Ebd. S. 95, Zeile 7-8 / S. 216.
[94] Ebd. S. 96, Zeile 19-22 / S. 222.

> Wesen (rang gi ngo bo)[95] gesprochen, aber in dem Sinne, dass die Existenz eines Individuums vom Geist erschaffen ist (zhe brtag pa). Und so bezeichnen sie die Substanz und das Wesen als etwas vom Geist Erschaffenes, als geistigen Gegenstand, entstanden durch ein geistiges Ergreifen (bzung pa) der Existenz.[96]

Desideri nahm diese Unterschiede christlicher und buddhistischer Weltperspektiven zwar wahr, unterschätze aber ihre Konsequenzen. Während er sich letztlich vor allem auf eine Bedingungsrelation konzentrierte, nämlich die Abhängigkeit der physischen Welt von ihrem Schöpfer, ist buddhistisch die individuelle Erscheinungswelt bedingt durch ein nicht abschließbares Spektrum mentaler Faktoren, wobei der Fokus vor allem auf der Unterscheidung leidgenerierender und vom Leid befreiender Haltungen liegt, bzw. damit verbundener Begriffe und Vorstellungen. Christlich sieht man eine absolute Bedingung, buddhistisch dagegen ein unendliches Bedingungsfeld. Daduch ergeben sich auch andere Prioritäten und Interessen. Für Desideri stand die Frage nach dem Ursprung von allem an erster Stelle, als Voraussetzung für eine rationale Hinführung zum Glauben an Gott und schließlich die Akzeptanz aller weiteren christlichen Glaubensaussagen. Die buddhistischen Tibeter hingegen hatten an dieser Frage schlicht kein Interesse. Für sie war nicht die vorgefundene Existenz der phänomenalen Wirklichkeit an sich erklärungsbedürftig, sondern die Bewusstseinsprozesse, die ihr über fortgesetzte Wiedergeburten eine leidvolle Gestalt geben und wie diese konkret zu überwinden sind.

Für Desideris Argumentation ergab sich zudem ein weiteres Problem. Eine Voraussetzung für seine Überzeugungsbemühungen war, dass sich die christliche Affirmation und die buddhistische Negation von eigenständiger Existenz direkt aufeinander beziehen lassen. Angesichts der eher realistischen Sicht seines christlichen Hintergrundes und der stärker phänomenologischen Ausrichtung der buddhistischen Lehren fragt es sich, ob die entsprechenden Begrifflichkeiten (essentia / substantia – rang bzhin gyi grub pa etc.) hinreichend dasselbe meinen, was auch voraussetzt, dass sie in einem perspektivisch ähnlichen semantischen Referenz-

[95] Ich vermute, dass Desideri hier als Entsprechung an die lateinischen Begriffe substantia und essentia gedacht hat.

[96] Ebd. S. 100, Zeile 37-40 / S. 233.

rahmen verortet sind. Wenn nicht, funktionieren große Teile seiner Argumentation nicht mehr, weil er und seine tibetischen Gesprächspartner teilweise aneinander vorbei redeten. Hier wären weitere hermeneutische Zwischenschritte nötig gewesen, um die jeweiligen Perspektiven füreinander zu übersetzen.

5 Tibetische Mystik?

Auf der Grundlage seiner Kenntnisse und Erfahrungen im langjährigen intensiven Austausch mit buddhistischen Gelehrten in Tibet und dem Studium der dortigen grundlegenden Literatur wäre es Desideri nicht in den Sinn gekommen, z.B. von Nāgārjuna in einer heute üblichen Weise als ‚Mystiker' zu sprechen oder zu behaupten, er und die christlichen ‚Mystiker' würden sich in ihren Erfahrungen auf dieselbe transzendente Realität beziehen. Im Gegenteil, die Ansätze, Vorstellungen und Perspektiven beider Traditionen, mit dem Fokus auf einen thomistischen Gottesbegriff einerseits und dem Madhyamaka-Verständnis der Leerheit andererseits, stehen sich für ihn deutlich antagonistisch gegenüber. Auch wenn uns über die Reaktionen seiner buddhistischen Gesprächspartner nur Desideris Aufzeichnungen vorliegen, gibt es keinen Grund an seiner Aussage zu zweifeln, dass auch sie diese Einschätzung teilten.

Die Benennung der zentralen Unterschiede bei Desideri deckt sich z.B. mit dem, was ein heutiger Vertreter der Gelugpa-Scholastik, der XIV. Dalai Lama Tenzin Gyatsho im Rahmen einer christlich-buddhistischen Dialogveranstaltung äußerte:

> Die gesamte buddhistische Weltsicht basiert auf einem philosophischen Standpunkt, dessen zentraler Gedanke das Prinzip der wechselseitigen Bedingtheit ist: Ihm zufolge treten alle Dinge und Geschehnisse allein infolge von Wechselwirkungen zwischen Ursachen und Bedingungen ins Dasein. Innerhalb dieser Philosophie ist es nahezu unmöglich, Raum zu schaffen für eine außerzeitliche, ewige, absolute Wahrheit. Ebensowenig ist es möglich, die Vorstellung einer göttlichen Schöpfung unterzubringen. […] Im Bereich der Metaphysik wird es also an einem bestimmten

> Punkt problematisch, und die Auffassungen der beiden Überlieferungen müssen hier voneinander abweichen.[97]

Das christliche Verhältnis zum Buddhismus war von Anfang an speziell und geprägt von einer inhärenten Provokation. Anders als der Bezug auf z.B. Judentum, Islam und Einige mehr, wo wenigstens über die Existenz des einen absoluten Gottes Einverständnis herrscht, rührt die Begegnung mit Buddhismus an den tiefsten Schichten monotheistischen Glaubens. Ab ca. dem späten 19. Jh. begannen christlich theologische Entwürfe zunehmend inklusivistische Modelle zu bevorzugen, auch in Hinblick auf Buddhismus. Wie eingangs angedeutet, schien der Mystik-Begriff dabei besonders geeignet, doktrinäre Differenzen zugunsten der Postulierung einer überkonfessionellen und stärker erfahrungsbasierten Gemeinsamkeit zu überwinden. Häufig folgen solche Überlegungen aber immer noch dem Impuls, die entgegenstehende buddhistische Andersheit zu beseitigen – nach wie vor wird Buddhismus als Störfaktor christlicher Selbstvergewisserung erlebt, den es theologisch zu bewältigen gilt, wenn auch mit einer versöhnlichen Einstellung. Ironischer Weise waren es grade Desideris unversöhnliche Apologetik, gepaart mit intellektueller Neugier, die es ihm ermöglichten, die Andersheit buddhistischen Denkens als solche stehen zu lassen. Die Gegenüberstellung der normativ ausgezeichneten scholastischen Lehren auf der Grundlage fundierter Kenntnis der entsprechenden Literaturen, wie wir sie in Desideris Texten vorfinden, bilden im christlich-buddhistischen Dialog einen Standard, der bei weitergehenden Vergleichen oder Subsumierungen unter Begriffe wie Mystik nicht ignoriert werden sollte.

Literaturverzeichnis

Aschoff, Jürgen C.: *Tsaparang – Königsstadt in Westtibet. Die vollständigen Berichte des Jesuitenpaters Antonio de Andrade und eine Beschreibung vom heutigen Zustand der Klöster*, Eching vor München 1989.

Baillie, Luiza Maria: *Father Estevao Cacella's report on Bhutan in 1627*, in: *Journal of Bhutan Studies*, vol. 1, no. 1. Thimphu 1999, S. 1-35.

[97] Tenzin Gyatsho (XIV. Dalai Lama): *Das Herz aller Religionen ist eins. Die Lehre Jesu aus buddhistischer Sicht*, Hamburg ^{3}1997, S. 167.

Balthasar, Hans Urs von: *Die großen Ordensregeln*, Einsiedeln [4]1980.

Bargiacchi, Enzo Gualtiero: *A Bridge across two Cultures. Ippolito Desideri (1684-1733). A Brief Biography*, Florenz 2008.

–: *Desideri's Understanding of Emptiness*, in: *Buddhist-Christian Studies*, 29 (2009), S. 101-116.

Braumann, Franz (Hg.): *Johannes Grueber: Als Kundschafter des Papstes nach China 1656-1664. Die erste Durchquerung Tibets*, Stuttgart 1985.

Bunnenberg, Johannes: *Leben in Freundschaft mit Gott – Spuren von Mystik bei Thomas von Aquin*, in: *Geist und Leben*, 71 (1998), S. 39-51.

Ceming, Katharina: *Einheit im Nichts. Die mystische Theologie des Christentums, des Hinduismus und Buddhismus im Vergleich*, Augsburg 2004.

Die deutsche Thomas-Ausgabe: Vollständige, ungekürzte deutsch-lateinische Ausgabe der Summa Theologica / Thomas von Aquin. Übers. von Dominikanern u. Benediktinern Deutschlands u. Österreichs. Hrsg. vom Kath. Akademikerverband; Bd. 1: Gottes Dasein und Wesen: 1, 1-13, Salzburg / Leipzig 1934.

Droit, Roger-Pol: *The Cult of Nothingness. The Philosophers and the Buddha*. Chapel Hill / London 2003.

Flasch, Kurt: *Meister Eckhart. Die Geburt der «Deutschen Mystik» aus dem Geist der arabischen Philosophie*, München [3]2013.

Goss, Robert E.: *The First Meeting of Catholic Scholasticism with dGe lugs pa Scholasticism*, in: Cabezón, José Ignacio (Hg.): *Scholasticism. Cross-Cultural and Comparative Perspectives*, New York 1998.

Govinda, Lama Anagarika: *Grundlagen tibetischer Mystik*, Zürich / Stuttgart 1956.

Gyatsho, Tenzin (XIV. Dalai Lama): *Das Herz aller Religionen ist eins. Die Lehre Jesu aus buddhistischer Sicht*, Hamburg [3]1997.

Haas, Alois Maria: *Mystik. Zur Entstehung des Begriffs*, in: Lutz, Albert (Hg.): *Mystik. Die Sehnsucht nach dem Absoluten*, Zürich 2011, S. 25-29.

Kaschewsky, Rudolf: *Das Tibetbild im Westen vor dem 20. Jahrhundert*, in: Dodin, Thierry / Räther, Heinz (Hg.): *Mythos Tibet: Wahrnehmungen, Projektionen, Phantasien*, Köln 1997, S. 16-30.

Lopez, Donald S. Jr. / Jinpa, Thupten: *Dispelling the Darkness. A Jesuit's Quest for the Soul of Tibet*, Cambridge / London 2017.

Lütkehaus, Ludger (Hg.): *Nirwana in Deutschland. Von Leibniz bis Schopenhauer*, München 2004.

Müller, Friedrich Max: *Über den Buddhistischen Nihilismus*, Kiel 1869.

Otto, Rudolf: *Das Heilige. Über das Irrationale in der Idee des Göttlichen und sein Verhältnis zum Rationalen*. Neuausgabe mit einem Nachwort von Hans Joas, München 2014 [[1]1917].

–: *West-Östliche Mystik. Vergleich und Unterscheidung zur Wesensdeutung*, Gotha 1926.

Partridge, Christopher / Gabriel, Theodore (Hg.): *Mysticisms East and West. Studies in Mystical Experience*, Carlisle / Cumbria 2003.

Petech, Luciano (Hg.): *I Missionari Italiani nel Tibet e nel Nepal. Ippolito Desideri S.I.*, Bd. V-VII, Rom 1954-56.

Pomplun, Trent: *Jesuit on the Roof of the World. Ippolito Desideri's Mission to Eighteenth Century Tibet*, Oxford 2010.

–: *Natural Reason and Buddhist Philosophy: The Tibetan Studies of Ippolito Desideri, SJ (1684–1733)*, in: *History of Religions*, 50 (2011), 4, S. 384-419.

Rahner, Karl: *Die ignatianische Mystik der Weltfreudigkeit*, in: ders.: *Schriften zur Theologie*, Band 3. *Zur Theologie des geistlichen Lebens*, Einsiedeln / Zürich / Köln, [7]1967.

Schmidt-Leukel, Perry: *Mystische Erfahrung und logische Kritik bei Nâgârjuna. Zum Verhältnis von meditativer, begrifflicher und existentieller Welttranszendenz im Buddhismus*, in: Kreiner, Armin / Schmidt-Leukel, Perry (Hg.): *Religiöse Erfahrung und theologische Reflexion. Festschrift für Heinrich Döring*, Paderborn 1993.

–: *Buddhismus verstehen. Geschichte und Ideenwelt einer ungewöhnlichen Religion*, Gütersloh 2017.

Suzuki, Daisetsu Teitaro: *Mysticism: Christian and Buddhist*, New York, 1957.

Sweet, Michael J.: *Desperately Seeking Capuchins. Manoel Freyre's Report on the Tibets and their Routes. (Tibetorum ac eorum Relatio Viarum) and the Desideri Mission to Tibet*, in: *Journal of the International Association of Tibetan Studies*, no. 2 (August 2006), S. 1-33.

Toscano, Giuseppe (Hg.): *Opere Tibetane di Ippolito Desideri S.J.* (Bd. I-IV), Rom 1984-1989.

Waddell, Laurence Austine: *The Buddhism of Tibet or Lamaism. With its Mystic Cults, Symbolism and Mythology, and in its Relation to Indian Buddhism*, London 1895.

Weber-Brosamer, Bernhard / Back, Dieter M.: *Die Philosophie der Leere. Nāgārjunas Mulamadhyamaka-Kārikās*, Wiesbaden 1997.

Wessels, Cornelius: *Early Jesuit Travellers in Central Asia (1603-1721)*, Den Haag 1924.

Zimmermann, Michael: *Buddhismus: Mystik zum Heil aller Lebewesen*, in: Lutz,

Albert (Hg.): *Mystik. Die Sehnsucht nach dem Absoluten*, Zürich 2011, S. 215-217.

Zwilling, Leonard (Hg.) / Sweet, Michael J. (Übers.): *Mission to Tibet. The extraordinary Eighteenth-Century Account of Father Ippolito Desideri, S.J.*, Boston 2010.

„Der Geist ist trunken wie von Wein". Grenzüberschreitende Aspekte der christlich-orientalischen Mystik

Martin Tamcke (Göttingen)

1 Einleitung

Entschränkung ist ein Phänomen der christlich-orientalischen Mystik. Gemeint ist das Heraustreten des Menschen aus den physisch, kulturell, sozial, ethnisch und religiös bedingten Verengungen seiner Möglichkeiten durch diverse Konditionierungen. Insofern kann die christlich-orientalische Mystik einen Beitrag ganz eigener Art leisten zur Erfahrung von Freiheit. Da sie das aber immer wieder in massive Spannungen zu Ordnungssystemen von Institutionen setzt, auch mit Kirchen oder Staaten, hat sie sich auch außerhalb der eigenen, meist monastischen Kreise Kompromisse eingehen müssen, die ihr innerstes Wesensmerkmal in Gestalt einer religiös konstituierten Freiheit in Frage gestellt haben. Die Fernwirkungen sowohl der religiös aus der Mystik gespeisten, oft mühsam errungenen und bewährten Freiheit lassen sich selbst für ostsyrische Mystiker bis hinein in die Schriften der literarischen Klassiker verfolgen. So beruft sich Tolstoj in seinem Ringen um einen an den russischen Mönchsidealen und der Mystik des Hesychasmus gewachsenen Neuentwurf monastisch-asketischer Existenz auf Traditionen des ostsyrischen Christentums im iranisch-irakischen Raum und greift dabei, neben den Hinweisen auf die Praxis des Herzensgebetes, auch auf die die ostsyrische Mönchsmystik begleitende Märtyrertheologie zurück. So rezipiert er etwa Details aus den Legenden zu Jakob dem Zerschnittenen (gest. 27.11.427), einem Märtyrer aus Beth Lapat im Irak, um die Leitbildfrage zur monastisch-asketischen Lebensweise zu stellen und sie dann später mit einer seiner Zeit gemäßen Transformierung (wie er meinte) zu beantworten.[1] Die Entschränkung war aber auch innerhalb der Kreise der Mystiker ein Gegenstand der Reflexion und Selbstreflexivität, weil sie stets in Gefahr stand, sich einerseits als eine Wirkung göttlicher Kraft zu verstehen und sich andererseits oft als etwas erwies, das lediglich der Zügellosigkeit oder Egozentrizität mancher, die sie für sich als Folge ihrer Religiosität in Anspruch nahmen, zuzuschreiben war. Eine besondere Form der Entschränkung war dabei das wortlose Gebet, wie es sich bei Isaak von Ninive, dem wohl bedeutendsten der ostsyrischen Mystiker, findet. In der Beschreibung dessen, was den Mystiker kennzeichnete, wurde und wird eine besonders symbolträchtige Sprache verwandt. Dabei entstammten viele der Bilder der biblischen Literatur.

2 Ein Beispiel

Der Mönch und Katholikos Sabriso‘ I. (596–604) vergleicht die Existenz eines Mönchs mit der einer Taube. Die Taube liebe die Wüste. Diese Aussage zur Taube hat ihren Sitz im Vergleich zum Mönch, dessen geistige Heimat ebenfalls die Wüste ist. Es waren die Mönche, die die ostsyrische Mystik zu dem gemacht haben, was sie bis heute als besonders entfaltete Form der orientalisch-christlichen Mystik in syrischer Sprache ist. Sabriso‘ verortet seinen Vergleich im Kontext der Schilderung der Ereignisse um die versuchte Plünderung des Tempels im 2. Makkabäerbuch 3: Da der antiochenische König Seleukos IV. die Tributzahlungen an Rom nicht leisten konnte, sandte er Heliodor nach Jerusalem, um die im Tempel befindlichen Schätze zu beschlagnahmen. Aufgrund der Weigerung der Priester, den Schatz auszuliefern, stürmte Heliodor mit einer Truppe in den Tempel, während der Hohepriester Onias am Altar betete. Daraufhin hatte Heliodor eine gewaltige Erscheinung, in der er von Männern und einem Reiter angegriffen wurde und stürzte daraufhin so zu Boden, dass er schwer verletzt aus dem Tempel getragen werden musste und nur durch das Gebet des Onias überlebte. Auf den Ausgang der biblischen Geschichte geht Sabriso‘ nicht ein. Ihn

[1] Vgl. Martin Tamcke: *Tolstojs Religion. Eine spirituelle Biographie*, Berlin 2010 (russische Ausgabe: *Religija Tolstogo. Duhovnaja biografija*, Moskau 2015).

interessiert nur das Vergehen des Heliodor am Tempel, die Entweihung des Heiligtums. Diese Situation lässt den betenden Onias Gott bitten:

> Wer gibt mir leichte Flügel, wie die der jungen, vollkommenen Taube, dass ich mich im Fluge erhebe aus Jerusalem, der Herrin der Streitigkeiten und Händel, welche die Propheten tötet und die Gerechten steinigt, und wohne in der Wüste wie eine die Wüste liebende Turteltaube.[2]

Allerdings hat Sabriso' mit seiner Schilderung weniger das alte Israel als vielmehr die Kirche als das neue Israel im Blick. Wie Heliodor in den Tempel zu Jerusalem eindrang, so wütete der „Widersacher" von Anfang an in der Kirche.[3] Wie in Jerusalem unter den Juden seinerzeit Bestürzung angesichts des Ansinnens des Heliodor herrschte, so auch unter den Christen angesichts des Widersachers, der in der Kirche (der „großen, prophetischen und apostolischen Schatzkammer"[4]) wütet und Zwietracht sät. In dieser Situation sieht sich Sabriso' mit dem Propheten Jeremia verbunden: Wie dieser Trauer und Schmerz empfunden hat und ihm die Augen zu Tränenquellen geworden sind angesichts der Zerstörungen und Entweihungen unter seinem Volk durch die babylonische Eroberung, so weint Sabriso' über diejenigen, die den Gläubigen ein Vorbild sein sollten, die zwar von Anfang an mit Verstand begabt gewesen waren, das Wort Gottes gehört sowie Taufe und Eucharistie empfangen hatten und trotzdem den Gläubigen zum Ärgernis geworden sind.[5] So bietet sich dort, wo Erlösung erfahrbar sein sollte, ein Bild des

[2] Jean-Baptiste Chabot (Hg.): *Synodicon orientale ou recueil de synodes nestoriens*, Paris 1902, S. 205 (468); Oskar Braun (Hg.), *Das Buch der Synhados oder Synodicon orientale*, Stuttgart/Wien 1900 (Neudruck Amsterdam 1975), S. 294. Mit diesem Bild klingt Ps 55,7f. an, wie Braun mit einem Fragezeichen versehen bemerkt: „O hätte ich Flügel wie Tauben, dass ich wegflöge und Ruhe fände! Siehe, so wollte ich in die Ferne fliehen und in der Wüste bleiben." Vgl. hierzu und zum Folgenden: Martin Tamcke, *Der Mönch als die die Wüste liebende Turteltaube. Vom inneren Wesen monastischen Daseins nach Sabriso' I. (596–604)*, in: FS Rev. Fr. Emmanuel Thelly: *The Harp XXI*, Kottayam 2006, S. 55–60.

[3] Vgl. Chabot: *Synodicon orientale*, S. 203 (465f.); Braun, *Buch der Synhados,* S. 291.

[4] Braun: *Buch der Synhados*, S. 291.

[5] Vgl. Chabot :*Synodicon orientale*, S. 204 (466); Braun, *Buch der Synhados*, S. 292.

Jammers dar. Als Antwort darauf beginnt Sabriso‘, den Mönch als Urbild des mystischen Christen zu entwickeln. Sabriso‘ erfasst seine gegenwärtige Situation mittels biblischen Vokabulars: Auch die Taube wandert über diese biblische Sprache in den gegenwärtigen Diskurs ein.

Angesichts aller Verfehlung gelte es, vorsichtig zu sein, das Böse zu fliehen, dem Guten zu nahen und „ein reines, heiliges Gefäß zu sein, geeignet zum Gebrauch für Gott zu jedem vollkommenen Werk.“[6] Damit ist deutlich: Ein ethisch korrektes Verhalten bleibt eine notwendige Voraussetzung. Das Bild des Gefäßes kennzeichnet die äußerliche Vorbereitung als eine notwendige Voraussetzung. Als diese kann sie weder Selbstzweck sein noch den eigentlichen Gehalt darstellen. Denn der Gehalt, mit dem das Gefäß gefüllt wird und dadurch erst seine Verwendung findet, ist Gott und sein Wille selbst, welcher den Menschen sozusagen instrumentalisiert und dabei den menschlichen Eigenwillen, der bei der Askese und dem ethischen Verhalten durchaus noch wirksam ist, hinter sich lässt und durch den göttlichen Willen ersetzt.

Wie aber ist das anzustellen? Deutlich weist Sabriso‘ darauf hin, dass es allein mit äußeren Vollzügen gerade nicht getan sei. Wer meint, er müsse nur in die Wüste fliehen, um die Welt hinter sich zu lassen, dem hält er entgegen: „Die Wüste bewirkt keine Heiligkeit, ihr Menschen Gottes“[7]. Wer die Einöde aufsucht, um der Verwirrung des Vielerlei zu entgehen, und meint, damit das Entscheidende dafür getan zu haben, dass Gott sich ihm zeige, dem widerspricht er: „Nicht die Einöde erfreut mit Offenbarungen Gottes“[8]. Und wer schließlich meint, die Freiheit von materiellem Besitz sei die Bedingung für wirkliche Freiheit, dem stellt er entgegen: „Nicht die Entäußerung an Besitz macht den Menschen des Geistigen teilhaft“[9].

Statt auf das nach wie vor vorauszusetzende äußere Tun richtet Sabriso‘ sein Augenmerk also ganz auf die innere Haltung, das innere

[6] Chabot : *Synodicon orientale*, S. 205 (467); Braun : *Buch der Synhados*, S. 292f.

[7] Chabot: *Synodicon orientale*, S. 204f. (467); Braun: *Buch der Synhados*, S. 293.

[8] Chabot: *Synodicon orientale*, S. 204f. (467); Braun: *Buch der Synhados*, S. 293.

[9] Chabot: *Synodicon orientale*, S. 204f. (467); Braun: *Buch der Synhados*, S. 293.

Ziel. Alle Äußerlichkeiten, alle äußeren Mittel und Maßnahmen führen nicht automatisch und von selbst zu dem, was das Ziel aller asketisch-monastischen Bemühungen ist. So heiligt die Wüste nur, „wenn die Seele mit dem Leib im Umgang mit Gott übereinstimmt“[10], wenn der Umgang mit Gott sowohl körperlich als auch spirituell geschieht und sich so der ganze Mensch geprägt und aufgrund seiner Beziehung zu Gott zwingend zu einem korrekten ethischen Verhalten verpflichtet weiß. So kann die Einöde nur dann herrliche Offenbarungen zeitigen und derer würdig machen, „wenn der Verstand sich trunken vermischt mit dem göttlichen Tun“[11]. Selbst der Verstand ist kein Beobachter, der außerhalb bleibt, sondern wird hineingenommen in das Handeln Gottes. Entsprechend bereichert die Entäußerung jeglichen Besitzes nur diejenigen, die sich nicht nur äußerlich, sondern wahrhaftig und wirklich von allem frei gemacht haben und erst dann dem Apostel Paulus ehrlich beipflichten können: „Da wir nichts besitzen, haben wir alles.“[12]

Mag die „Lossagung von den Plagen der verwirrten, erregten Welt“[13] auch Bewunderung erzeugen, mag Demut erhaben sein, Askese als ein Ausdruck von erstrebenswerter Freiheit gelten und das Einsiedlerleben geradezu als schön angesehen werden – all das ist jedenfalls nichts, worauf man vor der Welt stolz sein könne. Mönchisches Dasein ist zwar „Fremdlingschaft“, aber doch eben „Fremdlingschaft Gottes“[14]. Die Fremdlingschaft Gottes ist nicht durch ihre Außenwirkung zu verstehen, sondern durch ihre innere Haltung: ein Bemühen um das Gute, ein Geprägtsein durch Demut sowie ein Wissen um die Notwendigkeit ordnender und das Leben ermöglichender Gesetze. Als Fremdlingschaft aufgrund ihrer Bindung an Gott stellt sie auch den Menschen hinein in die Schöpfung Gottes, in der Tiere wie Naturerscheinungen ihre Gesetze haben.[15] Überall in der Schöpfung entdeckt Sabriso‘ das von Gott gegebene Gesetz, wie etwa bei Ochse und Esel, bei Turteltaube,

[10] Braun: *Buch der Synhados*, S. 293.

[11] Braun: *Buch der Synhados*, S. 293.

[12] 2. Kor 6,10.

[13] Braun: *Buch der Synhados*, S. 293.

[14] Braun: *Buch der Synhados*, S. 291. Chabot erschien dieser Passus als Bestandteil des Briefes wenig glaubwürdig und nahm dessen Bearbeitung durch einen Kopisten an, vgl. Chabot: *Synodicon orientale*, S. 465, Anm. 2.

[15] Vgl. Chabot: *Synodicon orientale*, S. 205 (468); Braun, *Buch der Synhados*, S. 294.

Kranich, Schwalbe und Ameise, aber auch bei Sonne und Mond, Luft und Wind, Erde und Pflanzen, selbst bei den Fischen. Dementsprechend steht auch der Mönch unter lebensdienlichen Gesetzen, denn nur von Gott kann ausgesagt werden, dass er an kein Gesetz gebunden ist.[16]

3 In Literatur verwoben

Das Bild der Turteltaube als Symbol für den monastischen Asketen dürfte Sabriso‘ nicht lediglich der biblischen Literatur entnommen haben, sondern auch von literarischen Vorbildern wie dem „Physiologus“, einem Kompendium frühchristlicher Tiersymbolik.[17] Dort wurde die Taube vor allem hinsichtlich ihrer Charakteristika für die Verkündigung gedeutet: Sie lasse ihre Stimme hören im Lande, sie meide die Menge und lebe lieber zurückgezogen in der Wüste. Schon der „Physiologus“ parallelisiert den Lebensstil der Taube in der Wüste mit dem Aufstieg Jesu zusammen mit Petrus, Jakobus und Johannes auf den Berg Tabor. Die Erscheinung des Mose und des Elia und das Bekenntnis der himmlischen Stimme Gottes zu Jesus als seinem Sohn dokumentieren eine kaum vorstellbare Nähe zu Gott. Wie die Turteltaube die Einsamkeit liebt, so sollen auch die Mönche die Einsamkeit lieben. Jedoch achtet die Turteltaube auf ihre Zeit und weiß, wann sie wiederkommen muss. So wird ausgerechnet die scheinbar nur Freiheit symbolisierende Turteltaube zum Ausdruck der Bindung an das göttliche Gesetz.

Die Erfahrung der Einigung ist letztlich unsagbar. Der Ausdruck von der trunkenen Vermischung[18] menschlichen und göttlichen Willens deutet in seiner Verschwommenheit dabei eben nur gerade dies an: Was sich da vollzieht, liegt außerhalb menschlich-intellektueller Klarheit, die

[16] Braun ließ dieses vermeintliche Prophetenzitat ebenso ohne Nachweis (vgl. Braun, *Buch der Synhados*, S. 294) wie Chabot ausdrücklich anmerkte, dass er dieses Zitat nicht habe finden können (vgl. Chabot: *Synodicon orientale*, S. 468, Anm. 6).

[17] Einen Überblick zu den Übersetzungen und der Überlieferung des „Physiologus“ bietet in knapper Form Ursula Treu in ihrem Nachwort zu ihrer Übersetzung aus dem Griechischen, in: Ursula Treu: *Physiologus. Naturkunde in frühchristlicher Deutung*, Hanau ^{3}1998, S. 111–132.

[18] Vgl. Braun: *Buch der Synhados*, S. 293.

sich zwar im Zustand der Trunkenheit noch ihrer selbst gewahr ist, aber eben wie mitgenommen durch etwas, das anders ist und den Geist des Menschen aus der Selbststeuerung herausholt. Der Charakter dessen, was dem Mönch hier als etwas Überwältigendes widerfährt, ist unverkennbar, auch wenn damit das Selbstsein nicht einfach ausgelöscht, sondern mit hineingenommen wird in ein verändertes Sein. Was das Bild schon nicht mehr zu sagen vermag, ist der Gefäßcharakter des Menschen für Gott, den der ethisch und asketisch vorbereitete Mönch erhält.[19] Fülle und Inhalt sind allein Gottes. Wie die Taube an die Erscheinung Gottes auf dem Tabor erinnert, so wird auch der in rechter Weise ringende Mönch zum Wegzeichen hin zum Göttlichen, dessen er selbst nie habhaft wird, das ihn aber im Prozess der Vermischung mit zu bestimmen beginnt. Der Weg des Mönchs und Einsiedlers ist der Weg zu Gott und zugleich von Gott her. So kündet der Mystiker von seinem Herkommen und Hingehen wie die Taube.

Die Mystik lebt in ihren Symbolen und Bildern auch aus literarischen Traditionen, die nicht ihre eigenen sind. Es könnte sogar gefragt werden, ob die Bilder, zu denen die ostsyrischen Mystiker greifen, um das Unausprechbare und Unausdenkbare zu beschreiben oder anzudeuten, eben gerade nicht aus der eigenen mystischen Tradition entnommen sind, sondern auf Bilder zurückgegriffen worden ist, die in anderen literarischen Kontexten gewachsen waren und stets in Gefahr gestanden haben, ein Stück weit das Ekstatische wieder zu verdecken, das die mystische Erfahrung der ostsyrischen Mystiker ausgezeichnet und sein Wesen tatsächlich gerade in seiner Unaussprechlichkeit sowie der Wortlosigkeit des Gebetes gefunden hat. Bilder wie das Trunkensein wie von Wein sind Versuche der Beschreibung, die sehr wohl übereingekommen sind mit dem, was auch sonst im kulturellen Kontext des Iran denkbarer kultureller Grundbestand gewesen ist. Sie führen an den Rand des Aussagbaren und beschreiben den Zustand, in dem ich nicht mehr nur bei mir bin und doch noch mich fühle, aber gleichsam nicht mehr von mir gesteuert. Literatur bietet da Möglichkeiten, sich auszudrücken, die der Mystiker ergreift, obwohl er um deren Unzulänglichkeiten weiß, einen Ausdruck zu finden, der den Menschen einstimmen lässt in das, was ihn übersteigt.

[19] Vgl. Braun, *Buch der Synhados*, S. 292.

Literaturverzeichnis

Braun, Oskar (Hg.): *Das Buch der Synhados oder Synodicon orientale*, Stuttgart/Wien 1900 (Neudruck Amsterdam 1975).

Chabot, Jean-Baptiste (Hg.): *Synodicon orientale ou recueil de synodes nestoriens*, Paris 1902.

Tamcke, Martin: *Der Mönch als die die Wüste liebende Turteltaube. Vom inneren Wesen monastischen Daseins nach Sabriso' I. (596–604)*, in: FS Rev. Fr Emmanuel Thelly, *The Harp XXI*, Kottayam 2006, S. 55–60.

–: *Tolstojs Religion. Eine spirituelle Biographie*, Berlin 2010 (russische Ausgabe: Religija Tolstogo. Duhovnaja biografija. Moskau 2015).

Treu, Ursula: *Physiologus. Naturkunde in frühchristlicher Deutung*, Hanau ^{3}1998.

Islamische Mystik als Pfad der Liebe. Das Beispiel der osmanischen Dichterin Şeref Hanım (1809–1861)

Erdal Toprakyaran (Tübingen)

1 Einleitung

Wenn heutzutage von islamisch-mystischer Literatur die Rede ist, fallen dem deutschen Leser bzw. der deutschen Leserin zugleich mittelalterliche Namen wie Mevlânâ Celâleddîn Rûmî (gest. 1273) oder Hâfız Şîrâzî (gest. 1390) ein.[1] Insbesondere Rûmî gilt als der meistgelesene Dichter nicht nur der islamischen Welt, sondern auch der USA.[2] In beiden Fällen handelt es sich um Dichter, die sich einer zutiefst allegorischen Sprache bedienten, welche einige Jahrhunderte später bei Literaten wie Johann Wolfgang von Goethe, aber auch bei Orientalisten wie Friedrich Rückert große Begeisterung auslöste.[3] Thema dieses Artikels ist eine Frau der Neuzeit mit ähnlicher spiritueller Ausrichtung und allegorischer Sprache wie die genannten zwei Mystiker, die osmanische Dichterin Şeref Hanım. Auch sie war mindestens so sehr von der orientalischen Literatur geprägt wie vom Sufismus (*tasavvuf*) und hielt sich vornehmlich im Milieu der Mystiker und Mystikerinnen auf.[4] Obwohl sie einen beeindruckenden Diwan verfasst hat, wurde sie, so wie nahezu alle anderen dichtenden Frauen

[1] Die Transliteration osmanisch-türkischer, arabischer und persischer Namen, Begriffe und Sätze folgt, wenn nicht anders angegeben, weitestgehend der Schreibweise des modernen Türkei-Türkischen. Abweichend davon werden die Langvokale durchgehend durch einen Zirkumflex kenntlich gemacht.

[2] http://www.bbc.com/culture/story/20140414-americas-best-selling-poet (letzter Zugriff 08.03.2019).

[3] Vgl. Katharina Mommsen: *Goethe und der Islam*, Frankfurt/M. 2001.

[4] In der Regel werden in der muslimischen wie auch nicht-muslimischen internationalen Literatur Begriffe wie „Islamische Mystik“, „Sufismus/Sufitum/Sufik“ oder „Derwischtum“ synonym verwendet. So auch in diesem Beitrag. Entsprechend werden die Vertreter und Vertreterinnen der Mystik als Sufis oder

auch, von der patriarchalischen osmanischen Gesellschaft wenig rezipiert und weder als Künstlerin noch als Mystikerin gebührend gewürdigt. Aber auch in der Gegenwart ist sie lediglich einer kleinen Zahl von Kennern der osmanischen Geschichte bekannt. Und selbst in diesen Fachkreisen wird weder ihre Poesie noch ihre Spiritualität in demselben Maße gewürdigt wie es bei männlichen Akteuren der Fall ist.[5] Obschon bis heute Frauen keinen geringeren Anteil an der islamisch-mystischen Dichtung und Spiritualität haben als Männer, ist es lediglich einer einzigen unter ihnen gelungen, annähernd so berühmt zu werden wie die männlichen

Derwische bezeichnet. Es muss aber stets berücksichtigt werden, dass es aus historisch-anthropologischer Sicht weder „den Islam“ und „den Muslim“, noch „den Sufismus“ gibt. Vielmehr begegnet uns die islamische Mystik in der Geschichtsschreibung und auch im ethnographischen Feld in einer nahezu grenzenlosen Bandbreite an Variationen. Die ursprüngliche Genese der islamischen Mystik lässt sich ohnehin nicht eindeutig rekonstruieren. Es gab und gibt auch stets muslimische Mystikerinnen und Mystiker, die sich nicht als Sufis bezeichnen wollen. Sie ziehen, wenn überhaupt, Bezeichnungen wie „der/die Liebende (*âşık*)“, „der/die Selbsttadelnde (*melâmî*)“ oder „der/die Bedürftige (*fakîr*)“ vor. Viele von ihnen lehnen auch institutionalisierte Sufi-Orden jeglicher Art ab, da jede Organisationsform die reinen Ideale des Sufismus korrumpiere. Deshalb wird in diesem Artikel der Begriff „islamische Mystik“ in einem allgemeinen Sinn verwendet und meint die Gesamtheit der als mystisch bezeichneten Phänomene/Strömungen innerhalb des Islams, wobei selbst die Religionsgrenzen nicht selten durchlässig sind. Vgl. bezüglich der bereits frühislamisch diskutierten Problematik einer klaren Definition des Sufismus Erdal Toprakyaran: *Sufismus zwischen Essentialität und Universalität. Das Beispiel Maulana Dschaladdin Rumis (gest. 1273)*, in: Wolfgang Achtner (Hg.): *Mystik als Kern der Weltreligionen? Eine protestantische Perspektive*, Stuttgart 2017, S. 210–231, hier S. 212f.

5 In der Türkei sind bislang folgende Publikationen zu Şeref Hanım erschienen: Ahmet Kırkılıç: *Şeref Hanım Divanı ve İncelemesi (Der Diwan von Şeref Hanım und seine Analyse)*, Erzurum 1993, Yusuf Mardin: *Şair Şeref Hanım (Die Dichterin Şeref Hanım)*, Ankara 1994, Mehmet Arslan: *Şeref Hanım Divanı (Der Diwan von Şeref Hanım)*, Istanbul 2002, Şerife Uzun: *Bir Kadın Şairin Dilinden Hz. Mevlânâ, Mevlevîlik ve Mesnevî-i Şerîf (Mevlânâ Rûmî, das Mevlevîtum und das Mesnevî aus der Perspektive einer Frau)*, in: *Uluslararası Sosyal Aratırmalar Dergisi* 8/37 (2015), S. 266–277, Yasemin Ertek Morkoç: *Şeref Hanım'ın Şiirlerinde Din ve Tasavvuf (Religion und Sufismus in den Gedichten von Şeref Hanım)*, in: *Journal of Human Sciences* 13/3 (2016), S. 5304–5325.

Mystiker, Râbia Adevîye aus Basra (gest. 801). Zumeist wird sie sogar als die eigentliche Begründerin des islamisch-mystischen Pfades der Liebe bezeichnet.[6] Denn sie war es, die in schönen Versen die Bewohner von Basra fortwährend daran erinnert haben soll, dass nicht Frömmigkeit und Askese, sondern Gottesliebe die höchste spirituelle Erfüllung bringt. Auch um diesem Ungleichgewicht in der Darstellung der Spiritualität muslimischer Frauen etwas entgegenzusetzen, soll im Folgenden die osmanische Dichterin und Mystikerin Şeref Hanım einem breiteren Publikum vorgestellt werden. Zuvor soll jedoch zur besseren ideengeschichtlichen Einordnung der Protagonistin, die eine Vertreterin des auf Mevlânâ Rûmî zurückgehenden Mevlevî-Ordens war und schließlich im Garten des Konvents im Istanbuler Stadtteil Yenikapı begraben wurde, eine kurze Darstellung der Theologie der islamischen Mystik erfolgen.

2 Die Theologie der islamischen Mystik

In der sufischen wie auch wissenschaftlichen Literatur wird die Theologie des Sufismus, im Sinne eines theoretischen Glaubenssystems, auch als Theologie, Metaphysik oder gar Religion der Liebe bezeichnet, da in ihrem Zentrum die Liebe (*hub, mahabbet, meveddet, aşk, sevgi etc.*) steht.[7] In dieser Theologie wird unter den Gottesattributen, welche der Koran als „schönste Namen (*esmâ-yı hüsnâ*)“ bezeichnet, besonders das Attribut „der Liebende (*el-Vedûd*)“ hervorgehoben, wobei auch andere Attribute wie „das Licht (*en-Nûr*)“, „der Friede (*es-Selâm*)“, „der Lebendige (*el-Hayy*)“, „der Wahrhaftige (*el-Hakk*), „der Heilige (*el-Kuddûs*)“ etc. zentral bleiben. Für die Sufis ist Gott aber nicht nur das Subjekt der Liebe, wie das koranische Gottesattribut nahelegt, sondern auch das abstrakte

[6] Vgl. Süleyman Uludağ: *Aşk, Tasavvuf (Liebe, Sufismus)*, in: *Türkiye Diyanet Vakfı İslam Ansiklopedisi*, Band 4, Istanbul 1991, S. 11–17, und Margaret Smith: *The Life and Work of Rabia and other Women Mystics in Islam*, Oxford 1994.

[7] Vgl. Joseph E.B. Lumbard: *Ahmad al-Ghazali. Remembrance and the Metaphysics of Love*, Albany 2016. Vgl. auch Leonard Lewisohn: *Hafiz and the Religion of Love in Classical Persian Poetry*, New York 2010, und Erdal Toprakyaran: *Mercy and Love in Islamic Mysticism*, in: *Rahma. Muslim and Christian Studies in Mercy*, Valentino Cottini/Felix Körner/Diego R. Sarrió Cucarella (Hg.), Rom 2018, S. 145–154.

Substantiv („Liebe“) und das Objekt („der/die/das Geliebte“), so dass in Analogie zum christlichen Theologen Augustinus (gest. 430) von einer Art „Dreieinigkeit von Liebe, Liebendem und Geliebtem“ bzw. den „drei Momenten der Liebe“ gesprochen werden kann.[8] Gott habe die Welt aus Liebe erschaffen, insbesondere aus Liebe zum Propheten Muhammed (gest. 632), der deshalb als „Geliebter Gottes (*habîbullâh*)“ bezeichnet wird.[9] Umgekehrt liebe Muhammed seinen Schöpfer und dessen Schöpfung, weshalb er unter anderem den Titel „Herr der Liebenden (*seyyidü'l-âşıkîn* bzw. *sultânu'l-uşşâk*)“ trägt. Entsprechend finden wir im Zentrum der sufischen Theologie, neben der Liebe, die Einheit (*vahdet*), da die Liebe nach der Einheit der Liebenden verlangt. So gibt es in der göttlichen Wirklichkeit keine Dualität und keine Separation, sondern lediglich eine universale Einheit zwischen Gott und Mensch, Mensch und Mensch, Mensch und Natur etc., wobei die Liebe das verbindende Element ist. Diese ontologische Erfahrung wird auch als „Einheit des Seins (*vahdet-i vücûd*)“ bezeichnet.[10]

Nach dem Ableben Muhammeds sollen seine Nachkommen gemeinsam mit einem Teil seiner Weggefährten diese mystische Theologie bewahrt und tradiert haben. So etwa seine Tochter Fâtima (gest. 632), ihr Ehemann Alî (gest. 661), der zugleich ein Cousin des Propheten war, ihre zwei Söhne Hasan (gest. 669) und Hüseyin (gest. 680), oder Hüseyins Ur-Enkel Cafer Sâdık (gest. 765). Einige Jahrzehnte später erlangten die bereits genannte Râbia Adevîye und der Ägypter Zû'n-Nûn (gest. 861) Berühmtheit, die beide Gott in intimen Gebeten mit „mein Geliebter (*habîbî*)“ anzurufen pflegten.[11] Wieder einige Jahrzehnte später wirkte

[8] Vgl. Seyyed Omid Safi: *The Sufi Path of Love in Iran and India*, in: Pir Zia Inayat Khan (Hg.): *A Pearl in Wine. Essays on the Life, Music and Sufism of Hazrat Inayat Khan*, New Lebanon 2001, S. 221–266, hier S. 221f.

[9] Vgl. Erdal Toprakyaran: *Der Prophet Muḥammad und die Mystik*, in: Yaşar Sarıkaya/Mark Chalil Bodenstein/Erdal Toprakyaran (Hg.): *Muḥammad. Ein Prophet – viele Facetten*, Berlin 2014, S. 51–65, hier S. 60f.

[10] Vgl. William C. Chittick: *The Sufi Path of Knowledge. Ibn al-ʿArabi's Metaphysics of Imagination*, New York 1989, S. 77-95.

[11] Vgl. PISAI (Pontificio Istituto di Studi Arabi e d'Islamistica): *L'Amour dans l'histoire du Sufisme. Langage et Expérience* (=Etudes Arabes, Band 104–105), Rom 2009, S. 53–57.

Hallâc Mansûr (gest. 922 in Bagdad), der aufgrund seiner Selbstaufopferung als „Märtyrer der Liebe (*şehîd-i aşk*)“ bekannt wurde.[12] Er hatte wiederholt öffentlich ausgerufen, dass er „der Wahrhaftige (*el-Hakk*)“ sei, obwohl ihm bewusst war, dass das Attribut „der Wahrhaftige“ zu den koranischen Gottesattributen gehört und sein Ausruf sich anhörte als wolle er sagen: „ich bin Gott, der Wahrhaftige“. Hallâc soll die Hinrichtung als Gnade Gottes aufgefasst haben, da sie für ihn die schnelle Vereinigung mit dem Geliebten ermöglichte. Zwei Jahrhunderte später entstand im Gefolge von Ahmed Gazâlî (gest. 1126), dem Bruder des noch berühmteren Theologen Ebû Hamîd Gazâli (gest. 1111), eine äußerst dynamische Schule der mystischen Liebe.[13] Sein Schüler Ayn-ı Kudât Hemedânî, der auch ein brillanter Rechtsgelehrter war, wurde im Jahr 1131, als er gerade 33 Jahre alt war, auf brutale Art hingerichtet und anschließend verbrannt, da er unablässig gepredigt hatte, dass es möglich sei, göttliche Wahrheit auf allen spirituellen und religiösen Wegen zu erlangen.[14] Auch Necmeddîn Kübrâ (gest. 1221) lehrte ein Jahrhundert später, dass die Wege zu Gott zahlreich sind, sogar so zahlreich „wie die Atemzüge der Geschöpfe“. Am effektivsten sei aber der „Weg der Liebenden (*tarîk-i şüttâr*)“, die geduldig auf das Aufscheinen des Geliebten im Herzen, also auf eine Gotteserfahrung (*cezbe, vecd, istiğrâk, fenâ etc.*), warten.[15] Einer der führenden Schüler Kübrâs soll Mevlânâ Rûmîs Vater gewesen sein und auch bei Rûmî selbst finden wir die ideengeschichtliche Kontinuität zu den bislang behandelten Mystikern und Mystikerinnen. Etwa wenn er in Ekstase dichtet: „Die Religion der Liebe unterscheidet sich von jeder anderen Religion / Die Religion und konfessionelle Schule der Liebenden ist Gott.“[16] Dass es sich bei der Theologie der Liebe um kein regional begrenztes Phänomen handelt sehen wir bei dem in Andalusien geborenen

[12] Vgl. Annemarie Schimmel: *Al-Halladsch. Märtyrer der Gottesliebe,* Köln 1968.

[13] Vgl. Aḥmad Ghazzālī: *Sawāniḥ. Inspirations from the World of Pure Spirits*, London 1986 (Hg. und übersetzt von Nasrollah Pourjavady).

[14] Vgl. Safi: *The Sufi Path of Love*, S. 238–245, und Arthur J. Arberry: *A Sufi Martyr. The Apologia of ʿAin al-Qudat al-Hamadhani*, London 1969.

[15] Vgl. Necmeddin Kübra: *Tasavvufta On Esas (Die Zehn Grundlagen der Mystik)*, Istanbul 2010 (Hg. und übersetzt von Süleyman Gökbulut), S. 45–53.

[16] Moūlānā Ǧalāl ad-Dīn Rūmī: *Das Maṯnavī*, Band 2, Norderstedt 2012, S. 115. Vgl. auch Jawid Mojaddedi: *Beyond Dogma. Rumi's Teachings on Friendship with God and Early Sufi Theories*, Oxford 2012, S. 160.

Muhyiddîn İbn Arabî (gest. 1240), der sich in einem Gedicht ähnlich ausdrückt:

> Mein Herz hat sich für jegliche Form geöffnet / Es ist eine Weide für Gazellen, und ein Kloster für christliche Mönche / und ein Tempel für Götzenbilder, und die Kaaba der Pilgernden / und die Tafeln der Tora, und das Buch des Korans / Ich folge der Religion der Liebe: Welchen Weg die Kamele der Liebe auch einschlagen / das ist meine Religion und mein Glaube.[17]

Der Sohn Rûmîs, Sultân Veled (gest. 1312), organisierte nach dem Tod seines Vaters nicht nur dessen Anhängerschaft – ab dieser Zeit als Mevlevî-Orden bezeichnet – sondern auch den Derwischtanz (*semâ*). Erst Sultân Veled gab dem Tanz, der bis dahin von den Sufis spontan und individuell praktiziert wurde, seine noch heute gültige und bis ins kleinste Detail streng ritualisierte Form.[18] Er systematisierte auch Rûmîs Vorstellungen von der Liebe, wonach die Liebe das Paradies, die Gebetsnische der Seele, die Religion, die Vernunft und das Licht des Glaubens, der Islam und das Geheimnis des Gottesbewusstseins, der Sinn der Pilgerfahrt, der sozialen Pflichtabgabe, des Fastens und des Ritualgebets sowie das Wesen und das Attribut Gottes ist.[19] Weiterhin sei die Liebe ein Name Gottes und auch Gott selbst. Liebe sei das Eine und das Erhabene, das Erste und das Letzte, das Verborgene und das Offenbare.

Im Allgemeinen gilt die Trennung den Liebenden als die größte Strafe und sie ziehen es vor, zu sterben, da sie im Tod mit dem Geliebten wieder vereint sind. Deshalb stürze sich der Falter (*pervâne*) ins Kerzenlicht, wie es in den Sufi-Erzählungen von Hallâc Mansûr, Ahmed Gazâlî, Ayn-ı Kudât Hemedânî und nahezu allen Liebesmystikern heißt.[20] In diesem

[17] Muḥyīddīn Ibn ʻArabī: *Deuter der Sehnsüchte. Turjumān al-Ashwāq*, Band 1, Herrliberg 2013 (Hg. und übersetzt von Wolfgang Herrmann), S. 140–141. Vgl. auch Muḥyi´ddîn Ibn al-`Arabî: *The Tarjumân al-Ashwâq. A Collection of Mystical Odes*, London 1978 (Hg. und übersetzt von Reynold A. Nicholson), S. 19 und 67.

[18] Vgl. Toprakyaran: *Sufismus zwischen Essentialität und Universalität*, S. 225–229.

[19] Vgl. Sultan Veled: *Aşknâme (Das Buch der Liebe)*, Istanbul 2015 (Hg. und übersetzt von Emine Öztürk), S. 91–206.

[20] Vgl. Safi: *The Sufi Path of Love*, S. 223–224, und Sadık Armutlu: *Şem u*

Kontext wird zumeist betont, dass bereits der Prophet Muhammed gesagt haben soll: „Sterbt bevor ihr sterbt (*mûtû kable en temûtû*)!“[21] Selbst Goethe war so sehr von diesem Motiv berührt, dass er eines seiner schönsten Gedichte im West-Östlichen Diwan, „Selige Sehnsucht“ dem Falter widmete:[22]

Sagt es niemand, nur den Weisen,
Weil die Menge gleich verhöhnet,
Das Lebend´ge will ich preisen
Das nach Flammentod sich sehnet.

In der Liebesnächste Kühlung,
Die dich zeugte, wo du zeugtest,
Ueberfällt dich fremde Fühlung
Wenn die stille Kerze leuchtet.

Nicht mehr bleibest du umfangen
In der Finsterniß Beschattung,
Und dich reißet neu Verlangen
Auf zu höherer Begattung.

Keine Ferne macht dich schwierig.
Kommst geflogen und gebannt.
Und zuletzt, des Lichts begierig,
Bist du Schmetterling verbrannt.

Und so lang du das nicht hast,
Dieses: Stirb und werde!
Bist du nur ein trüber Gast
Auf der dunklen Erde.

Pervâne (Flamme und Falter), in: *Türkiye Diyanet Vakfı İslam Ansiklopedisi*, Band 38, Istanbul 2010, S. 495–497. Vgl. auch Yakup Kadri Karaosmanoğlu: *Flamme und Falter. Ein Derwisch-Roman*, Köln 1986 (übersetzt von Annemarie Schimmel).

[21] Vgl. İsmâîl Aclûnî: *Keşfü'l-Hafâ ve Müzîlü'l-İlbâs (Die Offenlegung des Verborgenen und die Beseitigung der Konfusion)*, Band 2, Beirut 1997, S. 260.

[22] Johann Wolfgang von Goethe: *West-Oestlicher Divan*, München 2013 (Hg. von Joseph Kiermeier-Debre), S. 32.

Der Tod sei aber wie alles in der Welt reine Illusion und so wie die Liebe ewig ist, sind auch der Liebende und der Geliebte ewig, wie es in einem Gedicht des türkischen Wanderderwischs Yunus Emre (gest. ca. 1320) heißt:

> Sie rufen zum Todesgebet für einen Liebenden / Doch wer stirbt, ist ein Tier / Liebende sterben nicht.[23]

An anderer Stelle besingt er, wie schon Rûmî und İbn Arabî vor ihm, die Religion der Liebe:

> O ihr Liebenden, o ihr Liebenden, die Liebe ist für mich Religion und konfessionelle Schule.[24]

Bei dem Ostthrakier Kaygusuz Alâeddîn Vizevî (gest. 1562/1563) heißt es ganz im Sinne der zuvor behandelten Sufis, dass für die „Leute der Liebe und des Herzens (*ehl-i aşk, ehl-i dil, ehl-i mahabbet, ricâl-i mahabbet, erbâb-ı mahabbet etc.*)" die Liebe eine höhere Priorität als die Religion hat:

> Wenn die Gottesliebe kommt / gibt es keinen Raum mehr für konfessionelle Schule, Religion und Glaube.[25]

Dabei bedient auch er sich der Symbolik von Falter und Flamme:

> Kaygusuz ist der Falter der Liebe / Er ist zum Narren des Wahrhaftigen geworden / Das Kapital der Leute der Liebe / ist das Brennen im Feuer der Liebe.[26]

Kaygusuz Alâeddîn verwendet aber auch andere typische Symbole der

[23] Abdülbâki Gölpınarlı: *Yunus Emre. Hayatı ve Bütün Şiirleri* (*Yunus Emre. Sein Leben und seine gesammelten Gedichte*), Istanbul 2014, S. 225. Die lediglich am Sinn orientierte Übersetzung dieser und nachfolgender osmanischer Verse stammt vom Autor des Artikels.

[24] Ebd. S. 132.

[25] Abdülbâki Gölpınarlı: *Kaygusuz Vize'li Alâeddin (Kaygusuz Alâeddîn aus Vize)*, Istanbul 1932, S. 57.

[26] Ebd. S. 66.

Liebesmystik, wenn er etwa vom „Land bzw. Meer der Liebe (*aşk ili* bzw. *bahr-ı aşk*)“ singt, oder den Menschen als „Spiegel Gottes“ und „Ort der göttlichen Manifestation“ bezeichnet:

> Ist es nicht das Bild des Menschen / das der Wahrhaftige liebgewonnen und erschaffen / und Sich zum Spiegel / und zur Manifestation Seines Wesens gemacht hat?[27]

Zu den bedeutendsten Liebesmystikern zählt weiterhin Niyâzî Mısrî (gest. 1694), der von Goethe im West-Östlichen Diwan, neben Rûmî und Hâfız, namentlich erwähnt und mit einem Gedicht gewürdigt wird.[28] Wegen seiner vermeintlichen Heterodoxie wurde er auf die Insel Lemnos verbannt, wo er über 15 Jahre verbrachte und anschließend verstarb. Dieser schreibt, dass die Liebe die größte spirituelle Lehrmeisterin auf Erden ist und dass jeder, der die göttliche Wahrheit sucht, ihr folgen solle: „O Niyâzî, folge der Liebe, wenn du einen spirituellen Lehrer auf diesem Weg suchst / Die Liebe ist die Meisterin der Propheten und der Freunde Gottes.“[29] Für ihn sind es die Leute der Liebe, die den größten Dschihad (*cihâd-ı ekber*) führen.[30] Für diese sei die Liebe die Essenz alles Religiösen und sie können der ganzen Schöpfung, allen Menschen, allen Religionen und Kulturen mit Empathie entgegentreten und sich sogar gänzlich mit ihnen identifizieren. Mısrî drückt diese Einheitserfahrung in ähnlichen Worten aus wie sein verehrtes Vorbild İbn Arabî:

> Manchmal werde ich zu einer Pflanze, manchmal zu einem Tier und manchmal zu einem Menschen / Manchmal bin ich ein Jude, manchmal ein Christ, manchmal ein Zoroastrier / Manchmal werde ich zu einem schiitischen und manchmal zu einem sunnitischen Muslim.[31]

Sogar dem Teufel, İblîs, begegnen diese Liebesmystiker mit Verständnis

[27] Şaban Er: *Hayrabolulu Melâmî Şeyhi Ahmed-i Sârbân Efendi Külliyâtı ve Vizeli Şeyh Alâ'eddin Alî Efendi'nin Şiirleri (Die gesammelten Werke des Melâmî-Meisters Ahmed Sârbân Efendi aus Hayrabolu und die Gedichte des Meisters aus Vize, Kaygusuz Alâeddîn Alî Efendi)*, Istanbul 2013, S. 80–84.

[28] Goethe: *West-Oestlicher Divan*, S. 43.

[29] Niyâzî Mısrî: *Niyâzî Divânı (Der Diwan des Niyâzi)*, Istanbul 1963, S. 31.

[30] Vgl. ebd. S. 133 und 175.

[31] Ebd. S. 109.

und sehen in ihm ein Wesen, das nichts lieben kann außer Gott. Seine Liebe zum Schöpfer sei grenzenlos, so dass er die von diesem für ihn vorgesehene tragische Rolle ohne Widerspruch akzeptiert habe.[32]

Ein weiteres Narrativ, das sich ähnlich wie die Falter-Metapher in der gesamten islamisch-mystischen Literatur finden lässt, ist jenes von Leylâ und Mecnûn. Die Erzählung handelt davon, dass ein junger Mann namens Kays – später nur noch „der Besessene (*Mecnûn*)" genannt – nach einer langen Zeit des extremen Liebeskummers entdeckt, dass die Trennung von seiner Geliebten Leylâ nur eine Illusion war. Er erkennt, dass er und Leylâ durch die Liebe in Ewigkeit vereint sind. Wegen dieser Vorstellung wird der Tod der Sufis von ihren Anhängerinnen und Anhängern als eine Wiedervereinigung mit dem bzw. der Geliebten gedeutet. Der Todestag wird als Hochzeitstag bzw. -nacht (*urs* bzw. *şeb-i arûs*) bewertet, weshalb noch heute jedes Jahr hunderttausende Menschen zur „Hochzeitszeremonie" von Mevlânâ Rûmî an sein Grab in Konya pilgern.[33]

3 Şeref Hanıms Biographie und familiärer Hintergrund

So wie die bereits erwähnte Râbia Adevîye hat auch Şeref Hanım, die 1809 vermutlich in Istanbul auf die Welt gekommen ist, nie geheiratet und auch keine Kinder bekommen.[34] Da sich unter ihren Vorfahren bedeutende Staatsdiener, etwa ein Großwesir, ein Şeyhülislâm und dutzende ranghohe Richter, Militärs und Bürokraten befanden, ist sie nicht nur eine Repräsentantin des Sufismus, sondern auch der osmanischen Hochkultur und Aristokratie.[35]

[32] Vgl. Uludağ: *Aşk, Tasavvuf*, S. 13–16.

[33] Vgl. für ähnliche Zeremonien in Indien und Pakistan Carl W. Ernst/Bruce Lawrence: *Sufi Martyrs of Love. The Chishti Order in South Asia and Beyond*, New York 2002, und Jürgen Wasim Frembgen: *Am Schrein des roten Sufi. Fünf Tage und Nächte auf Pilgerfahrt in Pakistan*, Frauenfeld 2008.

[34] Vgl. Arslan: *Şeref Hanım Divanı*.

[35] Vgl. Erdal Toprakyaran: *Das Osmanische Bibliotheks- und Bildungswesen im Lichte von Stiftungsurkunden aus dem 18. und 19. Jahrhundert. Das Beispiel der Re'īszādeler*, in: Cristoph Herzog/Raoul Motika/Johannes Zimmermann (Hg.): *Osmanische Welten: Quellen und Fallstudien. Festschrift für Michael Ursinus*, Bamberg 2016, S. 631–664, und Erdal Toprakyaran: *Nābulusīan Ṣūfism in the Ottoman Realm: the Case of Shayḫ al-Islām Muṣṭafā ʿĀşir Efendī*

In der islamischen Geschichte ist es nie ein kategorischer Widerspruch gewesen, dass man zugleich ein Mystiker, ein Dichter und ein einflussreicher Funktionär ist. Auch gab es nie eine monolithische Dichotomie zwischen Orthodoxie und Mystik, sondern eher eine Art dialektisches Spannungsverhältnis.[36] Entsprechend können nahezu alle ihre bekannten Vorfahren als poetisch-mystische Personen in staatstragenden Positionen bezeichnet werden: ihr Vater Mehmed Nebîl Bey war ein ranghoher Kadi, dessen Vater Halîl Nûrî Bey der Hofchronist des Sultans, dessen Vater Feyzullâh Şâkir Bey ein wichtiger Bürokrat und dessen Vater sogar der Großwesir Abdullâh Nâilî Pascha. Auch ihre Mutter Şerîfe Nakîye stammte aus einer aristokratischen Familie: ihr Vater war Mehmed Hafîd Efendi, der ranghöchste Richter des Reiches, ihr Großvater der Şeyhülislâm Mustafâ Âşir Efendi, der ranghöchste Religionsgelehrte des Reiches, und ihr Großvater der osmanische Kanzleichef Reîsülküttâb Mustafâ Efendi, der als Botschafter im Jahr 1730 nach Wien gereist war. Die Zuneigung zum Mevlevî-Orden scheint sie vom väterlichen Familienzweig geerbt zu haben, da ihre Vorfahren mütterlicherseits nachweislich stärker mit den Melâmî-, Mısrî-, Eşrefî-, Erdebilî- und Şâzelî-Orden affiliiert waren.[37] Leider wurde über das Leben und Wirken von Şeref Hanım in den osmanischen Quellen deutlich weniger überliefert als über das ihrer

(d. 1804), in: Lejla Demiri/Samuela Pagani (Hg.): *Early Modern Trends in Islamic Theology: ʿAbd al-Ghanī al-Nābulusī and his Network of Scholarship*, Tübingen 2019, S. 211–224.

[36] Vgl. Toprakyaran: *Das Osmanische Bibliotheks- und Bildungswesen*, und Toprakyaran: *Nābulusīan Ṣūfism*. Diese These schließt aber durchaus mit ein, dass es auch zu gewalttätigen Auseinandersetzungen zwischen „orthodoxeren" und „heterodoxeren" Sufis und Strömungen kommen konnte. Vgl. Erdal Toprakyaran: *Islamische Mystik im interreligiösen Dialog: Sind Sufis bessere Gesprächspartner?* in: *Zeitschrift für Missionswissenschaft und Religionswissenschaft* 97/3-4 (2013), S. 194–202, und Erdal Toprakyaran: *Krieg und Mystik. Das Narrativ von Atatürk als Gottesstreiter und mystischer Pol*, in: Erdal Toprakyaran/Hansjörg Schmid/Cristian Ströbele (Hg.): *Dem Einen entgegen. Christliche und islamische Mystik in historischer Perspektive*, Berlin 2018, S. 245–270.

[37] Zur Verbundenheit mit dem Mısrî-Orden, der auf den oben behandelten Mystiker Niyâzî Mısrî zurückgeht, vgl. Hür Mahmud Yücer: *Osmanlı Toplumunda Tasavvuf, 19. Yüzyıl (Sufismus in der Osmanischen Gesellschaft im 19. Jahrhundert)*, S. 209 und 748, und Hasan Basri Öcalan: *Bursa'da Tasavvuf Kültürü, XVII. Yüzyıl (Sufi-Kultur in Bursa im 17. Jahrhundert)*, Bursa 2000, S. 99.

männlichen Vorfahren. Ihr 344 Seiten umfassender osmanischer Diwan, der in Istanbul sechs Jahre nach ihrem Tod zum ersten und vierzehn Jahre danach zum zweiten Mal gedruckt wurde (1867 bzw. 1875), ist bislang die einzig bekannte und damit wichtigste Primärquelle zu ihrem Leben.[38] So erfahren wir aus ihrem Diwan nicht nur, dass sie eine Katze namens Tonbak hatte, deren Tod sie in einem Gedicht betrauert, sondern auch, dass sie anscheinend kaum größere Reisen unternommen hat. Lediglich von einer Fahrt nach Gelibolu/Gallipoli an die Gräber der mystischen Gebrüder Mehmed und Ahmed Yazıcızâde (gest. 1451 bzw. ca. 1466) ist die Rede. Die Pilgerreise nach Mekka konnte sie hingegen nie realisieren, was sie in äußerst schmerzhaftem Ton wiederholt thematisiert. Besonders gern hielt sie sich gemeinsam mit ihren Familienmitgliedern auf der asiatischen Seite Istanbuls, in der Sommerfrische Yakacık auf, wo sich auch die höchste Erhebung der Region befindet. Sie thematisiert und verarbeitet in ihrer Dichtung nicht nur religiöse Themen, sondern auch verschiedene Ereignisse aus ihrem eigenen Leben und dem Leben ihrer Verwandten und Bekannten wie Geburt, Heirat, Beförderung, Auszeichnung, rituelle Initiation, Geldsorgen, Krankheit oder Tod. Die meisten im Diwan genannten Personen gehören dem sozialen Umfeld der Mystikerin an. So erfahren wir von zahlreichen Personen aus dem Istanbuler Sufi-Milieu oder der sonstigen Gesellschaft, deren Namen heute größtenteils in Vergessenheit geraten sind.

4 Şeref Hanım als poetische Mystikerin

Die mystisch-kreative Sprache und Symbolik der Dichterin, welche wie erwähnt eine Vertreterin des Mevlevî-Ordens war, unterscheidet sich wenig von der männlicher Sufis. Erneut ist von den „Leuten der Liebe und des Herzens“ die Rede, wobei sie in ihrem Diwan eine Vielzahl an diesbezüglichen Begriffsvariationen verwendet. Auch gebraucht sie typische Begriffe der Liebesmystik wie „Pfad der Liebe (*tarîk-i aşk*)“, „Konfessionelle Schule der Liebenden (*mezheb-i ehl-i mahabbet*)“, „Wein der Liebe (*bâde-i aşk, mey-i mahabbet, sahbâ-yı mahabbet*)“, „Buch der Liebe (*kitâb-ı aşk*)“, „Märtyrer des Schwertes der Liebe (*şehîd-i tîğ-i*

[38] Vgl. Şeref Hanım: *Dîvan-ı Şeref Hanım (Der Diwan von Şeref Hanım)*, Istanbul 1867 bzw. 1875. Vgl. auch Arslan: *Şeref Hanım Divanı.*

aşk)" oder „Vogel des Liebessegens (*hümâ-yı feyz-i aşk*)".[39] Auch identifiziert sie sich in ihren Versen wiederholt mit den bereits genannten Hallâc Mansûr und Mecnûn; interessanterweise an keiner Stelle mit Râbia Adevîye oder Leylâ. Namentlich angerufen und gepriesen werden in ihren Gedichten, neben Rûmî, namhafte Sufi-Persönlichkeiten wie Veysel (auch Üveys) Karenî (gest. ca. 657), Abdülkâdir Geylânî (gest. 1166), Ahmed Rifâî (gest. 1182), die bereits erwähnten Gebrüder Mehmed und Ahmed Yazıcızâde, und Nûreddîn Cerrâhî (gest. 1721). Nicht angerufen, aber doch positiv erwähnt werden zum einen Philosophen wie Platon, Aristoteles und Avicenna, und zum anderen Mystiker wie Şemseddîn Tebrîzî (gest. ca. 1247), Hâce Bektâş Velî (gest. ca. 1271), Lâl Şahbâz Kalender (gest. ca. 1274), Sultân Veled, Bahâeddîn Nakşibend (gest. 1389), Hâfız Şîrâzî und Şeyh Gâlib (gest. 1799), der Autor des osmanischen Diwans „Schönheit und Liebe (*Hüsn ü Aşk*)", der zugleich ein Meister des Mevlevî-Ordens war.[40] Die meisten der im Diwan thematisierten Personen sind hingegen wie erwähnt Menschen aus dem sozialen Umfeld der Dichterin. So schreibt sie wiederholt von den drei Sufi-Meistern, zu denen sie eine innige Beziehung gehabt zu haben scheint: die Mevlevîs Mehmed Kadrî Dede (gest. 1851) und Osmân Selâhaddîn Dede (gest. 1887), und Muhyîddîn Efendi (Todesdatum unbekannt), ein Meister des Kâdirî-Ordens. Ganz besonders scheint sie sich mit einer anderen, ebenfalls nahezu in Vergessenheit geratenen poetische Mystikerin vom Mevlevî-Orden identifiziert zu haben, Leylâ Hanım (gest. 1848).[41] Diese wird teils allein und teils gemeinsam mit einer anderen mystischen Dichterin aus dem 18. Jahrhundert, Fıtnat Hanım (gest. 1780), idealisiert dargestellt. Im Folgenden sollen zur Veranschaulichung der poetischen Liebestheologie der Mystikerin einige exemplarische Verse erstmals ins Deutsche übersetzt werden:

> Von außen betrachtet bin ich zwar bedürftiger als jeder andere / Von innen betrachtet bin ich aber ein Berg der Bedürfnislosigkeit / Ist es verwunderlich für den Sultan, wenn ich mich nicht vor ihm verbeuge? / Ich bin der

[39] Vgl. Arslan: *Şeref Hanım Divanı*, S. 240, 251, 254, 331, 335, 352, 363, 369.

[40] Vgl. Şeyh Gâlib: *Hüsn ü Aşk (Schönheit und Liebe)*, Istanbul 2005 (Hg. und übersetzt von Orhan Okay und Hüseyin Ayan).

[41] Vgl. Mehmet Arslan: *Leylâ Hanım Dîvânı*, Istanbul 2003.

Staub unter den Füßen des erhabenen Mevlânâ.[42]
Die Manifestation der Wahrheit der Liebe sind die Mevlevîs / Das Verborgene des Geheimnisses der Liebe sind die Mevlevîs.[43]

Die Hoffnungslosigkeit lässt Şeref im Tanzsaal des Leids im Kreise sich drehen / O Herrgott, wird mir keine Gnade vom erhabenen Meister zuteil?[44]

Der Liebeswein des Wahrhaftigen hat sie zu kopflosen Betrunkenen gemacht / In den Augen der Kâdirîs gibt es keine Welt und keinen Raum.[45]
Die Filzmütze des Mevlevîs ist das Nest des Phönix des Glückes / da ohne Zweifel landet eines Tages / der Vogel des Liebessegens auf dem Kopf / Die Filzmütze des Mevlevîs ist die Laterne der Einheit / welche behütet das Kerzenlicht des Herzens / vor dem Sturm des Weltlichen.[46]

Peinigung durch den Geliebten ist Gnade / Ich sage ‚Ja-mit-Gott' zu meinem traurigen Herz / ‚Ja-mit-Gott' zu jedem Problem und jeder Schwierigkeit auf dem Pfad der Liebe / Ich bin eine betrübte Liebende / ‚Ja-mit-Gott', wenn mich mein Geliebter mit dem Schwert des Leids von Kopf bis Fuß in Stücke zerteilt / Die Leute der Liebe verurteilen mich dafür nicht / Sie kennen meine Entschuldigung / Zu anderen als dem Geliebten kann ich aber nicht ‚Ja-mit-Gott' sagen / Dieses neuartige Benehmen stellt für einen Mevlevî sicherlich keine rühmenswerte Begabung dar / ‚Ja-mit-Gott' lautet das ewige Privatgebet des Derwischs Şeref.[47]

42 „Zâhirde eğerçi cümleden ednâyım / Bâtında velîk kûh-ı istiğnâyım / Baş eğmez isem aceb midir Dârâ´ya / Hâk-i kadem-i Hazret-i Mevlânâ´yım." Arslan: *Şeref Hanım Divanı*, S. 505.
43 „Mazhar-ı aşk-ı hakîkatdir gürûh-ı Mevlevî / Mahrem-i sırr-ı mahabbetdir gürûh-ı Mevlevî." Ebd. S. 115.
44 „Döndürür yes semâ-hâne-i gamda Şeref´i / Hazret-i Pîr´den irmez mi inâyet yâ Rab." Ebd. S. 317.
45 „Etmiş mey-i mahabbet-i Hak mest-i bî-şuûr / Yokdur gözünde kevn ü mekân Kâdirîler´in." Ebd. S. 117.
46 „Bir gün elbette konar başa hümâ-yı feyz-i aşk / Lâne-i ankâ-yı devletdir külâh-ı Mevlevî / Tünd-bâd-ı mâ-sivâdan şûle-i şem-i dili / Hıfz içün fânûs-ı vahdetdir külâh-ı Mevlevî." Ebd. S. 254.
47 „Lutufdur kahrı da yârin dil-i nâ-çâra eyvallah / Tarîk-i aşkda her müşkil ü

Eine weitere Eigenschaft von Şeref Hanım ist, dass sie sich unmissverständlich vom 6. Kalifen Yezîd b. Muâviye distanziert und leidenschaftlich Partei ergreift für dessen Gegner Hüseyin, den Enkel Muhammeds und Sohn der Prophetentochter Fâtima und ihres Mannes Alî. Sie geht sogar so weit, dass sie Yezîd und seine Unterstützer, so wie es in der Regel eher Aleviten und Schiiten zu tun pflegen, heftig verflucht, was in dieser Eindeutigkeit für eine Repräsentantin der sunnitisch-osmanischen Elite bemerkenswert ist:

> Verflucht sei Yezîd samt seiner Verwandschaft und Gefolgsleute! / Ich bin in beiden Welten eine Liebende der Diener der Prophetenfamilie / Ich, Şeref, bin eine heftige Gegnerin ihrer Feinde, welche von mir keinerlei Respekt bekommen.[48]

Jedoch ist es auch im sunnitischen Sufismus üblich, sich zu Alî, Fâtima, Hasan, Hüseyin und ihren Nachkommen zu bekennen und ihre Gegner abzulehnen. So finden wir nicht nur bei Şeref Hanım, sondern auch bei ihren zuvor genannten Vorfahren und den bislang erwähnten Sufis die auf den ersten Blick hybrid oder synkretistisch anmutende Tendenz, sich nicht nur als Sunniten, sondern auch als Aleviten oder gar Schiiten zu bezeichnen. Fâtima und die sogenannten 12 Imame werden im Sufismus nicht nur verehrt, sondern auch angerufen, wie es Şeref Hanım in ihrem Diwan tut:

> O Alî, eile herbei! O Tochter des Propheten, hilf mir! / Mögen eure Gnadengaben mir Unwürdigen zuteilwerden.[49]
> O ehrwürdiger Hasan, eile herbei! O Hüseyin, hilf mir! / Für Gott, seid

düşvâra eyvallah / Benim bir aşık-ı şûrîde kim ser-tâ-be-pâ cânân / Ederse hançer-i cevr ile pâre pâre eyvallah / Bilür ehl-i mahabbet eylemez tayib mazûrum / Ne çâre edemem bir vechile ağyâra eyvallah / Hüner mi Mevlevî´ye böyle tarz-ı nev-zemîn elbet / Şeref dervîşin evrâdı olur hemvâre eyvallah." Ebd. S. 415.

[48] „Yezîd´e ehline ensâbına etbâına lânet / Muhibb-i bende-i Âl-i Abâ´yım iki alemde / Şeref âdâsına hasm-ı kavîyim eylemem hürmet." Ebd. S. 510. Vgl. weiterhin die Gedichte auf den Seiten 122–140, in denen sie Yezîd und seine Mitstreiter in vielen Varianten verflucht.

[49] „Yâ Alî el-meded ey Bint-i Resûl el-ihsân / Bu siyeh-rû kula eltâfınız erzân olsun." Ebd. S. 132.

meine Wegweiser am Tag des Gerichts.[50]

Insgesamt distanziert sich Şeref Hanım stets von der geistlosen, belehrenden Orthodoxie und ihren Predigern und besingt stattdessen wie es sich für die Schule der Liebesmystik gehört den Wein, die Trunkenheit, die Verzückung, die Schenke, die Sehnsucht, den Liebesschmerz oder die Selbstaufopferung für den Geliebten:

> O Prediger, glaube nicht, dass wir Leute unerfüllbarer Erwartungen sind / Wir sind die Trunkenen des Liebesweins, die Leute der ewigen Glückseligkeit / Nicht die Herren der Heuchelei oder der belehrenden Askese / Wir sind Personen des geistigen Weges, des Verzichts und der Einsamkeit / Wir sind Leute der kontemplativen Klausur und der Nische des Alleinseins / Wir sind treu Ergebene, Käufer des Juwels der Gottesliebe / Wir sind treu Ergebene, befreit vom Wunsch nach Name, Ruhm und Reputation / Wir sind treu Ergebene, Vollstrecker der Anweisungen aller Gottesfreunde seit Anbeginn der Zeit / Wir sind treu Ergebene, Bedienstete der Männer der Wahrheit / Wir sind Leute des ständigen Gottgedenkens und der Einheit inmitten des kosmischen Kreislaufs / Wir sind Kays / Nehmen nicht wahr, wenn Leylâ erscheint / Unsere Vernunft ist davongesegelt. Unsere Vorkehrungen haben das Schiff des Herzens bestiegen / Gott, der Liebende, hat uns aufgelöst, indem er uns tropfenartig ins Meer vergoss / Nun sind unser Körper und Sein ins Meer der Entwerdung getaucht / Wir sind so irr und verrückt. Glaube nicht, dass wir Leute der Ordnung sind / Öffne deine Augen o Reisender! / Verlasse Schlaf und Bequemlichkeit! / Ziehe an den Mantel des Selbsttadels! / Ziehe ein in das Haus der Einsamkeit! / Die Vielheit der Seelen wird eines Nachts die Kerze der Freude löschen / Komm, entzünde in der Residenz deines Gemüts das Licht der Einheit / Finde unbedingt den Pfad der Armut, denn wir sind die Leute der verstetigten Besitzlosigkeit / Unser Herz bezeichnen wir stets als Feuervogel / Die Glut der Trennung erlaubt keinen Aufschub / Unser ergreifendes Seufzen deutet auf die vielfache Hitze des Julis / Im Gesetz der Liebe folgen wir Şahbâz Kalender / Am Tisch des Prophetenworts: ‚meine Armut ist mein Ruhm', sind wir Leute der Bestärkung.[51]

[50] „Yâ Hazret-i Hasan meded ü yâ Hüseyin amân / Allâh içün idin bana ferdâ delâleti." Ebd. S. 135.

[51] „Vâizâ sanma bizi bîhûde ümmîd ehliyiz / Mest-i sahbâ-yı mahabbet şevk-i

Ich bin jener Verzückte der Liebe, welcher Verstand und Wille verloren hat / Weder weiß ich etwas von der Welt, noch habe ich eine Vorstellung von mir selbst / Weder will ich am Leben sein, noch flieht mein Gemüt vor dem Tod / Seit ich in der Welt an Liebeskrankheit leide, befinde ich mich in einem zauberhaften Zustand.[52]

Das Weinglas der Wahrheitsliebe hat uns trunken gemacht / In den Fässern der Schänke gibt es diesen Wein nicht.[53]

Glaube nicht, dass man mich erst zwingen muss, mein Leben für meinen Geliebten zu opfern / Ich will mir einen Namen machen als Märtyrerin durch das Schwert der Liebe.[54]

Das Sehnen nach dem Paradies ist allein der Anblick des Angesichts / Denn ohne den Geliebten will die Liebende den Rosengarten nicht schauen.[55]

câvîd ehliyiz / Ne riyâ erbâbıyız ne zühd-i temhîd ehliyiz / Biz tarîkat erleriyiz terk-ü tecrîd ehliyiz / Ser-be-ceyb-i inzivâyız künc-i tefrîd ehliyiz / Cevher-i aşk-ı Hudâ´ya müşterîyiz sıdk ile / Kayd-ı nâm u şân u şöhretden berîyiz sıdk ile / Her velînin tâ ezel fermân-berîyiz sıdk ile / Biz hakîkat erlerinin çâkeriyiz sıdk ile / Devr-i devrân ile dâim zikr ü tevhîd ehliyiz / Özge Kays´ız bilmeyiz ger eylese Leylâ vürûd / Akla yelken eyledik dil fülkine gitdi kuyûd / Katre-veş katub bizi ummâna mahv etti Vedûd / Hâliyâ bahr-i fenâya gark olub varlık vücûd / Öyle şeydâ vü cünûnuz sanma takyîd ehliyiz / Aç gözün sâlik uyan terk eyle hâb u râhatı / Gey Melâmet hırkasın cây eyle dâr-ı uzleti / Şem-i şevki söndürür bir şeb nüfûsun kesreti / Gel gönül kâşânesinde yak çerâğ-ı vahdeti / Bul tarîk-i fakrı zinhâr fakr-ı tekîd ehliyiz / Dâimâ murg-ı semenderdir dile tâbîrimiz / Olamaz nâr-ı firâka yanmağa tehîrimiz / Nice temmûz eyler îmâ âh-ı pür-tesîrimiz / Aşk kânûnında Şehbâz-ı Kalender pîrimiz / Süfre-i el-fakru fahrî içre teyîd ehliyiz." Ebd. S. 241.

52 „Ben ol hayrân-ı aşk´ım kim yitirdim akl ü idrâki / Ne alemden haberdârm ne kendimden hayâlim var / Ne sağ olmak murâdımdır ne ölmekden kaçar gönlüm / Cihânda haste-i aşk olalı bir hoşça hâlim var." Ebd. S. 255.

53 „Biz mest-i câm-ı bâde-i aşk-ı hakîkatiz / Meyhâne humlarında bulunmaz şarâbımız." Ebd. S. 349.

54 „Can fedâ etmekde yâre sanma ibrâm isterim / Ben şehîd-i tîğ-ı aşk olmak ile nâm isterim." Ebd. S. 243.

55 „Ârzû-yı cennet ancak rûyet-i dîdârdır / Yohsa âşık yârsız seyr-i gülistân istemez." Ebd. S. 348.

O Herz, du hattest dem Geliebten das Lebensopfer versprochen / Bleib deinem Schwur treu! / In der Konfession der Leute der Liebe gibt es keinen Raum für die Lüge.[56]

Was wäre, wenn der Geliebte käme / zur Ruine meines toten Herzens, als sei sie Gottes Haus / in der Absicht, seiner Pflicht nachzukommen.[57]

Im Buch der Liebe fand ich alle meine Fehler / In der Schule des Gemüts habe ich mich selbst der Prüfung unterzogen.[58]

So wie ihr ferner Zeitgenosse Goethe und ähnlich wie die vielen Sufis vor ihr thematisiert Şeref Hanım das Motiv vom leidenschaftlichen Falter, der sich aus Liebe in die Flamme stürzt:

Der Wein ist Feuer / Der Becher ist Feuer / Das Gesicht des Geliebten ist Feuer / Die Gesellschaft ist Feuer / Ist es seltsam, wenn das Herz aus Liebe unaufhörlich brennt? / Die Nächte und Tage, die in Trennung und Sehnsucht vergehen, sind Feuer / Die weinend Liebenden kennen dem Falter gleich das Brennen / O Herz, muss man dem Geliebten jeden Augenblick das Brennen vorführen?[59]

O Knospe betrachte nicht mein Lächeln, schau auf mein inneres Brennen / Auch wenn mein Mund einer Nachtigall gleicht, ist mein Herz ein Falter.[60]
Für die Leute der Liebe ist die Auslöschung der Existenz ein Leichtes /

[56] „Cân fedâ etmekdi yâre ahdin ey dil kıl vefâ / Mezheb-i ehl-i mahabbetde yalan olmaz imiş.“ Ebd. S. 351.

[57] „Dil-i virân-şüdeme beyt-i Hudâ niyyetine / Gelse cânân nolur farzı edâ niyyetine.“ Ebd. S. 413.

[58] „Kitâb-ı aşkda nice kusûrum var imiş buldum / Debistân-ı gönülde kendi kendim imtihân etdim.“ Ebd. S. 387.

[59] „Mey âteş meclis âteş sâğar âteş rû-yı yâr ateş / Aceb mi olsa dil aşkı ile dâim yanar ateş / Firâk u hasretin ile geçen leyl ü nehâr âteş / Bilür uşşâk-ı zârın sûzişin pervâne-veş dâim / O şûha eylemek lâzım mı ey dil âşikâr ateş.“ Ebd. S. 354.

[60] „Ey gonca bakma handeme sûz-ı derûnı gör / Pervânedir dilim dehenim andelîb ise.” Ebd. S. 533.

> Mein Herz ist ein Falter, der in die Flamme der Schönheit sich stürzt.[61]

Im Diwan thematisiert die Mystikerin in zahlreichen Versen ihre Liebe zu ihrer Heimatstadt Istanbul, die sie wie in jenen Jahren üblich „Islâmbol (Stadt mit viel Islam)“ nennt, und zur Sommerfrische Yakacık. Besonders wenn sie über die Gärten, Parks und Vegetation Istanbuls, das damals noch relativ menschenleer und landschaftlich äußerst reizvoll war, und die häufigen Ausflüge zur Sommerfrische schreibt, drückt sie sich auf eine Weise aus, die an die Naturmystik von Rûmî oder Yunus Emre erinnert:

> Der Schatz der Weisheit ist Islâmbol / Die Geliebte aller Länder ist Islâmbol / Şeref sehnt sich nach dir / O Treffpunkt aller Liebenden, Islâmbol.[62]

> O Ostwind, warte nicht! Überbringe meine Grüße / Den Liebhabern von Yakacik, dem Umfeld von Yakacik, und dem Gipfel des Berges von Yakacik![63]

> Der Boden ist lieblich, die Luft angenehm, das Quellwasser delikat / Gott hält für uns in jedem Winkel eine Erfahrung bereit.[64]

Neben ihrer dichterischen Tätigkeit kümmerte sich Şeref Hanım sehr intensiv um die mystische und literarische Bildung ihrer Nichten und Neffen, was sich auch in deren Dichtung widerspiegelt.[65] So beendet ihr Neffe Mehmed Nebîl Bey (gest. 1890), der ebenfalls ein Mevlevî-Sufi war, die Einleitung seines Diwans mit Versen, die man als Essenz auch der Theologie seiner Tante bezeichnen kann:

61 „Ehl-i aşka eylemek bir iş midir mahv-ı vücûd / Şem-i hüsne cân atan pervâne kim gönlümdür ol.” Ebd. 369.

62 „Gencîne-i irfân olan İslâmbol / Mahbûbe-i buldân olan İslâmbol / Müştâk seni görmeğe gâyetle Şeref / Ey mecma-ı yârân olan İslâmbol.” Ebd. S. 530.

63 „Ahbâbına etrâfına küh-sârına neşr et / Ey bâd-ı sabâ turma selâmım Yakacığın.“ Ebd. S. 527.

64 „Zemîni hôş hevâsı mutedil âbı güzel mutlak / Hudâ her gûşesine eylemiş bir zevk âmâde.“ Ebd. S. 517.

65 Ebd. S. 17–23.

> Der Wahrhaftige hat den Menschen durch das koranische Wort ‚Wir haben euch Würde gegeben' mit mehr Würde beschenkt als den Rest der Schöpfung / Die Existenz des Universums ist die Frucht der Liebe / Ohne Liebe gäbe es keine Potentialität / Jedes Geschöpf besitzt eine Tendenz / Manche lieben den Besitz, andere den Geist / Wenn du aber ganz Mensch sein willst / Dann sei ein Diener der Liebe, sei ein Diener der Liebe! / Möge Friede sein![66]

Noch stärker scheint der Einfluss Şeref Hanıms auf ihre Nichte Hadîce Nakîye Hanım (gest. 1899) gewesen zu sein, die wie ihre Tante nicht heiratete und sich ganz der poetischen Liebesmystik hingab. Sinnbildlich dafür erscheint ihr Wunsch, kein eigenes Grab und keinen Grabstein zu haben, sondern in das Grab und in den Schoss ihrer geliebten Tante gelegt zu werden. Noch heute ist das Grab Şeref Hanıms im Garten des Konvents in Yenikapı für Besucherinnen und Besucher zugänglich und auf dem Grabstein findet sich kein Hinweis auf die ebenfalls dort begrabene Hadîce Nakîye Hanım. Die Verbundenheit Hadîce Nakîye Hanıms mit ihrer Tante wird auch in folgenden Versen deutlich, wo sie mit einem geschickten Wortspiel an ihre Tante Şeref Hanım erinnert, indem sie schreibt, dass der Ruhm der Mevlevîs von der „Glorie der Liebe (*Şeref-i aşk*)“ herrührt:

> Wir sind Mevlevîs, unser Ruhm kommt von der Glorie der Liebe / Unsere Freundschaft gilt stets den leidgeplagten Liebenden / O Nakîye, den Staub der Pforte des Meisters hast du dir zur Ruhestätte genommen / Denn jener Ort ist unser gnadenvolles Paradies.[67]

[66] „Kıldı kerremnâ ile insânı Hakk / Cümle eşyâdan mükerrem lutfa bak / Hâsılı aşkdır vücûd-ı kâinât / Olmasa aşk olmaz idi mümkinât / Her bir halkın bir şeye meyli ayân / Kimi mâl âşıkıdır kimi cân / Âdemiyyetde tutam dersen makâm / Aşka kul ol, aşka kul ol ve's-selâm!“ Fatma Sabiha Kutlar-Oğuz: *Mehmed Nebîl Bey ve Hicr ü Visâl'i“ (Mehmed Nebîl Bey und sein Werk ‚Hicr ü Visâl')*, in: *Turkish Studies* 9/12 (2014), S. 501–562, hier S. 518.

[67] „Mevlevîyiz Şeref-i aşk iledir şöhretimiz / Dâim uşşâk-ı cefâkeşledir ünsiyetimiz / Nakiyye hâk-i der-i pîri edindin mevâ / O mahaldir çü bizim cennet-i bîminnetimiz.“ Bedirhan Tamsöz: *Osmanlıdan Günümüze Kadın Şairler Antolojisi (Anthologie der Dichterinnen. Vom Osmanischen Reich bis in die Gegenwart)*, Ankara 1994, S. 60.

Auch wenn Şeref Hanım eine Mystikerin war, so war sie doch nicht frei von Bedürfnissen und Hoffnungen. In ihren Gedichten wird deutlich, dass sie keine Scheu davor hatte, ihre Schwächen offenzulegen und ihrem Wunsch nach Anerkennung Ausdruck zu verleihen. Besonders die Anerkennung der anderen Dichter und Dichterinnen war ihr wichtig, wobei sie sich dessen bewusst war, dass die Anerkennung oft erst nach dem Tod erfolgt. Zugleich war sie, deren Gedichte ihre einzigen „Kinder" waren, sich ganz sicher, dass ihr Name unvergessen bleiben wird:

> Die Liebenden sollten unbedingt den Wert von Şeref erkennen / Denn eine Leylâ und eine Fıtnat wird die Welt nicht mehr erleben.[68]

> Auch wenn mein Gerede ganz ohne Bedeutung ist / bewahre mich vor dem Tadel der Dichter, o Herr.[69]

> Während der Lebenszeit wird der Wert eines Menschen nicht erkannt, o Şeref / aber eines Tages wird dein Werk von Hand zu Hand gereicht.[70]

> Auch wenn ich, Şeref, von dieser Welt gehen / und keine leiblichen Kinder haben werde / ist doch jedes Ghasel ein Kind meines Herzens / Bis zur Wiederauferstehung wird mein Name unvergessen sein.[71]

5 Conclusio

Die Dichterin und Mystikerin Şeref Hanım, die eine Vertreterin des auf Mevlânâ Rumi zurückgehenden Mevlevî-Ordens war und einen umfassenden Diwan verfasst hat, ist bis heute lediglich einer kleinen Zahl von Kennern der osmanischen Geschichte bekannt. Und selbst in diesen Fachkreisen wird weder ihre Poesie noch ihre Spiritualität in demselben Maße gewürdigt wie es bei männlichen Akteuren der Fall ist. Es deutet vieles

[68] „Hâh u nâ-hâh Şeref'in kadrini bilsin yârân / Âleme bir dahi Leylâ ile Fıtnat gelmez." Ebd. S. 347.

[69] „Gerçi bî-manîdir ammâ sühânım / Sakla tân-ı şuarâdan yâ Rab." Ebd. S. 502.

[70] „Sağlığında kişinin kadri bilinmez Şerefâ / Gezer elden ele bir gün ola kim âsârın." Ebd. S. 361

[71] „Ben ölürsem de Şeref âlemde / Zâhiren yok ise de evlâdım / Her gazel bir veled-i kalbimdir / Haşre dek yine güm olmaz adım." Ebd. S. 502

darauf hin, dass bis heute weder auf muslimischer noch auf nichtmuslimischer Seite die Spiritualität muslimischer Frauen ernst genommen wird. Şeref Hanım bewegt sich in ihrer mystischen Dichtung sprachlich und symbolisch im Rahmen der „Theologie der Liebe“, die auf Sufis wie Râbia Adeviye, Hallâc Mansûr, Rûmî oder Hâfız zurückgeht und bis in die heutige Zeit, wenn auch von den Medien kaum wahrgenommen, weltweit sehr präsent und dynamisch ist. Für die Sufis ist Gott Liebe und Liebe ist Gott. Liebe ist auch Religion und höchstes Gesetz. Şeref Hanım, die als gebildete Frau aus sehr gutem Hause zugleich eine Repräsentantin der osmanischen Hochkultur und Aristokratie war, hatte keine Scheu von der leidenschaftlichen Liebe, dem Wein, der Trunkenheit und der Unangepasstheit zu schreiben, so wie es mehrheitlich eher die Männer taten. Ihre Sprache wirkte im 19. Jahrhundert für patriarchalisch ausgerichtete muslimische Kreise sicherlich unangemessen und provokant. Doch Şeref Hanım und die von in ihr in ihrem Diwan hochgelobten, ebenfalls mystisch-poetischen Mitstreiterinnen Fıtnat Hanım und Leylâ Hanım folgten der Tradition der furchtlosen und aufmüpfigen Derwische, die wie ein Falter jederzeit bereit waren, ihr Leben für die Liebe zu opfern. Denn an den Tod, der wie das Leben nur eine Illusion sei, glaubten sie nicht. Liebende leben ewig, da die Liebe unvergänglich ist. Eine Zeit lang leben sie auf der Erde, dann in Gott. In diesem Sinne sollen die letzten Zeilen dieses Artikels wieder Şeref Hanım gehören, die sich selbst und uns zugleich zuruft:

> O Şeref, bleibe auf dem Pfad / Irre nicht umher im Tal der Sinnlosigkeit / Nutze dein Zeitkapital für die Vollendung / Möge Liebe sein![72]

Literaturverzeichnis

Aclûnî, İsmâil: Keşfü'l-Hafâ ve Müzîlü'l-İlbâs (Die Offenlegung des Verborgenen und die Beseitigung der Konfusion), Band 2, Beirut 1997.

Arberry, Arthur J.: A Sufi Martyr. The Apologia of ʿAin al-Qudat al-Hamadhani, London 1969.

[72] „Vâdî-i serserîde Şeref gezme gel yola / Sarf eyle nakd-ı vakti kemâlâta aşk ola!“ Ebd. S. 253.

Armutlu, Sadık: *Şem u Pervâne (Flamme und Falter)*, in: *Türkiye Diyanet Vakfı İslam Ansiklopedisi*, Band 38, Istanbul 2010, S. 495–497.

Arslan, Mehmet: *Şeref Hanım Dîvânı (Der Diwan von Şeref Hanım)*, Istanbul 2002.

–: *Leylâ Hanım Dîvânı (Der Diwan von Leylâ Hanım)*, Istanbul 2003.

Chittick, William C.: *The Sufi Path of Knowledge. Ibn al-'Arabi's Metaphysics of Imagination*, New York 1989.

Er, Şaban: *Hayrabolulu Melâmî Şeyhi Ahmed-i Sârbân Efendi Külliyâtı ve Vizeli Şeyh Alâ'eddin Alî Efendi'nin Şiirleri (Die gesammelten Werke des Melâmî-Meisters Ahmed Sârbân Efendi aus Hayrabolu und die Gedichte des Meisters aus Vize, Kaygusuz Alâeddîn Alî Efendi)*, Istanbul 2013.

Ernst, Carl W. / Lawrence, Bruce: *Sufi Martyrs of Love. The Chishti Order in South Asia and Beyond*, New York 2002.

Frembgen, Jürgen Wasim: *Am Schrein des roten Sufi. Fünf Tage und Nächte auf Pilgerfahrt in Pakistan*, Frauenfeld 2008.

Ghazzālī, Aḥmad: *Sawāniḥ. Inspirations from the World of Pure Spirits*, London 1986 (Hg. und übersetzt von Nasrollah Pourjavady).

Goethe, Johann Wolfgang von: *West-Oestlicher Divan*, München 2013 (Hg. von Joseph Kiermeier-Debre).

Gölpınarlı, Abdülbâki: *Kaygusuz Vize'li Alâeddin (Kaygusuz Alâeddîn aus Vize)*, Istanbul 1932.

–: *Yunus Emre. Hayatı ve Bütün Şiirleri (Yunus Emre. Sein Leben und seine gesammelten Gedichte)*. Istanbul 2014.

Ibn al-`Arabî, Muḥyi'ddîn: *The Tarjumân al-Ashwâq. A Collection of Mystical Odes*, London 1978 (Hg. und übersetzt von Reynold A. Nicholson).

–: *Deuter der Sehnsüchte. Turjumān al-Ashwāq*, Band 1, Herrliberg 2013 (Hg. und übersetzt von Wolfgang Herrmann).

Karaosmanoğlu, Yakup Kadri: *Flamme und Falter. Ein Derwisch-Roman*, Köln 1986 (übersetzt von Annemarie Schimmel).

Kırkılıç, Ahmet: *Şeref Hanım Divanı ve İncelemesi (Der Diwan von Şeref Hanım und seine Analyse)*, Erzurum 1993.

Kutlar-Oğuz, Fatma Sabiha: *Mehmed Nebîl Bey ve ‚Hicr ü Visâl'i' (Mehmed Nebîl Bey und sein Werk ‚Hicr ü Visâl')*, in: *Turkish Studies* 9/12 (2014), S. 501–562.

Kübra, Necmeddin: *Tasavvufta On Esas (Die Zehn Grundlagen der Mystik)*, Istanbul 2010 (Hg. und übersetzt von Süleyman Gökbulut).

Lewisohn, Leonard: *Hafiz and the Religion of Love in Classical Persian Poetry*, New York 2010.

Lumbard, Joseph E.B.: *Ahmad al-Ghazali. Remembrance and the Metaphysics of Love*, Albany 2016.
Mardin, Yusuf: *Şair Şeref Hanım (Die Dichterin Şeref Hanım)*, Ankara 1994.
Mısrî, Niyâzî: *Niyâzî Divânı (Der Diwan des Niyâzi)*, Istanbul 1963.
Mojaddedi, Jawid: *Beyond Dogma. Rumi's Teachings on Friendship with God and Early Sufi Theories*, Oxford 2012.
Mommsen, Katharina: *Goethe und der Islam*, Frankfurt/M. 2001.
Morkoç, Yasemin Ertek: *Şeref Hanım'ın Şiirlerinde Din ve Tasavvuf (Religion und Sufismus in den Gedichten von Şeref Hanım)*, in: *Journal of Human Sciences* 13/3 (2016), S. 5304–5325.
Şeref Öcalan, Hasan Basri: *Bursa'da Tasavvuf Kültürü, XVII. Yüzyıl (Sufi-Kultur in Bursa im 17. Jahrhundert)*, Bursa 2000.
PISAI (Pontificio Istituto di Studi Arabi e d'Islamistica): *L'Amour dans l'histoire du Sufisme. Langage et Expérience* (=Etudes Arabes, Band 104–105), Rom 2009.
Rūmī, Moūlānā Ǧalāl ad-Dīn: *Das Maṯnavī*, Band 2, Norderstedt 2012.
Safi, Seyyed Omid: *The Sufi Path of Love in Iran and India*, in: Pir Zia Inayat Khan (Hg.): *A Pearl in Wine. Essays on the Life, Music and Sufism of Hazrat Inayat Khan*, New Lebanon 2001, S. 221–266.
Schimmel, Annemarie: *Al-Halladsch. Märtyrer der Gottesliebe*, Köln 1968.
Smith, Margaret: *The Life and Work of Rabia and other Women Mystics in Islam*, Oxford 1994.
Sultan Veled: *Aşknâme (Das Buch der Liebe)*, Istanbul 2015 (Hg. und übersetzt von Emine Öztürk).
Şeref Hanım: *Dîvan-ı Şeref Hanım (Der Diwan von Şeref Hanım)*, Istanbul 1867.
Şeyh Gâlib: *Hüsn ü Aşk (Schönheit und Liebe)*, Istanbul 2005 (Hg. und übersetzt von Orhan Okay und Hüseyin Ayan).
Tamsöz, Bedirhan: *Osmanlıdan Günümüze Kadın Şairler Antolojisi (Anthologie der Dichterinnen. Vom Osmanischen Reich bis in die Gegenwart)*, Ankara 1994.
Toprakyaran, Erdal: Islamische Mystik im interreligiösen Dialog: Sind Sufis bessere Gesprächspartner? in: *Zeitschrift für Missionswissenschaft und Religionswissenschaft* 97/3-4 (2013), S. 194–202.
–: *Der Prophet Muḥammad und die Mystik*, in: Yaşar Sarıkaya/Mark Chalil Bodenstein/Erdal Toprakyaran (Hg.): *Muḥammad. Ein Prophet – viele Facetten*, Berlin 2014, S. 51–65.
–: *Das Osmanische Bibliotheks- und Bildungswesen im Lichte von Stiftungsurkunden aus dem 18. und 19. Jahrhundert. Das Beispiel der Re'īszādeler*, in:

Cristoph Herzog/Raoul Motika/Johannes Zimmermann (Hg.): *Osmanische Welten: Quellen und Fallstudien. Festschrift für Michael Ursinus*, Bamberg 2016, S. 631–664.

–: *Sufismus zwischen Essentialität und Universalität. Das Beispiel Maulana Dschalaluddin Rumis (gest. 1273)*, in: Wolfgang Achtner (Hg.): *Mystik als Kern der Weltreligionen? Eine protestantische Perspektive*, Stuttgart 2017, S. 210–231.

–: Krieg und Mystik. Das Narrativ von Atatürk als Gottesstreiter und mystischer Pol, in: Erdal Toprakyaran/Hansjörg Schmid/Cristian Ströbele (Hg.): *Dem Einen entgegen. Christliche und islamische Mystik in historischer Perspektive*, Berlin 2018, S. 245–270.

–: *Mercy and Love in Islamic Mysticism*, in: *Rahma. Muslim and Christian Studies in Mercy*, Valentino Cottini/Felix Körner/Diego R. Sarrió Cucarella (Hg.), Rom 2018, S. 145–154.

–: *Nābulusīan Ṣūfism in the Ottoman Realm: the Case of Shayḫ al-Islām Muṣṭafā ʿĀşir Efendī (d. 1804)*, in: Lejla Demiri/Samuela Pagani (Hg.): *Early Modern Trends in Islamic Theology: ʿAbd al-Ghanī al-Nābulusī and his Network of Scholarship*, Tübingen 2019, S. 211–224.

Yücer, Hür Mahmud: *Osmanlı Toplumunda Tasavvuf, 19. Yüzyıl (Sufismus in der Osmanischen Gesellschaft im 19. Jahrhundert)*, Istanbul 2003.

Uludağ, Süleyman: *Aşk – Tasavvuf (Liebe – Mystik)*, in: *Türkiye Diyanet Vakfı İslam Ansiklopedisi*, Band 4, Istanbul 1991, S. 11–17.

Uzun, Şerife: *Bir Kadın Şairin Dilinden Hz. Mevlânâ, Mevlevîlik ve Mesnevî-i Şerîf (Mevlânâ Rûmî, das Mevlevîtum und das Mesnevî aus der Perspektive einer Frau)*, in: *Uluslararası Sosyal Aratırmalar Dergisi* 8/37 (2015), S. 266–277.

Philosophia orientalis. Grenzgänge zwischen Mystik, Politik und Literatur

Cem Kömürcü (Bonn)

Der Romantiker Friedrich Schlegel schreibt in seiner Abhandlung über die *Unverständlichkeit* das Folgende:

> […] das Köstlichste, was der Mensch hat […] hängt, wie jeder leicht wissen kann, irgendwo zuletzt an einem solchen Punkte, der im Dunkeln gelassen werden muss, dafür aber auch das Ganze trägt und hält, und diese Kraft in demselben Augenblicke verlieren würde, wo man ihn in Verstand auflösen wollte.[1]

Eben diesen dunklen Punkt, den es zu geben scheint und doch nicht gibt, der, wenn, es ihn denn gibt, durchaus hell glänzt, gilt es heute im Sinne des islamischen Mystikers, des mystischen Philosophen, aufs Neue zu überdenken. Dabei werden wir versuchen, auf konkrete Namen und Definitionen, ja auf das Historische weitestgehend zu verzichten. Vielmehr gilt es, diesen dunkel-hellen Punkt als ein wesentlich orientalisches Moment – ganz im eigentlichen Wortsinne – zu fassen. Doch wo der Orient ist, ist auch immer schon der Okzident im Spiel! Wo es einen dunklen Punkt gibt, gibt es auch immer schon einen hellen Punkt. Es ist äußerst schwierig, diese mystischen Begegnungen, die sich zwischen Orient und Okzident abspielen, ausfindig zu machen. Denn sie sind unauffällig oder unsichtbar, und vielleicht bilden sie gar keine Punkte, sondern vollziehen sich vielmehr in reiner Bewegung. Wir werden also in Bereiche vordringen müssen, die uns sprachlich nicht mehr zugänglich, ja die nicht einmal Gegenstand des Wissens sind; gerade „in diesem […] Nebel des Nichtwissens“[2] scheint der Mystiker sich aufzuhal-

[1] Friedrich Schlegel: *Schriften zur Kritischen Philosophie 1795-1805*, hg. von Andreas Arndt und Jure Zovko, Hamburg 2007, S. 113.

[2] Wolfram Hogrebe: *Prädikation und Genesis. Metaphysik als Fundamentalheuristik im Ausgang von Schellings Weltalter*, Frankfurt am Main 1989, S. 87.

ten, aus dem er nicht nur seine Energie bezieht, sondern auch an prophetischer Wirkmacht gewinnt. Eben dies führt uns in einem weiteren Schritt an die Orte, bzw. Nicht-Orte, die der Mystiker immer wieder aufsucht und die, wie wir sehen werden, durchaus politischer Natur sind. Kommen wir also gleich zur Sache!

1

Immer wieder fällt heute, wenn von Deutschland, seinen Werten und seiner Identität die Rede ist, der etwas unglückliche Begriff: „christliches Abendland". Was wirklich hinter diesem Begriff steckt, weiß eigentlich niemand, ja nicht einmal diejenigen, die ihn in ihren alltäglichen Wortschatz fest eingebaut haben. Es gibt genügend Einträge in Lexika, Handbüchern etc., die in historischer, kulturwissenschaftlicher oder gar theologischer Absicht dem Begriff des Abendlandes – des christlichen Abendlandes – nachgehen. Diesen Weg wollen wir hier nicht beschreiten; wir wollen nichts erklären, nichts beschreiben, sondern vielmehr verstehen, was „christliches Abendland" im eigentlichen Sinne, dem Wortlaut nach, bedeutet, um diesen dann besser zu dem in Beziehung setzen zu können, was seinen Gegenbegriff darstellt, nämlich das sogenannte „Morgenland".

Beginnen wir also mit dem Abendland: das Abendland bezeichnet unmissverständlich einen Ort, an dem es Abend ist. Abends ist es dunkel, und es bricht die Nacht herein, in der nicht viel zu erkennen ist. Wir haben es also hier mit einem Land zu tun, das sich vom Licht, den Sonnenstrahlen abwendet und in der Dunkelheit verweilt. Was genau passiert am Abend, wenn es dunkel wird? Was genau geschieht für gewöhnlich in der Nacht? Der Abend ist der Beginn der Ruhe und des Rückzugs – der Beginn einer Kontraktion. Die unmittelbar darauf folgende Nacht ist der Akt der Kontraktion, das heißt man zieht sich zurück, ja sogar zusammen: man schläft. Das Abendland ist also das Land, in dem man schläft, zur Ruhe kommt. Nun ist die zentrale Eigenschaft des Abendlandes religiöser Natur. Es heißt, es sei christlich. Natürlich ist hier völlig unklar, was hier unter „christlich" zu verstehen ist. Ist das Abendland christlich katholisch, christlich evangelisch, christlich orthodox oder christlich „was auch immer"? Fragen wir lieber nicht weiter; denn das Fragen scheint uns in diesem Zusammenhang nicht weiterzubringen.

Nehmen wir also – so naiv wie möglich – das sogenannte Abendland als christlich an; nehmen wir also an, dass mit „christlich“ die gesamte Religion des Christentums gemeint ist, alles, was mit dem Christentum in Berührung ist; ja dass „christlich“ eine gewisse Mentalität, eine besondere Haltung oder Kultur zum Ausdruck bringt, die in enger Beziehung zum Abendland steht, jenem dunklen Land, das sich sozusagen stets zur Ruhe oder zum Schlafen begibt. Doch all dies ist nur denkbar, wenn es einen Gegenbegriff zu diesem christlichen Abendland gibt: ein Morgenland, das alles andere als christlich ist, und das keine Ruhe, Passivität oder Kontraktion bedeutet, sondern reine Expansion – Ausdehnung. Das Morgenland, dem im Gegensatz zum Abendland zumeist keine bestimmte Eigenschaft zugeschrieben wird, wie etwa muslimisch oder islamisch, heißt Morgenland – so nehmen wir an dieser Stelle an – , weil es ein Erwachen, ein Wachwerden zum Ausdruck bringt. Es handelt sich um das Land des Morgens. An diesem Ort ist es hell, lichtdurchflutet; dieser Ort empfängt die Sonnenstrahlen, die so das Schlafen unmöglich machen. Im Morgenland wird nicht geschlafen, man kommt nicht mehr zur Ruhe, sondern man ist hier aktiv. Auf die Kontraktion des Abendlandes folgt so die Expansion des Morgenlandes. Bleiben wir an dieser Stelle weiterhin naiv und oberflächlich, und behaupten wir also, dieses schlaflose Morgenland sei muslimisch, ja islamisch. Folglich bedeutete dies: das dunkle Abendland, das immerfort schläft, ist christlich, wohingegen das erleuchtete Morgenland, das stets wach und aufmerksam zu sein scheint, muslimisch geprägt ist.

Der wesentliche Unterschied zwischen beiden Religionen wäre demnach ein Kontrast zwischen Hell und Dunkel. Eine andere geläufige Unterscheidung in diesem Zusammenhang wäre das Begriffspaar Orient und Okzident. Der Begriff Orient, aus dem Lateinischen stammend, repräsentiert geradezu die *sol oriens* , also die „aufgehende Sonne“ gegenüber dem Okzident, der die *sol occidens* die „untergehende Sonne“ zur Sprache bringt. Auf diese Weise haben wir es mit einer Sonne zu tun, die sich im Westen kontrahiert und im Osten wieder expandiert. Die Sonne selbst scheint hier zwischen dunkler Kontraktion und heller Expansion zu pendeln. Sie ist stets in Bewegung: wenn sie auf einer Seite untergeht, geht sie auf der anderen Seite auf; kaum geht sie im Osten auf, geht sie im Westen wieder unter. Wo die Sonne selbst sich tatsächlich befindet, lässt sich folglich kaum präzise fixieren. Wenn die Sonne sich vor diesem Hintergrund als eine zweiseitige Sache offenbart, stellt sich zeitlebens nur eine Frage, nämlich: Auf welcher Seite befindet sich die Sonne eigentlich, wenn sie sich denn überhaupt irgendwo befindet? Diese fundamental philosophisch-mystische Frage – um hier ein orientalisch-okzidentales Beispiel zu geben – stellen sich grundsätzlich alle Bewohner der türkischen Großstadt *Istanbul.*[3] Denn wer beschließt in Istanbul zu leben, muss sich entscheiden, auf welcher Seite er leben möchte. Er kann unmöglich auf beiden Seiten der Stadt leben: entweder er lebt auf der europäischen oder aber auf der asiatischen Seite. Dabei handelt es sich nicht um eine Entscheidung dergestalt: lebe ich südlich der Seine oder lieber nördlich (*rive gauche ou rive droite*)? Wer in Istanbul lebt, muss sich zwischen zwei Kontinenten entscheiden. Allein die Tatsache, dass diese Stadt auf beiden Kontinenten zugleich liegt, erregt Schwindelgefühle, zumal der Abstand zwischen beiden Seiten bis zu mehreren Kilometern beträgt. Viele Istanbuler leben auf der einen, doch arbeiten auf der anderen Seite. Wo sie auch sind, sie befinden sich immer schon auf der anderen Seite: auf der sozusagen falschen Seite. Wer die eine Seite für sich gewinnt, hat die andere schon verloren: eine Einheit ist nicht denkbar. Gerade in dem Verlust einer Seite behauptet sich für den französischen Philosophen Jean Baudrillard der Abgrund dieser Stadt, für den türkischen Schriftsteller Orhan Pamuk hingegen die Traurigkeit, die Melancholie (*Hüzün):*

> Die Schwarzweißatmosphäre, die mit dem melancholischen Charakter der Stadt unauflöslich verbunden ist und von den Istanbulern, weil sie darin ihr Schicksal sehen, immer wieder von neuem kreiert wird, lässt sich am besten verstehen, wenn man an einem Wintertag aus einer wohlhabenden europäischen Stadt mit dem Flugzeug in Istanbul eintrifft und sich sofort in das Menschengewühl im Zentrum der Stadt an der Galata-Brücke stürzt und dort mit ansieht, in was für farblosen, ausgebleichten, mausgrauen Kleidern die Leute herumlaufen. Beim Anblick der Istanbuler, die im Gegensatz zu ihren reichen, stolzen Vorvätern kaum einmal ein kräftiges Rot, Orange oder Grün tragen, mag es dem Fremden erscheinen, als verdanke sich diese Unscheinbarkeit irgendeiner besonderen Moralauffassung. Dem ist natürlich nicht so, es herrscht

[3] Jean Baudrillard: *Istanbul. L'eau, l'empire, l'or, la scène primitive*, in: *Cahier de L'Herne (No. 84) Baudrillard*, Paris 2008, S. 117: „Je me suis longtemps demandé quelle était la scène primitive d'Istanbul. Celle dont la prégnance est la plus forte, celle devant laquelle s'effacent les souvenirs superficiels et folkloriques. Je crois que c'est celle du monde souterrain, de la crypte, de l'abysse, du sanctuaire en profondeur. Pourtant, l'impétuosité, la confusion, l'intense superficialité d'Istanbul est ce qui fascine tout d'abord, mais ce qui reste c'est l'ensevelissement dans les profondeurs du temps, la sédimentation des époques, des empires, l'immense réservoir d'ombres impériales et funéraires – l'anamnèse millénaire de toute une ville.“

> nur eine tiefe Melancholie vor, die einem eine Moral der Bescheidenheit geradezu nahelegt. Das seit hundertfünfzig Jahren auf der Stadt lastende Gefühl des fortwährenden Scheiterns manifestiert sich in zahllosen Schwarzweißperspektiven, und eben auch in der Kleidung.[4]

Istanbuls dialektische Spannung kommt insbesondere beim Übergang von der einen zur anderen Seite zur Geltung, in der sogenannten Vermittlung zwischen Orient und Okzident, zwischen Sonnenaufgang und Sonnenuntergang: *zwischen Hell und Dunkel.*

Wer aber ist hier der Vermittler? Wer oder was hält das Gespräch zwischen Orient und Okzident, welches vom Bosporus unterbrochen wird, aufrecht? Natürlich stehen zunächst Istanbuls zwei gewaltige Brücken im Vordergrund: die Bosporus-Brücke und die Fatih-Sultan-Mehmet-Brücke. Auch wenn diese Brücken inzwischen zu Wahrzeichen der Stadt geworden sind, gibt es noch etwas anderes, was das *Hell und Dunkel* dieser Stadt zum Ausdruck bringt: dieses Verbindungselement ist *die Fähre*. Es ist *die Fähre*, die jeden Tag mehrmals Millionen von Menschen von der einen zur anderen Seite befördert. All diese Menschen erleben auf der Fähre etwas Einzigartiges, was man sonst nirgendwo in Istanbul erfahren kann: den reinen Übergang, die Vermittlung, die Versöhnung zwischen dem Morgen- und Abendland. Doch gerade auf dieser Fähre erreicht die traurige Grundstimmung Istanbuls ihren Höhepunkt. Denn beim Erreichen der einen Seite wird einem der Verlust der anderen Seite bewusst. Auf diese Weise macht sich die innere Zerrissenheit der Stadt spürbar: für jeden. Schritt für Schritt nähert sich die Fähre einer *neuen Welt* und lässt die *alte Welt* hinter sich. Das Erreichen einer Seite macht das Andere stets zum Neuen, das Verlassene aber zum Alten. Dennoch ist das Neue nicht neu und das Alte nicht alt. Sobald das Neue neu wird und das Alte alt, wird das Neue schon zum Alten und das Alte wiederum zum Neuen: es gibt kein Neues und kein Altes. Gibt es ein Neues, gibt es auch ein Altes: gibt es eine Seite, so gibt es auch eine andere Seite. Istanbul hat in einem ontologischen Sinne keinen Ursprung, keinen Anfang: Ursprung und Anfang der Differenz sind uns hier abhanden gekommen, sie stehen uns nicht mehr zur Verfügung.

Darum ist ein Wissen um einen solchen Zustand auch nicht möglich, es gibt keine Grenzen und Unterscheidungen mehr. Doch wie ist ein

[4] Vgl. Orhan Pamuk, *Istanbul*, übersetzt von Gerhard Meier, München 2006, S. 56f.

solcher Zustand der Indifferenz und des Nichtwissens überhaupt möglich? Denn „[k]aum fange ich an, die Augen zu öffnen“, erklärt der Dichter unserer Zeit, Peter Handke, in einem frühen Gedicht, „schon fange ich an, Einzelheiten zu unterscheiden.“[5] Sobald ich in die Welt komme, unterscheide ich etwas von etwas anderem, ich zeige den Unterschied auf *zwischen* einer Sache und einer anderen. Handke geht hier allerdings einen Schritt weiter, indem er fragt: „Kennst du den Unterschied zwischen –?“[6] Die Frage hört mit einem Gedankenstrich auf und bezieht sich so nicht mehr auf die Unterscheidung zwischen Zweien, vielmehr wird hier nach dem Unterschied des Unterschieds, dem Unterschied an sich, dem *Zwischen* gefragt. Was genau ist dasjenige, was sich zwischen dem etwas und seinem anderen, zwischen der aufgehenden und der untergehenden Sonne, in der *Mitte* der Dinge befindet?

Abb. 1: Bophorus Bridge, Istanbul 2006.

Abb. 2: Fatih Sultan Mehmet Bridge, Istanbul 2006.

[5] Peter Handke, *Die Innenwelt der Außenwelt der Innenwelt*, Frankfurt a. M. 1969, S. 135.

[6] Ebd.

2

Durch diese Fragen nach der Mitte und dem Zwischen erreicht unser Denken auch mystische Dimensionen, in dem es nämlich den Kontakt zu den Zonen des Unsagbaren, dem Grenzenlosen, das sich weder auf der einen noch auf der anderen Seite befindet, aufzeigt. Dieses Unsagbare soll gesagt werden, aber nur das Endliche kann im eigentlichen Sinne ausgesprochen werden. Wenn die Grenzen des Sagbaren jedoch überschritten werden sollen, dann muss das Gesagte auf andere Weise dargestellt werden. An dieser Stelle wenden sich die orientalische sowie die okzidentale Philosophie häufig an die Mystik, weil der philosophische Diskurs aufgrund der endlichen Darstellungsmittel immer schon zum Scheitern verurteilt ist. Die Mystik hingegen lässt das fühlen, was die Philosophie zu sagen versucht. Es ist daher die mystische Philosophie oder die philosophische Mystik, die dem Denken die nötigen Darstellungsmittel liefert, die weder auf Verstand und Vernunft beruhen noch mit Argumenten operieren, sondern die uns stets in Bereiche führt, die uns fremd sind, uns mit Gedanken in Berührung bringt, die wir noch nicht gedacht haben, und für die uns die Möglichkeit einer Begründung oder Rechtfertigung fehlt.

Wenn wir philosophieren, befinden wir uns auch immer schon außerhalb der Philosophie, im Bereich des Nicht-Philosophischen, das heißt wir sind weder außerhalb noch innerhalb der Philosophie und somit notorische Grenzgänger. Wir sind Grenzgänger, weil wir uns zwischen zwei Formen des Denkens bewegen: zwischen einem Denken, das die Sonne nur untergehen sieht und einem anderen Denken, das die Sonne ausschließlich als aufgehende erfährt; zwischen einem Denken, das Zurückgezogenheit oder Rückkehr bedeutet und einer Erfahrung, die Unbestimmtheit, Offenheit oder Ausdehnung verlangt. Diese Unterscheidung ist höchst interessanter Natur; auf sie macht auch ein berühmter jüdischer Philosoph des 20. Jahrhunderts, Emmanuel Levinas, aufmerksam. Insbesondere das orientalische Denken der aufgehenden Sonne thematisiert Levinas in seinen Schriften auf seine eigene Weise. Er nennt es *Bewegung ohne Wiederkehr*; diese Bewegung beschreibt er folgendermaßen:

> Von Aristoteles bis Leibniz über die Scholastiker ist der Gott der Philosophen ein der Vernunft entsprechender Gott, ein verstandener Gott, der die Autonomie des Bewusstseins nicht zu trüben vermöchte; durch alle Abenteuer hindurch findet sich das Bewusstsein als es selbst wieder, es kehrt zu sich zurück wie Odysseus, der bei allen seinen Fahrten nur auf

> seine Geburtsinsel zugeht. [...] Dem Mythos von Odysseus, der nach Ithaka zurückkehrt, möchten wir die Geschichte Abrahams entgegensetzen, der für immer sein Vaterland verlässt, um nach einem noch unbekannten Land aufzubrechen, und der seinem Knecht gebietet, selbst seinen Sohn nicht zu diesem Ausgangspunkt zurückzuführen.[7]

Levinas denkt hier eine Bewegung, die beim Übergang von sich selbst zum Anderen niemals zu sich selbst zurückkehrt.[8] In einer abendländischen Tradition hieße das: Odysseus kehrt *nicht* nach Hause! Dieser *abrahamitische*, ja geradezu orientalische Aufbruch in die Ferne, ohne die Möglichkeit einer Wiederkehr, ist ein Gang in das noch unbekannte Nichts, in ein Ungewisses, ja ins Offene. Und gerade diese Offenheit garantiert uns, dass es nicht die eine Wahrheit gibt, dass die Dinge niemals vollständig zum Abschluss kommen. Genau darin – in der Offenheit des Daseins – gründet unsere Freiheit, und das heißt: die Freiheit des Denkens, die Möglichkeit des immer schon *Anders-Denken-Könnens*: wer etwas denkt oder tut, kann dies immer schon anders denken oder anders tun. Diese Offenheit bildet die unausgesprochene, doch *eingeschriebene* Bedingung dafür, sich mit der Endlichkeit zurechtzufinden, sie nicht als Abgeschlossenes oder Zu-Ende-Gebrachtes verstehen zu müssen. Daher wäre jeder Anfang lediglich ein Anfang und jedes Ende immer nur ein Ende.

Doch wir wissen natürlich – vielleicht im Gegensatz zu Levinas –, dass die abrahamitische Bewegung ohne Wiederkehr – die orientalische Erfahrung – ohne das Okzidentale nicht zu denken ist; ferner dass ein Abendland ohne ein Morgenland nicht möglich wäre. Man muss an beiden Orten, auf beiden Seiten, ja in beiden Ländern gewesen sein, um sie überhaupt zurückweisen zu können; ja man muss das dunkle und helle Denken, die aufgehende und untergehende Sonne erfahren haben, um überhaupt etwas Neues zu erfahren oder einen neuen Gedanken entwickeln zu können. Doch zugleich – und darauf sollten wir großen Wert legen – ist es dieses Neue, das das Abendland zum Abendland und das sogenannte Morgenland zum Morgenland macht. Was also denken wir? Auf welcher Seite befinden wir uns, wenn wir uns irgendwo befinden? Wer sind wir? Sind wir die Orientalen? Sind wird die Okzidentalen? Sind wir *zunächst* die Orientalen oder *zunächst* die Okzidentalen?

[7] Emmanuel Levinas, *Die Spur des Anderen. Untersuchungen zur Phänomenologie und Soziaphilosophie*, übers., hg. und eingeleit. von W. N. Krewani, Freiburg 2007, S. 211 u. 215f.

[8] Ebd.

Wir können es nicht wissen, aber was wir wissen können, ist, dass diese Art von Fragen philosophischer, ja noch mehr mystischer Natur ist. Mystik bedeutet an dieser Stelle, dass wir im Unterschied des Orientalischen und Okzidentalen leben, der vielleicht die Einheit dessen ist, was man gemeinhin als Leben, Entwicklung, ja vielleicht sogar als Liebe bezeichnet. Wir leben in und aus dieser genannten Differenz. Es handelt sich dabei um eine Art *Hypokrisie*, die wir in alltäglichen Situationen als Heuchelei, ja als Tartüfferie à la Molière wahrnehmen, die in Wirklichkeit aber nichts anderes als ein *permanenter Rollentausch* – eine *konstante Verstellung* bedeutet.

Was genau getauscht oder verstellt wird, sind zwei Formen des Denkens, ja zwei Weisen der Erfahrung – diese *Hypokrisie* ist die eigentlich mystische Erfahrung, d.h. Paarungen, die einander völlig entgegengesetzte Zustände beschreiben, berühren sich in einer intensiven Form, obwohl sie unterschiedlicher nicht sein können: das ist Liebe. So offenbart der folgende mystische Satz meines Erachtens diese Liebe wohl am besten „Orientalisch ist Okzidentalisch".[9] Das Entscheidende an diesem Satz ist die Copula, das „IST", das „Sein", das sich sozusagen zwischen dem Orient und dem Okzident aufhält. Doch welcher ist der Sinn der Kopula in diesem Satz?

Ein solcher Satz kann unmöglich den Sinn haben, dass das „Orientalische" eins, ja völlig gleich sei mit dem „Okzidentalischen". Vielmehr bedeutet ein solcher Satz, dass es etwas gibt, was auch immer dieses Etwas sein mag, das einerseits „orientalisch", anderseits wiederum „okzidentalisch" ist. Zwar schreiben wir der Kopula einen verbindenden, ja zusammenführenden Charakter zu, doch ihre eigentliche Funktion ist die Teilung. Sie teilt sich, indem sie sich verdoppelt – ein Zweifaches wird. Doch dieses Zweifache ist niemals *zugleich*, sondern vielmehr *in gleicher Weise*: mal das Eine, ein anderes Mal das Andere. Darum handelt es sich hierbei um einen Unterschied, der im eigentlichen Sinne keiner ist. Und dies ist eben nichts anderes als eine *grundlegende* Art der Unterscheidung, die gerade nicht unterscheidet, sondern vielmehr aufschiebt und verschiebt; daher könnte man in diesem Zusammenhang auch von der *Indifferenz* sprechen, die aber keinesfalls *blinde Egalität* bedeutet. Mit Indifferenz ist die Tatsache gemeint, dass etwas sich im-

[9] Vgl. zur Funktion der Copula meine Ausführungen zu Schellings Sprachphilosophie: *Sehnsucht und Finsternis. Schellings Theorie des Sprachsubjekts*, Wien 2011.

mer schon *in der Differenz* befindet.[10] Der Versuch, diese Lücke der Differenz zu schließen, scheitert daher aus Prinzip: eine Art Ganzes erschließt sich nicht. Nun besteht die eigentlich mystische Erfahrung darin, diese Differenz aufzuheben. Sie ist ein Prozess der *Indifferenzierung*, die darum bemüht ist, die Auflösung der Differenz voranzutreiben und zum Verschwinden zu bringen, genau genommen die Welt zu vernichten, da diese immer ein Hindernis bildet, genau das zu erkennen, ja dasjenige zu schauen, was frei ist von Differenz.

3

Man könnte hier nun denken, dass der Mystiker sterben will. Doch dies ist mit Sicherheit nicht der Fall. Wer Differenz aufzuheben sucht, ist nicht unbedingt ein Todessüchtiger. Es gibt noch mehr als den Tod, nämlich die *Unmöglichkeit des Todes*, den Zustand innerhalb der Differenz – eine Art Gleichgültigkeit der Differenten, eine gleichgültige Bewegung zwischen Hell und Dunkel. Um einen solchen Zustand erreichen zu können, gibt es drei zentrale Elemente wie eine alte Redensart aus der Sufi-Erziehung besagt: „Iss wenig, schlaf wenig, sprich wenig".[11] Besonders der Mangel an Schlaf – das wenige Schlafen – wird immer wieder als „eines der wirkungsvollsten Mittel auf dem mystischen Pfade angesehen."[12] Viele Mystiker „vermieden es, ihre Beine auszustrecken oder sich hinzulegen, wenn der Schlaf sie überkam, denn alle hofften – wenn wir den Quellen Glauben schenken – nach diesen langen schlaflosen Nächten, die sich über Jahre hinzogen, eine Offenbarung zu empfangen."[13] Doch was genau hat es auf sich mit dem Schlaf –

[10] Friedrich Wilhelm Joseph Schelling: *Sämtliche Werke*, hg. von K.F.A. Schelling, Bd. I-XIV (ursprünglich in zwei Abteilungen erschienen: I. Abteilung, Bände 1-10 und II. Abteilung, Bände 1-4, Stuttgart 1856-1861. Hier: *Stuttgarter Privatvorlesungen*, SW VII, S. 424: „Nun kann aber alles nur in seinem Gegenteil offenbar werden, also Identität in Nicht-Identität, in Differenz, in Unterscheidbarkeit der Prinzipien. […] Man hat diesen Übergang von Identität zu Differenz sehr oft als ein Aufheben der Identität angesehen; dies ist aber gar nicht der Fall, wie ich gleich zeigen werde. Es ist vielmehr nur eine Doublierung des Wesens, also eine Steigerung der Einheit."

[11] Vgl. Annemarie Schimmel: *Mystische Dimensionen des Islam*, Frankfurt am Main 1995, S. 169f.

[12] Ebd., S. 170.

[13] Ebd.

vor dem Hintergrund zwischen der aufgehenden und der untergehenden Sonne? Erinnern wir uns noch einmal an die oberflächliche, aber vielleicht nicht falsche Unterscheidung, die wir zwischen dem Abend- und dem Morgenland getroffen haben. Das Abendland, verkürzt gesprochen, repräsentiert den Schlaf, die Ruhe oder Passivität; wohingegen das Morgenland für die Schlaflosigkeit oder das Wachen steht. In diesem Zusammenhang findet man in vielen Quellen der Mystiker oder auch in mystischen Dichtungen die einheitsstiftende Vision der *Sonne um Mitternacht*: ein *Leuchten in der Nacht.*[14]

Diese *Sonne um Mitternacht* ist die höchste Form der Weisheit: sie figuriert das *Absolute*: das sich sozusagen aus den Gegensätzen – hell und dunkel, Morgen- und Abendland, aufgehende und untergehende Sonne – ergebende „Eine, das sich in ununterbrochener Helligkeit bei sich selbst aufhält."[15] Dieser *absolute* Zustand, der von allem getrennt und im wahren Sinne des Wortes – „absolut" – losgelöst ist, führt *zugleich*, im selben Augenblick, das von ihm Getrennte zusammen. Er ist „ein Tag jenseits von Tag-Nacht, ein Licht jenseits von Entflammen und Erlöschen, [...] eine Wachheit jenseits von Wachen und Schlafen – wobei der Ausdruck ‚jenseits von' immer auch bedeuten könnte: *‚durch'* beides hindurch oder *‚in'* beidem."[16] Dabei scheint es in der Tradition nicht nur der islamischen, sondern gerade auch der christlichen (und jüdischen) Mystik eine gewisse „dialektische Ordnungsregel" zu geben, der zufolge die „helle Seite" der Gegensätze stets die Vereinigung von hell und dunkel vollzieht. Die Vereinigung der Gegensätze zwischen Morgen- und Abendland findet also im *Morgenland* statt. Diese helle Vereinigung von hell und dunkel ist die eigentliche *Philosophia orientalis*, die nicht nur mystische Kräfte besitzt, sondern in ihrem Wesen auch grundlegend politisch motiviert ist, insofern sie einen *Ort des Gemeinsamen*, ja des *Zusammen- und Mitseins* freigibt.

Nun kommen Begriffe wie *zusammen* oder *mit* oftmals zwei Bedeutungen zu: entweder es handelt sich um ein *zusammen* oder *mit* im Sinne eines „Nebeneinanders von *partes extra partes*", also eine Reihenfolge bzw. Zählung, oder aber es stellt eine Art Behälter vor, in dem eine „Versammlung *totum intra totum*" stattfindet, einer Versammlung, die

[14] Ebd.

[15] Peter Sloterdijk: *Weltfremdheit*, Frankfurt am Main 1993, S. 346.

[16] Ebd. S. 346f.

einer Fusion oder Mischung gleichkommt.[17] Doch wenn etwas tatsächlich *zusammen mit* etwas anderem ist, kann dieses weder auf der Seite der aufgehenden Sonne noch auf der anderen Seite – der der untergehenden Sonne – liegen, weder ein Nebeneinander noch eine Versammlung sein. Vielmehr verlangte ein solches Zusammenkommen das gegenseitige Aufheben von Orient und Okzident, bis zur völligen Indifferenz. Demnach bedeutet das Wort *zusammen* oder *mit* soviel wie *indifferent*, und dies wiederum sagt nichts weiter aus als die Tatsache, dass etwas, was auch immer es sei, sich *in-(der)-Differenz*, inmitten der Differenz aufhält. So ist der Ort der Indifferenz das eigentliche Miterscheinen selbst, in dem *zur selben Zeit* und *am selben Ort* etwas zusammen stattfindet oder zusammenfindet.[18] Allerdings darf dieser Ort nicht in einem klassisch metaphysischen Sinne als Substanz, Subjekt oder Grund verstanden werden. Wir haben es hier also nicht mit einem Ort der Fusion, Verschmelzung oder Einswerdung zu tun, sondern es geht hier um „Orte der Dislokation"[19], um Orte, die sich Existenzen teilen; indem sie sich diese aber teilen, entstehen neue Orte, die die alten zum Verschwinden[20] bringen – und darin liegt ein weiteres politisches Moment der mystischen Bewegung. So sind die Orte, die ich *mit* den Anderen teile, die *Gemeinschaft* selbst.

Diese Orte sind Zwischenräume, in denen sich der Mystiker aufzuhalten sucht. Es sind Räume, die sich weder im Orient noch im Okzident befinden. Ja, streng genommen, können diese Orte nicht einmal existie-

[17] Jean-Luc Nancy: *singulär plural sein*, übersetzt von Ulrich Müller-Schöll, Berlin 2016, S. 97.

[18] Vgl. Nancy: *singulär plural sein*, S. 98. Vgl. ferner Giorgio Agamben: *Die kommende Gemeinschaft*, übersetzt von Andreas Hiepko, Berlin 2003, S. 19f.: „Gott, oder das Gute, oder der Ort haben keinen Ort, sondern sind das Statt-Finden der Dinge, ihre intimste Äußerlichkeit. [...] Mit Blick auf die Dinge ereignet sich das Gute nicht an einem anderen Ort: Es ist schlicht und einfach der Punkt, an dem diese ihr eigenes Statt-Finden ergreifen, an dem sie mit ihrer eigenen, alles andere als transzendenten Materie in Berührung kommen. In diesem Sinn – und nur in diesem – kann das Gute als eine Selbstergreifung des Bösen verstanden werden, und die Erlösung als das Zu-sich-Kommen des Ortes."

[19] Jean-Luc Nancy: *Die undarstellbare Gemeinschaft*, übers. von Gisela Felbel und Jutta Legueil, Stuttgart 1988, S. 57.

[20] Vgl. Jean Baudrillard: *Warum ist nicht alles schon verschwunden?*, übers. von Markus Sedlaczek, Berlin 2008, S. 5: „Wenn ich von einem Ort spreche, dann deshalb, weil er verschwunden ist." Für Baudrillard existieren Orte erst nachdem sie verschwunden sind, d.h. wenn sie als verschwundene erscheinen.

ren, weil alles, was existiert, sich von etwas anderem, was es nicht ist, unterscheidet oder abgrenzt: Existenzen sind Pole oder Extreme, die aus diesem Ort der Indifferenz geradezu herausstehen. Wenn diese indifferenten Orte tatsächlich existieren sollten, was paradox wäre, dann würden sie kurz aufblitzen und, kometenhaft, im selben Augenblick wieder verlöschen. Wer diese Zwischenräume erkunden will, muss wach sein, er darf nicht schlafen, damit ihm nichts entgeht, er muss ein scharfer, genauer Beobachter seiner Zeit sein; doch zugleich – und das ist wichtig – muss er schlafen. Denn wer nicht schläft, wem die Nacht, wie der französische Philosoph Maurice Blanchot erklärt, nicht erlaubt, sich hin und wieder in den Schlaf zu flüchten, wird krank; der Mangel an Schlaf führt zu einer (politischen) *Infektion*, die einen immer weiter am Schlafen hindert.[21] In gewisser Weise erinnert dies an das politisch motivierte Fragment des vorsokratischen Philosophen Heraklit, wo es heißt: „Die Wachen haben eine einzige gemeinsame Welt; im Schlaf wendet sich jeder der eigenen zu."[22] Und wenn wir Heraklit an dieser Stelle ernst nehmen, bedeutet dies: die Schlafenden und Wachenden finden niemals zueinander, weil sie stets vom Schlaf getrennt werden; auf diese Weise haben sie niemals etwas gemein, sie haben keine *gemeinsame* Welt. Der eine wacht, der andere schläft; der eine ist aufmerksam und wissend, der andere passiv und unwissend. Der Mystiker ist beides: er ist schlafend, wenn er wacht und wachend, wenn er schläft. Die Wechselbeziehung zwischen Anwesenheit und Abwesenheit ist seine wahre politische Haltung. Und wenn wir uns an dieser Stelle wieder auf Heraklits Fragment beziehen, dass die Schlafenden keine Gemeinschaft haben, also Individualisten sind, bedeutet dies umgekehrt auch, dass die Wachenden im wahren Sinne des Wortes Kommunisten sind. Der Mystiker aber ist der individualistische Kommunist oder der kommunistische Individualist. Er hält sich in der *Mitte* zwischen dem Kommunismus und dem Individualismus auf.

[21] Vgl. in diesem Zusammenhang auch: Maurice Blanchot: *La Communauté inavouable*, Paris 1984. Vgl. ferner meine eigenen Ausführungen zu diesem Thema: *Die Unmöglichkeit des Todes. Das Nichtwissen in Kierkegaards Krankheit zum Tode und seine literarische Fortführung im Werk von Marguerite Duras,* in: *Zeitschrift für Kulturphilosophie (ZKph)*, 2016/1, S. 123-144.

[22] Heraklit: *Fragmente*, hg. von Bruno Snell, Berlin 2007, B89.

4

Der Mystiker sucht stets den Mittelpunkt. Der Mittelpunkt ist zugleich auch Verbindungspunkt zweier Welten, der Gemeinschaft, der Massen und der einzelnen Individuen. Der Mystiker ist das Band zwischen beiden: der gleichgültige, ja indifferente Punkt. Auf diese Weise gehört der Mystiker weder zur einen noch zur anderen Seite, vielmehr ist er der Mittler – Vermittler – zwischen zwei Welten. Als Mittler kommuniziert er nicht, aber er allein ermöglicht die Kommunikation zwischen der Gemeinschaft und dem Individuum. Folglich ist der Mystiker ein absolut freies Wesen, weil er *indifferent* ist, weil er weder zur Welt der Gemeinschaft noch zur Welt der Individualität gehört, und dennoch ist in ihm sowohl ein Gemeinschaftliches als auch ein Individuelles, das heißt im Mystiker wirken beide Prinzipien – das Gemeinschaftliche und das Individuelle – *gleicherweise.* Daher kommt dem Mystiker auch die implizite, nicht ausbuchstabierte politische Aufgabe zu, nicht nur zwischen Kommunismus und Individualismus zu vermitteln, sondern auch immer schon zu schlichten. Doch diese Schlichterrolle des Mystikers zeigt, dass er sich mit keiner Seite identifizieren kann, ja dass er – allein um seine Freiheit zu bewahren – keine Einheit mit irgendeiner Seite eingegangen ist.

Wenn wir nun behaupten, der Mystiker kann sich mit keiner Position identifizieren, dann bedeutet dies auch folgendes: er lehnt die Idee des Gemeinschaftlichen wie auch die des Individuellen ab. Wenn das Gemeinschaftliche einerseits für all das bereit steht, was wir unter einer stark ausgeprägten Staatsordnung oder -kontrolle verstehen, andererseits das Individuelle ein liberales Staatswesen repräsentiert, dann bedeutet dies, dass der Mystiker beide Staatsformen kategorisch ablehnt. Und dies nicht, weil ihm die beiden Denkformen nicht gefielen – nein –, sondern weil er den Staat *an sich* ablehnt. Jede Identifikation mit dem Staat ist eine ungünstige, denn sie würde den Mystiker aus der hart erarbeiteten Position der Gleichgültigkeit, ja der mystischen Indifferenz, die das höchste ist und die viele islamische Mystiker als Liebe bezeichnen, geradezu herauskatapultieren. Nun ist es aber nicht so, dass der Mystiker den Staat abschaffen will; denn das wiederum würde eine Positionierung bedeuten, die er strikt ablehnt. Jede Form der Positionierung impliziert bereits eine Verstaatlichung, eine Art Vergemeinschaftung. Der dialektischen Ordnungsregel der Mystiker zufolge ist es, wie wir bereits gesehen haben, die helle, die orientalische Seite, die das Verhältnis zwischen hell und dunkel beleuchtet. Es ist die Gemeinschaft, die Licht in das

Verhältnis zwischen Gemeinschaft und Individualismus bringt. Der Mystiker will die Gemeinschaft, aber ohne das Gemeinschaftliche; er fordert den Staat, aber ohne das Staatliche.

Der Staat kann aber nicht nur auf physischen Mitteln und Gewalt beruhen, sondern muss auch immer schon, wie der Mystiker verlangt, höhere und geistige Motive in Anspruch nehmen. Der Staat selbst ist eine künstliche und vom Menschen forcierte Ordnung, die aber über das Ideale, das Geistige nicht verfügt. Die Freiheit des Einzelnen ist mit der künstlichen Ordnung des Staates nicht vereinbar, wobei der Staat im eigentlichen Sinne die Bedingung der höchstmöglichen Freiheit des Menschen sein sollte. Ein solcher Staat ist für den Mystiker nicht realisierbar, denn entweder wird der Staat entmachtet, womit er aber nicht mehr funktionieren kann, oder es werden ihm alle Machtbefugnisse gegeben, was aber dem Despotismus gleichkommt. Daher führt jede Vision eines Staates letztlich zu einer Idee des Despotismus. Folglich kann Staat als Ordnung niemals eine absolute Einheit verwirklichen. Der Staat als solcher ist nur der Versuch, eine Einheit, ein Ganzes zu sein, das mit der positionslosen Haltung des Mystikers nicht verträglich ist. Der Staat ist endlich, der Einzelne ist endlich, aber nicht der Mystiker; er strebt nach Unendlichkeit. Der einzig wahre Staat ist für ihn daher ein Nicht-Staat. Jeder andere Staat, jede andere politische Einheit beruht auf Instabilitäten und ist immer nur endlich und sinnlos; die Existenz eines Staates ist immer schon eine Kollision der Staaten untereinander, das heißt schlicht und ergreifend: Krieg. Der Mystiker sucht jedoch *Frieden*. Was tun?

5

Kommen wir zum Schluss.

Wenn der Staat für den Mystiker nicht das Richtige ist, wenn die radikale Individualität allein nicht reicht, bleibt dem Mystiker nichts anderes übrig, als eine neue Kraft, eine neue Ordnung, ja eine neue Gemeinschaft herzustellen. Diese Gemeinschaft ist eine *Gemeinschaft ohne Gemeinschaft*[23], denn sie lehnt die äußerliche Einheit des Staates ab, zugleich stellt sie sich aber auch gegen die Äußerlichkeit und Zurschaustellung des Einzelnen. Wenn der Staat als Staat nur eine äußerliche, künstliche Einheit hervorzubringen sucht, steht die Gemeinschaft der

[23] Vgl. Georges Bataille: *L'Expérience intérieure*, Paris 1943.

Mystiker dieser gegenüber, die auf die Hervorbringung einer inneren Einheit aus ist. Diese Gemeinschaft als innere Einheit ist jedoch stets in Gefahr, denn ihr Inneres wird durch das Äußere, den Staat, permanent mehr nach innen gedrängt. Der Grund des Nach-Innen-Drängens des Inneren durch das Äußere besteht darin, dass das Innere sich dem Äußeren, der ersten, treibenden Kraft geöffnet hat. So hat sich die Gemeinschaft der Mystiker in der Geschichte immer wieder den Menschen und dem Staat geöffnet. Dadurch hat die Gemeinschaft oftmals ihre mystischen Dimensionen verloren; die Mystik wurde geradezu verstaatlicht, ja sogar popularisiert. Nicht die Gemeinschaften, nicht die Mystiker haben Eingriffe in den Staat gemacht, sondern umgekehrt: die Mystiker haben dem Staat Zugang gewährt, sich ihm geöffnet, Formen des Staates in sich aufgenommen, anstatt in ihrer Reinheit von allem Äußeren zu bleiben. Dafür wurden sie in der Vergangenheit und in der Gegenwart bestraft; sie wurden von Staatsmännern, Politikern, ja sogar vom einfachen Volk – vom Äußeren, vom Sichtbaren – instrumentalisiert. Die Wahrheit des Mystikers liegt aber ausschließlich in der inneren Erfahrung oder noch genauer: in der *Erfahrung des Inneren*. Eine innere Befreiung, ja eine *innere Revolution* vom Außen – im wahren Sinne des Wortes – ist die Hauptaufgabe des Mystikers; dabei geht es darum, die gegebenen Verhältnisse, ja die politische Ordnung zu übersteigen, aber nicht so, dass eine neue *äußerliche* Ordnung entsteht; nicht in der Peripherie ist dabei der Ort des Mystikers, sondern einzig und allein im Zentrum, an einem zentralen Ort, den es aber unmöglich als solchen geben kann. So bedeutet Zentrum in diesem Zusammenhang, dass der Mystiker sich zwischen den Peripherien, zwischen Hell und Dunkel, zwischen den Kontinenten bewegt – wie die Fähre in Istanbul von einer Seite auf die andere Seite fährt – und dies unaufhörlich. Und das genau ist die sogenannte Innere Bewegung des Mystikers, das ist die wahre Handlung der Gemeinschaft: als Boten nehmen die Mystiker von einer Seite und geben der anderen Seite und umgekehrt. Sie behalten nichts für sich; sobald sie erscheinen, sind sie schon wieder verschwunden. Der Mystiker wird auf diese Weise zum verschwindenden Mittler zwischen dem Endlichen und dem Unendlichen. Und als ein solcher Mittler ist der Mystiker das Wesen einer höheren Ordnung: er ist Prophet, ja ein Bote.[24]

[24] Vgl. Abu Nasr Al-Farabi: *Die Prinzipien der Ansichten der Bewohner der vortrefflichen Stadt*, übers. und hg. von Cleophea Ferrari, Stuttgart 2009. Vgl.

Vor diesem Hintergrund besteht die tagtägliche Aufgabe des Mystikers gerade darin, mit äußerster Anstrengung eine Art *Mittlerposition* einzunehmen, die zwischen dem Höheren (was auch immer das im konkreten Fall sein mag) und dem Niederen (dem Menschen und dem Volk) steht, die ihm so auch mantische Kräfte verleiht[25]. Der Mystiker bildet den Punkt, an dem das unendliche oder geistige Leben erst aufgeht. Er wird auf diese Weise zum *Mittle*r, einem Verbindungspunkt zweier gleichwertiger Bereiche, nämlich des endlichen und des ewigen: so ist er ein Wesen höherer Ordnung, das sich aus seinem menschlichen Nichtsein emporgearbeitet hat, indem es sich des Niederen, ja Menschlichen zu entledigen strebte und die Einheit mit dem Unendlichen suchte. Und es ist, wie viele islamische Denker und Philosophen in diesem Zusammenhang betont haben, die Sehnsucht des Menschen, die sich von der Endlichkeit her auf das ewige Eine richtet: die Suche nach der *Ver-Einigung* oder *Eins-Werdung* des Endlichen mit dem Göttlichen, die einzig und allein in der *Ver-Mittlung* befriedigt wird. Diese vermittelnde Bewegung praktiziert der kreisende Derwisch, dessen rechte Hand gen Himmel weist, um das Unendliche entgegenzunehmen. Wohingegen seine linke Hand zur Erde – dem Endlichen – zeigt, um dem Volk das Unendliche weiterzugeben.

Abb. 3: *Galata Mevlevihanesi'ndeki Mevleviler*, Istanbul 1870.

in diesem Zusammenhang auch Sybille Krämer: *Medium, Bote, Übertragung. Kleine Metaphysik der Medialität*, Frankfurt am Main 2008.

25 Vgl. zum Thema Mantik und Philosophie insbesondere: Wolfram Hogrebe: *Metaphysik und Mantik. Die Deutungsnatur des Menschen,* Frankfurt am Main 1992.

Literaturverzeichnis

Agamben, Giorgio: *Die kommende Gemeinschaft*, übersetzt von Andreas Hiepko, Berlin 2003.

Al-Farabi, Abu Nasr: *Die Prinzipien der Ansichten der Bewohner der vortrefflichen Stadt*, übers. und hg. von Cleophea Ferrari, Stuttgart 2009.

Bataille, Georges: *L'Expérience intérieure*, Paris 1943.

Baudrillard, Jean: *Warum ist nicht alles schon verschwunden?*, übers. von Markus Sedlaczek, Berlin 2008

–: *Istanbul. L'eau, l'empire, l'or, la scène primitive*, in: *Cahier de L'Herne (No. 84). Baudrillard*, Paris 2008, S. 117-119.

Handke, Peter: *Die Innenwelt der Außenwelt der Innenwelt*, Frankfurt am Main 1969.

Hogrebe, Wolfram: *Metaphysik und Mantik. Die Deutungsnatur des Menschen*, Frankfurt am Main 1992.

–: *Prädikation und Genesis. Metaphysik als Fundamentalheuristik im Ausgang von Schellings Weltalter*, Frankfurt am Main 1989.

Kömürcü, Cem *Die Unmöglichkeit des Todes. Das Nichtwissen in Kierkegaards Krankheit zum Tode und seine literarische Fortführung im Werk von Marguerite Duras,* in: *Zeitschrift für Kulturphilosophie (ZKph),* 2016/1, S. 123-144.

–: *Sehnsucht und Finsternis. Schellings Theorie des Sprachsubjekts*, Wien 2011.

Krämer, Sybille: *Medium, Bote, Übertragung. Kleine Metaphysik der Medialität*, Frankfurt am Main 2008.

Levinas, Emmanuel: *Die Spur des Anderen. Untersuchungen zur Phänomenologie und Soziaphilosophie*, übers., hg. und eingeleit. von W. N. Krewani, Freiburg 2007.

Nancy, Jean-Luc: *singulär plural sein*, übersetzt von Ulrich Müller-Schöll, Berlin 2016.

–: *Die undarstellbare Gemeinschaft*, übers. von Gisela Febel und Jutta Legueil, Stuttgart 1988.

Pamuk, Orhan: *Istanbul*, übersetzt von Gerhard Meier, München 2006.

Schimmel, Annemarie: *Mystische Dimensionen des Islam*, Frankfurt am Main 1995.

Schelling, Friedrich Wilhelm Joseph: *Sämtliche Werke*, hg. von K.F.A. Schelling, Bd. I-XIV (ursprünglich in zwei Abteilungen erschienen: I. Abteilung, Bände 1-10 und II. Abteilung, Bände 1-4, Stuttgart 1856-1861.

Schlegel, Friedrich, *Schriften zur Kritischen Philosophie 1795-1805*, hg. von

Andreas Arndt und Jure Zovko, Hamburg 2007.
Sloterdijk, Peter, *Weltfremdheit*, Frankfurt am Main 1993.

Bildnachweise

Abbildung 1: Bertil Videt: *Bosphorus Bridge*, Photographie Istanbul 2006: https://commons.wikimedia.org/wiki/Istanbul#/media/File:Bosphorus.jpg

Abbildung 2: "Roweromaniaka wielkopolskiego": *Fatih Sultan Mehmet Bridge*: Photographie Istanbul 2006: https://commons.wikimedia.org/wiki/Istanbul#/media/File:Bosfor_B18-48.jpg

Abbildung 3: Pascal Sebah, *Galata Mevlevihanesi'ndeki Mevleviler*, Photographie Istanbul 1870: https://commons.wikimedia.org/wiki/Category:Whirling_dervishes#/media/File:Whirling_dervishes_in_Galata_Mawlawi_House,_1870.png

Engel im Feuer. Zur Rezeptionsgeschichte einer *Zohar*-Stelle zwischen jüdischer Mystik, moderner Esoterik und kritischer Theorie*

Ansgar Martins, Elke Morlok (Frankfurt a. M.)

Die einflussreichste Textsammlung der mittelalterlichen Kabbala, das Buch des Glanzes (*Sefer ha-Zohar*)[1] wurde wahrscheinlich im späten 13. Jahrhundert auf der iberischen Halbinsel, in Kastilien, in drei Schichten zusammengestellt und in verschiedenen Zirkeln diskutiert.[2] Schnell erhielt der *Zohar* einen autoritativen und sogar heiligen Status unter den jüdischen Gemeinden der iberischen Halbinsel und nach der Vertreibung der Juden aus Spanien sogar in ganz Europa und darüber hinaus. Die Breite der Rezeptionsgeschichte von *Zohar*-Motiven bis in die Moderne

* Diese Publikation erscheint im Kontext des vom LOEWE-Programm des Hessischen Ministeriums für Wissenschaft und Kunst geförderten Forschungsschwerpunkts „Religiöse Positionierung: Modalitäten und Konstellationen in jüdischen, christlichen und islamischen Kontexten“ an der Goethe-Universität Frankfurt und der Justus-Liebig-Universität Gießen.

1 Zu einer Einführung in diese „Bibliothek der kabbalistischen Literatur“ siehe Gerold Necker: *Sohar. Schriften aus dem Buch des Glanzes*, Berlin 2012, S. 99–170; Gershom Scholem: *Die Geheimnisse der Schöpfung. Ein Kapitel aus dem kabbalistischen Buche Sohar*, Frankfurt a. M. 1971, S. 5–45; zur Rezeptionsgeschichte siehe vor allem Boaz Huss: *The Zohar. Reception and Impact*, Oxford/Portland, Oregon 2016. Im Folgenden beziehen sich die Stellenangaben auf die klassischen Ausgaben der zoharischen Bibliothek von Re'uven Margalioth (Hg.): *Sefer ha-Zohar*, 3 Bde, Jerusalem 1964; ders.: *Sefer ha-Bahir, Tiqqune ha-Zohar*, Jerusalem [3]1994. Die englische Übersetzung von Daniel Matt (Hg.): *The Zohar. Pritzker Edition*, 12 Bde, Stanford 2004–2017, wurde für die deutschen Übersetzungen und die Interpretation der Texte ebenfalls konsultiert.

2 Scholem: *Geheimnisse*, S. 12; Necker: *Sohar*, S. 99–114; Ronit Meroz: *Der Aufbau des Buches Sohar*, in: *Pardes* 11 (2005), S. 16–37.

lässt sich kaum besser illustrieren als an der esoterischen (Neo-) Theosophie Helena P. Blavatskys (1831–1891) und der materialistischen Geschichtskritik Theodor W. Adornos (1903–1969). Die frühe Kritische Theorie integrierte kabbalistische Versatzstücke ebenso selektiv und ekklektisch wie die „Geheimlehre" Blavatskys. Das heißt natürlich nicht, dass die Theosophie Blavatskys und die marxistische „Theologie" Adornos oder Walter Benjamins (1892–1940) inhaltliche Gemeinsamkeiten aufweisen – aber eben eine *Zohar*-Stelle als gemeinsamen Bezugspunkt, die sich implizit um Geschlechtlichkeit und explizit um die Unbeständigkeit von Engeln dreht.

1 Diesseits der „Mystik": Kabbala als Kommentar

Mystik ist ein vages Wort, das sich im engeren Sinne nur auf die Geschichte des Christentums anwenden lässt, aber sowohl umgangssprachlich als auch in der wissenschaftlichen Literatur meist noch für viele weitere Phänomene benutzt wird. So entsteht schnell der falsche Eindruck, man habe es mit einer interkulturellen oder anthropologischen Konstante zu tun. Häufig wird eine theologische oder anthropologische Dimension hinter allen religiösen Traditionen vorausgesetzt: eine ultimative Religion hinter den Religionen sozusagen; ewig gültige, an allen Orten und unabhängig von historischen Kontexten erfahrbare „Urmotive der menschlichen Seele".[3] Im 20. Jahrhundert dienten vor allem Theoreme wie das „kollektive Unbewusste" C. G. Jungs (1875–1961) dazu, solche Gleichsetzungen vorzunehmen und alle möglichen Phänomene deskriptiv zu verwischen.[4] Auch für den stilbildenden Religionssoziologen Ernst Troeltsch (1865–1923) war „[d]ie Mystik im weitesten Sinne […] nichts anderes als das Drängen auf Unmittelbarkeit, Innerlichkeit und Gegen-

[3] Rudolf Otto: *West-östliche Mystik,* Gütersloh 1979, S. 2.

[4] Unter Berufung u.a. auf Otto, Jung und Troeltsch etwa bei Gerhard Wehr: *„Nirgends Geliebte wird Welt sein als innen". Lebensbilder der Mystik im 20. Jahrhundert*, Gütersloh 2011, S. 37–46. Zur historiographischen Verbreitung jungianischer Terminologien in der Religions- und Esoterikforschung vgl. das Kapitel „The Archetype of Eranos: Carl Gustav Jung and the Western Unconscious" in: Wouter J. Hanegraaff: *Esotericism and the Academy. Rejected Knowledge in Western Culture*, Cambridge 2012, S. 277–295.

wärtigkeit des religiösen Erlebnisses. Sie setzt die Objektivierung des religiösen Lebens in Kulten, Riten, Mythen oder Dogmen bereits voraus und ist entweder eine Reaktion gegen diese Objektivierungen, die sie in den lebendigen Prozess wieder zurückzunehmen sucht, oder eine Ergänzung der herkömmlichen Kulte durch die persönliche und lebendige Erregung."[5] Troeltsch unterscheidet also zwischen religiösen Institutionen („Objektivierungen") und einer authentischen, unmittelbaren Dimension des inneren Erlebens, die nicht nur als „Reaktion gegen" die real existierenden Religionen funktioniere, sondern sie sogar „in den lebendigen Prozess" des menschlichen Lebens zurückführen wolle.[6] Ein so breit gefasster Mystik-Begriff hat meist höchstens indirekt mit den Lehren zu tun, die jeweils als mystisch apostrophiert werden, sondern universalisiert eine historisch partikulare Perspektive. Die subjektivistische Kategorie der „religiösen Erfahrung" ist ein Produkt der europäischen Subjekt- und Religionsgeschichte, genauer gesagt ein Topos bürgerlicher Religiosität des 19. und 20. Jahrhunderts. Implizit ist dabei noch eine zutiefst christlich (paulinisch wie protestantisch) geprägte Dichotomie von „Geist" versus „Buchstabe" (nach 2. Kor. 3,4–6) am Werk, wonach der wahre „Geist" sich über den trockenen, verstaubten „Buchstaben des Gesetzes" und das kalte Dogma erhebe. Insbesondere die Kabbala, in der es zentral um die spirituelle Deutung von Buchstaben (im Sinne von Sprache) geht, wird durch solche Sichtweisen tendenziell verfehlt. Dennoch wurde die genannte Dichotomie von Geist und Gesetz selbst in der Kabbala-Forschung lange durch die Betrachtung von Kabbala und Halacha als Gegenpole tradiert.[7]

[5] Ernst Troeltsch: *Die Soziallehren der christlichen Gruppen und Kirchen*, Bd. 2, Tübingen 1994, S. 850.

[6] Vgl. jedoch Moshe Idel: *Abraham Abulafia und die mystische Erfahrung*, Frankfurt a. M. 1994, der am Erfahrungsbegriff festhält.

[7] Vgl. zur Problematisierung des Mystikbegriffs im Hinblick auf die jüdische Kabbala Boaz Huss: *The Theologies of Kabbalah Research*, in: *Modern Judaism* 34 (2014), S. 3–26, ausführlich auf Hebräisch ders.: *The Question About the Existence of Jewish Mysticism. The Genealogy of Jewish Mysticism and the Theologies of Kabbalah Research*, Jerusalem 2016. Zur angezeigten Dichotomie von Geist und Buchstaben siehe Huss' Vortrag in Heidelberg vom 18. Juni 2019 (https://www.academia.edu/39633711/For_the_letter_kills_but_the_Spirit_Gives_Life_Jewish_Studies_and_the_Spiritualization_of_Kabbalah_lecture_draft) (letzter Zugriff 12.07.2019).

Es mag zahlreiche strukturelle Parallelen zwischen den ekstatischen Traditionen in der Kabbala,[8] im Chassidismus, Sufismus, Schamanismus oder in der katholischen Mystik geben und komparativ angelegte Studien erweisen sich oft als produktiv.[9] Das historische und textkritische Studium der einzelnen Schriften und Bewegungen führt aber eher nicht auf „Urmotive“ (Otto), „Archetypen“ (Jung) und „Unmittelbarkeit“ (Troeltsch), sondern offenbart ein beinahe unüberschaubares Wechselbild von geschichtlichen und kulturellen Kontingenzen, weitreichenden Transformationen und brüchigen Kontinuitäten. Statt einem einheitlichen Hinter- oder Untergrund erscheinen höchst unterschiedliche Interpretationsgeschichten und kreative Missverständnisse. Die Rezeptionsgeschichte der sogenannten ‚jüdischen Mystik‘, der Kabbala, kann dies mustergültig illustrieren. Schon Gershom Scholem (1897–1982), der Pionier der historischen Kabbalaforschung, betonte: „Nicht das System, sondern der Kommentar ist die Form, unter der die Wahrheit entwickelt werden kann. [...] Im Judentum wird die Tradition das reflektive Element, das sich zwischen das Absolutum des göttlichen Wortes, welches die Offenbarung ist, und dessen Empfänger stellt. Sie setzt damit ein Fragezeichen hinter die Möglichkeit einer unmittelbaren Beziehung zum Göttlichen.“[10] Das göttliche Wort der Tora sei nicht unmittelbar zugänglich, sondern erhalte erst im Widerstreit der Interpretationen einen konkreten Sinn.

Ein solches Verständnis von Kabbala als Kommentar blickt in zwei Richtungen: retrospektiv und prospektiv. Prospektiv braucht – hier zeigen sich Scholems eigene geschichtstheologische Prämissen – das göttliche Wort die Brechungen innerhalb der historischen Zeit, um überhaupt etwas zu bedeuten. Ein ursprünglicher Sinn ist nie unabhängig vom historischen

[8] In der Kabbala-Forschung wird zwischen den beiden Hauptströmungen der theosophisch-theurgischen und der ekstatischen bzw. prophetischen Kabbala unterschieden. Vgl. Moshe Idel: *Kabbalah – New Perspectives*, New Haven/London 1988. Doch beziehen wir uns hier auf ekstatische Erlebnisse, die in beiden Strömungen zu finden sind.

[9] Vgl. Jonathan Garb: *Modern Kabbalah as an Autonomous Domain of Research*, Los Angeles 2016; ders.: *Shamanic Trance in Modern Kabbalah*, Chicago 2011.

[10] Gershom Scholem: *Tradition und Kommentar als religiöse Kategorien im Judentum*, in: *Eranos-Jahrbuch* XXXI (1963), S. 21–48, hier S. 29–33; vgl. ders.: *„Es gibt ein Geheimnis in der Welt“. Tradition und Säkularisation*, Frankfurt a. M. 2002, S. 7–48.

Ort der Interpreten erkennbar und nur innerhalb von deren jeweiligem Deutungshorizont zeigt sich die „Wahrheit“ der interpretierten Texte. Retrospektiv betrachtet, setzt jedoch jeder Kommentar (und auch die kabbalistische Kontemplation) den Text bzw. den Buchstaben voraus, der kommentiert wird, und alle Kommentatoren stehen selbstverständlich auf den Schultern bzw. „hängen am großen Baum“ (Babylonischer Talmud *Pesachim* 112a) vorangehender Kommentatoren und Interpretationstraditionen.[11] Scholem fasst das in der Formel „Kabbala heißt Tradition“[12] zusammen, wobei man ergänzen könnte, dass das Wort Kabbala neben vielem anderen auch „Rezeption“ bedeuten kann. „Die Kabbala ist, wenn man so will, eine Tradition der Rezeption.“[13] Die hebräische Wurzel *q-b-l*, die im Pi'el verwendet wird, bedeutet „nehmen, empfangen, aufnehmen“. Dabei kann sich der Begriff sowohl auf den Rezipienten (*mequbbal*) als auch den Inhalt der Weitergabe, die Tradition (*qabbalah*) beziehen.[14] Scholem nennt Kabbala übrigens selbst „jüdische Mystik“ und setzt eine romantische Theorie religiöser Erfahrung voraus. Auch die neuere Forschung zeichnet sich eben nicht durch den Versuch aus, historische und inzwischen als problematisch durchschaubare Terminologien loszuwerden. Es erweist sich vielmehr als produktiver, die bestehenden Begriffe und ihre Probleme reflexiv zu wenden. In diesem Sinne scheint ein flexibler Gebrauch der Kategorien Mystik und religiöse Erfahrung ratsam. Auch Scholems dialektische Charakterisierung von Kabbala als Tradition des Kommentars und Kommentar der Tradition bleibt heuristisch anregend, zumal im Hinblick auf die Kontingenzen kabbalistischer Rezeptions- und Transformationsgeschichten. Aber welche Inhalte werden tradiert, kommentiert, rezipiert und transformiert?

[11] Vgl. hier auch Robert Gibbs: *Why Comment?*, in: ders.: *Why Ethics? Signs of Responsibilities*, Princeton 2000, S. 114–130.

[12] „‚Kabbala heißt Tradition‘ ist gar keine These mehr, es steht als eine Art Motto an der Schwelle von Scholems Texten“, resümiert Daniel Weidner: *Gershom Scholem. Politisches, esoterisches und historiographisches Schreiben*, München 2003, S. 419.

[13] Christoph Schulte: *Zimzum. Gott und Weltursprung*, Frankfurt a. M. 2014, S. 13.

[14] Gershom Scholem, *Art. Kabbalah*, in: Fred Skolnik/Michael Berenbaum (Hg.): *Encyclopedia Judaica*, Bd. 11, Jerusalem [2]2007, S. 585. Scholem verweist auch auf die Verwendung des Begriffs im Talmud mit anderer Bedeutung.

2 Das Beispiel des *Zohar* und das Verbrennen der Engel

Formal ist der *Zohar* als ausführlicher kabbalistischer Kommentar zur Tora, also zu den fünf Büchern Mose angelegt, die Abschnitt für Abschnitt interpretiert werden. Das ist auch optisch sichtbar, denn der *Zohar*-Text ist um die jeweils kommentierten Bibelausschnitte herum angeordnet. Auf diese Weise ahmt der *Zohar* antike Midraschim, d.h. ältere jüdische Praktiken des Schriftkommentars und deren assoziative Interpretation des biblischen Textes nach. Dieser Aufbau dient wie der Umstand, dass das Buch großenteils auf Aramäisch verfasst ist, dazu, sein vermeintlich hohes Alter zu unterstreichen und ihm dadurch Autorität zu verleihen. Nach traditioneller Ansicht geht der *Zohar* auf Rabbi Shimon bar Yochai zurück, einen Tannaiten des 2. Jahrhunderts, der mit seinen Gefährten durch die Landschaften Galiläas wandert und mit ihnen über die innergöttlichen Geheimnisse spekuliert, wobei er sich selbst als messianisch-charismatischer Held der Rahmenerzählung herauskristallisiert.[15] In der Forschung geht man inzwischen von mehreren Autoren bzw. Autorengruppen in unterschiedlichen geographischen Regionen der iberischen Halbinsel aus, in denen Moshe de Leon (ca. 1240–1305) als einer der wichtigsten Protagonisten gilt.[16] In diesen narrativen Rahmen, der zwischen Fiktion und Realismus,[17] zwischen Poesie und Historienroman zu stehen scheint, werden die spezifischen *Zohar*-Doktrinen präsentiert.

Als ersten großen Themenkomplex behandelt der *Zohar* den biblischen Schöpfungsbericht. Dessen siebentägige Struktur tritt jedoch schnell in den Hintergrund viel umfassenderer innergöttlicher Emanationsprozesse. Die Aufteilung des Wassers und die Entstehung des trockenen Landes, die Erschaffung des Lichts, der aus der Erde wachsenden Pflanzen sowie von Sonne und Mond usw. werden zu einer gewaltigen kabbalistischen Kosmogonie ausgedeutet. Über das Narrativ der sieben Tage legt sich eine Doktrin, die im Zentrum des *Zohar* steht und durch dieses Buch populär gemacht wurde: die Lehre von den zehn Seins- oder

[15] Yehuda Liebes: *The Messiah of the Zohar. On R. Shimeon bar Yohai as a Messianic Figure*, in: ders.: *Studies in the Zohar*, Albany 1993, S.1–84; Ronit Meroz: *The Spiritual Biography of R. Simeon bar Yochay. An Analysis of the Zohar's Textual Components*, Tel Aviv 2019 (Hebräisch).

[16] Necker: *Sohar*, S. 99–114.

[17] Eitan P. Fishbane: *The Art of Mystical Narrative. A Poetics of the Zohar*, Oxford 2018, S. 223, nennt diesen Zwischenzustand „Magical Realism“.

Handlungsweisen Gottes, den *Sefirot*. Diese bilden einen höchst dynamischen, zehnfältigen Organismus zwischen der absoluten Transzendenz, dem Unendlichen (*En Sof*) und der Selbstoffenbarung der Gottheit in der untersten *Sefira*, die *Malkhut* (Königtum) oder *Shekhina* genannt wird. Die göttliche Selbstoffenbarung wird in diesen zehn Hypostasen oder Eigenschaften (*Middot*),[18] denen jeweils ein Gottesname zugeordnet ist, erkenn- und erfahrbar. Die häufigste Darstellungsform dieser Struktur sind die sogenannten *arbores cabbalistica* oder die *Ilanot* (hebr. Bäume), das Herzstück der Kabbala.[19]

In dieser Zehnheit göttlicher Eigenschaften wird ein Gleichgewicht zwischen Gottes rechter Seite der Gnade (*Chesed/Rachamim* [Erbarmen, Gnade] oder *Gedula* [Größe, Erhabenheit], weiß) und der linken des Gerichts (*Din* [Gericht] oder *Gevura* [Stärke], rot)[20] angestrebt, an dessen Zustandekommen das kontemplative Handeln und Denken des kabbalistischen Weisen beteiligt ist. Die beiden Farben Rot und Weiß definieren die beiden gegensätzlichen Eigenschaften Gottes von Zorn und Gnade. Bereits im Talmud und im frühkabbalistischen *Sefer ha-Bahir* (§§136–137), dem Buch des Leuchtens, wird auf Basis von Jes. 55,1 Weiß mit Milch und Rot mit Wein assoziiert.[21] Die kontemplative und exegetische

[18] Diese zehn Eigenschaft sind aus den 13 Gottesnamen oder Eigenschaften der Gnade aus Ex. 34,6–7 entstanden und in komplexen exegetischen Prozessen zwischen der rabbinischen Literatur und dem Buch der Schöpfung (*Sefer Yezira*) zur Zehnerzahl geworden, wobei die oberen drei zu den „drei verborgenen Häuptern der Häupter" wurden. Vgl. Adolf Jellinek: *Beiträge zur Geschichte der Kabbala*, Heft 2, Leipzig 1852, S. 11. Darauf weist auch die Aussage im *Zohar* hin (*Zohar* 2,175b), dass die 13 *Middot* (Eigenschaften) im *Atiqa Qadisha* (Heiligen Alten, d.h. in *Keter*, der obersten *Sefira*) enthalten sind. Siehe Gershom Scholem: *Ursprung und Anfänge der Kabbala*, Berlin/New York 2001, S. 307–314.

[19] J.H. Chajes: *Durchlässige Grenzen. Die Visualisierung Gottes zwischen jüdischer und christlicher Kabbala bei Knorr von Rosenroth und van Helmont*, in: *Morgen-Glantz* 27 (2017), S. 99–147.

[20] Im unten dargestellten Schema sollte die Farbe der Gnade (*Chesed*) weiß angezeigt werden. Zur Farbsymbolik in der Kabbala siehe Gershom Scholem: *Farben und ihre Symbolik in der jüdischen Überlieferung und Mystik*, in: ders.: *Judaica 3*, Frankfurt a. M. 1973, S. 98–151.

[21] Scholem: *Farben*, S. 129–135. Siehe auch Elke Morlok: *Zwischen Ekstase und Gottesfurcht. Wein in der Kabbala und im Chassidismus*, in: Andreas Lehnardt (Hg.): *Wein und Judentum*, Berlin 2014, S. 121–150.

Praxis der Kabbalisten führt demnach zur Wiederherstellung des fragilen Equilibriums zwischen Gericht und Gnade, das aufgrund der Sünde Israels bzw. der gesamten Menschheit zum Gericht neigt und den göttlichen Segensfluss auf den irdischen Bereich hindert. Das gottgefällige Tun des Kabbalisten in Gesetzeserfüllung, Gebet, Kontemplation und Interpretation bestärkt die Seite der Gnade, führt zum eigenen wie zum innergöttlichen Gleichgewicht und in manchen Schriften auch zur Vereinigung mit *Malkhut*. Das ist hier die Dimension von innerem Erleben, die mit dem Begriff „Mystik" belegt werden kann. Genauer ruft das kontemplative Engagement des Kabbalisten eine Emanation des Göttlichen und dessen Influxus auf die irdische Welt hervor – von der obersten *Sefira Keter* (Krone) bis hin zur untersten *Sefira Malkhut* (Königtum). Diese unterste *Sefira* ist nach rabbinischer Vorstellung die personifizierte Anwesenheit Gottes auf Erden und die Braut des Höchsten, die *Knesset Israel* (die Gemeinde Israel).

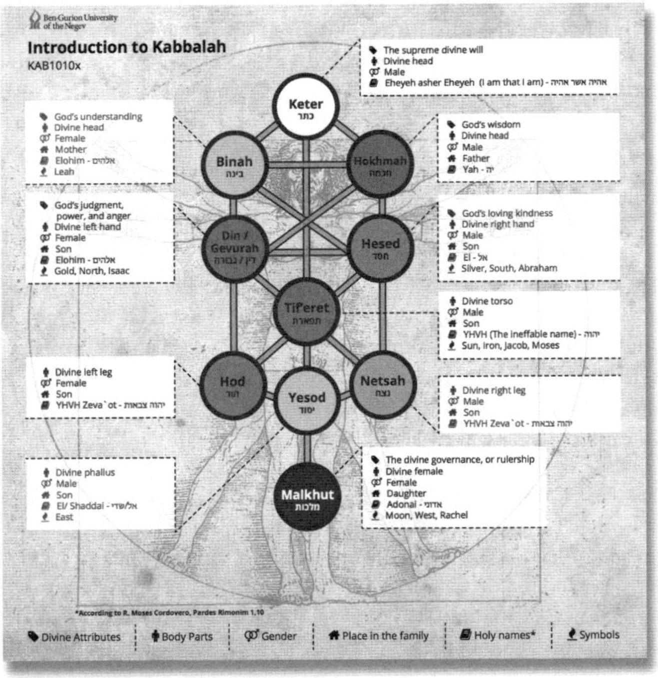

Abb. 1: Sefirotbaum: Online Kurs von Boaz Huss und Yoed Kadari: Introduction to Kabbalah KAB 1010

Dabei ist man sich in der Forschung jedoch uneinig, ob die weibliche Personifizierung mit Gott identisch gedacht wird oder als irdisch-weibliche Teilvorstellung der Gottheit zu verstehen ist.[22] Die Ausführungen zu dieser untersten *Sefira Malkhut* oder *Shekhina* sind *das* zentrale Anliegen des *Zohar*.[23]

Zu den Themen des *Zohar* gehört auch die Erschaffung unterschiedlicher Engel, die an verschiedenen Schöpfungstagen aus den primordialen Eigenschaften der *Sefirot* entstehen.[24] Wir konzentrieren uns im Folgenden auf die Gras-Engel aus *Zohar* 1,18b und 3,217a.[25] All diesen Engeln ist gemeinsam, dass sie unstet sind und gleich wieder vergehen müssen. Genau darum sind ihre speziellen Funktionen jedoch aufschlussreich, sie agieren in der Theogonie des *Zohar* an logischen und theologischen Bruch- und Schnittstellen. Am zweiten Schöpfungstag fehlt nach der Genesiserzählung die sonst übliche Aussage „und Gott sah, dass es gut war“. Laut dem Midrasch in *Bereshit Rabbah* 4:6 wurde am zweiten Tag daher die Hölle geschaffen. Der *Zohar* interpretiert dies nun dahingehend, dass an diesem Tag die linke Seite, die „Sefira des strengen Gerichts“,[26] *Gevura* oder *Din* erschaffen wurde. Es fehlt vorläufig nach mystisch-sefirotischer Kosmologie an gnädigem Gegengewicht,[27] denn die andere Seite des *Sefirot*-Baums harrt noch der Entfaltung, die erst am dritten Schöpfungstag erfolgt. Aus der Kraft der linken Seite der göttlichen Ausstrah-

[22] Elke Morlok: *Art. Schechina*, in: Dan Diner (Hg.): *Enzyklopädie jüdischer Geschichte und Kultur*, Bd. 5: Pr–Sy, Stuttgart/Weimar 2014, S. 458–462.

[23] Necker: *Sohar*, S. 131–135; siehe auch Arthur Green: *Shekhinah, the Virgin Mary, and the Song of Songs: Reflections on a Kabbalistic Symbol in its Historical Context*, in: *AJS Review* 26,1 (2002), S. 1–52. Zu den antiken Vorstellungen der *Shekhina* bzw. der Personifikation der Weisheit siehe Peter Schäfer: *Weibliche Gottesbilder in Judentum und Christentum*, Frankfurt a. M. 2008.

[24] Zu Engelkonzeptionen in der kabbalistischen Literatur zwischen Ashkenaz und Sefarad sowie weiteren Literaturhinweisen zum Thema siehe Elke Morlok: *Henoch – Metatron – Christus? Kabbalistische Engel und ihre christlichen Transformationen*, in: *Chilufim* 25 (2018), S. 147–182.

[25] Matt: *Zohar*, Bd. 1, S. 134–139; Bd. 9, S. 521–524.

[26] Gershom Scholem: *Die Jüdische Mystik in ihren Hauptströmungen*, Frankfurt a. M. [5]1993, S. 292.

[27] Vgl. Babylonischer Talmud *Pesachim* 54a; *Pirqe de Rabbi Eliezer* 4; *Zohar* 1,17ab; 33a; 46a; 2,149b.

lung in die Schöpfung entsteht somit ein innergöttlicher Konflikt aus *Gevura*. Aus ihr geht eine ganze Schar von feurigen Engeln hervor, die allein aus Gerichtsurteilen bestehen und deswegen nicht überdauern können. Nach Scholems Deutung „zerbrachen“ sie an dem „Übermaß“ von „Strenge“,[28] das *Gevura* repräsentiert. In der Zwischenzeit richten diese Engel aber einiges an: im *Zohar* ist auf Grundlage der Erzählung im Midrasch lapidar vermerkt, dass sie der Erschaffung der Menschheit opponierten und dass ihretwegen die Hölle erschaffen worden sei. Hier handelt es sich um eine kryptische Aufnahme der apokryphen, bis heute äußerst beliebten Legende vom Engelsturz. Die Engel zeigen im erotisch konnotierten Verhältnis der *Sefirot* ein Missverhältnis an: *Gevura/Din* muss noch durch die gnädigeren Potenzen auf Gottes rechter Seite ausgeglichen werden, damit die Schöpfung fruchtbar werden kann. Am dritten Tag gebietet Gott nach der biblischen Schöpfungsgeschichte dem Wasser, das er am zweiten geteilt hatte, es solle sich an einem Ort versammeln und trockenes Land freigeben. Im *Zohar* wird daraus die Versöhnung des innergöttlichen Zwiespalts zwischen Zorn und Gnade, den der Überhang der linken Seite ausgelöst hatte.

In einer komplexen Interpretation von Gen. 1,19, wird das „trockene“ Land (*yevasha*) bzw. dessen Erscheinen mit der *Shekhina*, der *Kavod* YHWH (Ehre Gottes, der intelligible Teil der göttlichen Offenbarung) und damit der Offenbarung der göttlichen Welt und ihrer Geheimnisse identifiziert. Die unterste *Sefira* empfängt den göttlichen Influxus von den oberen *Sefirot* wie trockenes Land den Regen, die Wasser von oben. Doch sie ist zugleich ein verzehrendes Feuer. Sie leitet die göttlich emanierenden Kräfte anhand von Engelmyriaden an das Irdische weiter und stellt die Verbindung der beiden Bereiche her. Diese Verbindung wird zugleich durch das menschliche Gebet bzw. Kontemplation theurgisch etabliert und das göttliche Gleichgewicht hergestellt.

In *Zohar* 1,18b werden nun die beiden Verse aus Gen. 1,11 „Und Gott sprach: Es lasse die Erde aufgehen Gras (*deshe*) und Kraut (*esev*), das Samen bringe, (und fruchtbare Bäume, die ein jeder nach seiner Art Früchte tragen, in denen ihr Same ist auf der Erde. Und es geschah so)“ und Ps. 104,14 „Du lässest Gras (*chatzir*) wachsen für das Vieh (*behema*) und Saat zu Nutz (*avoda*) dem Menschen (*ha-adam*), dass du Brot

[28] Scholem sieht hier bereits die lurianische Lehre vom „Bruch der Gefäße“ (*shevirat ha-kelim*) vorgebildet. Scholem: *Jüdische Mystik*, S. 292.

(*lechem*) aus der Erde hervorbringst"[29] in einem interpretatorisch-assoziativen Wechselspiel mit gegenseitigem Bezug ausgelegt.

> Und Gott sprach: Es lasse die Erde aufgehen Gras und Kraut" (Gen. 1,11). Die Erde bringt nun ihre Kräfte hervor mit jenen Wassern, die an einem Ort versammelt sind und im Verborgenen in sie einfließen. Sie [die Wasser] erscheinen mit ihr [der Erde] als höchste Geheimnisse, heilige Kräfte, aufgestellt in einer Ordnung des Glaubens[30] all jener Glaubensnachkommen (*benei meheimanuta*), die den Herrn anbeten. Dies ist das Geheimnis von „Du lässest Gras wachsen für das Vieh (*behema*) und Saat zu Nutz (*avoda*) dem Menschen, dass du Brot (*lechem*) aus der Erde hervorbringst" (Ps. 104,14)[31]. […] Gras sind die Engel, die kurzzeitig herrschen, am zweiten Tag erschaffen wurden und als Nahrung für dieses Vieh (*behema*) dienen, denn es gibt ein Feuer, das Feuer verschlingt.[32] „[...] und Saat (*esev*) zu Nutz dem Menschen" (Ps. 104,14) Saat sind die *Ofanim*, die sich drehenden Engel, die *Chayyot* (die lebendigen Wesen) und die *Keruvim* (Keruben)[33] – alle sind angeordnet, stehen bereit, um in dem Moment, wenn die Menschen beginnen, ihren Herrn in Opfer und Gebet zu

[29] Übersetzung nach Lutherbibel 2017 mit leichten Modifikationen.

[30] Die Engel werden durch das menschliche Gebet der Kabbalisten angeordnet und geschmückt.

[31] Vgl. Segen vor der täglichen Mahlzeit: „der du Speise/Brot aus der Erde hervorbringst".

[32] Damit ist nach Babylonischer Talmud *Yoma* 21b die *Shekhina* gemeint, da Gott die Engel verbrennt, die sich der Schöpfung des Menschen entgegenstellen (*Sanhedrin* 38b). Diese Engel sind laut *Zohar* identisch mit den Engeln des zweiten Tages, des Gerichts (*Gevura*), das noch nicht durch die Gnade (die erst am dritten Tag geschaffen wird) ausgeglichen werden kann. Da sie aus reinem Gericht bestehen, können sie nicht bestehen.

[33] Dies sind die Engelklassen am Thronwagen aus Ez. 1,15–21. Die Keruben beschützen laut Gen. 3,24 den Baum des Lebens im Paradies, zwei goldene sind auf der Bundeslade angebracht (Ex. 25,18–22) und aus dem Zwischenraum der beiden ertönt die göttliche Stimme an Moses laut Num. 7,8–9. Laut *Zohar* emanieren alle drei Klassen aus der *Shekhina* und werden hier durch Saat/Pflanzen symbolisiert.

> preisen, aufgestellt zu werden. Dies ist der Nutz [die Arbeit/der Gottesdienst] des Menschen.[34] […] Dies sind die samentragenden Pflanzen, denn Gras trägt keinen Samen in sich, sondern ist als Futter für das heilige Feuer vorgesehen,[35] wohingegen (samentragende) Pflanzen die Welt erhalten. Dies alles [bedeutet]: „dass du Brot aus der Erde hervorbringst". Alles zielt darauf ab, dass die Menschen die Pflanzen in die Erde [säen], indem sie ihren Herrn anbeten, um aus der Erde dieser Welt Nahrung und Speise hervorzubringen, um zu gewährleisten, dass die Menschheit von oben gesegnet wird.[36] „Pflanzen, die Früchte tragen" (Gen. 1,11) – Stufe um Stufe, männlich und weiblich.[37]

Der Kommentar zum dritten Schöpfungstag greift also die dysfunktionalen Engel des zweiten Tages erneut auf und integriert sie in ein anderes Szenario. Die Erde – verfügt Gott am dritten Tag – soll Gras hervorbringen und samentragende Pflanzen. Auch die Entstehung der irdischen Pflanzenwelt löst sich im *Zohar* in eine prozesshafte Dynamik auf, die nichts mit einer statischen Ordnung der Natur gemeinsam hat. Vielmehr werden die aufsprießenden Pflanzen unter dem kabbalistischen Zugriff im Feuer verzehrt. Hier hat *Malkhut/Shekhina* ihren Auftritt, in der Gott sich der Welt zuwendet und durch die das Göttliche offenbar wird – wie das trockene Land aus den Wassern erscheint. Sie besteht aus verzehrendem Feuer und erzeugt zugleich „Speise und Nahrung für die Welt".[38] Zu-

[34] Der *Zohar* spielt hier mit den verschiedenen Bedeutungen von *avoda* (Arbeit, Nutzen, Dienst bzw. Gottesdienst) und zielt letzten Endes auf den Gottesdienst des Menschen in Gebet und Anbetung.

[35] Das Feuer der *Shekhina*.

[36] Der menschliche Gottesdienst sichert demnach den Segensfluss aus dem göttlichen System der *Sefirot* auf das irdische Dasein.

[37] Die *Shekhina* wird hier mit dem fruchttragenden Baum identifiziert, die am Ende durch ihre Vereinigung mit *Yesod* (Fundament), ihrem männlichen Partner im sefirotischen System, die Keruben und Säulen, sprich die Verbindung zwischen oberem und unterem Bereich hervorbringt. Die Säulen werden im weiteren Verlauf der Passage als Rauchsäulen der Opfer (Hld. 3,6) dargestellt, die aus dem Gottesdienst der Menschen entstehen, wohingegen das Gras ohne Frucht bleibt und dem Menschen entspricht, der wie ein Ochse Gras frisst (Hiob 40,15).

[38] Scholem: *Geheimnisse der Schöpfung*, S. 71.

nächst aber werden Gräser und samentragende Pflanzen als zwei unterschiedliche, wenn auch einander ähnliche Engel-Klassen benannt. Die relevante Differenz ist, dass Gras hier als eingeschlechtlich gilt, die samentragenden Pflanzen dagegen als zeugungsfähig. Die Pflanzen, die Samen aussähen, werden mit den drei hochstehenden Engel-Klassen der *Ofanim* (die Räder des Thronwagens), *Chayyot* (die vier Tierwesen) und *Keruvim* aus Ez. 1 assoziiert. Die Engel aus Gras dagegen sind die Aufsässigen des zweiten Tages, die allein aus Urteilen bestanden und nicht aus eigener Macht fortbestehen konnten. Sie müssen daher im Feuer der *Shekhina* verbrennen und ihr so als Nahrung dienen. Unter Berufung auf Psalm 104 erscheint *Shekhina* dabei als *behemot* bzw. *behema*, als Gras fressendes Vieh. Laut der Parallelstelle in *Zohar* 3,217a symbolisiert das Gras die Engel, wohingegen die Saat/Pflanzen die Seelen der Gerechten anzeigen, die von der sechsten *Sefira* (*Tif'eret*, Pracht) verzehrt werden. *Tif'eret* ist dabei als *ha-adam* aus Ps. 104 der Mensch, der auf dem Biest (*behema*), also der *Shekhina* reitet. Sie ist zugleich der göttliche Thron, auf dem nach Ezechiel das menschähnliche Wesen sitzt. Vereinigen sich *Shekhina* und ihr männlicher Partner *Tif'eret*, bzw. die Seelen der Gerechten stellvertretend für alle Menschen mit ihrem Ursprung im wahren Gottesdienst, dann wird „Brot aus der Erde" hervorgebracht.[39] Die Gerechten erkennen die wahre Natur des Göttlichen und seiner Geheimnisse. In dieser Vereinigung mit *Tif'eret* repräsentiert die *Shekhina* die Erde, den eigentlichen Lebensbereich der Menschen, und aus ihr fließen die Segnungen des Göttlichen in die Welt. Menschen, stellvertretend die Gerechten, sind aber keineswegs bloß Nutznießer des ganzen Geschehens, sondern wirken in ihrem Gottesdienst auf die *Shekhina* zurück. Sie bringen dabei die drei Engel-Klassen des dritten Tages durch Kontemplation und Brandopfer in Kooperation mit der *Shekhina* hervor und ordnen sie im Organismus des Göttlichen theurgisch als Verbindungsglied zwischen oberem und unterem Bereich an. So entsteht eine paradoxe irdisch-himmlische Zusammenarbeit: Die Menschen konstituieren einerseits die himmlische Ordnung und aus dieser geht andererseits ihre Lebensgrundlage hervor. Hier sind wir bei einem weiteren Zentralthema des *Zohar* angelangt, der konstitutiven Rolle der Kabbalisten für den Aufbau und die Erhaltung der Schöpfung und Gottes selbst. Während die als Vieh und als Erde beschriebene *Shekhina* sich mit den geschlechtslosen Engeln des zweiten Tages

[39] Vgl. Matt: *Zohar*, Bd. 9, S. 524–525.

begnügen muss, kann erst die menschliche Praxis beständige Engel-Formen hervorbringen, so das Verhältnis von Gericht und Gnade ausgleichen und den unvollendeten Zeugungsprozess zu einem fruchtbaren Ende führen, wie es am Ende der Passage angedeutet wird.

Offensichtlich gewinnt diese kosmogonische Erotik ihren Sinn trotz aller rätselhaften Bilder in der Verbindung von Sinn und Sinnlichkeit – Engel verbrennen, Brot geht aus der Erde hervor, Vieh frisst Gras und die fließenden Wechselbeziehungen zwischen den *Sefirot* werden durch erotische Anziehungs- und Abstoßungsprozesse konstituiert. Das *Zohar*-Narrativ erzeugt Evidenz und Nachvollziehbarkeit durch den Rückgriff auf eminent naturalistische Bilder und Vorgänge. Die omnipräsente erotische Dimension zielt aber nicht nur auf die permanente (Er-)Zeugung der Welt als theurgisch-kosmogonisches Geschehen ab, sondern transportiert im jüdischen Kontext vor allem eine traditionelle Bedeutungsebene: die Generationenfolge und Fortpflanzung des Volkes Israel, den Samen Abrahams.

3 Helena P. Blavatsky und die Anthropogenesis der *Secret Doctrine*

Am 7. September 1875 hielt der Erfinder und ehemalige Offizier George Henry Felt in einer New Yorker Privatwohnung einen Vortrag über „Ägyptische Kabbala“,[40] was für ihn wohl esoterisches[41] Wissen über den

[40] Vgl. dazu und im Folgenden Marco Pasi: *Oriental Kabbalah and the Partings of East and West in the Early Theosophical Society*, in: ders./Boaz Huss/Kocku von Stuckrad (Hg.): *Kabbalah and Modernity. Interpretations, Adaptions, Transformations*, Leiden/Boston 2010, S. 151–168, hier S. 158; zu Felt vgl. James Santucci: *George Henry Felt. The Life Unknown*, in: *Theosophical History* 6/7 (July 1997), S. 243–261.

[41] Zum Begriff Esoterik, dessen Gebrauch mindestens ebenso umstritten und problematisch ist wie der des Begriffs Mystik vgl. Helmut Zander: *Das Konzept ‚Esoterik‘ im Bermudadreieck von Gegenstandsorientierung, Diskurstheorie und Wissenschaftspolitik*, in: Monika Neugebauer-Wölk/Renko Geffarth/Markus Meumann (Hg.): *Aufklärung und Esoterik. Wege in die Moderne*, Berlin/Boston 2013, S. 113–135; für historische Darstellungen der darunter für gewöhnlich gefassten Phänomene Kocku von Stuckrad: *Was ist Esoterik. Kleine Geschichte des geheimen Wissens*, München 2003; Nicholas Goodrick-

Kosmos bedeutete, das in der Kunst des Alten Ägypten verschlüsselt sei. Am Tag darauf versammelte sich das Publikum erneut und beschloss, einen Verein zur Erforschung solcher vermeintlicher Menschheits-Geheimnisse zu gründen: die Theosophische Gesellschaft, die schnell zum globalen Phänomen wurde.[42] Die prominenteste Figur des Gründerkreises ist Helena Petrovna Blavatsky, die eine aufsehenerregende Karriere als Abenteurerin, Weltreisende und spiritistisches Medium hinter sich hatte und deren Ideen noch die heutige esoterische Szene beschäftigen.[43] In ihrem ersten Artikel, der im Juli desselben Jahres erschienen war, hatte Blavatsky nicht nur den Begriff Okkultismus (bzw. „occultism") in die englische Sprache eingeführt, sondern sich auch ausführlich über etwas mitgeteilt, das sie „Cabala" bzw. „Oriental Cabala" nannte.[44] Thema des Textes war die Existenz einer uralten Weisheit, die den Menschen von Engeln

Clarke: *The Western Esoteric Traditions*, Oxford 2008; Wouter J. Hanegraaff: *Western Esotericism. A Guide for the Perplexed*, London/New York 2013.

[42] Vgl. für einen Überblick Bruce Campbell: *Ancient Wisdom Revived. A History of the Theosophical Movement*, Berkeley 1980; Michael Gomes: *Theosophy in the Nineteenth Century. An Annotated Bibliography*, New York/London 1994; Olav Hammer/Mikael Rothstein (Hg.): *Handbook of the Theosophical Current*, Leiden/Boston 2013; und darin besonders Joscelyn Godwin: *Blavatsky and the First Generation of Theosophy*, ebd., S. 15–31 – so wie zum Ende Stefan Rademacher: *Der Untergang von Religionen am Beispiel der Theosophie*, in: *Gelebte Religionen. Untersuchungen zur sozialen Gestaltungskraft religiöser Vorstellungen und Praktiken in Geschichte und Gegenwart. Festschrift für Hartmut Zinser zum 60. Geburtstag*, hg. v. Hildegard Piegeler/Inken Prohl/Stefan Rademacher, Würzburg 2004, S. 219–237.

[43] Zur Biographie vgl. aus theosophischer Perspektive Sylvia Cranston: *HPB. The Extraordinary Life and Influence of Helena Blavatsky, Founder of the Theosophical Movement*, New York 1993; eine wissenschaftliche Lebensgeschichte fehlt; vgl. für eine konzise Einführung ins Blavatskys Werk anhand von thematisch geordneten Auszügen aus ihren Schriften Nicholas Goodrick-Clarke: *Helena Blavatsky*, Berkeley 2004.

[44] Vgl. Helena Petrovna Blavatsky: *A Few Questions to Hiraf*, in: *Spiritual Scientist* 2 (1875), S. 217–218, S. 224, S. 236–237; vgl. dazu Julie Chajes: *Construction through Appropriation. Kabbalah in Blavatsky's Early Works*, in: dies./Boaz Huss (Hg.): *Theosophical Appropriations. Esotericism, Kabbalah and the Transformation of Traditions*, Beer Sheva 2016, S. 33–72, hier S. 37–47; Pasi: *Oriental Kabbalah*.

übergeben worden und von Eingeweihten in alten Zivilisationen überliefert worden sei. Blavatsky erwähnte Rabbi Shimon ben Yochai – jene mythisch-messianische Gestalt im Zentrum des *Zohar* – und „Cabala" als Träger jener primordialen Esoterik. Doch sie fuhr fort, dass diese nur noch im „Osten" zu finden und im „Westen" mit den Rosenkreuzern verschwunden sei. Der *Zohar* sei zwar ein anregendes Zeugnis der „Cabala", aber ein getrübtes, denn Moses selbst habe die wahren Lehren absichtlich verfälscht und durch das Gesetz verboten.[45]

Im historischen Kontext sind Blavatskys Ansichten weniger exzentrisch als es zunächst den Anschein haben mag. Der *Zohar* steht nicht am Ende, sondern am Anfang einer weitverzweigten kabbalistischen Wirkungs- und Rezeptionsgeschichte, die spätestens im Italien der Renaissance über das Judentum hinausging, als christliche Gelehrte wie Pico della Mirandola (1463-1494) die kabbalistischen Texte neu interpretierten und christologisch umdeuteten.[46] An der christlichen Kabbala zeigen sich ähnliche Probleme, wie wir sie eingangs am Mystik-Begriff erläutert haben: die christozentrische Doktrin wird als universelle Wahrheit vorausgesetzt und so in die jüdischen Texte als deren ursprüngliche Bedeutung projiziert. Dieser Inklusivismus bedeutete allerdings keineswegs, dass alle christlichen Kabbalisten dem Judentum feindselig gegenüberstanden. Hier und da entstand auf diesem Wege sogar ein ehrliches Interesse christlicher Gelehrter am Judentum. Im 19. Jahrhundert sickerte diese Kabbaladeutung in die Werke des kanonischen französischen Okkultisten Éliphas Lévi (1810–1875) und des spiritualistischen Philosophen Adolphe Franck (1810–1893) ein.[47] Blavatsky berief sich nicht nur auf

[45] Vgl. Blavatsky: *Few Questions to Hiraf*, S. 224.

[46] Vgl. Boaz Huss: *Zohar. Reception and Impact.* Zu Pico vgl. u.a. Steven A. Farmer: *Syncretism in the West. Pico's 900 Theses*, Tempe 1998; Chaim Wirszubski: *Pico della Mirandola's Encounter with Jewish Mysticism*, Cambridge, Mass. 1989.

[47] Vgl. Wouter J. Hanegraaff: *The Beginnings of Occultist Kabbalah. Adolphe Franck and Eliphas Levi*, in: Huss/Pasi/Stuckrad: *Kabbalah and Modernity*, S. 107–128; vgl. zum bemerkenswerten Hintergrund Lévis Julian Strube: *Sozialismus, Katholizismus und Okkultismus im Frankreich des 19. Jahrhunderts. Die Genealogie der Schriften von Éliphas Lévi*, Berlin/Boston 2016; zu Blavatskys Rekurs auf die „Western Esoteric Tradition[s]" vgl. Goodrick-

beide, sondern auch auf anerkannte zeitgenössische akademische Kabbalaforscher und zentrale christlich-kabbalistische Werke wie Christian Knorr von Rosenroths (1663–1689) *Kabbala Denudata*.[48] Ihr dienten all diese Bezüge dazu, Judentum, Christentum und die „materialistische“ Gegenwart des „Westens“ gleichermaßen durch ein vermeintlich seit Jahrhunderttausenden unverfälschtes Wissen aus dem „Orient“ zu überbieten. Sie nannte es anfangs „Cabala“, schließlich Theosophie und wandte sich über die Jahre immer stärker dem „Orient“ als deren angeblichen Ursprungsort zu. Auch die Textgrundlage, aus der sie dieses Wissen empfangen haben will, veränderte sich über die Jahre.[49] Hier soll nur ein Detail aus ihrem 1888 erschienenen Hauptwerk *Die Geheimlehre* (*The Secret Doctrine*) untersucht werden. Denn auch Blavatsky kannte die *Zohar*-Stelle über die verbrennenden Engel, ordnete sie aber in eine kosmische Metaphysik ein, die vom Evolutions- und Rassedenken des 19. Jahrhunderts geprägt war.[50]

Für diese Evolutionsmetaphysik berief sich Blavatsky vor allem auf hinduistische Lehren und Termini, denn „[d]er arische Hindu[51] gehört zu

Clarke: *Helena Blavatsky*, S. 23–101; sowie über esoterische Kabbala-Aneignungen auch die von Christian Wiese und George Kohler herausgegebenen Beiträge der Konferenz „The Roads Not Taken“ (2013) in: *Kabbalah* 40 (2018).

48 Vgl. Chajes: *Construction through Appropriation*. Zu Blavatskys Bezug auf die *Kabbala Denudata* und Samuel Fales Dunlap (1825–1905), aus dessen Büchern sie einschlägige Zitate übernahm ebd.: S. 55–60.

49 Vgl. Goodrick-Clarke: *Helena Blavatsky*, S. 75–87, zur Kabbala-Aneignung in Blavatskys erstem Hauptwerk *Isis Unveiled* (1877), das hier aus Platzgründen ausgespart wird, vgl. Chajes: *Construction through Appropriation*, S. 47–52.

50 Vgl. Isaac Lubelsky: *Mythological and Real Race Issues in Theosophy*, in: Hammer/Rothstein: *Handbook of the Theosophical Current*, S. 335–357; sowie im engeren Sinne zu Blavatskys Auseinandersetzung mit Evolutionstheorie(n) und Darwin(ismus) Julie Chajes: *Blavatsky and the Live Sciences*, in: *Aries* (18) 2018, S. 258–286, dies.: *Recycled Lives. A History of Reincarnation in Blavatsky's Theosophy*, Oxford 2019, S. 148–159.

51 Im Unterschied zur späteren völkischen und nationalsozialistischen Verwendung bedeutet „arisch“ bei Blavatsky noch „indoarisch“ im Sinne von „indoeuropäisch“: Im Einzelnen ist laut *Die Geheimlehre* die „fünfte Wurzelrasse“ gemeint, die nach dem Untergang von Atlantis durch Europa nach Indien ausgewandert sei – ein Mythos, der auch das anti-koloniale Engagement früher indischer Theosophen beflügelte.

den ältesten jetzt auf der Erde vorhandenen Rassen, der semitische Hebräer zu den spätesten."[52] Aber auch in *Die Geheimlehre* führte sie Kabbalistisches als Beleg an: „Im Lichte des *Zohar* sind die vier ersten Kapitel der Genesis das Fragment eines hochphilosophischen Blattes der Weltkosmogonie."[53] Während Blavatsky im ersten Band von *Die Geheimlehre* die „Kosmogenesis" im Großen beschreibt, widmet sie sich im zweiten Band („Anthropogenesis") der Mission der Menschheit im Zusammenhang mit den göttlichen Hierarchien. Dabei opfern sich höhere Wesen, damit „der" Mensch „sein eigener Schöpfer und ein unsterblicher Gott werde […] [.] [S]o muss er, um dies thun zu können, als ein Mensch und nicht als ein Engel geboren sein".[54] Um die spezifische Menschennatur zu erschaffen, steigen „die himmlischen Yogis" aus der „Wonne des himmlischen Lebens" in „den Fluch des irdischen Lebens" herab. Und hier tauchen die verbrennenden Engelscharen des *Zohar* wieder auf: „Dieses freiwillige Opfer der feurigen Engel, deren Natur Wissen und Liebe war",[55] sei von den „exoterischen Theologien" zum Motiv des Engelsturzes verfälscht worden. Blavatsky interessierte sich also für die Gras-Engel des zweiten Schöpfungstages und weniger für die Engel vom dritten Tag. Indem sie betont, dass es sich bei deren Vergehen um eine Tat zugunsten der Menschen handelt, verschmilzt sie die Gras-Engel jedoch mit den Engeln des dritten Tages. Die kabbalistischen Engel sind hier nicht mehr Nebenprodukte aus dem göttlichen Baum der *Sefirot*,[56] sondern opfern

[52] Helena Petrovna Blavatsky: *Die Geheimlehre*, Bd. II, Leipzig 1899. Neudruck Burgh-Haamstede 1998, S. 493.

[53] Blavatsky: *Geheimlehre*, Bd. I, S. 39.

[54] Blavatsky: *Geheimlehre*, Bd. II, S. 256f.

[55] Blavatsky: *Geheimlehre*, Bd. II, S. 257. Blavatsky kennt eine komplexe Hierarchie von höheren Wesen und ist dabei terminologisch äußerst unstet. An dieser Stelle geht es um die Umdeutung der Luzifer-Legende zum freiwilligen „Opfer" von „strahlenden Erzengeln, den Dhyan Choans", die Blavatsky u.a. auch „Feuerdevas", „Rudras", „Kumaras" (ebd., S. 256), „Pitris", „Manus", „Asuras" oder „Rishis" (ebd., S. 258) nennt und denen sie auch die Erzengel Gabriel und Michael zuordnet. Abgesehen von den engelhaften Wesen, die sich in vorangehenden Planetenstufen entwickelt haben, aber sich in der „dritten Wurzelrasse" als Menschheitslehrer inkarnierten, gibt es auch hochstehende menschliche Eingeweihte, die in jener „Rasse" ausgewählt werden.

[56] Auch in *Die Geheimlehre* und in früheren Texten beruft Blavatsky sich übrigens verschiedentlich auf die *Sefirot*.

sich freiwillig, damit die Menschen sich weiterentwickeln können. Statt der rebellischen Engel vom zweiten Tag und den Emanationen von Gottes linker, zorniger Seite übernehmen die „exoterischen Theologien“ des Juden- und Christentums bei Blavatsky die Rolle des Bösen in der Geschichte, insofern sie als Verderber des „esoterischen“, theosophischen Wissens fungieren. *Die Geheimlehre* verschiebt so das Theodizee-Problem aus dem innergöttlichen in den Bereich der menschlichen Zuständigkeit.

Auch wenn Blavatsky sich weit über die jüdische „Rasse“ erhaben wähnte, kommt *Die Geheimlehre* immer wieder zu erstaunlicher Übereinstimmung mit den oben diskutierten Topoi aus dem *Zohar*: trotz der himmlischen Herkunft der Engel attestieren beide Bücher den Menschen eine theurgische Funktion, damit der Kosmos in seine vorgesehene Ordnung gebracht wird. Die Kräfte der linken Seite Gottes – also die mit *Gevura/Din* verbundenen Engel und die Erschaffung der Hölle – invertiert Blavatsky jedoch. Sie akzeptiert weder Fall noch Vergehen, sondern ordnet die kosmogonische Dynamik der Kabbala linear zu einem Narrativ von Fortschritt und Höherentwicklung an. Dabei betont sie nochmals, „nicht gegen den Zohar, oder gegen irgend ein anderes Buch der Kabbala in ihrer richtigen Auslegung“[57] zu argumentieren, mit der sie vielmehr vollkommen übereinstimme, sondern „insbesondere“ gegen die christliche Kabbala. In der Folge ordnet sie das Feuer, das den Engeln zugeschrieben wird, in die theosophischen Klassen von höheren Wesen und anthropologischen Fakultäten ein. Es erhält dabei körperliche (sexuelle), seelische und geistige Aspekte, die einerseits mit der Entwicklung von „Manas“ und „Buddhi“[58] als menschlichen Bewusstseinsfakultäten verbunden sind und andererseits auf eine bestimmte Periode in der menschlichen Evolution verweisen. Blavatsky bezeichnet diese Periode als „dritte Wurzelrasse“. In deren Verlauf inkarnierten sich die höheren Menschheits-Lehrer erstmals in physischer Gestalt, während gleichzeitig

[57] Ebd., S. 257.

[58] Vgl. ebd. Im Hintergrund steht eine siebenfältige theosophische Anthropologie: „1. Âtma [Geist]; 2. Buddhi (Geistseele); 3. Manas (Menschenseele); 4. Kama Rupa (Vehikel der Begierden und Leidenschaften); 5. Prana [Leben]; 6. Linga Sharira [Astralkörper]; 7. „Stula Sharira [Physischer Körper]“ (ebd., S. 177; vgl. Chajes: *Recycled Lives*, S. 77–82). Diese Hüllen und Vermögen manifestieren und entwickeln sich im Verlauf der Globen- und Planetenketten; vgl. Goodrick-Clarke: *Helena Blavatsky*, S.148–174.

die vormals hermaphroditisch beschaffenen Menschenkörper männliche und weibliche Geschlechtermerkmale ausprägten.[59] So zieht schließlich auch die erotische Dimension des *Zohar* in Blavatskys idiosynkratische Evolutionserzählung ein. Das „Opfer der feurigen Engel" als Akt, der die Menschlichkeit der Menschen ermöglicht, fällt mit dem Stadium der kosmischen Entwicklung zusammen, in der sich nach Blavatsky die Geschlechter trennten und überhaupt erst die physische Menschengestalt sowie die Notwendigkeit biologischer Fortpflanzung entstanden: die „dritte Wurzelrasse".

Um die genaue Rolle der Menschen und ihrer „Rassen" in der Kosmologie der Theosophischen Gesellschaft zu verstehen, empfiehlt sich ein kurzer Exkurs dazu, was Blavatsky – in steter Abgrenzung vom „Darwinismus" – als Evolution verstand. *Die Geheimlehre* berichtet von einer allumfassenden kosmischen Höherentwicklung, die zyklisch von einer kosmischen Einheit ausgehe und schlussendlich, aber auf höherem Niveau in diese zurückkehre.[60] Die Entwicklung spiele sich auf sieben einander zeitlich folgenden Planetenstufen ab, von denen jede sich nochmals in vielen weiteren Siebener-Perioden manifestiert: die sieben Planeten durchlaufen sieben Runden aus sieben Globen mit je sieben „Wurzelrassen" (root races), von denen jede wiederum in sieben Zweigrassen mit nochmal sieben Unterrassen (sub races) zerfällt.[61] Die siebenfältigen

[59] Vgl. Blavatsky: *Geheimlehre*, Bd. II, S. 258f. sowie S. 295f. Zur Erschaffung des menschlichen und göttlichen Wesens als Hermaphrodit bzw. Doppelgesicht (*Du-Parzufim*) in der kabbalistischen Literatur siehe Moshe Idel: *Kabbala und Eros*, Frankfurt a. M. 2009, S. 95–175. Zu Theosophie, Geschlecht und Rasse vgl. Siv Ellen Kraft: *Theosophy, Gender and the „New Woman"*, in: Hammer/Rothstein: *Handbook of the Theosophical Current*, S. 357–374, hier S. 364–369.

[60] Vgl. vor allem Bd. I der *Geheimlehre* sowie dazu und im Folgenden Lubelsky: *Mythological and Real Race Issues*, S. 343–347; Chajes: *Recycled Lives*, S. 69–77. Zur viel diskutierten Rezeption in esoterischen Rassenlehren in Deutschland 1900–1945 vgl. Nicholas Goodrick-Clarke: *Die okkulten Wurzeln des Nationalsozialismus* [1984], Wiesbaden 2004; Peter Staudenmaier: *Occultism, Race and Politics in German-Speaking Europe, 1880–1940. A Survey of the Historical Literature*, in: *European History Quarterly* 39 (2009), S. 47–70.

[61] Ein Vergleich dieser Siebener-Struktur mit den *Shemittot* als kosmische Zyklen in der kabbalistischen Literatur steht noch aus.

„Rassen“ als kleinteiligste Strukturkategorie der kosmischen Entwicklung bezeichnen dabei sowohl Epochen-Abschnitte als auch vermeintliche Menschenrassen,[62] die sich auseinander entwickelten und auf diese Weise als Akteure des menschlichen Fortschritts fungierten. Die menschlichen „Monaden“ inkarnierten nacheinander in alle „Rasse“-Körper und die Individuen durchliefen somit sukzessive die Gesamt-Evolution,[63] während „unter jenen Rassen, deren ‚Zeit um ist‘“, ein „Dezimierungsvorgang“ stattfinde. Nicht nur „die von Kolonisten verübten Grausamkeiten“ seien dafür verantwortlich, sondern „[d]ie Flutwelle der inkarnierten Egos ist über sie hinweggerollt, um in entwickelteren […] Stämmen Erfahrungen zu ernten; und ihr Verlöschen ist daher eine karmische Notwendigkeit.“[64] Gegenwärtig befinde sich die Menschheit auf dem vierten der sieben Planeten, genauer innerhalb der fünften „Unterrasse“ der fünften, „arischen Wurzelrasse“.[65] In Differenz zu den eine Million Jahre alten „arischen Hindu[s]“ seien die Juden bloß „eine künstliche arische Rasse“.[66] Einerseits bedient sich Blavatskys kosmogonisches Narrativ der Engel-Bilder und der Zeugungs-Logik des *Zohar*, andererseits betont sie, die letztere sei keineswegs sexuell zu verstehen. „Für den Arier“ habe es sich um rein geistige Symbole gehandelt, für „den“ Semiten seien physiologisch-sexuelle Vorgänge am wichtigsten.[67] Das sei nicht immer so gewesen, „[a]ber jetzt ist der Judaismus, der einzig auf Phallusdienst aufgebaut ist, […] theologisch eine Religion des Hasses und des Übelwollens

[62] Vgl. für konkrete anthropologisch-rassentheoretische Deduktionen etwa Blavatsky: *Geheimlehre*, Bd. II, S. 261.

[63] Zu Blavatskys komplexer Reinkarnationstheorie und ihren Quellen vgl. Chajes: *Recycled Lives*. Zum weiteren Kontext siehe Helmut Zander: *Geschichte der Seelenwanderung in Europa. Alternative religiöse Traditionen von der Antike bis heute*, Darmstadt 1999. Interessant ist ein Vergleich mit der lurianischen Seelenwanderungslehre bzw. den Metempsychosen im jüdischen Denken der Renaissance, siehe dazu Brian Ogren: *Renaissance and Rebirth. Reincarnation in Early Modern Italian Kabbalah*, Leiden/Boston 2009; und zur lurianischen Kabbala Menachem Kallus: *Pneumatic Mystical Possession and the Eschatology of the Soul in Lurianic Kabbalah*, in: Matt Goldish (Hg.): *Spirit Possession in Judaism. Cases and Contexts from the Middle Ages to the Present*, Detroit 2003, S. 159–185, S. 385–413.

[64] Blavatsky: *Geheimlehre*, Bd. II, S. 824.

[65] Vgl. etwa ebd., S. 493.

[66] Ebd.

[67] Vgl. ebd., S. 492.

gegen jedermann und alles außer ihr selbst.“[68] Blavatsky ist dabei aber immer widersprüchlich: An anderen Stellen ihrer eher durch Vielfältigkeit als Kohärenz gekennzeichneten *Geheimlehre* erklärt sie die in ihrer Zeit zutiefst verankerte Einteilung der Menschen in „Rassen“ für „hinfällig und zum Trugschluß.“[69] Grundsätzlich zielten sowohl Blavatsky als auch die Programmatik der Theosophischen Gesellschaft darauf ab, eine weltumspannende „Brüderschaft“ aller „Rassen“ herbeizuführen. Einige jüdische Theosophen kamen zu weitaus positiveren Ansichten über den Wert von Kabbala für die Theosophie.[70]

Trotz ihrer antijüdischen Pointen verbindet Blavatskys *Die Geheimlehre*, abgesehen vom Detail der feurigen Engel, mit dem *Zohar* mindestens zweierlei: inhaltlich der Anspruch auf uraltes Wissen über die Schöpfung, formal der Aufbau als Kommentar. Sie kommentiert allerdings nicht die Bibel, sondern beruft sich in *Die Geheimlehre* auf einen anderen Text, den außer ihr kein Sterblicher je gesehen hat: das Buch *Dzyan*. Scholem war übrigens der Auffassung, dabei handle es sich „um nichts weiter als eine okkultistische Hypostasierung der Sohar-Schrift! Dieser ‚bibliographische‘ Zusammenhang zwischen den Grundschriften der modernen und der alten jüdischen Theosophie ist recht bemerkenswert.“[71] Es scheint allerdings unwahrscheinlich, dass sich eine arkane Vorlage von Blavatskys Doktrin findet, vielmehr griff sie auf jüngere Quellen zurück.[72] Im Buch

[68] Ebd., S. 493f.
[69] Ebd., S. 444.
[70] Vgl. Boaz Huss: *‘Qabbalah, the Theos-Sophia of the Jews‘. Jewish Theosophists and their Perceptions of Kabbala*, in: Chajes/Huss: *Theosophical Appropriations*, S. 137–166. Ein bemerkenswertes Beispiel ist Ernst Müller, der theosophisch-anthroposophische, zionistische und kabbalistische Interessen verband. In seiner 1932 vorgelegten Übersetzung von *Zohar*-Auszügen findet sich auch die hier thematisierte Passage aus *Zohar* 1,18b wieder, vgl. Ernst Müller: *Der Sohar*, Wiesbaden 2013, S. 102f.
[71] Scholem: *Jüdische Mystik,* S. 430.
[72] Vgl. dazu und zu anderen vergeblichen Versuchen, das Buch *Dzyan* einer bestimmten Religionstradition zuzuordnen Goodrick-Clarke: *Helena Blavatsky*, S. 75–76. So findet sich die von ihr vertretene Kosmogonie in weiten Teilen bereits in dem von ihrem Kollegen Alfred Percy Sinnett verfassten Buch *Geheimbuddhismus* (*Esoteric Buddhism*) und sie stritt sich mit der *Hermetic Brotherhood of Luxor* mitsamt gegenseitiger Plagiatsvorwürfe um theosophische Details. Die atlantisch-arisch-indische Rassentheorie findet sich in der eso-

Dzyan geht es unverhüllter biologisch und naturalistischer zu als in Blavatskys Ideal der indisch-„arischen“ Spiritualisierung: „Die Älteren Räder drehten sich hinab und hinauf (a) … Der Mutter-Laich erfüllte das Ganze. Es fanden Kämpfe statt zwischen den Schöpfern und den Zerstörern, und Kämpfe um den Raum; der Same erschien und erschien beständig von Neuem (b)“, wobei sie in einer Fußnote sogleich anmerkt, die Bedeutung des Samens sei „rein astronomisch“ zu verstehen.[73] Auf der nächsten Seite folgen tabellarische Darstellungen der theosophischen Emanations- und Entwicklungsebenen, die strukturgleich neben einem auf sieben *Sefirot* reduzierten kabbalistischen Lebensbaum abgebildet sind.[74]

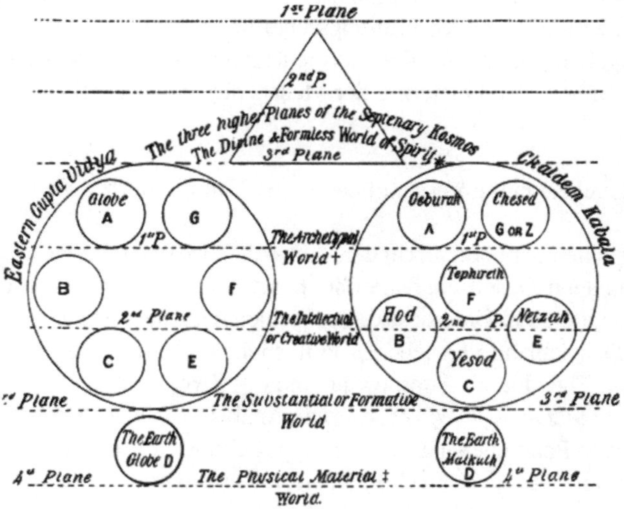

Abb. 2: Die sieben theosophischen Globen und sieben Sefirot inmitten der unterschiedlichen Seins-Ebenen nach Helena Blavatsky: The Secret Doctrine, Bd. I, Adyar 1888, S. 200.

terischen Literatur schon weit früher, etwa 1830 bei dem französischen Esoteriker Antoine Fabre D'Olivet; vgl. Ansgar Martins: *Rassismus und Geschichtsmetaphysik. Esoterischer Darwinismus und Freiheitsphilosophie bei Rudolf Steiner*, Frankfurt a. M. 2012, S. 42–47, 51.

[73] Blavatsky: *Geheimlehre*, Bd. I, S. 220.

[74] Vgl. ebd., S. 221. Blavatsky bezeichnet diese Version des *Sefirot*-Systems als „chaldäisch“.

Blavatskys theosophische Kabbala ist historisch beachtenswert, weil *Die Geheimlehre* eines der einflussreichsten Bücher der modernen Esoterik darstellt. Gerade die befremdlicheren Ansichten Blavatskys sind dabei keineswegs Belege für die Abwegigkeit ihrer Ideen, sondern zeigen, wie geläufig und anschlussfähig diese waren.[75] (Neu-) Platonische, hermetische und eben kabbalistische Ideen von Sphären und Emanationen werden neu formuliert: unter dem Eindruck von Evolutionstheorie. Die antijüdischen Spitzen und rassistischen Deduktionen gehören zu den modernen Zügen ihres Projekts. Weil Blavatsky mit Verweis auf jüdische Quellen zugleich versucht, das Judentum zu überbieten (und in den indoarischen „Orient" verlegt), entspricht sie dem Mainstream nichtjüdischer Kabbala-Rezeption im 19. Jahrhundert. Die kabbalistischen Engel des *Zohar* erfüllen hier keine Vermittlungsfunktion in der Ordnung der *Sefirot* mehr, sondern das „Opfer der feurigen Engel" ist eine Etappe in einer Vision von linearem Fortschritt der Menschheit und des Alls.

4 Erinnerungen an die Vergänglichkeit der Natur: Adornos Engel

Dass der scheinbare Fortschritt der Menschheit irritierenderweise nicht zu einer humanen Gesellschaft geführt habe, sondern immer wieder neue Grausamkeiten und Unterdrückungsmechanismen hervorbrachte, stellten die aus Deutschland vertriebenen Philosophen Max Horkheimer (1895–1973) und Theodor W. Adorno während des Zweiten Weltkriegs in *Dialektik der Aufklärung* (1944) fest.[76] Die Analyse von historischen und gegenwärtigen Phänomenen unter der Fragestellung, warum das so komme, bezeichneten sie als kritische Theorie – in Abgrenzung zu „traditionelle[n]" Theorien, in denen die Welt bloß möglichst genau beschrieben

[75] Vgl. Staudenmaier: *Occultism, Race, and Politics*.

[76] Vgl. Max Horkheimer/Theodor W. Adorno: *Dialektik der Aufklärung. Philosophische Fragmente*, in: Horkheimer: *Gesammelte Schriften*, Bd. 5, Frankfurt a. M. 1987, S. 10–290, hier S. 16. Im Unterschied zu Horkheimer hat Adorno eine schlechterdings unüberschaubare Sekundärliteratur hervorgebracht. Vgl. für Einführungen und eine ausführliche Bibliographie Richard Klein/Johann Kreuzer/Stefan Müller-Doohm (Hg.): *Adorno-Handbuch. Leben – Werk – Wirkung*, Stuttgart ²2019.

werden solle.[77] Die Theosophie und andere esoterische Strömungen kommen in *Dialektik der Aufklärung*, von beiden im amerikanischen Exil verfasst, nur im Kapitel über Antisemitismus vor und werden im Zusammenhang mit der psychoanalytischen Theorie der „pathischen Projektion" angeführt.[78] Es sei kein Zufall, dass Antisemiten ihren Hass-Objekten gerade Attribute wie sexuelle Lüsternheit zuschrieben. Vielmehr würden auf die Juden Bedürfnisse projiziert, die allgemein gesellschaftlich tabuisiert seien, aus dem eigenen Bewusstsein verdrängt würden und deshalb qua Externalisierung ausgelebt werden müssten. Antijüdische Ressentiments sagen demnach weit mehr über das Innenleben von Antisemiten als über Jüdinnen und Juden aus.[79]

Horkheimer und Adorno hatten dabei ein ambivalentes Verhältnis zu ihrem eigenen jüdischen Familienhintergrund.[80] In ihren Schriften drückt sich das in grobschlächtigen Klischees des Jüdischen aus – positiven

[77] Die „kritische Gesellschaftstheorie" sei „als ganze ein einziges entfaltetes Existenzialurteil. Es besagt, grob formuliert, daß die Grundform der historisch gegebenen Warenwirtschaft, auf der die neuere Geschichte beruht, die inneren und äußeren Gegensätze der Epoche in sich schließt, in verschärfter Form stets aufs neue zeitigt und nach einer Periode des Aufstiegs, der Entfaltung menschlicher Kräfte, der Emanzipation des Individuums, nach einer ungeheuren Ausbreitung der menschlichen Macht über die Natur schließlich die weitere Entwicklung hemmt und die Menschheit einer neuen Barbarei zutreibt." (Max Horkheimer: *Traditionelle und kritische Theorie*, in: *Gesammelte Schriften*, Bd. 4, hg. v. Alfred Schmidt, Frankfurt a. M. 1988, S. 162–216, hier S. 201). Vgl. für einen Überblick zu Themen und Personen im Umfeld der frühen kritischen Theorie Beverley Best/Werner Bonefeld/Chris O'Kane (Hg.): *The SAGE Handbook of Frankfurt School Critical Theory*, 3 Bde, London u.a. 2018.

[78] Vgl. Horkheimer/Adorno: *Dialektik der Aufklärung*, S. 226; sowie zu Ernst Bloch als nächstem Theosophie-Rezipienten in Adornos Umfeld Zander: *Geschichte der Seelenwanderung*, S. 560–564; sowie Jan Stottmeister: *Der George-Kreis und die Theosophie*, Göttingen 2014, S. 271–286.

[79] „Im Bild des Juden, das die Völkischen vor der Welt aufrichten, drücken sie ihr eigenes Wesen aus." (Horkheimer/Adorno: *Dialektik der Aufklärung*, S. 197).

[80] Vgl. zum Kontext Jack Jacobs: *The Frankfurt School, Jewish Lives, and Antisemitism*, New York 2015; sowie zu Adorno im Speziellen Dirk Braunstein/Ansgar Martins: *Judentum und Jüdischsein. Adorno über verfallene Tradition und konformistische Assimilation*, in: dies./Grazyna Jurewicz: *„Der Schein des Lichts, der ins Gefängnis selber fällt". Religion, Metaphysik, Kritische Theorie*, Berlin 2018, S. 359–379.

(„das Bilderverbot“[81]) wie negativen („Ostjuden“). Die letzteren sind angesichts des Umstands, dass die Autoren der *Dialektik der Aufklärung* solche Stereotype in der Theorie als Projektionen durchschauten, bestenfalls irritierend.[82] Zugleich stand das Judentum ihrer Auffassung nach für den Beginn und die Quintessenz von Zivilisation überhaupt und auch das sei ein Grund dafür, dass sich die „Barbarei“ des Nationalsozialismus besonders gegen Juden richte: „Weil sie den Begriff des Koscheren erfunden haben, werden sie als Schweine verfolgt.“[83] In der materialistischen Geschichtsphilosophie und Ideologiekritik Horkheimers und Adornos findet sich auch eine kulturtheoretisch abgeleitete Philosophie der Religion,[84] die sie sogar in ihrer Antisemitismuskritik anklingen ließen. Diese „Theologie“ nahm in ihren Schriften über die Jahre zu und wurde von beiden auf unterschiedliche Weise mit Jüdischem assoziiert. Insbesondere Adorno entwickelte dabei ein Interesse an Themen der Kabbala[85] und das

[81] Vgl. zum philosophischen Sinn Sebastian Tränkle: *Die Materialistische Sehnsucht. Über das Bilderverbot in der Philosophie Theodor W. Adornos*, in: *Zeitschrift für kritische Theorie* 36/37 (2013), S. 83–109.

[82] Vgl. Philipp von Wussow: *Horkheimer und Adorno über „jüdische Psychologie“. Ein vergessenes Theorieprogramm der 1940er Jahre,* in: *Naharaim* (8) 2014, S. 172–209; Braunstein/Martins: *Judentum und Jüdischsein*, S. 364–372.

[83] Horkheimer/Adorno: *Dialektik der Aufklärung*, S. 216.

[84] Vgl. dazu unter anderem Matthias Lutz-Bachmann (Hg.): *Kritische Theorie und Religion*, Würzburg 1997; Raymond Geuss/Margarete Kohlenbach (Hg.): *The Early Frankfurt School and Religion*, New York 2005; Braunstein/Jurewicz/Martins: *„Der Schein des Lichts“*, zu den Tücken des Forschungsstands ebd., S. 6–16; die gründlichste Rekonstruktion zu Adorno bleiben Ulf Liedke: *Naturgeschichte und Religion. Eine theologische Studie zum Religionsbegriff Theodor W. Adornos*, Frankfurt a. M. 1997 und ders.: *Zerbrechliche Wahrheit. Theologische Studien zu Adornos Metaphysik*, Würzburg 2002; zu Horkheimer vgl. Pascal Eitler: *„Gott ist tot – Gott ist rot“. Max Horkheimer und die Politisierung der Religion um 1968*, Frankfurt a. M./New York 2013.

[85] Vgl. Rolf Tiedemann: *Erinnerung an Scholem*, in: Gershom Scholem: *Walter Benjamin und sein Engel*, Frankfurt a. M. 1993, S. 211–220; Liedke: *Naturgeschichte und Religion*, S. 418–429; Steven M. Wasserstrom: *Adorno's Kabbalah. Some Preliminary Observations*, in: Olav Hammer/Kocku von Stuckrad (Hg.): *Polemical Encounters. Esoteric Discourse and its Others*, Leiden/Boston 2007, S. 55–80; Asaf Angermann: *Redemptio ex Negativo. Critical Theory and the History of Mystical Heresy*, in: *Bamidbar* 4 (2014), S. 1–20; Ansgar Martins: *Adorno und die Kabbala*, Potsdam 2016.

bedeutete im Deutschland der Nachkriegszeit: an der Forschung und Person Gershom Scholems.[86] Beide tauschten sich ab 1939 erst sporadisch, später intensiver aus, insbesondere weil sie zusammen den Nachlass des gemeinsamen Freundes und Lehrers Walter Benjamin herausgaben.

Engel tauchen in Benjamins Überlegungen vor allem in Anschluss an Paul Klees Bild *Angelus Novus* (1920) auf, das er 1921 in München von Scholem erwarb und als seinen „wichtigsten Besitz"[87] behandelt haben soll. In seinen Schriften stellte er im Anschluss daran äußerst unterschiedliche Überlegungen an. Die berühmteste ist der „Engel der Geschichte",[88] der das Weltgeschehen (zu Beginn des Zweiten Weltkriegs) als katastrophenhaftes Trümmerfeld erkennt, aber vom Wind des Fortschritts mitgerissen wird, so dass er ihm nicht zu Hilfe eilen kann. 1921 plante Benjamin eine Zeitschrift mit dem Namen *Angelus Novus*, deren Ankündigungstext mit folgendem Absatz endet:

> Hiermit ist das Ephemere dieser Zeitschrift berührt, das sie sich von Beginn an bewußt hält. Denn es ist der gerechte Preis, den ihr Werben um

[86] Vgl. Gerold Necker: *Gershom Scholems ambivalente Beziehung zu Deutschland*, in: ders./Elke Morlok/Matthias Morgenstern (Hg.): *Gershom Scholem in Deutschland*, Tübingen 2014, S. 3–16, hier S. 7; zu Scholem in (und über) Deutschland vgl. außerdem Lars Fischer: *Gershom Scholem and Postwar Germany Reconsidered*, in: Noam Zadoff/Mirjam Zadoff (Hg.): *Scholar and Kabbalist: The Work and Life of Gershom Scholem*, Leiden/Boston 2018, S. 234–250.

[87] Scholem: *Walter Benjamin und sein Engel*, S. 45.

[88] Vgl. Walter Benjamin: *Über den Begriff der Geschichte*, in: *Gesammelte Schriften*, Bd. I, hg. v. Rolf Tiedemann und Hermann Schweppenhäuser, Frankfurt a. M. 1974, S. 697–698, hier S. 697f.; vgl. Scholem: *Walter Benjamin und sein Engel*; Stéphane Mosès: *Der Engel der Geschichte. Rosenzweig, Benjamin, Scholem*, Frankfurt a. M. 1992; Burkhardt Lindner: *Engel und Zwerg. Zwei geschichtsphilosophische Rätselfiguren und die Herausforderung des Mythos*, in: Lorenz Jäger/Thomas Regehly (Hg.): *„Was nie geschrieben wurde, lesen", Frankfurter Benjamin-Vorträge*, Bielefeld 1992, S. 235–265; Jean-Michel Palmier: *Lumpensammler, Engel und bucklicht Männlein. Ästhetik und Politik bei Walter Benjamin*, Frankfurt a. M. 2009. Vgl. außerdem Marion Kintzinger: *Der Engel der Geschichte. Gestaltungsformen historischen Denkens in der frühen Neuzeit und bei Walter Benjamin*, in: *Archiv für Kulturgeschichte* 81 (1999), S. 149–172, die die Engel Benjamins auf den Barock zurückführt.

> die wahre Aktualität so fordert. Werden doch sogar nach einer talmudischen Legende die Engel – neue jeden Augenblick in unzähligen Scharen – geschaffen, um, nachdem sie vor Gott ihren Hymnus gesungen, aufzuhören und in Nichts zu vergehen. Daß der Zeitschrift solche Aktualität zufalle, die allein wahr ist, möge ihr Name bedeuten.[89]

Die Talmudstelle (Babylonischer Talmud *Chagiga* 14a), auf die Benjamin anspielt, stellt abermals einen aggadischen Kommentar zur Tora dar. Es handelt sich um ein aus dem Kontext gerissenes Zitat aus den Klageliedern (Klgl. 3,23) über die Unerschöpflichkeit von Gottes Gnade, die jeden Morgen neu ist. Die tägliche Restitution wird ähnlich der Passage aus *Zohar* 3,217a auf Engel übertragen, die jeden Tag neu entstehen und ihr Lied vor Gott singen, um dann sofort wieder zu vergehen. Auch für Benjamins geplante Zeitschrift galt das „Ephemere" der einzelnen Texte als Garant ihrer Aktualität. Die Zeitschrift sollte keine fixen Standpunkte hochhalten, sondern unterschiedliche und wandelbare Positionen enthalten und beziehen. Benjamin akzentuiert an der „talmudischen Legende" das präzise Gegenteil von Blavatsky: Geschichte ist keine stufenweise Manifestation des Göttlichen, sondern ein zwielichtiger Prozess, in dem Engelhaftes keine begründende metaphysische Funktion einnehmen kann, sondern sich höchstens in Flüchtigkeit und Flexibilität andeute, in Form von Blitzen, Sternen und Funken, die wie das Gute niemals von langer Dauer sind.

Adorno, der Benjamins Ideen seit Mitte der 1920er Jahre begeistert aufgenommen hatte, las 1939 Scholems *Die Geheimnisse der Schöpfung. Ein Kapitel aus dem kabbalistischen Buche Sohar* (1938) und lernte so auch „die Vorstellung von den allsogleich vergänglichen Engeln" des zweiten und dritten Schöpfungstages kennen. An Scholem schrieb er im April 1939, sie habe ihn „aufs tiefste und merkwürdigste berührt" und ihm die Parallelen von Scholems und Benjamins philosophischen Projekten vor Augen geführt.[90] Erst in der – Fragment gebliebenen – Studie *Beethoven. Philosophie der Musik*, die posthum nach Adornos Tod er-

[89] Walter Benjamin: *Ankündigung der Zeitschrift Angelus Novus*, in: *Gesammelte Schriften*, Bd. II, S. 241–246, hier S. 246; sowie für eine Parallelstelle ders.: *Karl Kraus*, ebd., S. 334–367, hier S. 367.

[90] Adorno an Scholem, 19.04.1939, in: *Briefwechsel 1939–1969*, hg. v. Asaf Angermann, Berlin 2015, S. 11.

schien, liest man jedoch dezidiert über die verbrennenden Pflanzen-Engel. „Den Schluß der Arbeit" wollte er „auf die Lehre der jüdischen Mystik von den Grasengeln"[91] beziehen, um das Verhältnis des vergänglichen Einzelnen zum Ganzen zu illustrieren. Die Vergänglichkeit der Engel, also was Benjamin „das Ephemere" nennt, fängt für Adorno Musik mustergültig ein, „auch und gerade wo sie gegen die Welt steht [...]. Ihre Vergänglichkeit, das Ephemere, ist eben die Lobpreisung [Gottes]."[92] Die einzelnen Noten und Klänge vergehen im Zusammenhang des kompositorischen Ganzen, zu dem sie beitragen und in dem sie aufgehen. Das Verbrennen der Pflanzen wird für Adorno vor dem Hintergrund eines sozialphilosophischen Naturbegriffs plausibel und auf diesen übertragen: seine Kabbala-Interpretation beginnt chronologisch und systematisch mit der „Vergängnis" der gesellschaftlich produzierten „Natur" und Möglichkeiten ihrer Abschaffung.[93]

In Adornos *Beethoven* ist zu lesen, „[d]ie Frage aller Musik" laute: „Wie kann ein Ganzes sein, ohne daß dem Einzelnen Gewalt angetan wird"?[94] Ludwig van Beethovens (1770–1824) Musik ist in Adornos Bewertung die vollkommenste – sogar „wahrer" als die dialektische Philosophie Hegels, „d.h. es steckt in ihr die Überzeugung, daß die Selbstreproduktion der Gesellschaft als einer identischen nicht genug, ja daß sie falsch ist."[95] Der Vergleich zwischen Philosophie (Hegel) und Komposi-

[91] Theodor W. Adorno: *Beethoven. Philosophie der Musik*, in: *Nachgelassene Schriften*, Bd I.1, hg. v. Rolf Tiedemann, Frankfurt a. M. 1993, S. 254; vgl. Hans-Joachim Hinrichsen: *„Es wäre sonst alles, auch die ‚Klassik', anders verlaufen". Adornos Beethoven-Buch als gescheitertes Hauptwerk*, in: Susanne Schaal-Gotthardt/Luitgard Schader/Heinz-Jürgen Winkler (Hg.): *„[...] dass alles auch hätte anders kommen können." Beiträge zur Musik des 20. Jahrhunderts*, Mainz u.a. 2009, S. 218–248; Nikolaus Urbanek: *Auf der Suche nach einer zeitgemäßen Musikästhetik. Adornos „Philosophie der Musik" und die Beethoven-Fragmente*, Bielefeld 2010.

[92] Adorno: *Beethoven*, S. 254. Zu Musik als „Sprache der Engel", vgl. ders.: *Einleitung in die Musiksoziologie*, in: *Gesammelte Schriften*, Bd. 14, Frankfurt a. M. 2003, S. 169–447, hier S. 224.

[93] Vgl. Martins: *Adorno und die Kabbala*, S. 57–72, zu den „Grasengeln" ebd., S. 150–153.

[94] Adorno: *Beethoven*, S. 62.

[95] Ebd., S. 36; vgl. zu Adornos Hegel-Kritik v.a. ders.: *Drei Studien zu Hegel*, in: *Gesammelte Schriften*, Bd. 5, S. 247–380; Friedrich A. Uehlein: *„Beethovens*

tion (Beethoven) steht im Zusammenhang mit einer materialistischen Geschichtsphilosophie, in der Erzeugnisse der menschlichen Geistesgeschichte die sozioökonomische Struktur des „Ganzen“ spiegeln. Hegel habe die dialektische Vermittlung dieses gesellschaftlichen Ganzen dargestellt, Beethoven habe es als „unerträglich“ erkannt und seine Vergänglichkeit vertont. So liest Adorno Beethovens Kompositionen keineswegs nur als Produkte ihrer Zeit, sondern zugleich als Ausdruck grundlegender gesellschaftlicher Abläufe, die er auch in der Unbeständigkeit der Engel am Werk sieht: „Nämlich die immerwährende Vernichtung der Natur. Beethoven aber hat diese Figur zum musikalischen Selbstbewußtsein erhoben. Seine Wahrheit ist eben die Vernichtung alles Einzelnen.“[96]

Das Verbrennen von Gras und das Brandopfer erfahren hier eine Übertragung auf „Natur“ überhaupt – ein Begriff, der bei Adorno widersprüchliche Sachverhalte ausdrückt. Vor allem geht es um die Darstellung von Gesellschaft als „zweiter Natur“,[97] d.h. als die scheinbare Unmittelbarkeit, mit der Individuen ihre historisch kontingenten Lebens- und Arbeitsverhältnisse als selbstverständlich und ganz natürlich hinnehmen. Dieser Vorgang kennzeichne die gesamte bisherige Geschichte als unbewusste „Naturgeschichte“. Der Vorrang des gesellschaftlich produzierten „Ganzen“ vor den Individuen, die es währenddessen permanent erzeugen, war schon eines der zentralen Themen in *Dialektik der Aufklärung*. Diese sozioökonomische Entmachtung des Individuellen qua „Naturbeherrschung“ führt zu einer zweiten Ebene von Adornos Natur-Begriff: Die Unterdrückung der ‚inneren‘, psychologisch-leiblichen Natur des Individuums gehöre zum grundlegenden Prinzip von Vergesellschaftung, „Eingedenken der Natur im Subjekt“[98] werde verunmöglicht. „Zweite Natur“ verdrängt die Gebrechlichkeit der ersten, biologischen Natur. Die den Engeln zugeschriebene „Vergängnis“ scheint Adorno als Hinweis auf beide zu deuten, sowohl auf die verdrängte Sterblichkeit der Kreatur als auch

Musik ist die Hegelsche Philosophie: sie ist aber zugleich wahrer...“, in: Richard Klein/Claus-Steffen Mahnkopf (Hg.): *Mit den Ohren denken. Adornos Philosophie der Musik*, Frankfurt a. M. 1998, S. 206–228; zu Adornos Hegel-Rezeption Marc-Nicolas Sommer: *Das Projekt einer negativen Dialektik. Adorno und Hegel*, Tübingen 2016.

[96] Adorno: *Beethoven*, S. 254, vgl. ebd., S. 231.

[97] Vgl. zu Adornos Begriffen der Natur und Vergängnis exemplarisch Liedke: *Naturgeschichte und Religion*, S. 41–59.

[98] Horkheimer/Adorno: *Dialektik der Aufklärung*, S. 64.

die potenzielle Kontingenz der „zweiten Natur". Der Schritt aus der „Naturgeschichte" in ein Reich der Freiheit steht aber nach Einsicht der kritischen Theorie noch aus – als hätten, in Analogie zum *Zohar* ausgedrückt, die zeugungsunfähigen Gras-Engel vom zweiten Tag, die der Erschaffung der Menschen widerstritten, den Sieg davon getragen und so die erotische Vereinigung von Erde und Himmel verunmöglicht, die zwischen den Menschen und den von ihnen gestalteten Engeln vom dritten Tag entstehen sollte.[99]

Die Verselbstständigung sozioökonomischer Organisationsprinzipien zur „zweiten Natur" dürfte auch der Grund dafür sein, dass Adorno in der Skizze für den Schluss der *Beethoven*-Studie das vermeintlich „gnostische […] Motiv" nennt, „das Böse" sei „im Übermaß der göttlichen Kraft" entstanden.[100] Die im *Zohar* genannte Ursache dafür, dass die allein aus Gerichtsurteilen bestehenden Engel nicht überdauern können, ist der durch *Gevura/Din* verursachte Überhang der zornigen, linken Seite Gottes innerhalb des *Sefirot*-Systems. Adorno würde allerdings keineswegs behaupten, vorweltliche innergöttliche Konflikte seien die Ursache für den von ihm beobachteten „Umschlag" von Zivilisation in Zwang, sondern umgekehrt. Die religiöse Rede von der Selbsterschaffung und -offenbarung Gottes wird auf die Geschichte als Selbsthervorbringungsakt der Menschheit umgedeutet. Im Sinne materialistischer Religionskritik drückt sich in Gottes Antlitz sowohl das gesellschaftliche Selbstverhältnis als auch Kritik daran aus, mit Marx formuliert: „Das religiöse Elend ist in einem *Ausdruck* des wirklichen Elends und *Protestation* gegen das wirkliche Elend."[101] Die Auflösung dieser Misere wäre allein durch die

[99] Vgl. zur hier ausgeklammerten sexuellen Dimension in Adornos Musikphilosophie Iris Dankemeyer: *Die Erotik des Ohrs. Musikalische Erfahrung und Emanzipation nach Adorno*, Diss., Freie Universität Berlin 2017.

[100] Adorno: *Beethoven*, S. 254. Vgl. für eine ausführlichere Parallelstelle ders.: *Mahler. Eine musikalische Physiognomik*, in: *Gesammelte Schriften,* Bd. 13, S. 149–319, hier S. 201 und zur werkinternen Kontextualisierung Martins: *Adorno und die Kabbala*, S. 161–163. Zu Adornos Gnosis-Aneignung vgl. ebd., S. 97–105 sowie Julia Jopp: *Von Markion zu Odradek. Ideologiekritik als Inversion der Gnosis*, in: Braunstein/Jurewicz/Martins: *„Der Schein des Lichts"*, S. 81–102.

[101] Karl Marx: *Zur Kritik der Hegelschen Rechtsphilosophie (1843/4)*, in: ders./Friedrich Engels: *Werke*, Bd. 1, Berlin 1974, S. 378–391, hier S. 378.

menschliche Praxis zu erreichen. Auch wenn Adorno der Möglichkeit einer solchen revolutionären Praxis äußerst pessimistisch gegenübersteht, lässt er Verzweiflung nicht gelten: Das Feuer des „Enthusiasmus", das sich nach Beethoven an der Musik entzünden solle, sei „gegen das Weinen gerichtet […]". Es sei in dem von Scholem übersetzten „Soharkapitel" identisch mit dem „Feuer, das Feuer [die Natur] verzehrt".[102] Im *Zohar* beschreibt diese Formulierung die *Shekhina* als diejenige unter den *Sefirot*, in der Gott sich der Erde zuwendet und die Engel des zweiten Tages „verzehrt". Indem Musik der blinden „Naturgeschichte" entgegenstehe, erlaube sie ein mystisches „Bild der Hoffnung ohne die Lüge der Religion",[103] sie trockne Tränen ohne falschen Trost zu spenden.

Adorno identifizierte Kabbala mit einer interkulturellen und -religiösen „Mystik", „über die Demarkationslinien von Religionen hinweg, die einander Häresien sind."[104] Adorno nennt „die" Gnosis, christliche und jüdische Mystik sowie den „mittleren" Schelling (*Die Weltalter* [1811/13]) in dieser Reihe.[105] Er schreibt „Mystik" drei Eigenschaften zu: sie sei immer häretisch gewesen; sie gehe von einem Gott aus, der sich geschichtlich entwickelt statt statisch-unveränderlich er selbst zu bleiben; sie ergreife somit für das Vergängliche, Veränderliche und Verletzliche und gegen die Vorstellung einer abstrakt herrschenden Transzendenz Partei.[106] Scholems Konzeption von Kabbala als Kommentar und Tradition

Kursiv im Original. Vgl. zu Adornos selektiver Marx-Rezeption Dirk Braun stein: *Adornos Kritik der politischen Ökonomie*, Bielefeld 2011.

102 Adorno: *Beethoven*, S. 254 unter Bezug auf Scholem: *Die Geheimnisse der Schöpfung*, S. 86 und einen gefälschten Beethoven-Brief mit der Formulierung „dem Manne muß Musik Feuer aus dem Geist schlagen", in: Ludwig van Beethoven: *Sämtliche Briefe*, hg. v. Emerich Kastner. Nachdruck der Neuausgabe v. Erich Knapp, Tutzing 1975, S. 228.

103 Adorno: *Beethoven*, S. 251.

104 Adorno: *Negative Dialektik*, in: *Gesammelte Schriften*, Bd. 6, S. 7–412, hier S. 365.

105 Vgl. Adorno: *Metaphysik. Begriff und Probleme*, in: *Nachgelassene Schriften*, Bd. IV/14, hg. v. Rolf Tiedemann, Frankfurt a. M. 1998, S. 23, S. 215f.

106 Das eignet sie nach Adorno – ähnlich produktiv und problematisch wie bei Hans Jonas: *Der Gottesbegriff nach Auschwitz*, Frankfurt a. M. 1987 – für die Denkmöglichkeit von Metaphysik nach 1945; vgl. Adorno: *Metaphysik*, S. 157–160.

sowie deren Implikationen für die Kategorie einer religiösen bzw. „metaphysischen Erfahrung“ waren ihm allerdings bekannt, wie er in der Vorlesung *Metaphysik* ausführte:

> [...] daß hier also der Anspruch, sagen wir: der primären, unmittelbaren Vision weit geringer ist, als man glaubt; daß es auch hier in unendlich viel weiterem Maße um Topoi der sogenannten religiösen Erfahrung geht als um ein so rein Subjektives, wie man es vermutet. [...] Ich begnüge mich nur mit der einen Andeutung, daß ja fast alle mystische Spekulation, die es überhaupt gibt, ihren Halt findet an sogenannten heiligen Texten, die unter dem Auge des mystisch-metaphysisch Denkenden symbolisch werden in dem Sinn, daß sie nun ein ganz anderes sagen als was darin gesagt ist; – also etwa in der berühmten Deutung des ersten Kapitels der Genesis, wie es in dem Buch ‚Sohar‘ gegeben ist, wo die Geschichte von der Weltschöpfung interpretiert wird als eine Geschichte des inneren Schöpfungsprozesses, der sich in der Gottheit selbst abspielt.[107]

Adorno gefällt insbesondere Scholems These „Kabbala heißt Tradition“, weil die Kritik an allen unmittelbaren Erfahrungskonzepten zu den Grundannahmen seines historischen Materialismus gehört. Wenn gesellschaftliche und ökonomische Vorgänge die menschlichen Anschauungs- und Denkformen konstituieren, ist der „Anspruch [...] der primären, unmittelbaren Vision“ gegenstandslos. Diese Unmittelbarkeits-Kritik steht allerdings in Widerspruch zu Adornos gleichzeitiger Behauptung einer interreligiös-häretischen Allianz von der spätantiken Gnosis über „die“ Mystik und Kabbala zu Schelling.[108] Das Postulat einer ahistorischen „religiöse[n] Urerfahrung“[109] wird bei Adorno einerseits kritisiert und andererseits doch durch die (materialistisch begründete, aber ebenfalls historisch problematische) Konstruktion einer transhistorisch einheitlichen mystischen Erfahrung ersetzt. Das resultiert aus der grundlegenden Fragestellung der kritischen Theorie, also der Kritik aller bisherigen Geschichte als in sich verblendeter, unbewusster „Naturgeschichte“, der gegenüber sich ein tatsächlicher Fortschritt zu humanen Formen von

[107] Adorno: *Metaphysik*, S. 215f.
[108] Vgl. dazu kritisch Martins: *Adorno und die Kabbala*, S. 178.
[109] Adorno: *Metaphysik*, S. 215.

menschlichem Zusammenleben erst noch ereignen müsse. Die ganze Geschichte erscheint somit als ausweglose Einheit, die wiederum zugunsten der Möglichkeit, dass es doch anders komme, kritisiert wird. Adornos Bild des Engels steht für das Schimmern dieser Möglichkeit am geschichtlichen Horizont.

5 Allzu vergängliche Engel: Einige Parallelen

Die Differenzen zwischen den Weltbildern und Vorstellungshorizonten im *Zohar*, in Blavatskys *Secret Doctrine* und in Adornos *Beethoven* sind augenfällig und aufgrund des großen zeitlichen Abstands zwischen den Texten kein bisschen verwunderlich. Der Vergleich zwischen den divergierenden Konzeptionen kann aber nicht nur illustrieren, warum die Anwendung von vagen und aufgeladenen religionsgeschichtlichen Konzepten wie „Mystik" (oder eben auch „Kabbala") problematisch ist, sondern erweist sich auch historisch als ausgesprochen aufschlussreich.

Erstens aufgrund der Antworten auf die Frage, wie sich die im *Zohar* dargestellte prozesshafte Selbstoffenbarung Gottes zur historischen Zeit verhalte:[110] Die emanationslogische Dynamik im Organismus der *Sefirot* wird in den modernen Auslegungen Blavatskys und Adornos in Diskurse über Evolution und Fortschritt übersetzt, wobei einerseits die theosophische Fortschrittsmetaphysik zu einem systeminhärenten Rassismus mit antisemitischer Schlagseite führt und andererseits Adorno angesichts des nationalsozialistischen Rassismus und Antisemitismus eine umfassende Kritik an Fortschritts- wie Rasse-Kategorien formuliert.

Zweitens wird die sexuelle Metaphorik sowohl bei Blavatsky als auch bei Adorno in großer Differenz zur kosmogonischen Erotik des *Zohar* interpretiert. In *Die Geheimlehre* sind polare Geschlechterlogiken ubiquitär, wobei Blavatsky zugleich die physische Sexualisierung der Kosmogonie als „jüdische" Perversion einer „arischen", rein geistigen Bedeutung annimmt. Bei Adorno geht es stattdessen um die Vergesellschaftung und ausgebliebene Befreiung der menschlichen Trieb-„Natur".

Drittens enthalten alle drei genannten Werke theurgische Elemente.

[110] Vgl. dazu übrigens auch Brian Ogren (Hg.): *Time and Eternity in Jewish Mysticism. That Which is Before and That Which is After*, Leiden/Boston 2015.

Im Zusammenhang mit einer sukzessiven Entfaltung und Selbstoffenbarung der Gottheit kommt den Menschen eine zentrale Rolle zu: laut *Zohar* ordnet die Kontemplation der Kabbalisten die Engel und die *Sefirot* an. Nach der theosophischen Evolutionsdoktrin gelten unterschiedliche „Rassen"-Stufen als notwendige Schritte im Uhrwerk der galaktischen Evolution. Die marxistische Geschichtsphilosophie der kritischen Theorie erinnert gebrochen an die Hoffnung auf eine revolutionär herzustellende Utopie. Es sind am Ende die Menschen, die sich retten müssen, um Gott zu retten.

Viertens müssen sowohl Blavatsky als auch Adorno mit dem Problem von Kontinuität und Kontingenz in der Geschichte umgehen: Höherentwicklung versus uraltes Wissen bei Blavatsky, der anthropogene Charakter „zweiter Natur" gegen die blasse Möglichkeit ihrer „Vergängnis", die durch das Feuer der Engel symbolisiert wird, bei Adorno. Dessen Hoffnung auf eine „über die Demarkationslinien von Religionen hinweg"-reichende „Mystik" von Gott als „Werdendem" scheint durch den Umstand, dass die Theosophie und andere esoterische Evolutionsmetaphysiken derlei schon längst formuliert hatten, noch fragwürdiger zu werden: die Idee einer Evolution der Gottheit muss weder subversiv noch progressiv sein. Fünftens sind die Differenzen zwischen den Engeln des zweiten und dritten Tages sowohl für Blavatsky als auch für Adorno praktisch irrelevant, da beiden der *Zohar* ohnehin nur als Stichwort für die vorausgesetzten eigenen Überlegungen dient. Der kommentierte Text wird als roter Teppich für die eigenen Positionen ausgerollt – in diesem Sinne ist Kabbala Kommentar.

Literaturverzeichnis

Adorno, Theodor W.: *Beethoven. Philosophie der Musik – Fragmente und Texte*, hg. v. Rolf Tiedemann, Frankfurt a. M. 1993.

–: *Drei Studien zu Hegel*, in: *Gesammelte Schriften*, Bd. 5, hg. v. Rolf Tiedemann, Frankfurt a. M. 2003, S. 247–380.

–: *Einleitung in die Musiksoziologie*, in: *Gesammelte Schriften*, Bd. 14, hg. v. Rolf Tiedemann, S. 169–447.

–: *Mahler. Eine musikalische Physiognomik*, in: *Gesammelte Schriften*, Bd. 13, hg. v. Rolf Tiedemann, S. 149–319.

–: *Metaphysik. Begriff und Probleme*, in: *Nachgelassene Schriften*, Bd. IV/14, hg.

v. Rolf Tiedemann, Frankfurt a. M. 1998.

–: *Negative Dialektik*, in: *Gesammelte Schriften*, Bd. 6, hg. v. Rolf Tiedemann, S. 7–412.

Adorno, Theodor W./Scholem, Gershom: *Briefwechsel 1939–1969*, hg. v. Asaf Angerman, Berlin 2015.

Angermann, Asaf: *Redemptio ex Negativo. Critical Theory and the History of Mystical Heresy*, in: *Bamidbar* 4 (2014), S. 1–20.

Beethoven, Ludwig van: *Sämtliche Briefe*, hg. v. Emerich Kastner. Nachdruck der Neuausgabe v. Erich Knapp, Tutzing 1975.

Benjamin, Walter: *Ankündigung der Zeitschrift Angelus Novus*, in: *Gesammelte Schriften*, Bd. II, hg. v. Rolf Tiedemann und Hermann Schweppenhäuser, Frankfurt a. M. 1974, S. 241–246.

–: *Karl Kraus*, in: *Gesammelte Schriften*, Bd. II, hg. v. Rolf Tiedemann und Hermann Schweppenhäuser, Frankfurt a. M. 1974, S. 334–367.

–: *Über den Begriff der Geschichte*, in: *Gesammelte Schriften*, Bd. I, hg. v. Rolf Tiedemann und Hermann Schweppenhäuser, Frankfurt a. M. 1974, S. 697–698.

Blavatsky, Helena Petrovna: *A Few Questions to Hiraf*, in: *Spiritual Scientist* 2 (1875), S. 217–218, S. 224, S. 236–237.

–: *Die Geheimlehre*, 3 Bde, Leipzig 1899. Neudruck Burgh-Haamstede 1998.

Braunstein, Dirk: *Adornos Kritik der politischen Ökonomie*, Bielefeld 2011.

Braunstein, Dirk/Martins, Ansgar: *Judentum und Jüdischsein. Adorno über verfallene Tradition und konformistische Assimilation*, in: dies./Grazyna Jurewicz: *„Der Schein des Lichts, der ins Gefängnis selber fällt". Religion, Metaphysik, Kritische Theorie*, Berlin 2018, S. 359–379.

Campbell, Bruce: *Ancient Wisdom Revived. A History of the Theosophical Movement*, Berkeley 1980.

Chajes, J.H.: *Durchlässige Grenzen. Die Visualisierung Gottes zwischen jüdischer und christlicher Kabbala bei Knorr von Rosenroth und van Helmont*, in: *Morgen-Glantz* 27 (2017), S. 99–147.

Chajes, Julie.: *Blavatsky and the Live Sciences*, in: *Aries* (18) 2018, S. 258–286.

–: *Construction through Appropriation: Kabbalah in Blavatsky's Early Works*, in: dies./Boaz Huss (Hg.): *Theosophical Appropriations. Esotericism, Kabbalah and the Transformation of Traditions*, Beer Sheva 2016, S. 33–72.

–: *Recycled Lives. A History of Reincarnation in Blavatsky's Theosophy*, Oxford 2019.

Cranston, Sylvia: *HPB. The Extraordinary Life and Influence of Helena Blavatsky, Founder of the Theosophical Movement*, New York 1993.

Dankemeyer, Iris: *Die Erotik des Ohrs. Musikalische Erfahrung und Emanzipation nach Adorno*, Diss., Freie Universität Berlin 2017.

Eitler, Pascal: *„Gott ist tot – Gott ist rot". Max Horkheimer und die Politisierung der Religion um 1968*, Frankfurt a. M./New York 2013.

Farmer, Steven A.: *Syncretism in the West. Pico's 900 Theses*, Tempe 1998.

Fischer, Lars: *Gershom Scholem and Postwar Germany Reconsidered*, in: Noam Zadoff/Mirjam Zadoff (Hg.): *Scholar and Kabbalist. The Work and Life of Gershom Scholem*, Leiden/Boston 2018, S. 234–250.

Fishbane, Eitan P.: *The Art of Mystical Narrative. A Poetics of the Zohar*, Oxford 2018.

Garb, Jonathan: *Modern Kabbalah as an Autonomous Domain of Research*, Los Angeles 2016.

–: *Shamanic Trance in Modern Kabbalah*, Chicago 2011.

Gibbs, Robert: *Why Comment?*, in: ders.: *Why Ethics? Signs of Responsibilities*, Princeton 2000, S. 114–130.

Gomes, Michael: *Theosophy in the Nineteenth Century. An Annotated Bibliography*, New York/London 1994.

Goodrick-Clarke, Nicholas: *Helena Blavatsky*, Berkeley 2004.

–: *Die okkulten Wurzeln des Nationalsozialismus* [1984], Wiesbaden 2004.

–: *The Western Esoteric Traditions*, Oxford 2008.

Green, Arthur: *Shekhinah, the Virgin Mary, and the Song of Songs. Reflections on a Kabbalistic Symbol in its Historical Context*, in: *AJS Review* 26,1 (2002), S. 1–52.

Geuss, Raymond/Kohlenbach, Margarete (Hg.): *The Early Frankfurt School and Religion*, New York 2005.

Hammer, Olav/Rothstein, Mikael (Hg.): *Handbook of the Theosophical Current*, Leiden/Boston 2013.

Hanegraaff, Wouter J.: *Esotericism and the Academy. Rejected Knowledge in Western Culture*, Cambridge 2012.

–: *The Beginnings of Occultist Kabbalah. Adolphe Franck and Eliphas Levi*, in: Marco Pasi/Boaz Huss/Kocku von Stuckrad (Hg.): *Kabbalah and Modernity. Interpretations, Adaptions, Transformations*, Leiden/Boston 2010, S. 107–128.

–: *Western Esotericism. A Guide for the Perplexed*, London/New York 2013.

Hinrichsen, Hans-Joachim: *„Es wäre sonst alles, auch die ‚Klassik', anders verlaufen". Adornos Beethoven-Buch als gescheitertes Hauptwerk*, in: Susanne Schaal-Gotthardt/Luitgard Schader/Heinz-Jürgen Winkler (Hg.): *„…dass* *alles auch hätte anders kommen können." Beiträge zur Musik des 20. Jahrhunderts*, Mainz u.a. 2009, S. 218–248.

Horkheimer, Max/Adorno, Theodor W.: *Dialektik der Aufklärung. Philosophische Fragmente*, in: Max Horkheimer: *Gesammelte Schriften*, Bd. 5, hg. v. Alfred Schmidt, Frankfurt a. M. 1987.

Huss, Boaz: *'Qabbalah, the Theos-Sophia of the Jews'. Jewish Theosophists and their Perceptions of Kabbala*, in: Chajes/Huss: *Theosophical Appropriations*, S. 137–166.

–: *The Question About the Existence of Jewish Mysticism. The Genealogy of Jewish Mysticism and the Theologies of Kabbalah Research*, Jerusalem 2016 (Hebräisch).

–: *The Theologies of Kabbalah Research*, in: *Modern Judaism* 34 (2014), S. 3–26.

–: *The Zohar. Reception and Impact*, Oxford/Portland, Oregon 2016.

Idel, Moshe: *Abraham Abulafia und die mystische Erfahrung*, Frankfurt a. M. 1994.

–: *Kabbalah – New Perspectives*, New Haven/London 1988.

–: *Kabbala und Eros*, Frankfurt a. M. 2009.

Jacobs, Jack: *The Frankfurt School, Jewish Lives, and Antisemitism*, New York 2015.

Jellinek, Adolf: *Beiträge zur Geschichte der Kabbala*, Heft 2, Leipzig 1852.

Jonas, Hans: *Der Gottesbegriff nach Auschwitz*, Frankfurt a. M. 1987.

Jopp, Julia: *Von Markion zu Odradek. Ideologiekritik als Inversion der Gnosis*, in: Braunstein/Jurewicz/Martins: *„Schein des Lichts"*, S. 81–102.

Kallus, Menachem: *Pneumatic Mystical Possession and the Eschatology of the Soul in Lurianic Kabbalah*, in: Matt Goldish (Hg.): *Spirit Possession in Judaism. Cases and Contexts from the Middle Ages to the Present*, Detroit 2003, S. 159–185, S. 385–414.

Kintzinger, Marion: *Der Engel der Geschichte. Gestaltungsformen historischen Denkens in der frühen Neuzeit und bei Walter Benjamin*, in: *Archiv für Kulturgeschichte* 81 (1999), S. 149–172.

Kraft, Siv Ellen: *Theosophy, Gender and the „New Woman"*, in: Hammer/Rothstein: *Handbook of the Theosophical Current*, S. 357–374.

Liebes, Yehuda: *The Messiah of the Zohar. On R. Shimeon bar Yohai as a Messianic Figure*, in: ders.: *Studies in the Zohar*, Albany 1993, S.1–84.

Liedke, Ulf: *Naturgeschichte und Religion. Eine theologische Studie zum Religionsbegriff Theodor W. Adornos*, Frankfurt a. M. 1997.

–: *Zerbrechliche Wahrheit. Theologische Studien zu Adornos Metaphysik*, Würzburg 2002.

Lindner, Burkhardt: *Engel und Zwerg. Zwei geschichtsphilosophische Rätselfiguren und die Herausforderung des Mythos*, in: Lorenz Jäger/Thomas Regehly (Hg.): *„Was nie geschrieben wurde, lesen“, Frankfurter Benjamin-Vorträge*, Bielefeld 1992, S. 235–265.

Lubelsky, Isaac: *Mythological and Real Race Issues in Theosophy*, in: Hammer/Rothstein: *Handbook of the Theosophical Current*, S. 335–357.

Lutz-Bachmann, Matthias (Hg.): *Kritische Theorie und Religion*, Würzburg 1997.

Margalioth, Re'uven (Hg.): *Sefer ha-Bahir, Tiqqune ha-Zohar*, Jerusalem ^{3}1994.

–: *Sefer ha-Zohar*, 3 Bde, Jerusalem 1964.

Martins, Ansgar: *Adorno und die Kabbala*, Potsdam 2016.

–: *Rassismus und Geschichtsmetaphysik. Esoterischer Darwinismus und Freiheitsphilosophie bei Rudolf Steiner*, Frankfurt a. M. 2012.

Marx, Karl: *Zur Kritik der Hegelschen Rechtsphilosophie (1843/4)*, in: ders./Friedrich Engels: *Werke*, Bd. 1, Berlin 1974, S. 378–391.

Matt, Daniel (Hg.), *The Zohar. Pritzker Edition*, 12 Bde, Stanford 2004–2017.

Meroz, Ronit: *Der Aufbau des Buches Sohar*, in: *Pardes* 11 (2005), S. 16–37.

–: *The Spiritual Biography of R. Simeon bar Yochay. An Analysis of the Zohar's Textual Components*, Tel Aviv 2019 (Hebräisch).

Morlok, Elke: *Henoch – Metatron – Christus? Kabbalistische Engel und ihre christlichen Transformationen*, in: *Chilufim* 25 (2018), S. 147–182.

–: *Art. Schechina*, in: Dan Diner (Hg.): *Enzyklopädie jüdischer Geschichte und Kultur*, Bd. 5: Pr–Sy, Stuttgart/Weimar 2014, S. 458–462.

–: *Zwischen Ekstase und Gottesfurcht. Wein in der Kabbala und im Chassidismus*, in: Andreas Lehnardt (Hg.): *Wein und Judentum*, Berlin 2014, S. 121–150.

Mosès, Stéphane: *Der Engel der Geschichte. Rosenzweig, Benjamin, Scholem*, Frankfurt a. M. 1992.

Müller, Ernst: *Der Sohar*, Wiesbaden 2013.

Necker, Gerold: *Gershom Scholems ambivalente Beziehung zu Deutschland*, in: ders./Elke Morlok/Matthias Morgenstern (Hg.): *Gershom Scholem in Deutschland*, Tübingen 2014, S. 3–16.

–: *Sohar. Schriften aus dem Buch des Glanzes*, Berlin 2012.

Ogren, Brian: *Renaissance and Rebirth. Reincarnation in Early Modern Italian Kabbalah*, Leiden/Boston 2009.

–: *Time and Eternity in Jewish Mysticism. That Which is Before and That Which is After*, Leiden/Boston 2015.

Otto, Rudolf: *West-östliche Mystik,* Gütersloh 1979.

Palmier, Jean-Michel: *Lumpensammler, Engel und bucklicht Männlein. Ästhetik und Politik bei Walter Benjamin*, Frankfurt a. M. 2009.

Pasi, Marco: *Oriental Kabbalah and the Partings of East and West in the Early Theosophical Society*, in: ders./Boaz Huss/Kocku von Stuckrad (Hg.): *Kabbalah and Modernity. Interpretations, Adaptions, Transformations*, Leiden/Boston 2010, S. 151–168.

Rademacher, Stefan: *Der Untergang von Religionen am Beispiel der Theosophie*, in: *Gelebte Religionen. Untersuchungen zur sozialen Gestaltungskraft religiöser Vorstellungen und Praktiken in Geschichte und Gegenwart. Festschrift für Hartmut Zinser zum 60. Geburtstag*, hg. v. Hildegard Piegeler/Inken Prohl/Stefan Rademacher, Würzburg 2004, S. 219–237.

Santucci, James: *George Henry Felt. The Life Unknown*, in: *Theosophical History* 6/7 (July 1997), S. 243–261.

Schäfer, Peter: *Weibliche Gottesbilder in Judentum und Christentum*, Frankfurt a. M. 2008.

Scholem, Gershom: *„Es gibt ein Geheimnis in der Welt". Tradition und Säkularisation*, Frankfurt a. M. 2002.

–: *Farben und ihre Symbolik in der jüdischen Überlieferung und Mystik*, in: ders.: *Judaica 3*, Frankfurt a. M. 1973, S. 98–151.

–: *Die Geheimnisse der Schöpfung. Ein Kapitel aus dem kabbalistischen Buche Sohar*, Frankfurt a. M. 1971.

–: *Die Jüdische Mystik in ihren Hauptströmungen*, Frankfurt a. M. ^{5}1993.

–: *Art. Kabbalah*, in: Fred Skolnik/Michael Berenbaum (Hg.): *Encyclopedia Judaica*, Bd. 11, Jerusalem ^{2}2007, S. 489–653.

–: *Tradition und Kommentar als religiöse Kategorien im Judentum*, in: *Eranos-Jahrbuch* XXXI (1963), S. 21–48.

–: *Ursprung und Anfänge der Kabbala*, Berlin/New York 2001.

–: *Walter Benjamin und sein Engel*, Frankfurt a. M. 1993.

Schulte, Christoph: *Zimzum. Gott und Weltursprung*, Frankfurt a. M. 2014.

Sommer, Marc-Nicolas: *Das Projekt einer negativen Dialektik. Adorno und Hegel*, Tübingen 2016.

Staudenmaier, Peter: *Occultism, Race and Politics in German-Speaking Europe, 1880–1940. A Survey of the Historical Literature*, in: *European History Quarterly* 39 (2009), S. 47–70.

Stottmeister, Jan: *Der George-Kreis und die Theosophie*, Göttingen 2014.

Strube, Julian: *Sozialismus, Katholizismus und Okkultismus im Frankreich des 19. Jahrhunderts. Die Genealogie der Schriften von Éliphas Lévi*, Berlin/Boston 2016.

Stuckrad, Kocku von: *Was ist Esoterik. Kleine Geschichte des geheimen Wissens*, München 2003.

Tiedemann, Rolf: *Erinnerung an Scholem*, in: Gershom Scholem: *Walter Benjamin und sein Engel*, Frankfurt a. M. 1993, S. 211–220.

Tränkle, Sebastian: *Die Materialistische Sehnsucht. Über das Bilderverbot in der Philosophie Theodor W. Adornos*, in: *Zeitschrift für kritische Theorie* 36/37 (2013), S. 83–109.

Troeltsch, Ernst: *Die Soziallehren der christlichen Gruppen und Kirchen*, Bd. 2, Tübingen 1994.

Uehlein, Friedrich A.: *„Beethovens Musik ist die Hegelsche Philosophie: sie ist aber zugleich wahrer…"*, in: Richard Klein/Claus-Steffen Mahnkopf (Hg.): *Mit den Ohren denken. Adornos Philosophie der Musik*, Frankfurt a. M. 1998, S. 206–228.

Urbanek, Nikolaus: *Auf der Suche nach einer zeitgemäßen Musikästhetik. Adornos „Philosophie der Musik" und die Beethoven-Fragmente*, Bielefeld 2010.

Wasserstrom, Steven M.: *Adorno's Kabbalah. Some Preliminary Observations*, in: Olav Hammer/Kocku von Stuckrad (Hg.): *Polemical Encounters. Esoteric Discourse and its Others*, Leiden/Boston 2007, S. 55–80.

Wehr, Gerhard: *„Nirgends Geliebte wird Welt sein als innen". Lebensbilder der Mystik im 20. Jahrhundert*, Gütersloh 2011, S. 37–46.

Weidner, Daniel: *Gershom Scholem. Politisches, esoterisches und historiographisches Schreiben*, München 2003.

Wirszubski, Chaim: *Pico della Mirandola's Encounter with Jewish Mysticism*, Cambridge, Mass. 1989.

Wussow, Philipp von: *Horkheimer und Adorno über „jüdische Psychologie". Ein vergessenes Theorieprogramm der 1940er Jahre,* in: *Naharaim* (8) 2014, S. 172–209.

Zander, Helmut: *Geschichte der Seelenwanderung in Europa. Alternative religiöse Traditionen von der Antike bis heute*, Darmstadt 1999.

–: *Das Konzept ‚Esoterik' im Bermudadreieck von Gegenstandsorientierung, Diskurstheorie und Wissenschaftspolitik*, in: Monika Neugebauer-Wölk/Renko Geffarth/Markus Meumann (Hg.): *Aufklärung und Esoterik: Wege in die Moderne*, Berlin/Boston 2013, S. 113–135.

Abbildungsnachweise:

Abb. 1: Sefirotbaum: Online Kurs von Boaz Huss und Yoed Kadari: Introduction to Kabbalah KAB 1010X (https://courses.edx.org/course-v1:Israelx+kab101x+3t2017/pdfbook/1/).

Abb. 2: Diagramm aus Helena Blavatsky: *The Secret Doctrine* (Bd. I, Adyar 1888, S. 200): Die sieben Globen der Weltentwicklung innerhalb der vier Seins-Ebenen und im Vergleich mit sieben Sefirot. Ganz unten sind im physischen Bereich die physische Erde und „Malkuth" (*Shekhina*) zu sehen.

Profane Mystik. Bataille und Proust

Giulia Agostini (Heidelberg)

> Mystiques, ô vous! – et moi de ma façon, quel labeur singulier avons-nous entrepris! Faire et ne pas faire, – ne vouloir arrêter une œuvre matériellement circonscrite – comme les autres font, et nous le jugeons illusoire, mais enfreindre incessamment notre définitif, et toujours, intérieurement, en travail, vous pour Dieu, et moi pour moi et pour rien.
>
> Paul Valéry, *Cahiers*

> Ohne meine Liebe zur Form wäre ich zum Mystiker geworden.
>
> Peter Handke, *Kindergeschichte*

Dass Mystik und Literatur miteinander verbunden sind, ist offenkundig – wissen wir von mystischer Erfahrung in ihrer Einsamkeit nur durch Texte, die diese bezeugen. Gleichwohl ist damit die Frage nach dem Band zwischen Mystik und Literatur nicht beantwortet. Worin besteht aber dieses Band? Sogleich drängt sich die Erinnerung an das *Paradox der Mystik* auf: denn *obgleich* sie das mit Notwendigkeit irdisch Gesagte „als Chiffre der eigenen Unzulänglichkeit“[1] wiederholt – so dass von der transzendenten Erfahrung, über die sich nichts sagen lässt, also zu *schweigen* wäre –, ist es ihr um das *Sagen* des Unsagbaren, die *Darstellung* des Undarstellbaren, die *Kommunikation* dessen, was sich der

[1] Niklas Luhmann / Peter Fuchs: *Reden und Schweigen*, Frankfurt a. M. 1989, S. 92.

Kommunikation entzieht, zu tun.[2] So entspricht dem ‚mystischen Auge' Santa Teresas – die ihren Mangel an Phantasie betont und jede Montaignesche *force de l'imagination*[3] verneint – eine beredte *Rhetorik* des Unvergleichlichen[4], die nach dem vergleichenden Ausdruck unvergleichlicher Erfahrung und ihrer Bedeutung sucht[5] und dabei *ikonischer* Natur ist.[6] San Juan de la Cruz' lyrisches Werk hingegen stellt den anikonischen Pol der Mystik dar.[7] Dieses *Anikonische* zeigt sich in San

[2] Vgl. hierzu Alois Maria Haas: *Mystik als Aussage. Erfahrungs-, Denk- und Redeformen christlicher Mystik*, Frankfurt a. M. / Leipzig 2007, S. 127-148; vgl. ferner Luhmann / Fuchs: *Reden und Schweigen*, S. 70.

[3] Vgl. Michel de Montaigne: *De la force de l'imagination*, in: *Les Essais*, I, chap. XX, éd. Jean Balsamo / Michel Magnien / Catherine Magnin-Simonin, Paris 2007, S. 98-109. Vgl. zu Teresa ferner Dominique de Courcelles: *Un cœur stigmatisé à son corps défendant: de la pesanteur et de la légèreté dans l'expérience mystique de Thérèse d'Avila*, in: *Cahier de l'Herne: Stigmates*, éd. Dominique de Courcelles, Paris 2001, S. 91-101, hier S. 92-95.

[4] Vgl. Santa Teresa de Jesús: *Libro de la vida*, ed. Jorge García López, Barcelona 2015, bes. Kap. XXVIII, 3-11.

[5] Vgl. *Libro de la vida*, Kap. XVII, 5.

[6] Vgl. Victor I. Stoichita: *L'Œil mystique. Peindre l'extase dans l'Espagne du siècle d'or*, Paris 2011, bes. S. 65-74. ‚Methodisch' geht Teresa in ihren Meditationen von *Bildern*, gleichsam einer ‚Gemäldegalerie' der Stationen des Leidens Christi, wie auch von Lektüren und Naturbildern aus, die im Zuge der ihr zu teil werdenden Visionen und Erfahrungen ein bildhaftes, zunehmend vergleichendes und metaphorisches Sprechen in ihr hervorrufen (etwa *Libro de la vida*, Kap. XXXVIII). Verkürzt gesagt führt diese Erfahrung von der Kontemplation des *Bildes* des mit Wunden übersähten Leibs Christi in der ‚Urszene' ihrer Autobiographie (Kap. IX, 1) zur *Metapher* der ‚Wunde der Abwesenheit des Herrn' (Kap. XXIX, 10) und damit zur eigenen ‚Verwundung', die in der berühmten Ekstase des oxymorontischen, spirituellen wie auch physischen ‚Lustschmerzes' gipfelt (Kap. XXIX, 13). In ihren *Moradas del Castillo interior* (ed. Dámaso Chicharro, Madrid ^{2}2015) zeichnet sie diesen unvergleichlichen ‚Weg' der Seele bis zu ihrer vollkommenen Vereinigung mit Gott durch Verfahren sprachlich verdichteter Vergleichung aufs Neue nach, wie die Titelmetaphern, die zu Beginn des Textes ihrerseits metaphorisiert werden (Diamant, klarer Kristall, vgl. *Moradas primeras*, Kap. I, 1), komplementäre leitmotivische Bilder (Seidenraupe, kleiner Schmetterling, Täubchen) und ganze Serien von Vergleichen zeigen, vgl. etwa *Moradas sextas*, Kap. II und XI, sowie *Moradas sétimas*, Kap. I und II, 4.

[7] Stoichita: *L'Œil mystique*, S. 74.

Juans Tendenz zur ‚Gegenstandslosigkeit', wie die *Nacht* sie bedeutet, im ‚orientalischen', ‚molekularen' Moment seines Dichtens, sowie der Suggestion taktilen Erlebens und der klanglichen Intensität.[8] Entscheidend ist, dass es San Juan nicht um das Suchen und Finden eines sprachlichen Pendants für eine diesem *vorgängige*, *nicht*-sprachliche Erfahrung geht; vielmehr fallen *mystische* und *poetische* Erfahrung *in eins*: es gibt nur diese *eine* Erfahrung der Entgrenzung und Vereinigung mit einer – wie auch immer gearteten – Alterität: eine *Erfahrung des Absoluten in* und *durch* die Dichtung, die die *Kommunion* mit dieser Alterität und ihre *Kommunikation* unauflöslich zusammenbindet.[9]

Erinnern wir uns an die Frage nach dem Band zwischen Mystik und Literatur, so wird deutlich, dass *Literatur*, die wie die Mystik mit dem Sprechen und nicht dem Schweigen beschäftigt ist,[10] sich ihrerseits durch ein *Paradox* auszeichnet: auch dieses gründet in einer Alteritätserfahrung, in ihrer eigenen *ontologischen Andersartigkeit*: das Paradox besteht nämlich darin, dass das *andere* Reich der Literatur *nicht existiert*

[8] Jacques Ancet: *Note sur la traduction des poèmes*, in: Thérèse d'Avila / Jean de la Croix: *Œuvres*, éd. Jean Canavaggio, Paris 2012, S. 1059-1070, hier S. 1060. Vgl. zum Orientalischen bei San Juan (und darüber hinaus auch bei Santa Teresa und anderen Autoren) folgende Arbeiten von Luce López-Baralt: *Huellas del Islam en la literatura española. De Juan Ruiz a Juan Goytisolo*, Madrid 1985, bes. Kap. III, ferner ihre Einleitung zur Edition von San Juan de la Cruz: *Obra completa*, 2 Bde., ed. Luce López-Baralt / Eulogio Pacho, Madrid 1991, Bd. 1, S. 7-48, sowie jüngst *Entre oriente y occidente: La poesía de San Juan de la Cruz y el problema de su recepción*, in: *Calíope: Journal of the Society for Renaissance and Baroque Hispanic Poetry* 19 (2014), S. 55-76. Vgl. grundlegend zu San Juan Bernhard Teuber: *Sacrificium litterae. Allegorische Rede und mystische Erfahrung in der Dichtung des heiligen Johannes vom Kreuz*, München 2003.

[9] Vgl. Jean Canavaggio: *Introduction*, in: Thérèse d'Avila / Jean de la Croix: *Œuvres*, S. IX-LIX, hier S. LIVf., sowie nochmals Jacques Ancets Anmerkung zu seiner Übersetzung San Juans im gleichen Band: *Note sur la traduction des poèmes*, S. 1059.

[10] Vgl. Luhmann / Fuchs: *Reden und Schweigen*, S. 93. Und wo sie es doch ist, dann mit der ‚Stimme des Schweigens', vgl. hierzu meine Überlegungen in: *La pensée du silence: Blanchot, Wittgenstein et Schelling*, in: *Comparatio* 10 (2018), S. 125-138.

und *dennoch ist.*[11] In dieser Berührung mit der keineswegs transzendenten, sondern *immanenten Inexistenz*, aus der sie selbst hervorgeht, *kommuniziert* auch Literatur eine *Erfahrung des Absoluten.* Dies versetzt sie ihrerseits in die aporetische Situation der Suche nach der ‚Kommunikation eines Unkommunizierbaren'. Diese *entgrenzende Erfahrung*, die eine *innere Erfahrung* im Sinne Georges Batailles ist, ist gleicherweise eine *äußere*: die Erfahrung eines *immanenten Außen.* Will nun die Mystik – *immanent* – Transzendenz und hat damit zu tun, „Ortloses im Örtlichen, Zeitloses im Zeitlichen, Unendliches im Endlichen ansiedeln zu müssen", ja „unterstellt [sie] deshalb, dass es ein immanentes Pendant der Transzendenz gibt, Unort und Unzeit in Raum und Zeit"[12], so lässt sich der ‚Wille' der Literatur als ‚Wille zur Chance' begreifen, worauf Bataille im Ausgang von Nietzsche und Proust weist. Der ‚Wille' der Literatur ist der zu einem *immanenten* ‚Außen', als das auch San Juans ‚dunkle Nacht' uns erscheinen mag.[13] So kann man – in Anlehnung an

[11] Diese ontologische Andersartigkeit der Fiktion ergibt sich dem Logiker Saul Kripke zufolge aus der Identität von *Fiktion* und optischer *Wahrnehmung.* Vgl. hierzu Saul Kripke: *Reference and Existence. The John Locke Lectures*, Oxford 2013, bes. die vierte Vorlesung vom 20. November 1973, S. 79-101, hier S. 97f.: „[…] in the case of an original sense of 'see,' where one doesn't say of the man with a hallucination that he sees anything at all, there has to be an ordinary object out there which one sees. However, the usage gets extended by the recognition of a new and special realm of objects which are seen. At this stage one also allows a double application of predicates, either according to a visual description or out-and-out." Für Kripke ist also ein *tatsächlich gegebener Gegenstand*, wie z.B. ein Briefumschlag oder ein Stern (das, was er „the out-and-out-sense" des Sehens nennt) mit *dem* identisch, *als das* dieser Gegenstand *gesehen* wird, wie z.B. als etwas, das eine trapezoïdale Form hat oder auch ein Fleck (das, was er „visual description" nennt). Kripke zufolge entspricht diesem ‚erweiterten' Sehen (das mit Halluzination nichts zu tun hat, sondern vielmehr auf das ‚Aspektsehen', das ‚Sehen-als' Wittgensteins weist) das „new and special realm" der Fiktion, wie er insbesondere mit Blick auf den ontologischen Status fiktionaler Charaktere zeigt.

[12] Luhmann / Fuchs: *Reden und Schweigen*, S. 76f.

[13] Wie es auch das hintergründige ‚Schloss der Reinheit' aus Mallarmés *Igitur* vergegenwärtigt, wo das *Nichts nicht einmal Nichts* ist: „Le Néant parti, reste le château de la pureté". Stéphane Mallarmé: *Igitur ou la folie d'Elbehnon*, in: Stéphane Mallarmé: *Œuvres complètes*, 2 Bde., éd. Bertrand Marchal, Paris 1999 und 2003, Bd. I, S. 478. Im Folgenden zitiere ich diese Ausgabe mit

eine Wendung Paul Valérys[14] – von der *Literatur* als einer ‚profanen Mystik' sprechen: *Literatur* bedeutet nichts anderes als *innere Erfahrung* und auch *umgekehrt* meint *innere Erfahrung* nichts anderes als *Literatur*.

Dieser Vorstellung von der *Literatur* als einer profanen Mystik möchte ich im Folgenden nachgehen. Ausgehend von Überlegungen Batailles gilt es, *unsichtbare*, da ‚transparente'[15], literaturtheoretische Perspektiven sichtbar zu machen, die Proust in seinem Romanwerk *A la recherche du temps perdu* eröffnet. Zunächst richte ich meine Aufmerksamkeit auf Batailles Bestimmung der *inneren Erfahrung* als einer

der Sigle OC I und OC II. Zu nennen wären in diesem Zusammenhang weitere Figurationen dieses ‚Willens' zu einem *rein immanten* ‚Außen'. Eindrucksvoll etwa der andere, *höhere* Raum der Literatur, den Cortázars ‚Möbiusschleife' vergegenwärtigt, und Becketts Erfahrung eines ‚Vierten' (wie die Fernsehspiele *... but the clouds* und *Quad* besonders eindringlich vor Augen führen). Vgl. hierzu Verf.: *Projecting Spaces of Thought. The Geometrical Figure in the Works of Samuel Beckett and Julio Cortázar*, in: Falk Bornmüller / Johannes Franzen / Mathis Lessau (Hg.): *Literature as Thought Experiment*, München 2019, S. 139-154.
Die immanente Gestalt von Santa Teresas ‚innerem Schloss' der Seele ist hingegen weniger leicht von der Transzendenz zu lösen, auf die sie bezogen bleibt, wenngleich María Zambrano in ihrer Entfaltung eines ‚Wissens von der Seele', ihrer *razón poética – auch* in der Auseinandersetzung mit der Mystik Santa Teresas – gerade diese Ablösung von der Transzendenz unternimmt. Vgl. meine Überlegungen: *Wesen des Grundes. María Zambranos Diotima in der Unterwelt*, in: *Zeitschrift für Kulturphilosophie* 13 (2019/1), S. 113-132.

14 In der Polyphonie seines Textes lässt Valéry die Figur des Monsieur Teste von dessen Frau als einen „mystique sans Dieu" bezeichnen. Paul Valéry: *Monsieur Teste*, in: *Œuvres*, Bd. II, éd. Jean Hytier, Paris 1960, S. 9-75, hier S. 34. Vgl. ferner Alois Maria Haas: *Mystik im Kontext*, München 2004, S. 450-462.

15 „[T]odas las artes, sin excluir a la de los ojos, nacen y terminan en una zona invisible […]: lo invisible no es oscuro ni misterioso, es transparente…" Octavio Paz: *Apariencia desnuda. La obra de Marcel Duchamp*, México [2]1978, S. 17. Einer Literaturtheorie der ‚Transparenz' im Zusammenhang Mallarmés bin ich bereits an anderer Stelle ausführlich nachgegangen, vgl. meinen Beitrag *Durchsichtigkeit. Mallarmé und das Absolute*, in: Giulia Agostini (Hg.): *Mallarmé. Begegnungen zwischen Literatur, Philosophie, Musik und den Künsten*, Wien 2019, S. 209-264.

‚Erfahrung des Nichtwissens', wie er sie in den seine *Somme athéologique* bildenden Schriften umkreist. Zentral ist die Frage nach dem Batailleschen ‚Willen zur Chance' und seinem ‚Projekt' der Dichtung auf ihrem Weg ins ‚Unbekannte'. Dieses zeigt sich in Batailles Rede von der ‚Dramatisierung' und der ‚Projektion', die den ‚optischen' Wesenskern der *inneren Erfahrung* erkennen lassen und als ‚Methoden der Meditation' erscheinen – und die ihre Entsprechung in Prousts meditativ-obsessiven, ebenso dem Optischen verhafteten Projektionen finden. In diesem Zusammenhang werde ich mich zwei Exemplaren der vielfältigen Flora aus Prousts *Recherche* zuwenden, beziehungsweise einen kurzen Ausblick auf sie eröffnen. Denn Prousts ‚imaginäres Herbarium' verbindet sich nicht nur motivisch, anekdotisch oder symbolisch mit Vorstellungen der Liebe und der Erotik. Mittels *floraler Metaphern* weist es auch auf die begehrten Mädchenfiguren (wie der Titel des zweiten Bandes: *A l'ombre des jeunes filles en fleur* zum Ausdruck bringt), jenen Figuren, die vor dem Hintergrund des Meeres als einer ‚Projektionsfläche' erscheinen und als ‚Fluchtwesen' auch ‚Geschöpfe' des Begehrenden sind. Damit wird auch der schöpferische Aspekt der Literatur selbst bezeichnet, die immer als ein *kommendes*, ein ‚vollendet-unvollendetes' Werk erscheint.[16] Die nur *scheinbar idyllischen*[17] Proust-

[16] „Toujours encore à venir, toujours déjà passé, toujours présent dans un commencement si abrupt qu'il vous coupe le souffle, et toutefois se déployant comme le retour et le recommencement éternel […] – tel est l'événement dont le récit est l'approche." Maurice Blanchot: *Le Livre à venir*, Paris 1959, S. 18. Vgl. zum jüdisch geprägten Gedanken der „œuvre achevée-inachevée" ibid., S. 36. Vgl. ferner Verf.: *Die ‚andere' Zeit – Maurice Blanchots Proust-Erfahrung*, in: *Proustiana* XXIX (2015), S. 11-33.

[17] In dieser nur scheinbar idyllischen ‚Sprache der Blumen' weist Proust auf Bataille voraus, vgl. Batailles 1929 in *Documents* erschienenen Beitrag „Le langage des fleurs", *Œuvres complètes* I, *Premiers écrits 1922-1940*, Paris 1970, S. 173-178. Ich zitiere diese Werkausgabe Batailles in zwölf Bänden (*Œuvres complètes*, I-XII, Paris 1970-1988) im Folgenden mit der Sigle OC gefolgt von Bandnummer und Seitenzahl. Vgl. hierzu Michel Leiris: *De Bataille l'impossible à l'impossible de ‚Documents'*, in: *Critique* 195-196 (1963), S. 685-693, hier S. 690. (Nachdruck in Leiris' *Brisées* [1966], Paris 1992, S. 288-299.) Von großer Bedeutung für Proust selbst ist Maurice Maeterlinck: *L'intelligence des fleurs*, Paris 1907. Vgl. ferner zu Prousts ‚imaginärem Herbarium' Dane Mc Dowell: *L'Herbier de Marcel Proust*, illustrations de Djohr, Paris 2017.

schen ‚Blumen der Literatur' sind Gewächse des ‚Unbekannten', sie gedeihen nur *im Schatten* des Nichtwissens, wie auch Bataille zu verstehen gibt.

1

Batailles ‚atheologisches' Unternehmen bildet seine persönliche Auseinandersetzung mit Mystik, Philosophie und Dichtung. Es geht auf die für sein Denken der *Erfahrung* entscheidende, zeitgleiche Begegnung mit Nietzsche und Proust zu Beginn der 1920er Jahre zurück.[18] Dabei ist die Idee der *Erfahrung* mit dem verknüpft, was Bataille das ‚wesentliche Problem', das des ‚vollen', ‚nicht verstümmelten Menschen'[19] nennt. Genau dies führt ihn zu seinem Schreiben *über*, besser *mit* Nietzsche.[20] Obgleich der Untertitel seines Buchs *Sur Nietzsche, Volonté de chance*, Nietzsches Willen zur Macht evoziert, weicht er entschieden von diesem ab; der ‚Wille zur Chance' verschmilzt mit einem anderen Begriff Nietzsches, dem „*amor fati*", den Bataille als „vouloir la chance" (OC VI, S. 140) definiert. Gemäß dieser Überblendung erscheint Batailles Nietzsche-Lektüre im Zeichen der ‚ewigen Wiederkehr des Gleichen', wenn man letztere als die ‚Wiederkehr des *Gleichen als eines immer Anderen*' begreift (OC VIII, S. 476). So steht Batailles Replik auf Nietzsche ganz im Zeichen der *Chance*. *Chance* ist verwandt mit *échéance*, was soviel wie das „Ablaufen einer Frist" und „Fälligkeit" bedeutet. Für Bataille weist *échéance* auf das dieser Vorstellung zugrunde liegende bloße „Fallen" wie das des Würfels.[21] Denn sowohl *chance* als auch *échéance*

[18] Für die folgende Darstellung greife ich auf frühere Überlegungen zurück, vgl. *Nietzsche*, in: Mark Hewson / Marcus Coelen (Hg.): *Georges Bataille: Key Concepts*, London 2016, S. 61-72.

[19] OC V, S. 36: „Il faut choisir la voie ardue, mouvementée – celle de l'homme entier, non mutilé." Vgl. hierzu auch OC VI, S. 17.

[20] Vgl. Denis Hollier: *Against Architecture. The Writings of Georges Bataille*, translated by Betsy Wing, Cambridge 1992, S. 25f. Vgl. OC VI, S. 17.

[21] Ein Bild, von dem auch Nietzsches Zarathustra fasziniert ist. Vgl. OC VI, S. 165. Hier ist an Wittgensteins grundlegende Einsicht aus dem *Tractatus* zu erinnern; denn auch seine Annahme – „Die Welt ist alles, was der Fall ist" – mündet schließlich ins ‚Mystische', in die Erfahrung dessen, wovon zu

stammen vom gleichen lateinischen Etymon *cadentia*, „Fall" (OC VI, S. 85). Nietzsche ist der Denker der *ewigen Wiederkehr*, einer Vorstellung, die Bataille zufolge mit einer *Chance* (einem ‚Glücksfall') zusammenfällt, die man beständig zu verpassen droht und die sich jederzeit in *malchance*, ‚Pech' verkehren kann (OC VI, S. 29). Dieses wird als haltloses Fallen begriffen, bei dem der Fallende glücklos den ‚Haken' verpasst, dem allein es gelänge, seinen Fall aufzuhalten (OC V, S. 315, 320).

Die *innere Erfahrung* ist dadurch bestimmt, *dass* sie einem *zufällt*, wobei Bataille sich ihrer *paradoxen* Verfassung, ihrer ‚Krankheiten' bewusst ist (OC V, S. 68f.). Denn obgleich die *innere Erfahrung* nicht mehr als ‚das Gegenteil des Handelns' (OC V, S. 59), das ‚Gegenteil des Projekts' (OC V, S. 69) ist, gehorcht sie einem ‚Prinzip' (OC V, S. 60); dieses nimmt das ‚Projekt' in den ‚Dienst' der Erfahrung, womit sie aber ihrerseits ‚Projekt' wird (OC V, S. 69). Der ‚Wille zur Chance' als ‚Wille zum Möglichen' ist und bleibt *Wille*, er *will* die ‚Aufkündigung der Ruhe'. Dieses ‚Prinzip' folgt einer ‚immunitären Logik', indem der ‚Bereich des Projekts' selbst *durch* ein ‚Projekt' (OC V, S. 69) verlassen werden soll. Dies führt die Metapher der ‚unmöglichen Spinne' vor Augen, in der Bataille sich selbst erkennt: in ihrem durchsichtigen Netz unzureichend verborgen und auf ‚Beute' lauernd, stellt sie *unwillkürlich* das aus, was sich nicht verbergen lässt; die innere ‚Nacht' des Verschwindens, die Unsichtbarkeit, die sie sucht, weicht dem grellen ‚Strahlen' einer ‚Sonne', die sie selbst ist (vgl. hier Victor Hugos Zeichnung, Abb. 1).[22]

‚schweigen' ist. Vgl. Ludwig Wittgenstein: *Tractatus logico-philosophicus*, 1 und 6.522-7, Werkausgabe 1, Frankfurt a. M. 1984, S. 11 und 85.

[22] OC V, S. 149. Vgl. auch das Zarathustra-Motto zu *L'Expérience intérieure*, auf das Bataille u.a. an dieser Stelle anspielt: „La nuit est aussi un soleil". Eine Nähe zwischen Hugo und Bataille, die überraschen mag, zeigt sich auch in Hugos Gedicht *J'aime l'araignée et j'aime l'ortie...* (*Les Contemplations XXVII*, in: Victor Hugo: *Œuvres poétiques*, Bd. II, éd. Pierre Albouy, Paris 1967, S. 611f.), vgl. auch Sylvie Ballestra Puech: *Métamorphoses d'Arachné. L'artiste en araignée dans la littérature occidentale*, Genf 2006, S. 166f. Vgl. in diesem Zusammenhang Batailles Text für *Documents*: *Informe*, OC I, S. 217, sowie zur Idee des *informe* und der Spinne bei Bataille Georges Didi-Huberman: *La Ressemblance informe ou le gai savoir visuel selon Bataille*, Paris 1995.

Abb. 1: Victor Hugo: *Vianden à travers une toile d'araignée*, 13/8/1871.

Auf diese Weise kommt die ernstere ‚Krankheit' der *inneren Erfahrung* ins Spiel: denn die ‚Verzückung' ist ‚kein Fenster nach draußen, zum Jenseits, sondern ein Spiegel' (OC V, S. 69). Dem *Spiegel* entspricht – sofern man sich seiner ‚strategisch' bedient (OC V, S. 144f., 156f.) wie die Spinne ihres durchsichtigen Netzes – das in den Dienst der Erfahrung genommene ‚Projekt', in das die *Erfahrung* sich verwandelt. Dieses ist das *Projekt der Dichtung* – wie auch das Spinnennetz als ein durchsichtiges Gebilde ‚Zeichen' von Literatur ist.

Als eine ‚Erfahrung des Nichtwissens' ist die *innere Erfahrung* auf ihrem Weg ins ‚Unbekannte' zudem mit der Vorstellung des *Grenzenlosen* verknüpft. Denn *grenzenlos* ist nicht nur die ‚Nacht des Nichtwissens'[23], sondern auch Batailles ‚Anti-Doktrin'[24] des *Nichtwissens* und seine Vorstellung vom *Unbekannten*, die *an sich* keine Grenzen haben. Auf dieser *Erfahrung* des *Unbekannten*, ja des *Unerkennbaren* gründet Batailles *Atheologische Summa*. Dabei ist es für Bataille ganz gleich, ob man diese *Erfahrung* des *Unbekannten* ‚innere [...] Erfahrung' nennt, oder ihr den scheinbar nur scherzhaft-spöttischen ‚Spitznamen' „pal" (wörtlich ‚Pfahl') gibt (OC VI, S. 78f.): dieser ‚Name' benennt das ‚Lächerliche' der *Erfahrung* seit dem ‚Fall Gottes', dem Verlust der

[23] OC V 39. Mit der Wendung Blanchots die ‚andere Nacht', vgl. Maurice Blanchot: *L'Entretien infini*, Paris 1969, S. 312.

[24] Michel Leiris: *De Bataille l'impossible à l'impossible de ‚Documents'*, S. 685-693, hier S. 690.

Transzendenz.[25] Entscheidend ist hier der Akt der *Benennung* dieser *Erfahrung*, der für Bataille dem der Benennung von ‚Blumen' gleichkommt. Mit diesem Hinweis erblühen nicht nur die ‚rhetorischen Blumen' der *Metapher*, wie im folgenden Satz „une *tasse de thé* est le *pal*" (OC VI, S. 79), – auch der Weg zu Proust ist nicht weit: die ‚*Tasse Tee*' selbst ist die Prousts, und für Bataille ist sie nichts als ein ‚anderer Name' für die Proustschen ‚Ekstasen der Zeit'[26]: Sie ist die *Metapher* jener *Erfahrungen des Absoluten*, die mit der berühmten ‚Kommunion', der wundersamen pseudo-eucharistischen Episode der in eine Tasse Lindenblütentee getauchten Madeleine zu Beginn der *Recherche* einsetzen. (Auch das Proustsche Unternehmen ist ein ‚atheologisches': bekundet er doch selbst sein fortwährendes, durchaus philosophisches Interesse an der Religion.[27])

Im Zusammenhang von Batailles Vorstellungen von ‚Verstehen' und ‚Erkenntnis' treten die Bedeutung des *Unbekannten* und sein Verhältnis zur Dichtung zu Tage. Bataille führt die der Anatomie des *Auges* entlehnte Metapher des ‚blinden Flecks' als Modell für das ‚Verstehen' ein (OC V, S. 129). Entgegen der geläufigen Vorstellung, derzufolge *erkennen* bedeutet, sich auf das Bekannte zu beziehen und eine unbekannte Sache auf eine andere bekannte zurückzuführen (OC V, S. 127), be-

[25] *Pal* bedeutet auch auch die *Marter*: „le *supplice* [du pal]" (die ‚Marter der Pfählung'). Die dem französischen *pal* innewohnende Idee der Marter weist in diesem Zusammenhang immer auch auf die ‚chinesische Marter', auf die sich Bataille sowohl in *L'expérience intérieure* als auch in dem *Le complice* betitelten Abschnitt von *Le coupable* bezieht (vgl. OC V, S. 139 und S. 275). Auf dieselbe Marter der *Cent morceaux* (mit einer Serie von Abbildungen) kommt Bataille nahezu zwanzig Jahre später in seinem letzten zu Lebzeiten veröffentlichten Buch zurück, vgl. *Les larmes d'Éros*, nouvelle édition augmentée, Paris ^{2}1981, S. 237-239. Vgl. hierzu Peter Tracey Connor: *Georges Bataille and the Mysticism of Sin*. Baltimore / London 2000, S. 2-6, 41.
In seiner Einsilbigkeit suggeriert *pal* auch den *zen* des Buddhismus, auf den sich Bataille (wie Nietzsche in *Der Antichrist*) immer wieder als Gegenpol zur christlichen Mystik bezieht.

[26] Maurice Blanchot: *Le Livre à venir*, S. 18, S. 22.

[27] Proust schreibt in einem Brief vom September 1915 an Lionel Hauser: „[S]i je n'ai pas la Foi […], en revanche, la préoccupation religieuse n'est jamais absente un jour de ma vie." Marcel Proust: *Correspondance*, éd. Philip Kolb, Bd. XIV, Paris 1986, S. 218. Vgl. ferner die Überlegungen des Herausgebers zu Marcel Proust: *Le Carnet de 1908*, éd. Philip Kolb, Paris 1976, S. 7f.

trachtet Bataille hier die *umgekehrte* Richtung – vom ‚Bekannten zum Unbekannten' (OC V, S. 130) – als eine angemessenere Definition. *Erkenntnis* schließt für Bataille demnach die Entdeckung des ‚blinden Flecks' innerhalb des Verstehens ein, jenes ‚Flecks' der Unsichtbarkeit, der das Erkennbare übersteigt. Da sich dieser ‚Fleck' der *Blindheit* (des *Nichtwissens*), der das *Sehen* (das *Wissen*) wie sein eigener ‚Schatten'[28] begleitet, jedoch nicht fixieren lässt, nimmt auch seine Entdeckung der Existenz jede Ruhe; nicht einmal die *Ekstase* vermag die *Nacht des Nichtwissens* in ihrer *Grenzenlosigkeit* zu erkunden: Vielmehr ist es die Nacht, die den, der sie zu durchdringen sucht, ‚erkundet' (OC V, S. 130).

Hier kommt die *Dichtung* ins Spiel. Unablässig ist sie auf das *Unbekannte* aus, ohne es erschöpfen zu können, und stellt damit das *Unerkennbare* vor, wie die *Metapher* als Figur der *Dichtung* zeigt: sie führt ‚vom Bekannten zum Unbekannten'. Dieses Vermögen der *Dichtung* zeigt ein Gedankenexperiment, in dem ein ‚Butterpferd' (OC V, S. 157) als Metapher des *Unbekannten* fungiert, womit die *Dichtung* als ‚Agentin' oder ‚Komplizin' des *Nichtwissens* erscheint: sie vermag es, das *Unerkennbare als Unerkennbares* erkennen zu lassen und somit die *grenzenlose* Dimension des *Nichtwissens* zu eröffnen, aus der ein *anderes* Wissen hervortreten mag.

Allerdings ist Batailles Haltung gegenüber der *Dichtung* ambivalent. Denn auch die *Dichtung* scheitert vor dem *Unerkennbaren*, da es ihr nicht gelingt, dem ‚Fluch' der Darstellung zu entkommen. Die *Dichtung* scheitert vor dem *Unmöglichen*, einem Ausdruck, den Bataille in Bezug auf das einführen sollte, was er bereits seinen ‚Hass der Dichtung' genannt hatte.[29] Denn sein 1947 erstmals erschienenes Buch *Haine de la*

[28] Roberto Esposito: *Communitas. Origine e destino della comunità*, Turin 2006, S. 119. Vgl. zur Metapher des Schattens auch Crispin Wright: *Truth and Objectivity*, Cambridge 1992, S. 181f.: „[…] the aptness of the metaphor [of the ‚shadow'] is enhanced by the reflection that shadows are, after their own fashion, real […]." Die ‚Wirklichkeit des Schattens' ‚gemäß seiner eigenen Art' bedeutet, dass er dem ‚anderen Reich' der Fiktion im Sinne Kripkes angehört (s.o. Anmerkung 11), oder anders gesagt: dass er einen *absoluten, inexistenten, doch dabei immanenten Raum* eröffnet, als ob er beständig im *Hintergrund* wäre.

[29] Batailles *haine de la poésie* entspricht seinem *Abscheu vor der Lüge*, wie er ihn in *Sur Nietzsche* zum Ausdruck bringt, als auch seiner Verachtung des *Si-*

poésie und seine Auseinandersetzung mit der Frage nach der *Erfahrung* sind nicht nur zeitgenössisch; sie umkreisen auch die Vorstellung von der Notwendigkeit eines ‚Sprungs' oder ‚Satzes' (*saut*). Die ‚Freiheit' des ‚Sprungs' führt die *Unmöglichkeit* jedweder Beziehung zum *unerkennbaren Absoluten* vor Augen – und *L'Impossible* ist auch der Titel, den *Haine de la poésie* bei seiner Neuerscheinung im Jahr 1962 erhält.[30] An dieser Stelle drängt sich die Erinnerung an die ‚unmögliche Spinne' auf, die an den seidenen Fäden ihres Netzes ‚Halt' findet, wenn wir im *Bildkomplex* bleiben, den Bataille entwirft. Das durchsichtige Gebilde der Literatur, dem die Spinne ihre Kunst widmet, ermöglicht ihr als derjenigen, die die *Chance* ‚will', *vielleicht* den ‚Glücksfall' der *inneren Erfahrung*, und bewahrt sie auf diese Weise *vielleicht* vor dem nackten ‚Fall', dem ‚Pech' haltlosen Fallens. – Anders gesagt: der ‚Fall' verwandelt sich, sofern er der seltene ‚Glücksfall' ist, augenblicklich und unwillkürlich in den ‚Sprung' oder ‚Satz', was auch an die *Spinne* bei Proust erinnert, deren *Netz* und *Körper* ‚ein und dieselbe Maschine' sind.[31]

mulakrums im Allgemeinen. Vgl. hierzu Pierre Klossowski: *A propos du simulacre dans la communication de Georges Bataille*, in: *Critique* 195-196 (1963), S. 742-750, sowie Verf.: *Der Riss im Text. Schein und Wahrheit im Werk Pierre Klossowskis*, München 2012, S. 86-95.

30 Vgl. zum Unmöglichen bei Bataille, ja zum ‚unmöglichen Bataille' Michel Leiris: *De Bataille l'impossible à l'impossible de ‚Documents'*, in: *Critique* 195-196 (1963), S. 685-693.

31 „L'araignée […] ne voit rien, ne perçoit rien, ne se souvient de rien. Seulement, à un bout de sa toile, elle recueille la moindre vibration qui se propage à son corps en onde intensive, et qui la fait bondir à l'endroit nécessaire. […] elle répond uniquement aux signes, est pénétrée du moindre signe qui traverse son corps comme une onde et la fait sauter sur sa proie. […] Le Narrateur-araignée, dont la toile même est la Recherche en train de se faire, de se tisser avec chaque fil remué par tel ou tel signe: la toile et l'araignée, la toile et le corps sont une seule et même machine. […] une faculté s'exerce en lui [i.e. le narrateur] quand elle est contrainte et forcée de le faire; et l'organe correspondant se pose sur lui, mais comme une *ébauche intensive* éveillée par les ondes qui en provoquent l'usage involontaire." Gilles Deleuze: *Proust et les signes*, Paris ^{4}2010, S. 218. Die ‚Empfänglichkeit' und ‚Formbarkeit' der *Spinne* Prousts entspricht ganz der Batailles. Über seine programmatische Identifikation mit der ‚unmöglichen Spinne' hinaus, *inszeniert* dieser seine eigene *metaphorische Plastizität* etwa, wenn er sich zunächst in einen ‚Baum'

*

In diesem Zusammenhang gilt es, die *Komplizenschaft* genauer in den Blick zu nehmen. Bemerkenswert ist, dass Bataille *Freundschaft* als ‚Komplizenschaft' begreift. Die transgressive Vorstellung vom *Freund als Komplizen*, der den Anderen *über* die Grenzen der Existenz und des Wissens *hinaus* ‚begleitet', bedeutet, dass *etwas* oder *jemand* immer schon *mit etwas oder jemand anderem* ‚zusammengefaltet' ist. Bataille als ‚der Schuldige' ist also ‚mit-schuldig', vielmehr *Komplize*: *Komplize in der Erfahrung des Nichtwissens*. So erinnert der einsame Abstieg ‚auf den Grund' (OC VI, S. 121) des *Nichtwissens* an die „Arbeit der Tiefe"[32] des „Unterirdischen" aus Nietzsches *Morgenröthe*; wie dieser agiert auch er getrieben von seiner ‚Liebe zum Unbekannten' (OC VI, S. 86).

Dies zeigt *Der Komplize*, jener Abschnitt von *Le Coupable*, in dem Batailles *Komplizenschaft* mit Nietzsche *in der Erfahrung des Nichtwissens* entfaltet wird, als wäre auch Bataille unterwegs wie Nietzsches Maulwurf, in der gleichen Erwartung seiner „eigne[n] *Morgenröthe*"[33]. Die ‚brennende Erfahrung', von der er nach einem mühsamen Marsch durch den nächtlichen Wald Zeugnis ablegt, lässt Bataille als „epistemischen Märtyrer" erscheinen[34]; auf dem Rückweg geht er mühelos über den steinigen Pfad und wird unwillkürlich zum ‚Komplizen' des sich ‚öffnenden Himmels'; mit einem Mal bezeugt er etwas, das das plötzliche lichte ‚Fest des Himmels' *verdoppelt* und *zugleich übersteigt*.[35] Er

und eine ‚Flamme' verwandelt und später sein ‚sonnentrunkenes Herz' als den ‚Schaft der Nacht' bezeichnet. In eben dieser notwendig kontingenten *Plastizität* der Spinne Batailles wie Prousts gründet die ‚Freiheit' ihres ‚Sprungs' oder ‚Satzes'.

[32] Vgl. Friedrich Nietzsche: *Morgenröthe. Gedanken über die moralischen Vorurteile.* KSA 3, S. 11.

[33] Vgl. ebd. Im Original gesperrt.

[34] Vgl. Wolfram Hogrebe: *Metaphysik und Mantik. Die Deutungsnatur des Menschen (Système orphique de Iéna)*, Berlin ^{2}2013, S. 133-137.

[35] „A ce moment je ne cherchais rien, mais le ciel s'ouvrit. Je *vis*, je *vis* […]. Je marchais, devant moi le ciel noir s'éclairait à tout instant. […] soudain, les arbres détachaient de hautes silhouettes sombres sur un plein jour. Mais la fête du ciel était pâle auprès de l'aurore qui se leva. Non exactement en moi: je ne puis en effet assigner de siège à ce qui n'est pas plus saisissable ni moins

‚sieht' den Himmel, an dem es soeben zu tagen begonnen hat, augenblicklich wie überlagert vom ‚Schauspiel' einer *anderen Morgenröte*, d.h. einer *anderen* als der, die sich in eben diesem Moment am Himmel vollzieht und sich Tag für Tag beobachten lässt. Wie dem *blinden Fleck* des Verstehens lässt sich auch dieser *anderen Mörgenröte* kein Ort zuweisen; und wie die Dichtung in ihrem Unvermögen, sich auf das *Unerkennbare als ein Unerkennbares* zu beziehen, eröffnet sie nur die *grenzenlose* und *durchsichtige* Dimension des *Nichtwissens*, aus der ein *anderes* Wissen hervorgehen mag: Sie dient als *grundloser Grund* (OC VI, S. 76). Doch was bedeutet ihr Erscheinen? Entscheidend ist wie in der Methode der ‚Dramatisierung' das Moment der *Verdoppelung*, das den entgrenzenden *Überstieg* mit sich bringt (OC V, S. 138f., sowie S. 22f.). Denn in der *Verdoppelung* wird das zunächst *vordergründige*, nunmehr nur noch ‚blasse' ‚Fest des Himmels', das eine jede alltägliche Morgenröte feiert, in den *Hintergrund* des ‚Schauspiels' der *anderen Morgenröte* gerückt; diese tritt im Wechselspiel in ihrer *Hintergründigkeit* augenblicklich in den *Vordergrund* des Geschehens und eröffnet auf diese Weise die *grenzenlose* und *durchsichtige*, *immanente* Dimension des *Nichtwissens* in seiner *Inexistenz*. Die *Unmöglichkeit*, das *Grenzenlose*, überhaupt ein ‚Ganzes' zu fassen, kommt in Batailles *metaphorischer* Verwendung des Partitivs *„de l'aurore"* zum Ausdruck, der wörtlich soviel wie *‚etwas von der Morgenröte'* bedeutet: es ist dieser *Rest, der nie aufgeht*,[36] der *ins Unendliche* neue Dimensionen freisetzt – der *Rest*, der ‚das Fest' und ‚die Chance' des *homme entier* (OC VI, S. 380) ist, die ihm als ‚dem Menschen des *pal*' ermöglicht, *immer wieder* aufs

brusque que le vent. Il y avait sur moi, de tous les côtés, *de l'aurore*, j'en avais la certitude, et n'ayant gardé que peu de conscience de moi, j'étais perdu dans cette aurore." (OC V, S. 276)

[36] Unabdingbar ist an dieser Stelle der Verweis auf Schelling, mit dem das systematische Denken des *nie aufgehenden Restes* seinen Anfang nimmt: „Dieses ist an den Dingen die unergreifliche Basis der Realität, der nie aufgehende Rest, das, was sich mit der größten Anstrengung nicht in Verstand auflösen lässt, sondern ewig im Grunde bleibt. Aus diesem Verstandlosen ist im eigentlichen Sinne der Verstand geboren. Ohne dies vorausgehende Dunkel gibt es keine Realität der Kreatur; Finsternis ist ihr notwendiger Erbteil." Friedrich Wilhelm Joseph Schelling: *Philosophische Untersuchungen über das Wesen der menschlichen Freiheit und die damit zusammenhängenden Gegenstände*, hg. v. Thomas Buchheim, Hamburg 1997, S. 32.

Neue zur Existenz zu kommen.[37]

Wie im Motiv der auf die *Nacht des Nichtwissens* folgenden *anderen Morgenröte* in ihrer *Unvollständigkeit* deutlich wird – ein Bild der *ewigen Wiederkehr*, das der Vorstellung eines jedweden ‚Anfangs‘ widerstrebt –, ist die *Grenzerfahrung* kein ‚Ursprung‘ des Denkens, sondern vielmehr ‚*wie* ein neuer Ursprung‘.[38] Daraus folgt, dass man die *innere Erfahrung* – gerade *indem* man sie ‚bejaht‘ – immer schon ‚bestreitet‘ (OC V, S. 120): die *Erfahrung des Nichtwissens* ist die *paradoxe Erfahrung*, die man *nicht erfährt*, sondern deren *Komplize* man ist.

An diesem Punkt kommt neuerlich das Moment der *Chance* ins Spiel, hängt doch die *Komplizenschaft* in der *Erfahrung des Nichtwissens*, in der Erfahrung der *anderen Morgenröte* von der *Zufälligkeit* eines ‚Falls‘ wie dem der Würfel ab, gerade so, als wäre man selbst *zufällig* in diesen würfelartigen Fall, der dem *Komplizen* ‚zufällt‘, ‚miteingefaltet‘ (OC V, S. 275). ‚[E]ine entwaffnende Möglichkeit‘ hält letzten Endes ‚nur die Chance‘ bereit (OC VI, S. 123). So verkehrt sich Batailles *haine de la poésie* aufs Neue in ihr Gegenteil: wieder betritt die *Dichtung*, die *Komplizin* des *Nichtwissens* die Bühne, die dem Schweigen seiner Nacht ihre Stimme leiht – obgleich sie die ganze Zeit schon in der *metaphorischen* Gestalt der *Nacht des Nichtwissens* und der *anderen Morgenröte* zugegen war. Die *Abwesenheit* der *Dichtung* bedeutet die „éclipse de la chance“ (OC V, S. 320), was auch die für die ‚geringste Vibration‘ empfängliche *Spinne der Dichtung* vor Augen führt.[39] Indem die *Dichtung* die Notwendigkeit eines ‚Sprungs‘ zum Ausdruck bringt, inszeniert sie die *innere Erfahrung* als *Projekt* im Wortsinne (OC V, S. 35).

Dies zeigen die sechs Gedichte mit dem ursprünglichen an Hamlet erinnernden Titel *Time out of joints [sic]*, deren Zahl an die sechs Seiten eines Würfels erinnert. Die Motive, denen wir begegnet sind, scheinen im letzten dieser Gedichte, die das „peut-être“, wörtlich ‚kann-sein‘, das

[37] In diesem Sinne ist die *innere Erfahrung* selbst ‚die Autorität‘ (*auctoritas* bedeutet ursprünglich nämlich nicht nur ‚Mehrung‘, sondern auch ‚Schöpfung‘ und ‚Zur-Existenz-Kommen‘, wie Émile Benveniste gezeigt hat), und wie Blanchot in einem Gespräch äußert, das Bataille wiederholt und nachdrücklich zitiert (OC V, S. 67, 120). Vgl. Émile Benveniste: *Le Vocabulaire des institutions indo-européennes*, vol. 2., Paris 1969, S. 148-151.

[38] Maurice Blanchot: *L'Entretien infini*, Paris 1969, S. 310.

[39] Gilles Deleuze: *Proust et les signes*, Paris ^{4}2010, S. 218.

,vielleicht' der *Chance* auf das ,erwartete Glück' umkreisen, zusammenzutreffen – denn es handelt sich um keine ,versicherte Chance', sondern die ,nackte Chance' in ihrer ganzen ,Freiheit' (OC VI, S. 147). Lesen wir das Gedicht:

> O les dés joués
> du fond de la tombe
> en des doigts de fine nuit
>
> dés d'oiseaux de soleil
> saut d'ivre alouette
> moi comme la flèche
> issue de la nuit
>
> ô transparence des os
> mon cœur ivre de soleil
> est la hampe de la nuit.[40]

Durch die Apostrophe der ,ausgespielten Würfel' erscheint das Gedicht als eine Anrufung der seltenen *Chance*, die die *Erfahrung des Nichtwissens* gewährt. Dabei weisen die Würfel in der Bewegung ihres Aufflugs *und* ihres Falls nicht nur auf die *Zufälligkeit* und die *Notwendigkeit der Kontingenz*, sondern auch auf die *unendliche Endlichkeit*. Denn das

[40] OC VI, S. 103. In meiner Übertragung ins Deutsche lautet das Gedicht:

O die Würfel ausgespielt
aus dem Grund des Grabes
in Fingern zarter Nacht

Würfel von Sonnenvögeln
Sprung trunkener Lerche
ich wie der Pfeil
entsprungen der Nacht

o Transparenz der Knochen
mein sonnentrunkenes Herz
ist der Schaft der Nacht.

‚Grab' – im französischen *tombe* erklingt das Verb *tomber*, ‚fallen' – und sein ‚Grund' erinnern an die Tiefe als den *grundlosen Grund* des *Nichtwissens*, den der einsame *Unterirdische* in der Erwartung seiner *eigenen Morgenröte* erkundet. In der Tat sind sowohl die *Nacht* als auch die *Morgenröte* zugegen: die Würfel werden in ‚Fingern zarter Nacht' geworfen – liest man hier nicht auch eine Enallage des Attributs, womit sich an den nun ‚zarten Fingern' im Hintergrund wieder die *Spinne* erahnen lässt.[41] Die Morgenröte erscheint in der Evokation der ‚Sonnenvögel', wobei die ‚Lerche' in ihrem ‚Sprung', ihrem Morgenlied die *Chance* der *anderen Morgenröte* verkündet. Das Lied der Lerche ist im Versuch, das Schweigen dieser *anderen Morgenröte* erklingen zu lassen, die *mise en abyme* des Gedichts; es ist die *mise en abyme* des nächtlichen Gesangs des lyrischen Ichs, dessen ‚Herz' ebenso ‚sonnentrunken' ist wie die Lerche. Der ‚Sprung trunkener Lerche' ist nicht allein die *Metapher* der ‚ausgespielten', noch im Flug befindlichen Würfel, also der *Chance*; darüber hinaus ist er auch die *Metapher* der unmöglichen Beziehung zum *unerkennbaren Absoluten*, das in der blendenden Sichtbarkeit des Sonnenlichts, dessen Herz die *Unsichtbarkeit* ist, zur Darstellung kommt. Indem das lyrische Ich die von der Morgenröte entsandte, ‚springende' Lerche *verdoppelt* und dabei verkehrt *spiegelt*,[42] ‚springt', ja ‚schnellt' es mit einem Mal *spinnenhaft* auf: ‚wie ein Pfeil', doch der Sonne entgegen, ‚aus der Nacht heraus'. Als ein Echo der Apostrophe des ersten Verses – d.h. als ein ‚Echo des Nichtwissens'[43] – beginnt die letzte Strophe mit einer Anrufung der durchsichtigen *Chance*, die auf die aus Knochen gemachten Würfel bezogen ist. Diese sind so geartet, dass sie das ‚Sonnenlicht' der *anderen Morgenröte* ‚durchschimmern' lassen, die als *unsichtbarer Hintergrund* fungiert, der das *Sichtbare* begleitet und selbst *durchsichtig* ist. Genau in dieser *Durchsichtigkeit* widerstrebt die *Chance* der *Opazität* des *Kalküls*, das die ‚Verneinung der Dichtung' und damit die ‚Zerstörung der Chance' ist (OC V, S. 320). Durch die *Kunst* seines Gedichts und im Verlangen, der Lerche als

[41] Schon in der Ovidischen Verwandlung Arachnes werden die ‚dünnen Finger', „exiles digiti" hervorgehoben. Vgl. Ovid: *Metamorphosen* 6, V. 143, hg. und übersetzt v. Gerhard Fink, Düsseldorf / Zürich 2004, S. 272.

[42] Die ‚Trunkenheit' des lyrischen Ichs ist ‚kein Fenster nach draußen, zum Jenseits, sondern ein Spiegel' (OC V, S. 69), der *Spiegel der Literatur*.

[43] Gemäß der Idee Wolfram Hogrebes, vgl. sein *Echo des Nichtwissens*, Berlin 2007.

einer ‚Botin' der *anderen Morgenröte* zu entsprechen, *projiziert* sich das lyrische Ich selbst in die Vertikale – sein ‚sonnentrunkenes Herz' ist nun ‚der Schaft der Nacht'. Es verkörpert eines der ‚kleinen Ideale' Nietzsches: ‚ein Fremder gegenüber der Wirklichkeit bleiben', d.h. das *Unmögliche* wollen, ‚halb Künstler, halb Vogel oder Metaphysiker' (OC VI, S. 78).

Die finale Metapher des ‚Schafts' mag in ihrer vertikalen Ausrichtung an den *metaphorischen* Spitznamen der *inneren Erfahrung* erinnern: „pal", der ein Name ‚wie für eine Blume' ist. Dabei ist „hampe" mehrdeutig: es bezeichnet u.a. den ‚Schaft einer Blüte' und den ‚senkrechten Hauptstrich eines Buchstabens', womit *Blume* und *Schrift*, ja *Literatur* sich bereits verbinden. Wie eine Pflanze dem Licht der Sonne entgegengereckt – und aus der umgekehrten Perspektive der Metapher des *blinden Flecks* – erinnert der ‚Schaft der Nacht' an die Metapher des ‚pinealen Auges' aus Batailles früher Anthropologie: diese gründet ihrerseits in der Anatomie und bezieht sich auf die *glandula pinealis* des Mittelhirns.[44] Bataille zufolge handelt es sich bei diesem Organ um ein ‚embryonisches' Auge am Scheitel des Kopfes, das virtuell die Vision der strahlenden Sonne als des Inbegriffs unmöglichen Wissens gewährt und die Grenzen der Erfahrung zu überschreiten erlaubt.[45] In dieser Evokation des phantasmatischen *œil pinéal* enthüllt der ‚Schaft der Nacht' in seiner Suche nach dieser *anderen* Erleuchtung letztlich die dem lyrischen Ich selbst bewusste *Blindheit*. Es bleibt auf ‚Methoden der Meditation' angewiesen. Doch es sind diese ‚Methoden', die den ‚Geist' in der *inneren*, der *poetischen Erfahrung* in ein ‚Auge' verwandeln (OC V, S. 138, 144): *Zum einen* die *transzendierende Verdoppelung* durch die ‚Dramatisierung', wie etwa in der Erzählung von der *anderen Morgenröte*. Und *zum anderen* die damit einhergehende ‚Projektion', deren ‚innere Bewegungen' *gleicherweise* ‚die Lupe' und ‚das Licht' sind (OC V, S. 138f.), wie es die *Metapher* des ‚Schafts der Nacht' und die *metaphorische Plastizität* überhaupt zeigen. – Der Weg fällt mit dem Ziel zusammen, ohne dass sie doch identisch wären.

Sowohl die *zufällige Kommunion* nach dem Fall Gottes, die Batailles

[44] Vgl. Krells Vorwort in Rodolphe Gasché: *Georges Bataille. Phenomenology and Phantasmatology*, translated by Roland Végsö, foreword by David Farrell Krell, Stanford 2012, S. X-XI.

[45] Vgl. Batailles *Dossier de l'œil pinéal*, OC II 11-47; vgl. ferner Rodolphe Gasché: *Georges Bataille. Phenomenology and Phantasmatology*.

Atheologie verkündet, als auch die *zufällige Kommunikation* seines *Denkens als eines Dichtens* zeigen, dass die *innere Erfahrung* nicht mehr und nicht weniger ist als: *erstens*, der rein immanente „pal“ (‚Pfahl‘) als der ‚Schaft der Nacht‘ in seiner Unzulänglichkeit; und *zweitens*, die berühmte ‚Tasse Tee‘ Prousts, die die kontingente und immanente ‚Eucharistie‘ der *Dichtung* feiert – womit Proust als der ‚souveräne Komplize‘ (OC V, S. 172) des *Unbekannten* erscheint (OC VI, S. 70f.). Es überrascht nicht, dass Batailles Haltung gegenüber Proust von einer Ambivalenz geprägt ist, die seinem Zaudern zwischen dem *Hass* und der *Liebe zur Dichtung* ähnelt[46], jenem Mallarméschen Zaudern – das Zaudern seines Igitur und das des Meisters seines *Coup de dés*, die zögern, die zur Faust geballte Hand zu öffnen und die Würfel zu werfen, die sie umschließt –, das die Freiheit in ihrer Unendlichkeit bedeutet.[47]

2

Betrachten wir das Werk Prousts, sticht ein Moment ins Auge, das Proust und Bataille gemein haben. Für beide gilt in gleicher Weise, dass die ‚privilegierten Zustände‘ (Ekstase, Verzückung) der *inneren Erfahrung* nur zu haben sind, wenn man ‚die Existenz im Allgemeinen *dramatisiert*‘ (OC V, S. 22). So entspricht der ‚Punkt‘ Batailles, der sich nur durch die ‚Dramatisierung‘ erreichen lässt (OC V, S. 139), an dem etwa der wolkenverhangene, plötzlich sich öffnende Himmel die *grenzenlose* und *durchsichtige*, *immanente* Dimension des *Nichtwissens* in seiner *Inexistenz* eröffnet, ganz dem *hintergründigen* ‚Punkt‘ Prousts, dem „point fabuleux“ (Blanchot). An diesem ‚Punkt‘ ereignet sich die blitzhafte Koinzidenz des Gegenwärtigen, des Vergangenen und des Zukünftigen,

[46] „Cet état privilégié […] est le seul où nous puissions nous passer tout à fait, *si nous l'acceptons*, de la transcendance du dehors. C'est trop peu de dire, il est vrai: *si nous l'acceptons*, il faut aller plus loin, *si nous l'aimons*, si nous avons la force de l'aimer.“ OC VI, S. 158.

[47] Vgl. zu dieser ‚Geste‘ (die dem vollendeten Künstler Dantes ebenso wie auch Melvilles Bartleby zu eigen ist) meine Überlegungen in: *Durchsichtigkeit. Mallarmé und das Absolute*, S. 236f., sowie Quentin Meillassoux: *Le Nombre et la sirène. Un déchiffrage du* Coup de dés *de Mallarmé*, Paris 2011, S. 122-131, Kap. *Être le hasard.* Vgl. ferner Joseph Vogl: *Über das Zaudern*, Berlin / Zürich 2007.

weil *mit der Literatur* auch die Zukunft des Werkes gegeben wird.[48] Und wie der ‚Punkt' Batailles kann auch dieser ‚fabelhafte Punkt' *außerhalb der auf ihn gerichteten Bewegung* keine Wirklichkeit für sich beanspruchen, *obwohl* er überhaupt erst *die die Bewegung auslösende Anziehung* darstellt[49] – erneut wirkt ein *Wille zur Chance*. Der ‚Punkt' existiert nicht und *ist doch*, und als eine solche ‚Projektion' muss er „fabuleux" genannt werden. ‚Fabelhaft' ist er auch in einem weiteren Sinne: er generiert *Fabeln*, ja macht Literatur möglich[50] – und stellt das ‚geheime und imaginäre Zentrum' der *Sphäre* des Werkes als einer ‚Suche' dar, die sich auf ihn immer aufs Neue ‚wie auf ihren Ursprung'[51] bezieht und sich derart zwischen *Kontraktion* und *Expansion* bewegt.[52]

Als ‚souveräne Komplizen' teilen Bataille und Proust zudem die selben ‚Methoden der Meditation'. Weit über motivische Korrespondenzen hinaus zeigt sich dies in der Gegenüberstellung zweier unscheinbar anmutender Passagen, denen jedoch in unserem Zusammenhang einer profanen Mystik poetologisches, ja literaturtheoretisches Gewicht zukommt und die uns zu den ‚Blumen der Literatur' führen, die sich bisher

[48] Vgl. Blanchot: *Le Livre à venir*, S. 25.

[49] Vgl. zu diesem „mouvement vers un point" ebd., S. 14.

[50] Ebd., S. 19. Vgl. hier bereits die „sens fabuleux" des Mallarméschen Fauns, die ganz dieser Vorstellung Blanchots entsprechen. Mallarmé: *L'après-midi d'un faune*, V. 9, OC I, S. 23.

[51] Vgl. Blanchot: *Le Livre à venir*, S. 34 und 35.

[52] An dieser Stelle möchte ich auf die Bedeutung der jüdischen Mystik und insbesondere des lurianischen Konzepts des *Zimzum* für Prousts Werk und literaturtheoretischen Entwurf weisen, die Blanchot in seiner Proust-Lektüre (ebenso wie die Nähe zum Denken Schellings) bereits zu implizieren scheint, ohne Isaak Luria oder Schelling dabei je zu erwähnen. Vgl. zu Blanchot, Proust und Schelling nochmals meine Überlegungen in: *Die ‚andere' Zeit – Maurice Blanchots Proust-Erfahrung* und *La pensée du silence: Blanchot, Wittgenstein et Schelling*. Die verborgene jüdische Dimension möchte ich in anderem Zusammenhang näher erkunden. Vgl. zum hebräischen *Zimzum* als der ‚Zusammenziehung' oder (in der Übersetzung Schellings) ‚Contraktion' Gottes Christoph Schulte: *Zimzum. Gott und Weltursprung*, Berlin 2014; vgl. hierzu ferner die (1941 auf Englisch, 1957 erstmals auf Deutsch erschienene) Darlegung von Gershom Scholem: *Die jüdische Mystik in ihren Hauptströmungen*, Berlin [11]2015, hier bes. S. 285-290. Vgl. zu Schellings Vorstellung der *Kontraktion des Urwesens* Cem Kömürcü: *Sehnsucht und Finsternis. Schellings Theorie des Sprachsubjekts*, Wien 2011, S. 135-150.

nur erahnen ließen. Denn Bataille vergleicht nicht nur seinen Akt der Benennung der *inneren Erfahrung* mit dem der Benennung einer Blume; die Blume erscheint auch im Zusammenhang der Meditation, wenn Bataille nämlich ‚eine Blume' zum ‚Gegenstand' der meditativen Betrachtung erhebt, um das Wesen von ‚Meditation' und ‚Ekstase' zu verdeutlichen.[53]

Eine solche versunkene Betrachtung, wie Bataille sie vorstellt, die Betrachtung eines Apfelblütenzweigs ist die ‚Methode der Meditation' des Proustschen Erzählers, die das künstlerische Verfahren der *Recherche*, das ‚Projekt' der Literatur selbst ausstellt. In der nächtlichen Einsamkeit seiner Pariser Bleibe ‚projiziert' der um seine Berufung zum Schriftsteller ringende Erzähler die Apfelblüte retrospektiv in die normannische Sommerlandschaft, in der diese bereits vorbei war, als er dort entlangfuhr.[54] Nicht zufällig ist die Apfelblüte Gegenstand dieser

[53] „Les flux et les reflux de la méditation ressemblent aux mouvements qui animent la plante au moment où la fleur se forme. L'extase n'explique rien, ne justifie rien, n'éclaire rien. Elle n'est rien de plus que la fleur, n'étant pas moins inachevée, pas moins périssable. La seule issue: prendre une fleur et la regarder jusqu'à l'accord, en sorte qu'elle explique, éclaire et justifie, *étant* inachevée, *étant* périssable." OC V, S. 265.
Die Wahl des Objekts der Blume scheint zunächst rein exemplarischer Natur: herausgestellt werden neuerlich die ‚fließenden Bewegungen' der Meditation zwischen *Vorder-* und *Hintergrund*, die für Bataille denen der sich herausbildenden Blüte ähneln; doch diese Ähnlichkeit, die sich sogleich in eine Metapher verwandelt und verdichtet – die Ekstase ‚ist nicht mehr als die Blume', d.h. sie *ist* die Blume –, weist über das Exempel hinaus. Denn das ‚Heraus-' und ‚Emporragen' der Blüte ist selbst völlig *bedeutungslos*, es *ist* einfach; ja die Blüte selbst *bedeutet* nichts außer ihre eigene ‚Unvollendetheit', ihre ‚Zerbrechlichkeit' und ‚Endlichkeit' (dies ist ihre ‚Sprache', wie Bataille den *langage des fleurs* versteht, vgl. *Le langage des fleurs*, OC I, S. 173-178, hier bes. S. 176, 178). So *ist* auch die Ekstase in der Meditation, und das *bedeutet* wiederum nichts anderes als ihre ‚Unvollendetheit', ihre ‚Zerbrechlichkeit' und ‚Endlichkeit'. Dem ist neuerlich nur gemäß dem Paradox der immunitären Logik zu begegnen, indem man sich dieses fragilen ‚Projekts' bedient: der ‚Projektion' der Blüte *als* einer ‚unvollendeten', *als* einer ‚endlichen', damit sie ‚erklärt, erhellt und rechtfertigt', sich durch die eigene *Verdoppelung* also selbst *übersteigt*.

[54] „Combien de fois à Paris, dans le mois de mai de l'année suivante, il m'arriva d'acheter une branche de pommier chez le fleuriste et de passer ensuite la nuit

‚Dramatisierung', die ein in der Vergangenheit gesehenes Schauspiel *verdoppelt* und *übersteigt*, indem eine nie dagewesene Gegenwart an die Stelle des Mangels tritt. Der Apfelbaum ist nicht nur ein Motiv der Liebesdichtung seit dem *Hohelied*; seine Blüte, die die Frucht verheißt, ist für Proust nur eine vieler anderer Blüten und Verheißung anderer ‚köstlicher Früchte' (ja ‚aller Mädchen', denen man begegnet), die ‚nicht nur die Landschaft zieren', sondern die man ‚verzehren' kann.[55] In der Tat verbirgt sich ‚unter' dem ‚grünen Glanz' seines Blattwerks und dem ‚weißen Satin' seiner Blüten schon in *Jean Santeuil* ‚wie ein besonderes Wesen, ein geliebtes und unersetzliches Individuum'[56], etwa das ‚Fluchtwesen' Albertine, die die zentrale weibliche Figur des *Recherche* ist: ‚wie etwas darunter', das unsere Lust ‚gleichsam tief' werden lässt;[57] diese unbestimmte ‚Verzückung' entsteht durch die ‚inneren Bewegungen' *zwischen* verschiedenen einander ‚spiegelnden' (gegenwärtigen, vergangenen, in der fiktionalen ‚Wirklichkeit' und durch ‚Projektion' erlebten und immer aufs Neue zu erlebenden) Empfindungen.[58]

Dieselben ‚inneren Bewegungen' in ihrer *Hintergründigkeit* zeigen

devant ses fleurs où s'épanouissait la même essence crémeuse qui poudrait encore de son écume les bourgeons de feuilles […]; je les regardais, je les faisais poser sous ma lampe – si longtemps que j'étais souvent encore là quand l'aurore leur apportait la même rougeur qu'elle devait faire en même temps à Balbec – et je cherchais à les reporter sur cette route par l'imagination, à les multiplier, à les étendre dans le cadre préparé, sur la toile toute prête, de ces clos dont je savais le dessin par cœur et que j'aurais tant voulu, qu'un jour je devais, revoir, au moment où avec la verve ravissante du génie, le printemps couvre leur canevas de ses couleurs." Marcel Proust: *À l'ombre des jeunes filles en fleur*, *À la recherche du temps perdu*, éd. Jean-Yves Tadié, 4 Bde., Paris 1987-1989, Bd. II, S. 67. Im Folgenden zitieren wir diese Ausgabe der *Recherche* mit der Sigle RTP gefolgt von der Bandnummer und Seitenzahl.

[55] Vgl. *À l'ombre des jeunes filles en fleur*, RTP II, S. 71.

[56] Marcel Proust: *Jean Santeuil*, éd. Pierre Clarac, Paris 1971, S. 279.

[57] *Jean Santeuil*, S. 279.

[58] „[…] ce qui nous ravit […] c'est quelque chose que nous sentons au fond, quelque chose qui n'est pas d'aujourd'hui car un sentiment d'un autrefois où nous voyions des pommiers pareils est dedans, et qui n'est pas d'autrefois non plus seulement…" *Jean Santeuil*, S. 279-280. Vgl. hier auch die poetologisch bedeutsame Serie der ‚Erweckungserlebnisse' auf der Matinée Guermantes in *Le temps retrouvé*, RTP IV, S. 445-451, zur ‚Spiegelung' bes. S. 451.

sich in der Wiederkehr des Apfelbütenmotivs auf einer späteren Reise des Erzählers in dieselbe Landschaft, nun in der ‚Auslotung' einer *anderen* ‚Tiefe'. Das *hintergründige* Moment, das der Apfelblüte innewohnt, weicht hier dem ‚äußeren', nun malerisch gesehenen *Hintergrund* des Meeres und des Himmels, der erst *durch* die Blüten, zwischen deren sich hebendem ‚Vorhang' er zum Vorschein kommt, seine ‚Tiefe' erfahren lässt.[59] Die ‚Tiefe' dieses ‚Paradieses', das – wie bei van Goghs berühmter *Mandelblüte* auf ungeheuer leuchtendem Blau[60], einem Proustschen „bleu rasséréné, presque violent", Abb. 2 – *reine Farbe* zu sein scheint, führt zum ‚Paradies' einer ‚Tiefe', die ein bloßes *Als-ob* der ‚Tiefe' ist: *reine Oberfläche*, *Immanenz* des Bildes und *zugleich* etwas, was ich mit Wolfram Hogrebe eine „simultane Hintergrundfigur" nennen möchte: eine „simultane Hintergrundfigur, die nie erscheint", ja die nicht einmal existiert, aber jede Erscheinung *begleitet* und „alles aus sich zu entlassen eine virtuelle Macht hat."[61] Denn auch in Prousts *Erfahrung des Nichtwissens* tritt der *Hintergrund* in den *Vordergrund* und wird als ein solcher stets neu inszeniert.[62] Somit weist die Apfelblü-

[59] „[…] dès que je fus arrivé à la route ce fut un éblouissement. Là où je n'avais vu […], au mois d'août, que les feuilles et comme l'emplacement des pommiers, à perte de vue ils étaient en pleine floraison, d'un luxe inouï, les pieds dans la boue et en toilette de bal, ne prenant pas de précautions pour ne pas gâter le plus merveilleux satin rose qu'on eût jamais vu et que faisait briller le soleil; l'horizon lointain de la mer fournissait aux pommiers comme un arrière-plan d'estampe japonaise; si je levais la tête pour regarder le ciel entre les fleurs, qui faisaient paraître son bleu rasséréné, presque violent, elles semblaient s'écarter pour montrer la profondeur de ce paradis." *Sodome et Gomorrhe*, RTP III, S. 177. Bereits auf der früheren Reise war dem Betrachter das Meer zwischen dem Blattwerk erschienen, vgl. nochmals *À l'ombre des jeunes filles en fleur*, RTP II, S. 67f.

[60] Vincent van Goghs spätes, in *sujet* und Gestaltung an japanische Drucke erinnernde Ölgemälde entstand im Februar 1890 in Saint-Rémy-de-Provence. Vgl. zur Malerei bei Proust Kazuyoshi Yoshikawa: *Proust et l'art pictural*, Paris 2010.

[61] Wolfram Hogrebe: *Metaphysische Einflüsterungen*, Frankfurt a. M. 2016, S. 23.

[62] Dies zeigt etwa die durch einen Prolog eingeleitete Serie von sieben *tableaux*, die den Sonnenuntergang über dem Meer zum *sujet* hat und schließlich im leeren Dunkel des geschlossenen Vorhangs als einer *unendlichen Dimension* reiner *Potentialität* einer neuen, *anderen* Öffnung, der *immer möglichen* Er-

te *doppelt* auf Albertine, die das unter Blatt und Blüte verborgene geliebte Wesen ist, und die vor dem *Hintergrund* des Meeres als ‚Projektionsfläche' erscheint, wobei sie diese wiederum selbst erst zum Vorschein bringt.[63]

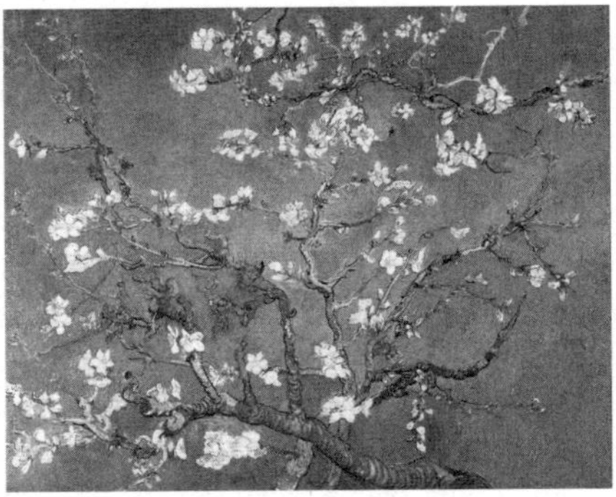

Abb. 2: Vincent van Gogh: *Mandelblüte*, Februar 1890.

Die ‚Projektion' durchzieht Prousts Werk weit über die des Apfelblütenzweigs hinaus. Ihre ‚inneren Bewegungen' zwischen *Vorder-* und *Hintergrund* sind wie bei Bataille *gleicherweise* ‚die Lupe' und ‚das Licht' (OC V, S. 138f.). Die Suche gilt dabei *nicht allein* der sich in unendlichen Bilderserien vervielfachenden Albertine und ihren Gefährtinnen, also jenen Gewächsen eines *anderen*, *unbekannten* ‚Universums'[64], die nur *im Schatten* dieses Nichtwissens gedeihen. Bemerkenswert ist, dass sie, die dem Beobachter zunächst den *Anblick* eines ‚antiken Frieses'

fahrung reicher Fülle gipfelt. Vgl. *À l'ombre des jeunes filles en fleur*, RTP II, S. 160-163. Vgl. ferner Batailles Verständnis der Leere in *L'absence de mythe*, OC XI, S. 236.

63 „C'est ainsi […], les yeux brillants […] que je la revois encore maintenant, silhouettée sur l'écran que lui fait, au fond, la mer, et séparée de moi par un espace transparent et azuré, le temps écoulé depuis lors, première image, toute mince dans mon souvenir, désirée, poursuivie, puis oubliée, puis retrouvée, d'un visage que j'ai souvent depuis projeté dans le passé pour pouvoir me dire d'une jeune fille qui était dans ma chambre: ‚C'est elle!'" *À l'ombre des jeunes filles en fleur*, RTP II, S. 186.

64 *À l'ombre des jeunes filles en fleur*, RTP II, S. 152.

oder eines ‚Freskos'[65] bieten, tatsächlich ‚dem Meer entlang' eine ‚Theorie', wörtlich also einen *Ausblick* entfalten:[66] dieser weist auf das *hintergründige*, sich seinerseits in der Serialität unendlicher Wandlungen zeigende[67] Meer selbst[68]. Die Suche gilt dem *Hintergrund*, der eine jede Erscheinung *generiert und begleitet* und *zugleich* selbst zur ‚Figur', Figur eines ganz *Anderen* wird[69] – so wie später die ‚Ekstase der Zeit' („un peu de temps à l'état pur") als Erfahrung des *Absoluten*.[70]

[65] *À l'ombre des jeunes filles en fleur*, RTP II, S. 153. Beim Fresko sind Grund und Figur selbst ununterscheidbar, und der Fries bleibt als zierender Saum stets auf ein Anderes verwiesen…

[66] „la théorie qu'elles déroulaient le long de la mer". *À l'ombre des jeunes filles en fleur*, RTP II, S. 153, vgl. weiterhin S. 154-156.

[67] „[…] j'avais ouvert mes rideaux dans l'impatience de savoir quelle était la Mer qui jouait ce matin-là au bord du rivage, comme une Néréide. Car chacune de ces Mers ne restait jamais plus d'un jour. Le lendemain il y en avait une autre qui parfois lui ressemblait. Mais je ne vis jamais deux fois la même." *À l'ombre des jeunes filles en fleur*, RTP II, S. 64f.

[68] „[…] quelle joie […] de voir […] la mer nue, sans ombrages et pourtant à l'ombre […]! […] Et dès ce premier matin le soleil me désignait au loin d'un doigt souriant ces cimes bleues de la mer qui n'ont de nom sur aucune carte géographique […]." *À l'ombre des jeunes filles en fleur*, RTP II, S. 33f.

[69] „C'était à elles [i.e. ces jeunes filles] que ma pensée s'était agréablement suspendue quand je croyais penser à autre chose, ou à rien. Mais quand, même ne le sachant pas, je pensais à elles, plus inconsciemment encore, elles, c'était pour moi les ondulations montueuses et bleues de la mer, le profil d'un défilé devant la mer. C'était la mer que j'espérais retrouver, si j'allais dans quelques villes où elles seraient. L'amour le plus exclusif pour une personne est toujours l'amour d'autre chose." *À l'ombre des jeunes filles en fleur*, RTP II, S. 189.

[70] Vgl. *Le temps retrouvé*, RTP IV, S. 449-451, hier S. 451. Diese blitzartig aufleuchtende ‚Ekstase der Zeit', die die Kontingenz und Endlichkeit ‚neutralisiert', wird durch die poetologisch bedeutsame Serie der ‚Erweckungserlebnisse' vorbereitet, vgl. ebd., S. 445-447: „[…] un azur profond enivrait mes yeux, des impressions de fraîcheur, d'éblouissante lumière tournoyaient près de moi […], une nouvelle vision d'azur passa devant mes yeux; mais il était pur et salin, il se gonfla en mamelles bleuâtres; […]. Et je ne jouissais pas que de ces couleurs, mais de tout un instant de ma vie qui les soulevait […], et qui maintenant, débarassé de ce qu'il y a d'imparfait dans la perception extérieure, pur et désincarné, me gonflait d'allégresse." Und auch die tiefe Intensität der Farben und die ‚wirbelnden' Eindrücke lichten Glanzes, die der glückli-

Indem die Erscheinung der ‚Blumenmädchen‘ vor dem Meer einen *Ausblick* auf eine absolute Alterität entfaltet, erinnert sie an ein anderes ‚flüchtiges Gewächs‘. Die ‚unbekannten Blicke‘ der Mädchenbande erfährt der Erzähler, als ‚spielten‘ sie auf ihm ‚wie ein Effekt des Sonnenlichts auf einer Mauer‘[71] (schon das lateinische Etymon von *fleur*: *flos, floris* bedeutet bekanntlich nicht nur ‚Blume, Blüte‘ sondern auch ‚Glanz, Schimmer‘). Dieses ‚Spiel des Lichts‘ *à fleur de peau* entspricht dem früheren *hintergründigen Schattenspiel*[72], das der verliebte Erzähler während seiner ‚meteorologischen Himmelsschau‘ beobachtet. Und dieses *Schattenspiel* lässt auf der Mauer des Balkons dank eines Zufalls für einen Augenblick ein fragiles Gebilde ganz anderer Art entstehen: das *inexistente* und *durchsichtige* ‚augenblickliche Efeu‘ als ‚Vorzeichen‘ der ersehnten Begegnung *und* als *Metapher* der Literatur.[73]

chen Erfahrung des *Absoluten* („pur et désincarné“, S. 447) zu eigen ist, die sich dem Erzähler in der Verschränkung von Vergangenheit und Gegenwart gleich einem ‚Fenster‘ öffnet, lässt sich bereits in den früheren, dem Meer und dem Himmel in ihrer Hintergründigkeit geltenden Passagen erahnen. Vgl. zur erneut auch jüdischen Dimension des Proustschen Schreibens und den Bezügen zum *Sohar*, dem ‚Buch des Glanzes‘ der mittelalterlichen jüdischen Mystik Juliette Hassine: *Ésotérisme et écriture dans l'œuvre de Proust*, Paris 1990, sowie Prousts *Carnet de 1908*, S. 101f. (feuillet 41 r°/v°), das Aufschluss über die Entstehung der *Recherche* gibt. Vgl. zum *Sohar* auch Gershom Scholem: *Die Geheimnisse der Schöpfung. Ein Kapitel aus dem kabbalistischen Buche Sohar*, Frankfurt a. M. 2018.

71 „ces yeux dont les regards inconnus me frappaient parfois en jouant sur moi sans le savoir comme un effet de soleil sur un mur“. *À l'ombre des jeunes filles en fleur*, RTP II, S. 153.

72 Dieses findet sich denn auch in dem Teil der *Recherche*, dem kurzen dritten Teil von *Du côté de chez Swann* (mit dem Titel *Nom de pays: le nom*), den Claude Simon treffend als das ‚Präludium‘ zum Roman der Mädchen *À l'ombre des jeunes filles en fleur* bezeichnet. Vgl. Claude Simon: *Le poisson cathédrale*, in: *Quatre conférences*, Paris 2012, S. 9-38, hier S. 16-18.

73 „[…] et s'il pleuvait à quoi bon aller aux Champs-Elysées? Aussi depuis le déjeuner mes regards anxieux ne quittaient plus le ciel incertain et nuageux. Il restait sombre. Devant la fenêtre, le balcon était gris. *Tout d'un coup*, sur sa pierre maussade je ne voyais pas une couleur moins terne, mais *je sentais comme un effort vers une couleur moins terne, la pulsation d'un rayon hésitant qui voudrait libérer sa lumière.* Un instant après, le balcon était pâle et réfléchissant comme une eau matinale, et *mille reflets de la ferronnerie de son*

Erneut haben wir es mit einer ‚Dramatisierung' zu tun, einer gegenstandslosen ‚Projektion'. Gleichwohl verfährt diese in ihrer *typologischen* Dimension auf komplexere Weise: das das Efeu heraufbeschwörende arabeske ‚Schattengebilde' ist der ‚Schatten', *figura* Gilbertes, die ihrerseits Albertine *präfiguriert*,[74] und diese ist selbst wiederum Figur eines näherhin Unbenannten, der Schatten eines ins Unendliche ragenden *Namenlosen*.[75] Denn obgleich die geschilderte *Erfahrung* mit einem Blick aus dem ‚Fenster' einsetzt, führt sie vor Augen, dass es *nicht* um den *Anblick* des gegenüber Gesehenen geht. Vielmehr geht es um den *obliquen* Blick (auf die glänzenden, ‚beblätterten Reflexe'), der einen *spekulativen Ausblick* bietet; dieser eröffnet das Wechselspiel *zwischen Vorder-* und *Hintergrund*: die ‚simultane Hintergrundfigur' des ‚augenblicklichen Efeus'. Die farblosen ‚Fäden' dieses efeuartigen Gebildes des Begehrens und der Verheißung *gibt es nicht*, obgleich sie *doch sind*:

treillage étaient venus s'y poser. Un souffle de vent les dispersait, la pierre s'était de nouveau assombrie, mais, comme apprivoisés, ils revenaient; *elle recommençait imperceptiblement à blanchir et [...] je la voyais atteindre à cet or inaltérable et fixe des beaux jours, sur lequel l'ombre découpée de l'appui ouvragé de la balustrade se détachait en noir comme une végétation capricieuse*, avec une ténuité dans la délinéation des moindres détails qui semblait trahir une conscience appliquée, une satisfaction d'artiste, et avec un tel relief, un tel velours dans le repos de ses masses sombres et heureuses qu'en vérité *ces reflets larges et feuillus qui reposaient sur ce lac de soleil* semblaient savoir qu'ils étaient des gages de calme et de bonheur.
Lierre instantané, flore pariétaire et fugitive! La plus incolore, la plus triste, au gré de beaucoup, de celles qui peuvent ramper sur le mur ou décorer la croisée; pour moi, de toutes la plus chère depuis le jour où elle était apparue sur notre balcon, comme *l'ombre même de la présence de Gilberte* qui était peut-être déjà aux Champs-Elysées [...]; fragile, emportée par un souffle, mais aussi en rapport non pas avec la saison, mais avec l'heure; promesse du bonheur immédiat que la journée refuse ou accomplira, et par là du bonheur immédiat par excellence, le bonheur de l'amour; plus douce, plus chaude sur la pierre que n'est la mousse même; vivace, à qui il suffit d'un rayon pour naître et faire éclore de la joie [...]." *Du côté de chez Swann*, RTP I, S. 389f., meine Hervorhebungen.

[74] Vgl. Erich Auerbach: *Figura* [1939], in: *Gesammelte Aufsätze zur Romanischen Philologie*, Bern / München 1967, S. 55-92, bes. S. 66f.

[75] Vgl. nochmals *À l'ombre des jeunes filles en fleur*, RTP II, S. 189: „L'amour le plus exclusif pour une personne est toujours l'amour d'autre chose."

nichts als eine Verflechtung schwarz-schimmernden, samtenen *Schattens* und weiß strahlenden *Lichts*, reine *Transparenz*. Sie weisen auf das imaginäre Werk der *Liebe*, der *Liebe zur Chance*, zum *Möglichen*, die immer wieder *andere* ‚neue Anordnung', die die ‚unbekannte', ‚innere Arbeiterin' diesem gibt – auf das durchsichtige ‚Gespinst' der ‚Spinne' der *Literatur* als *innerer Erfahrung*, als einer *Erfahrung des Nichtwissens*.[76]

[76] Vgl. *Du côté de chez Swann*, RTP I, S. 403f. Auch Ovids Arachne webt den *Efeu* am ornamentaen Rand ihres Tuchs der ‚Schandgeschichte des Himmels' („caelestia crimina"), dessen Saum nämlich „Blumen, mit Efeuranken verflochten" schmücken: „ultima pars telae, tenui circumdata limbo, / nexilibus flores hederis habet intertextos." *Metamorphosen* 6, V. 127-128, S. 272.
Vgl. zudem Mallarmés dichtungstheoretisch höchst bedeutsamen „pli de sombre dentelle" (*L'action restreinte*, OC II, S. 215), der als Mallarmés Metapher *par excellence* des dichterischen Gebildes auf Proust vorausdeutet. Vgl. hierzu nochmals meine Überlegungen in: *Durchsichtigkeit. Mallarmé und das Absolute*, S. 213-217. Vgl. zu Gegenstandslosigkeit und orientalisch-arabeskem Moment (in dem sich San Juan, Mallarmé und Proust verbinden) Paul Valéry: *Orientem versus*, in: *Œuvres*, Bd. II, éd. Jean Hytier, Paris 1960, S. 1040-45.
In Prousts *Prisonnière* findet sich ein weiteres Schattenspiel mit arabeskem ‚Efeu-Effekt': die den Erzähler ‚verzückende' Zeichnung seines Schattens, der mit dem geliebten Schatten Albertines verschmilzt: „[…] je lui donnai le bras, et il me semblait que cet anneau que le sein faisait sous le mien unissait en un seul être nos deux personnes et attachait l'une à l'autre nos deux destinées. À nos pieds, nos ombres parallèles puis rapprochées et jointes, faisaient un dessin ravissant. […] Et je trouvais un charme plus immatériel sans doute mais non pas moins intime qu'au rapprochement, à la fusion de nos corps, à celle de nos ombres." (RTP III, S. 680) Diese Zeichnung der Schatten verbindet sich mit dem Efeu, dessen Ranken und Verflechtungen als Zeichen des Geheimnisses und Nichtwissens hier auch metonymisch die versuchte Besitznahme und Gefangenschaft Albertines im Haus dieses ‚Magiers' bedeuten, als der der Erzähler sich selbst enttarnt: „Et elle [i.e. la voiture] s'engagea […] dans de petites allées sinueuses où les arbres d'hiver, habillés de lierre et de ronces, comme des ruines, semblaient conduire à la maison d'un magicien. […M]es sens tressés ensemble l'enveloppaient [i.e. Albertine] tout entière, […] mes regards l'enveloppaient encore tandis qu'elle s'enfonçait devant moi sous la voûte […], je goûtais à la voir […] captive, rentrer […] comme une femme que j'avais à moi, et protégée par les murs, disparaître dans notre maison." RTP III, S. 680f. Vgl. zum Schattenmotiv in seinen ‚differentiellen Wie-

Diese *Fülle der Leere* ist auch *im Innern der Blüte* da, ihrem Kelch als ‚Herz' und ‚Gefäß' – wie auch die banale „tasse de thé" eines ist, die ihrerseits nicht ohne eine *Blüte*, die *Lindenblüte*[77], zu denken ist. Wie in einem ‚Spiel', das an den Zufall gebunden ist, diesen jedoch zugleich überwindet,[78] steigen aus dieser Tasse mit einem Mal die gesuchten Erscheinungen empor – die ‚Blumen' des eigenen Gartens und des benachbarten Parks, ‚die Seerosen der Vivonne', ja ‚all das, was feste Gestalt annimmt'.[79] *Leere* und *Ekstase* fallen zusammen: in ihrer endlichen Schönheit bedeutet diese ‚Blüte' der Literatur auch ihre eigene ‚Streichung': sie ist *litté/rature* gemäß dem Sprachspiel Mallarmés.[80]

Blüte heißt aber auch die *Metapher* in ihrer Bewegung auf das *Nichtwissen* hin, in ihrer Öffnung des Blicks auf das *Andere* (*begrifflicher Vernunft*), in ihrem *theoretischen* Vermögen, wie es die ‚metamorphotische' Kraft der Proustschen *Metapher* vor Augen führt: sie ist ‚Tilgung' des Namens, vielmehr ein *anderer* Name,[81] ‚das Rätsel eines Namens', das es zu ‚erwecken' gilt.[82]

*

Eindringlich zeigen dies die Arbeiten der franko-marokkanischen Künstlerin Najia Mehadji. Ihre Bildserien führen von *Blumen* (Abb. 3) – die ebenso wie ihre barock-floralen *Vanités* (Abb. 4) Figuren der Endlichkeit sind – zu Figuren des *mystischen Tanzes* (Abb. 5).

derholungen' Rainer Warning: *Marcel Proust*, Paderborn 2016, S. 73f. und 104f.

77 Vgl. hierzu bes. *Du côté de chez Swann*, RTP I, S. 50f.

78 Genau dies bedeutet die unerschöpfliche ‚Ekstase der Zeit' als Erfüllung transfiniten Sehnens. Vgl. *Du côté de chez Swann*, RTP I, S. 43f.

79 Vgl. *Du côté de chez Swann*, RTP I, S. 47.

80 Vgl. Mallarmé: *Toute l'âme résumée…*, V. 13-14, OC I, S. 59f. Insofern als jede Schließung auch eine potentielle neuerliche Öffnung bedeutet, *spiegelt*, „*zeig[t]*" sie die „Wunder der Natur" Wittgensteins: „(Die sich öffnende Blüte. Was ist an ihr *herrlich*?) Man sagt: ‚Sieh, wie sie sich öffnet!'" Ludwig Wittgenstein: *Über Gewissheit*, Werkausgabe 8, Frankfurt a. M. 1984, S. 530.

81 Vgl. *A l'ombre des jeunes filles en fleur*, RTP II, S. 191f. Darin entspricht sie Batailles ‚Opfer der Wörter', vgl. OC V, S. 158.

82 Vgl. Mallarmé: *Toast funèbre*, V. 34-35. OC I, S. 28.

Abb. 3: Najia Mehadji: *Fleur d'Orient*, 2008.

Abb. 4: Najia Mehadji: *Vanité*, 2007.

Abb. 5: Najia Mehadji: *Mystic Dance 2*, 2011.

Diese folgen – wie auch die drehenden Derwische, deren Erscheinung sie nachempfinden (vgl. die Photographien Giorgia Fiorios, Abb. 6a und 6b) – einer *nach links* gerichteten Bewegung, drehen sich also *gegen* den Uhrzeigersinn und widersprechen somit dem Vergehen der Zeit.

Abb. 6a: Giorgia Fiorio: *Drehende Derwische*, 2004.

Abb. 6b: Giorgia Fiorio: *Drehende Derwische*, 2004.

Mehr noch als die im semi-transparenten Hell-Dunkel ihrer Faltungen *hintergründigen Blumen* und *Vanités*, die die leere Mitte, das unsichtbare ‚Herz' zeigen *und* verbergen,[83] changieren die seriellen Bilder des

[83] Vgl. Christine Buci-Glucksmann: *Des fleurs du noir aux ‚Mystic Dance'*, in: *Najia Mehadji. La révélation du geste / The Revelation of the Gesture*, Paris 2014, S. 65-67.

‚Tanzes' beständig *zwischen Vorder-* und *Hintergrund* – und fungieren so als ‚simultane Hintergrundfiguren'. Doch auch bei Mehadji führt die ‚metamorphotische' Kraft weiter: das sich in die Figur des *Tanzes* verwandelnde Bild der *Blume* hat seinerseits eine ‚optische Form': es ist selbst *Auge*, das ‚komplizenhaft' von der *inneren Erfahrung* als einer *Erfahrung des Nichtwissens*, des *Absoluten* zeugt (Abb. 5 und Abb. 7).

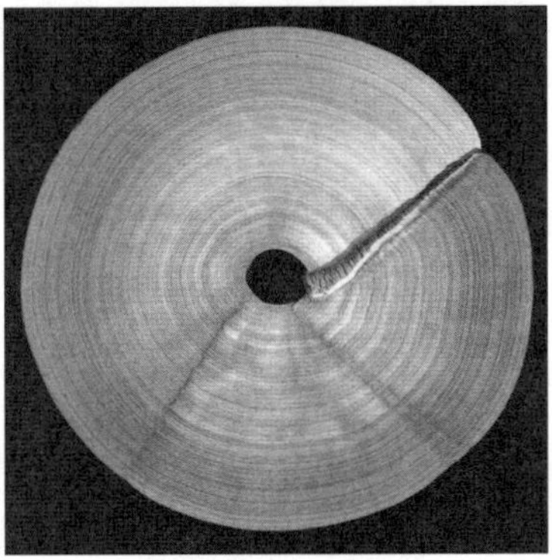

Abb. 7: Najia Mehadji: *Cercle*, 2011.

Genau dies lässt sich im grandiosen, ebenso zeitgenössischen Schaffen der belgischen Choreographin Anne Teresa De Keersmaeker beobachten. Aus der reinen Bewegung des *Tanzes* in Raum und Zeit ergeben sich augenblickhaft komplexe *florale* Figuren, wie jüngst etwa die choreographische ‚Arbeit-als-Ausstellung' mit dem Titel *Work / Travail / Arbeid* (das französische „travail" gündet etymologisch in der ‚Marter') zu Gérard Griseys siebenstimmigem *Vortex temporum* vor Augen führt.[84] Dieses auf der immer wiederholten Figur des Kreises beruhende *florale* Moment der Choreographie De Keersmaekers weist seinerseits auf die ‚optische Form' – die auch dem aufscheinenden und erlöschenden ‚Auge der Sonne' zu eigen ist, dem Bataille wissentlich vergebens zu begegnen sucht. Eben dies zeigt auch De Keersmaekers frühes Tanzsolo zu Steve Reichs *Violin Phase* im dritten Teil von Thierry De Meys Film *Fase* (2002, die Choreographie selbst ist von 1982).

[84] Ausstellung im WIELS, Brüssel, 20. März bis 17. Mai 2015. Vgl. hierzu *Anne Teresa De Keersmaeker. Work / Travail / Arbeid*, 4 vols., ed. Elena Filipovic. Brüssel / New Haven / London 2015.

Auf diese Weise zeugt die Choreographie De Keersmaekers immer wieder von der *Erfahrung des Nichtwissens*: Diese mag sich wie in der Begegnung mit der Musik Griseys als iterierte, augenblickhafte *Erfahrung der Zeit* im Zeichen Prousts[85] entfalten. Oder aber sie entsteht wie in *Fase* aus der unablässigen, mit methodischer Strenge vollzogenenen und dabei wirbelnden Bewegungsfolge des Tanzes, der so zu einem *milieu* gemäß Mallarmé[86], einem hintergründigen ‚Zwischen-Ort' der Potentialität wird: Hier stellt sich die Tänzerin in den Dienst des choreographischen ‚Projekts' und verschwindet im *all-over* der eigenen graphischen Spur, der Zeichnung ihrer tanzenden Füße – es erscheinen ein Kreis, sein Radius in vielfacher Wiederholung, weitere spiralartige Kreise, Blütenblätter, die Figur einer Rosette, die einander im nahezu weißen Sand hervorbringen und verwischen: gleichsam „ronds [...] / Abolis en autres ronds" wie in Mallarmés Sonett *Toute l'âme résumée...*[87] –, um in diesem ‚Hintergrundgeschehen' wie auf der durchsichtigen Oberfläche der Netzhaut des Auges das *absolute* Milieu, die ‚Distinktionsdimension' selbst zur Wahrnehmung zu bringen.[88] Dies wird durch die ihrerseits kontinuierlich bewegte Kameraführung De Meys hervorgehoben, die in der leuchtend-grünen Farbigkeit des die Lichtung des Tanzgrundes umgebenden Waldes schwelgt. Doch ganz zu Beginn richtet sich das Auge der Kamera von oben auf die Szenerie; diese Position umsichtigen Innehaltens, die die Dramatisierung der vorübergehenden ‚Phase' des Tanzes nicht nur eröffnet sondern auch beschließt, stellt das choreographische ‚Projekt' im beinahe Weiß-auf-Weiß der finalen Zeichnung aus (die Tänzerin ist im gleichen elfenbeinenen Weiß ge-

[85] „un peu de temps à l'état pur", vgl. *Le Temps retrouvé*, RTP IV, S. 451. Grisey selbst bezieht sich auf die Proustsche Erfahrung und das Spiel von *Kontraktion* und *Expansion*, vgl. Bojana Cvejic: *Grisey's views on musical time*, in: *Anne Teresa De Keersmaeker. Work / Travail / Arbeid*, 4 vols., ed. Elena Filipovic. Brüssel / New Haven / London 2015, vol. 2, S. 33-42.

[86] Vgl. Mallarmé: *Autre étude de danse*, OC II, S. 176.

[87] Mallarmé: *Toute l'âme résumée...*, V. 3-4, OC I, S. 59.

[88] Vgl. zur Netzhaut erneut Mallarmé: *Le Mystère dans les Lettres*, OC II, S. 229, sowie zum ‚Hintergrundgeschehen' Verf.: *Durchsichtigkeit. Mallarmé und das Absolute*, S. 222f. und S. 232-234. Vgl. zur ‚Distinktionsdimension' als dem „semantisch völlig diaphane[n] Hintergrund aller semantischen Kontraste" Wolfram Hogrebe: *Die Wirklichkeit des Denkens*. Hg. v. Jens Halfwassen und Markus Gabriel. Heidelberg 2006, S. 40.

kleidet) oder lässt diese vielmehr *erahnen* (vgl. Abb. 8a und 8b) –

Abb. 8a: Anne Teresa De Keersmaeker / Thierry De Mey: *Fase*, 2002, Videostill.

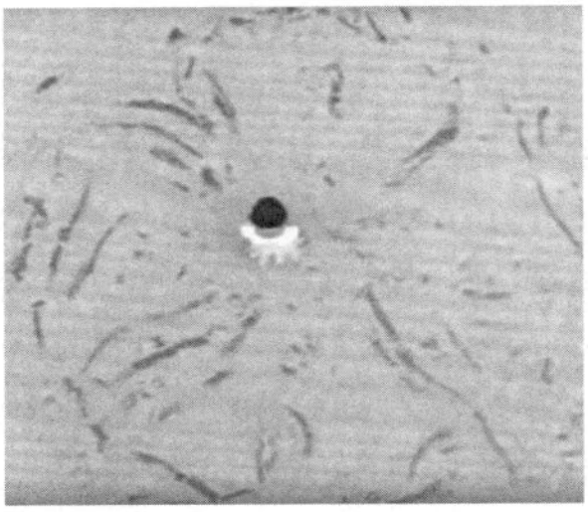

Abb. 8b: Anne Teresa De Keersmaeker / Thierry De Mey: *Fase*, 2002, Videostill.

– mit den Schlussversen aus San Juans *Noche oscura*:

cesó todo y dejéme
dejando mi cuidado
entre las azucenas olvidado.[89]

[89] San Juan de la Cruz: *Canciones del alma, En una noche oscura...*, V. 38-40, in: *Obra completa*, Bd. 1, S. 424f., hier S. 425. Vgl. zu Anne Teresa De Keersmaekers Schaffen *Rosas / Anne Teresa De Keersmaeker*, Tounai / Bruxelles 2002; vgl. zu *Fase* ferner Douglas Crimp: *Relocating Rosas*, in: *Anne Teresa De Keersmaeker. Work / Travail / Arbeid*, 4 vols., ed. Elena Filipovic. Brüssel / New Haven / London 2015, vol. 3, S. 83-103, hier S. 97f., sowie Julie Enckell Julliard: *Visualiser les vides et mesurer la terre: la raison d'être du dessin dans l'œuvre chorégraphique d'Anne Teresa De Keersmaeker*, in: Sarah Burkhalter / Laurence Schmidlin éds.: *Spacescapes, Danse & Dessin*

Denn als *bildloses Bild* einer nahezu ‚weißen Ekstase'[90] ist die Zeichnung selbst nichts als die Spur der *inneren Erfahrung*, die sich *im Prozess* des Tanzes, *zwischen* den sich wandelnden Formen vollzieht.

In dieser komplizenhaften Zeugenschaft entsprechen die choreographischen und bildnerischen Arbeiten De Keersmaekers und Mehadjis, entspricht das ‚Auge' ihres Tanzes und ihrer Malerei dem *Auge* von Blanchots Figur des Thomas, dem ‚Dunklen' seines gleichnamigen Textes – jenes Textes also, den Bataille in *L'expérience intérieure* exemplarisch für die Suche nach dem *Unbekannten* und die Begegnung mit der *Nacht des Nichtwissens* anführt –, dem *Auge* als einer ‚simultanen Hintergrundfigur':

> Son *œil*, inutile pour voir, prenait des *proportions extraordinaires*, se développait d'une *manière démesurée* et, *s'étendant sur l'horizon, laissait la nuit pénétrer en son centre pour se créer un iris*. Par ce vide c'était donc le regard et l'objet du regard qui se mêlaient. Non seulement *cet œil qui ne voyait rien appréhendait la cause de sa vision*. Il voyait comme un objet, ce qu'il faisait qu'il *ne voyait pas*. *En lui son propre regard entrait sous la forme d'une image au moment tragique où ce regard était considéré comme la mort de toute image.*[91]

depuis 1962, Zürich / Dijon 2017, S. 158-173. Der Film *Fase* ist auf DVD zugänglich: *Anne Teresa de Keersmaeker. Fase*, a film by Thierry De Mey (58 min.), 2002, in: *Anne Teresa de Keersmaeker. Early Works, films and documentaries: Fase / Rosas danst Rosas / Répétitions / Hoppla!*, by Thierry De Mey, Marie André and Wolfgang Kolb, 4 DVDs, Rosas cinéart, 2013, DVD 1.

[90] Vgl. Michel de Certeau: *Extase blanche*, in: *La faiblesse de croire*, éd. Luce Giard, Paris 1987, S. 315-318.

[91] OC V, S. 119f., meine Hervorhebungen. Vgl. Maurice Blanchot: *Thomas, l'obscur*, première version, 1941 (roman), préface de Pierre Madaule, Paris 2005, S. 33. In meiner Übersetzung: „Sein Auge, das zum Sehen nicht taugte, nahm außerordentliche Dimensionen an, entwickelte sich übermäßig und ließ die Nacht, indem es sich über die Weite des Horizonts ausdehnte, in sein Zentrum vordringen, um sich eine Iris zu schaffen. Es geschah durch diese Leere, dass sich der Blick und sein Gegenstand vermischten. Dieses Auge, das nichts sah, erfasste nicht allein die Ursache seines Sehens. Es sah wie ein Gegenstand, was soviel bedeutete wie dass es nicht sah. Sein eigener Blick drang in es selbst in Gestalt eines Bildes in eben jenem tragischen Augenblick ein, da dieser Blick als der Tod eines jeden Bildes angesehen wurde."

Dieser Moment der ‚Auslöschung' eines jeden ‚Bildes' ist mit dem eines jeden *potentiellen* ‚Bildursprungs' identisch.

Literaturverzeichnis

Primärtexte:

Bataille, Georges: *Œuvres complètes*, I-XII, Paris 1970-1988.

Blanchot, Maurice: *Le Livre à venir*, Paris 1959.

–: *L'Entretien infini*, Paris 1969.

–: *Thomas, l'obscur*, première version, 1941 (roman), préface de Pierre Madaule, Paris 2005.

–: *Thomas, l'obscur*, Paris 1950.

Hugo, Victor: *Œuvres poétiques*, Bd. II, éd. Pierre Albouy, Paris 1967.

Klossowski, Pierre: *A propos du simulacre dans la communication de Georges Bataille*, in: *Critique* 195-196 (1963), S. 742-750.

Leiris, Michel: *De Bataille l'impossible à l'impossible de ‚Documents'*, in: *Critique* 195-196 (1963), S. 685-693. (Nachdruck in Leiris, Michel: *Brisées* [1966], Paris 1992, S. 288-299).

Maeterlinck, Maurice: *L'intelligence des fleurs*, Paris 1907.

Mallarmé, Stéphane: *Œuvres complètes*, 2 Bde., éd. Bertrand Marchal, Paris 1999 und 2003.

Montaigne, Michel de: *De la force de l'imagination*, in: *Les Essais*, I, chap. XX, éd. Jean Balsamo / Michel Magnien / Catherine Magnin-Simonin, Paris 2007, S. 98-109.

Nietzsche, Friedrich: *Morgenröthe. Gedanken über die moralischen Vorurteile*. KSA 3.

Ovid: *Metamorphosen*, herausgegeben und übersetzt von Gerhard Fink, Düsseldorf / Zürich 2004.

Paz, Octavio: *Apariencia desnuda. La obra de Marcel Duchamp*, México ^{2}1978.

Proust, Marcel: *À la recherche du temps perdu*, éd. Jean-Yves Tadié, 4 Bde., Paris 1987-1989.

–: *Jean Santeuil*, éd. Pierre Clarac, Paris 1971.

–: *Carnet de 1908*, éd. Philip Kolb, Paris 1976.

–: *Correspondance*, éd. Philip Kolb, Bd. XIV, Paris 1986.

San Juan de la Cruz: *Obra completa*, 2 Bde., ed. Luce López-Baralt / Eulogio Pacho, Madrid 1991.

Santa Teresa de Jesús: *Libro de la vida*, ed. Jorge García López, Barcelona 2015.

–: *Las Moradas del Castillo interior*, ed. Dámaso Chicharro, Madrid ^{2}2015.

Schelling, Friedrich Wilhelm Joseph: *Philosophische Untersuchungen über das Wesen der menschlichen Freiheit und die damit zusammenhängenden Gegenstände*, hg. v. Thomas Buchheim, Hamburg 1997.

Simon, Claude: *Le poisson cathédrale*, in: *Quatre conférences*, Paris 2012, S. 9-38.

Thérèse d'Avila / Jean de la Croix: *Œuvres*, éd. Jean Canavaggio, Paris 2012.

Valéry, Paul: *Monsieur Teste*, in: *Œuvres*, Bd. II, éd. Jean Hytier, Paris 1960, S. 9-75.

–: *Orientem versus*, in: *Œuvres*, Bd. II, éd. Jean Hytier, Paris 1960, S. 1040-1045.

Wittgenstein, Ludwig: *Tractatus logico-philosophicus*, Werkausgabe 1, Frankfurt a. M. 1984.

–: *Über Gewissheit*, Werkausgabe 8, Frankfurt a. M. 1984.

Filme:

Anne Teresa De Keersmaeker. Fase, a film by Thierry De Mey (58 min.), 2002, in: *Anne Teresa de Keersmaeker. Early Works, films and documentaries: Fase / Rosas danst Rosas / Répétitions / Hoppla!*, by Thierry De Mey, Marie André and Wolfgang Kolb, 4 DVDs, Rosas cinéart, 2013, DVD 1.

Sekundärliteratur:

Anne Teresa De Keersmaeker. Work / Travail / Arbeid, 4 vol., ed. by Elena Filipovic. Brüssel / New Haven / London 2015.

Agostini, Giulia: *Der Riss im Text. Schein und Wahrheit im Werk Pierre Klossowskis*, München 2012.

–: *Die ‚andere' Zeit – Maurice Blanchots Proust-Erfahrung*, in: *Proustiana* XXIX (2015), S. 11-33.

–: *Nietzsche*, in: Mark Hewson / Marcus Coelen (Hg.): *Georges Bataille: Key Concepts*, London 2016, S. 61-72.

–: *La pensée du silence: Blanchot, Wittgenstein et Schelling*, in: *Comparatio* 10 (2018), S. 125-138.

–: *Durchsichtigkeit. Mallarmé und das Absolute*, in: Giulia Agostini (Hg.), *Mallarmé. Begegnungen zwischen Literatur, Philosophie, Musik und den Künsten*, Wien 2019, S. 209-264.

–: *Projecting Spaces of Thought. The Geometrical Figure in the Works of Samuel Beckett and Julio Cortázar*, in: Falk Bornmüller / Johannes Franzen / Mathis Lessau (Hg.): *Literature as Thought Experiment*, München 2019, S. 139-154.

–: *Wesen des Grundes. María Zambranos Diotima in der Unterwelt*, in: *Zeitschrift für Kulturphilosophie* 13 (2019/1), S. 113-132.

Auerbach, Erich: *Figura* [1939], in: *Gesammelte Aufsätze zur Romanischen Philologie*, Bern / München 1967, S. 55-92.

Ballestra-Puech, Sylvie: *Métamorphoeses d'Arachné. L'artiste en araignée dans la littérature occidentale*, Genf 2006.

Benveniste, Émile: *Le Vocabulaire des institutions indo-européennes*, vol. 2., Paris 1969.

Buci-Glucksmann, Christine: *Des fleurs du noir aux ‚Mystic Dance'*, in: *Najia Mehadji. La révélation du geste / The Revelation of the Gesture*, Paris 2014, S. 65-67.

Certeau, Michel de: *Extase blanche*, in: *La faiblesse de croire*, éd. Luce Giard, Paris 1987, S. 315-318.

Connor, Peter Tracey: *Georges Bataille and the Mysticism of Sin*. Baltimore / London 2000.

Courcelles, Dominique de: *Un cœur stigmatisé à son corps défendant: de la pesanteur et de la légèreté dans l'expérience mystique de Thérèse d'Avila*, in: *Cahier de l'Herne: Stigmates*, éd. Dominique de Courcelles, Paris 2001, S. 91-101.

Crimp, Douglas: *Relocating Rosas*, in: *Anne Teresa De Keersmaeker. Work / Travail / Arbeid*, 4 vols., ed. Elena Filipovic. Brüssel / New Haven / London 2015, vol. 3, S. 83-103.

Cvejic, Bojana: *Grisey's views on musical time*, in: *Anne Teresa De Keersmaeker. Work / Travail / Arbeid*, 4 vols., ed. Elena Filipovic. Brüssel / New Haven / London 2015, vol. 2, S. 33-42.

Deleuze, Gilles: *Proust et les signes*, Paris ^{4}2010.

Didi-Huberman, Georges: *La Ressemblance informe ou le gai savoir visuel selon Bataille*, Paris 1995.

Enckell Julliard, Julie: *Visualiser les vides et mesurer la terre: la raison d'être du dessin dans l'œuvre chorégraphique d'Anne Teresa De Keersmaeker*, in: Sarah Burkhalter / Laurence Schmidlin éds.: *Spacescapes, Danse & Dessin depuis 1962*, Zürich / Dijon 2017, S. 158-173.

Esposito, Roberto: *Communitas. Origine e destino della comunità*, Turin 2006.

Fiorio, Giorgia: *Il dono / Rituale*. Mit Texten von Daniele Del Giudice und Gabriel Bauret, Berlin / Heidelberg 2010.

Gasché, Rodolphe: *Georges Bataille. Phenomenology and Phantasmatology*, translated by Roland Végsö, foreword by David Farrell Krell, Stanford 2012.

Haas, Alois Maria: *Mystik als Aussage. Erfahrungs-, Denk- und Redeformen christlicher Mystik*, Frankfurt a. M. / Leipzig 2007.

–: *Mystik im Kontext*, München 2004.

Hassine, Juliette: *Ésotérisme et écriture dans l'œuvre de Proust*, Paris 1990.

Hogrebe, Wolfram: *Die Wirklichkeit des Denkens*. Hg. v. Jens Halfwassen und Markus Gabriel. Heidelberg 2006.

–: *Echo des Nichtwissens*, Berlin 2007.

–: *Metaphysik und Mantik. Die Deutungsnatur des Menschen (Système orphique*

de Iéna), Berlin ²2013.
–: *Metaphysische Einflüsterungen*, Frankfurt a. M. 2016.
Hollier, Denis: *Against Architecture. The Writings of Georges Bataille*, translated by Betsy Wing, Cambridge 1992.
Kömürcü, Cem: *Sehnsucht und Finsternis. Schellings Theorie des Sprachsubjekts*, Wien 2011.
Kripke, Saul: *Reference and Existence. The John Locke Lectures*, Oxford 2013.
López-Baralt, Luce: *Huellas del Islam en la literatura española. De Juan Ruiz a Juan Goytisolo*, Madrid 1985.
–: *Entre oriente y occidente: La poesía de San Juan de la Cruz y el problema de su recepción*, in: *Calíope: Journal of the Society for Renaissance and Baroque Hispanic Poetry* 19 (2014), S. 55-76.
Luhmann, Niklas / Fuchs, Peter: *Reden und Schweigen*, Frankfurt a. M. 1989.
Mc Dowell, Dane: *L'Herbier de Marcel Proust*, illustrations de Djohr, Paris 2017.
Meillassoux, Quentin: *Le Nombre et la sirène. Un déchiffrage du* Coup de dés *de Mallarmé*, Paris 2011.
Najia Mehadji. La révélation du geste / The Revelation of the Gesture, Paris 2014.
Rosas / Anne Teresa De Keersmaeker, Tournai / Bruxelles 2002.
Scholem, Gershom: *Die jüdische Mystik in ihren Hauptströmungen*, Berlin ¹¹2015.
–: *Die Geheimnisse der Schöpfung. Ein Kapitel aus dem kabbalistischen Buch Sohar*, Frankfurt a. M. 2018.
Schulte, Christoph: *Zimzum. Gott und Weltursprung*, Berlin 2014.
Stoichita, Victor I.: *L'Œil mystique. Peindre l'extase dans l'Espagne du siècle d'or*, Paris 2011.
Teuber, Bernhard: *Sacrificium litterae. Allegorische Rede und mystische Erfahrung in der Dichtung des heiligen Johannes vom Kreuz*, München 2003.
Vogl, Joseph: *Über das Zaudern*, Berlin / Zürich 2007.
Warning, Rainer: *Marcel Proust*, Paderborn 2016.
Wright, Crispin: *Truth and Objectivity*, Cambridge 1992.
Yoshikawa, Kazuyoshi: *Proust et l'art pictural*, Paris 2010.

Bildnachweise

Abb. 1: Victor Hugo: *Vianden à travers une toile d'araignée*, dessin à plume, lavis, crayon, aquarelle, gratté sur papier vélin, 25, 5 x 30, 3 cm, 13/8/1871, Maison de Victor Hugo, Paris: http://parismuseescollections.paris.fr/fr/maison-de-victor-hugo/oeuvres/vianden-a-travers-une-toile-d-araignee

Abb. 2: Vincent van Gogh: *Mandelblüte*, Öl auf Leinwand, Februar 1890, Vincent van Gogh Museum, Amsterdam, Google Art Project:

https://commons.wikimedia.org/wiki/File:Vincent_van_Gogh_-_Almond_blossom_-_Google_Art_Project.jpg

Abb. 3: Najia Mehadji: *Fleur d'Orient* (*Triptyque, 1*), gouache et acrylique sur toile, 145 x 120 cm, 2008, in: *Najia Mehadji. La révélation du geste / The Revelation of the Gesture*, Paris 2014, S. 76.

Abb. 4: Najia Mehadji: *Vanité*, gouache sur papier, 140 x 110 cm, 2007, collection musée national d'art moderne, Centre Georges Pompidou, Paris, in: *Najia Mehadji. La révélation du geste / The Revelation of the Gesture*, Paris 2014, S. 58.

Abb. 5: Najia Mehadji: *Mystic Dance 2*, épreuve numérique pigmentaire, 160 x 160 cm, 2011, in: *Najia Mehadji. La révélation du geste / The Revelation of the Gesture*, Paris 2014, S. 149.

Abb. 6a und 6b: Giorgia Fiorio: *Drehende Derwische*, Konya, Türkei 2004, in: Giorgia Fiorio: *Il dono / Rituale*, Berlin / Heidelberg 2010, S. 163 und S. 157.

Abb. 7: Najia Mehadji: *Cercle*, épreuve numérique pigmentaire, 130 x 130 cm, 2011, in: *Najia Mehadji. La révélation du geste / The Revelation of the Gesture*, Paris 2014, S. 144.

Abb. 8a und 8b: Anne Teresa de Keersmaeker / Thierry de Mey: *Fase*, 2002, Videostills, in: *Anne Teresa de Keersmaeker. Fase*, a film by Thierry De Mey (58 min.), 2002, in: *Anne Teresa de Keersmaeker. Early Works, films and documentaries: Fase / Rosas danst Rosas / Répétitions / Hoppla!*, by Thierry De Mey, Marie André and Wolfgang Kolb, 4 DVDs, Rosas

Vita passiva
oder: Mystik zwischen Heroisierung und Ironie

Philipp Stoellger (Heidelberg)

1 Mystik: historisch, systematisch, literarisch

Mystik ist (wie Gnosis/Gnostizismus) als historischer und als systematischer Begriff verwendbar. Historisch wird man an die ‚mittelalterlichen' Mystiken denken, in national oder regional unterscheidbaren Versionen auftretend (spanisch, deutsch etc.) und in religionsdifferenten Ausprägungen (islamisch, jüdisch, christlich). Schon im historischen Sinn steht Mystik quer zu den Religionen, und ist damit ein Medium interkultureller Verschränkungen. In Aufnahme des Modells der Transkulturalität wäre Mystik ‚transreligiös' zu nennen, sofern sich quer zu den Religionen und auch quer zu den ‚symbolischen Formen' Mystik als kulturelles Überschreitungs- und Entgrenzungsphänomen erscheint.

Historisch gesehen ist Mystik sc. nicht nur mittelalterlich, sondern auch frühneuzeitlich (Sabbatianer) oder eine Schwester der Aufklärung (lutherische oder pietistische Mystik, z.B. Oetinger, Böhme, Angelus Silesius). Je differenzierter man *historisch* schaut (vgl. A.M. Haas u.a.), entfaltet Mystik als übergreifendes Konzept auch einen *systematischen* Sinn – der dann *systematisch* näher zu bestimmen ist, wie bei der Gnosis. Was macht die unterschiedlichen Mystiken zur ‚Mystik'? Was kann das ‚Gemeinsame' und ‚Bestimmende' sein? Das müsste geklärt sein, wenn man den Ausdruck quer durch die Zeiten und Religionen verwendet und sogar auf nicht genuin religiös zu nennende Phänomene wie ‚Literatur' überträgt.

Alois Haas erklärte: „Mystische Erfahrung ist christlich an jenem Punkt statuierbar, da die in Sätzen geronnene Glaubenserkenntnis sich in *intuitiv erlebende, fühlende, schmeckende einigende, liebend denkende und denkend liebende*, alle Kategorien transzendierende Anteilnahme permutiert, die alle menschlichen Möglichkeiten sinnlicher und geistiger

Erfahrung *synästhetisch affiziert*, und zwar so, daß *nicht der Objektbezug* des Subjekts dominiert – das wäre im Eckhartschen Sinn nichts anderes als ‚eigenschaft' –, sondern der *aktive Bezug des geglaubten Objekts zum ‚passiv' glaubenden Subjekt*"[1].

Die so erhellende wie fundierte systematische Formulierung von Haas ist vielleicht kleiner Ergänzungen fähig:

1. Mystische Erfahrung ist elementar *Wider*fahrung, um eine phänomenologische Differenz zu markieren. Wie das ‚Zufallende' oder ‚contingens' der Erfahrung vorausgeht als ‚Pathosereignis' (B. Waldenfels), so ist Erfahrung erst die Antwort auf solche Widerfahrungen.

2. Die Bewegungsrichtung von ‚in Sätzen geronnener Glaubenserkenntnis' zur Permutation in Erleben etc., ist sicher einer Schubumkehr fähig. Zwar gehen Deutungen und Deutungsmuster den Erlebnissen bzw. Widerfahrungen immer schon voraus. Die Arbeit an diesen Pathosereignissen allerdings setzt ihrerseits neue Sprache frei. Sucht man die literarische Kraft der Mystik, ihre Arbeit an der Sprache, in der ein neues Sprechen entwickelt wird, ist diese Schubumkehr vermutlich wesentlich.

3. Die Verschränkung von ‚Denken und Lieben' lässt eine Klärung angebracht erscheinen: die Differenzierung von Pathos, Ethos und Logos[2]. Für einen systematischen Begriff von Mystik ist von dieser Triade auszugehen hilfreich. Denn so sehr in vivo alle drei Dimensionen stets verschränkt *sind*, bewegt und ‚regiert' ein un/bestimmtes Pathos, wie die Praktiken und Lebensformen (Ethos) sowie das Sprechen und Denken (Logos) darauf antworten.

4. Die wunderbare Pointe, dass das ‚geglaubte Objekt' einen aktiven Bezug zum ‚passiv glaubenden Subjekt' unterhalte, verweist auf einen entscheidenden Passivitätsprimat für die mystische Widerfahrung.[3] Dass darin das Geglaubte aktiv, handelnd oder wirksam ist und die Wahrnehmung des Glaubenden formt oder figuriert, heißt: man hat es nicht mit theoretischer, sondern mit *pathischer* Wahrnehmung zu tun. Der Wahrnehmende oder Glaubende wird im Horizont des Geglaubten neu loziert und als Glaubender ‚formatiert'.[4]

[1] Alois M. Haas: Mystik als Aussage. Erfahrungs-, Denk- und Redeformen christlicher Mystik, Frankfurt a.M. 1996, S. 34, kursiv P.S.

[2] Vgl. Philipp S: *Passivität aus Passion. Zur Problemgeschichte einer categoria non grata*, Tübingen 2010.

[3] Ebd.

[4] Philipp Stoellger: *Spiel als Medium pathischer Erkenntnis und Immersion als*

5. Die unselbstverständliche Dominanz des Musters Subjekt/Objekt ist vermutlich sublimierbar zugunsten einer *Relation*, die ein besonderes Zwischen anzeigt, aus dem Subjekt und Objekt erst als solche emergieren und einander differenzieren.
6. Da das nicht nur ein ‚Subjektereignis' ist, wäre sinnvoll, auf die *Institutionalität* und Sozialität zu verweisen: *Institutionell* geht es um (vermeintlich) Marginale, am Rande oder ‚außen' stehende Einzelne oder Gruppen mit Reserve gegenüber der Ordnungs-Institution. *Sozial* sind es ‚klandestine' Gruppen oder singuläre Figuren, die als Trägermedien von Mystik auftreten.
7. *Religionstheoretisch* ist Mystik dementsprechend eine inoffizielle Frömmigkeitsform, die die öffentliche Religion unter- und überschreitet im Namen besonderer Zugänge zu Gott oder dem Heiligen.
8. *Theologisch* formuliert ist *Glaube und Mystik* eine Spannung entweder *im* Glauben und bzw. oder *über* ihn hinaus. Es gibt ein mystisches Moment im Glauben, der ihn über sich hinaustreibt. Wird das zugespitzt, wird die Mystik zur Überschreitung (und Gefährdung, Überwindung?) des Glaubens: letztlich im Begehren nach *Schauen* statt nur Glauben.
9. *Philosophisch* gesehen ist Mystik daher eine Praxis- und Erkenntnisform, die eher intuitiv als diskursiv (cognitio intuitiva) und eher sapiential als scientifisch geformt wird.
10. *Phänomenologisch* ist die Mystik ein religiöses Begehren, das (im Unterschied zum stillbaren Bedürfnis) unstillbar, unendlich, unersättlich ist. Es ist vermutlich ein besonderes Begehren: im Gegenstand (Gott), im Subjekt (Glaubender), in der Dynamik (Beschleunigung, Aufstieg, drive) und im Ziel (unio, Subjekt/Objekt-Überwindung). Man könnte es weitertreiben als unendliches Begehren des Begehrens… Die Reduplikation (reentry) lässt es zur Steigerung des Glaubens bis in unheimliche Übersteigerung werden. In der phänomenologischen Perspektive entfalten Leiblichkeit, Psychodynamik, Soziodynamik und die Medienpraktiken und -pathiken ein besonderes Gewicht. Hier hat auch die Literarizität und

theologisches Deutungsmuster, in: Christian Polke/Markus Firchow/Christoph Seibert (Hg.): *Kultur als Spiel*, Leipzig 2019, S. 41–62; ders.: *Vom Geist als Medium Christi*, in: Petra Bahr (Hg.): *Denkskizzen*, Stuttgart 2018, S. 183–187; ders.: *Gott als Medium und der Traum der Gottunmittelbarkeit*, in: Hans-Peter Großhans/Michael Moxter/ders. (Hg.): *Das Letzte – der Erste. Gott denken. Festschrift für Ingolf U. Dalferth zum 70. Geburtstag*, Tübingen 2018, S. 351–393.

Sprachlichkeit der Mystik ihren Sitz im Leben.

11. *Medial* gesehen ist Mystik ein exzessives und intensives Begehren nach Unmittelbarkeit: Gott *nah* zu kommen, näher, noch näher und am nächsten. Die ‚nahe Gnade Gottes' (B. Hamm) oder die frommen Annäherungsversuche lassen die Mystik zum religiösen bzw. medientechnischen Forschungs- und Entwicklungslabor werden, Gott so nah wie möglich zu kommen: möglichst unmittelbare Gegenwart des ganzen ungeteilten Gottes ‚in mir'. Das ist einerseits potentiell tragisch, ein unglückliches Gottesbewusstsein. Denn Gottunmittelbarkeit erweist sich als unmöglich, wenn bei noch so großer Nähe eine immer noch merklichere Differenz und Distanz auftritt. Gott wird zur Entzugserscheinung, der sich der – gelegentlich unsittlichen – Annäherungsversuche erwehrt. Trotz dieser Tragik ist die Mystik die Frömmigkeitsform, das Unmögliche dennoch zu versuchen: und wird damit zum Innovationsfeld religiöser Medienpraktiken: es werden Medienpraktiken und -pathiken erfunden, die Unmögliches möglich werden lassen, womöglich sogar Unmögliches wirklich machen. Dabei werden alle medialen Register erforscht: Leibpraktiken, Seelenübungen, Geistextensionen; Sagen und Zeigen wie Wort und Bild, Sprachregister ‚kalkulierter Absurditäten' (Metapher, Paradoxe, Hyperbolik etc.), Imaginationsregister etc.

12. *Wer Gott sucht, wird Medien finden* und *erfinden. Wer Gottunmitelbarkeit sucht, wird Medienunmittelbarkeit finden:* sinnliche Gewissheit der Medienpräsenz. In der Hoffnung, die sinnliche Gewissheit sei Sinngewissheit – und letztlich Glaubens- und Gottesgewissheit. Daher werden Gott versprechende Medien stets *auch* die *sinnliche Gewissheit* adressieren: Schauen und Hören, Tasten und Schmecken, wie Brot und Wein. Wem das nicht reicht, der wird die Sinnlichkeit steigern, um die Sinngewissheit zu steigern: Askese und Kasteiung, Leiden und Schmerz – mit dem Begehren, *darin* Gottesgewissheit zu finden. Luther war da lustiger mit seiner Kopulationsmetapher für das Verhältnis von Christus und Seele. Wer hingegen die Sinnlichkeit für ‚pervers' hält, für Ablenkung vom Einen, wird sie minimieren im Namen der Entsinnlichung (oder Entweltlichung), vermutlich in der Hoffnung, durch Sublimierung der Sinnlichkeit im ‚Verschwinden der Welt' den Einen und Einzigen zu finden. So oder so zeigt sich die produktive Seite des Traums von der Gottunmittelbarkeit. Sie führt in intensive Medienforschung und -entwicklung. Die Mystik ist so gesehen *das* Entwicklungslabor performanter Medienpraktiken im unbändigen Begehren nach Nähe und Unmittelbarkeit durch

immer mehr Medien. Symbolische Verdichtungen dessen sind das nackte Kind in der Krippe, die Wunden des Heilands, Marterwerkzeuge als Meditationsmedien des Mitleidens, Blut und Tränen. Das Begehren und Versprechen der ‚Nähe Gottes' adressiert die Nahsinne, das Berühren, Schmecken, Riechen und Fühlen. Berndt Hamm meinte: „Auffallend sind Phänomene einer intensivierten Vergegenwärtigung des Heiligen, Heilenden und Heilvollen, die man unter dem Leitbegriff der ‚nahen Gnade' zusammenfassen kann: sie reagierten offensichtlich auf ebenfalls intensivierte Vorstellungen von der bedrängenden Nähe satanischer Mächte und göttlicher Strafen, also einer ‚nahen Ungnade'. Zugleich begegnen uns neue Formen der Medialität. d.h. neue Arten einer zeichengestützten Mitteilung und Vermittlung in jenem Kommunikationsgeschehen, durch das die göttliche Gnade an den Menschen herangetragen wird und durch das er Zugang zum Heil sucht. Die Nahvergegenwärtigung der Gnade und die Entwicklung einer neuartigen Medialität stehen in enger Wechselbeziehung und verstärken einander."[5]

Die möglichst ‚nahe Gnade' entzieht sich immer wieder und lockt tiefer in das Labyrinth. Im Medienlabyrinth die Immediatheit suchen, immer tiefer ins Labyrinth auf der Suche nach dem Ausgang, ist auf Dauer zum Verzweifeln. Das Unglückliche solchen Begehrens nach Gottunmittelbarkeit ist eine aporetische Dopplung von *Fokussierung und Zerstreuung* oder *Präsenz und Entzug*. Zeigt sich doch bei noch so großer Präsenz ein immer noch größerer Entzug oder bei noch so viel sinnlicher Gewissheit eine immer noch untergründigere Ungewissheit – die zur Intensivierung und Steigerung der Medienpraxis treibt. Man könnte darin die *Paradoxie des Medialen* wiedererkennen: Zugang durch ein ‚Dazwischentretendes' zu finden, das denjenigen stören wird, der Präsenz ohne jedes ‚Dazwischen' begehrt. Dann wird aus dem Medienbewusstsein ein

[5] Berndt Hamm: *Typen spätmittelalterlicher Gnadenmedialität*, in: ders./Volker Leppin/Gury Schneider-Ludorff (Hg.): *Media Salutis. Gnaden- und Heilsmedien in der abendländischen Religiosität des Mittelalters und der Frühen Neuzeit*, Tübingen 2011, S. 43–83, hier S. 43. Vgl. zuvor Berndt Hamm: *Die „nahe Gnade" – innovative Züge der spätmittelalterlichen Theologie und Frömmigkeit*, in: Jan A. Aertsen/Martin Pickavé (Hg.): *„Herbst des Mittelalters"? Fragen zur Bewertung des 14. und 15. Jahrhunderts*, Berlin/New York 2004, S. 541–577; vgl. ders.: *Die Medialität der nahen Gnade im späten Mittelalter*, in: Carla Dauven-van Knippenberg/Cornelia Kiening/Christian Herberichs (Hg.): *Die Medialität des Heils im späten Mittelalter*, Zürich 2010, S. 21–59.

unglückliches Gottesbewusstsein.

Abgekürzt gesagt: es werden *Transzendenzmedien* erfunden, um *Medientranszendenz* zu erreichen. In, mit und durch Medien über sie hinaus zu kommen – ist nicht ohne Selbstwiderspruchspotential, aber darin eben doch von erheblichem Potential. Denn es wird darauf gewettet (oder fromm gehofft), dass in und kraft Medienpraktiken *Pathik* möglich wird; eine Widerfahrung, das Andere der Medialität – sei es als Einfall des Fremden oder als Überstieg des Eigenen, sei es als Schwellenerfahrung am Gipfel oder als erhellender Riss im Gefüge der Worte, .Visionen und Bilder.

13. Dabei wird unvermeidlich die Medialität der Medien thematisch, die Textilität des Textes, die Visualität des Visuellen, Taktilität des Taktilen wie die Wörtlichkeit der Worte – und stets deren Rückseite, Latenzen, Komplikationen und Implikationen. Wird das thematisch, wird das ganze Unternehmen verschärft *selbstreflexiv*: zur Religions- und Medientheorie. Daher ist Mystik Medientheorie wie Religionstheorie, und zwar nicht dogmatisch genereller Art, sondern ‚empirisch' gegründet und ‚experimentell' gestützt.

Die mediale Perspektive ist der Hintergrund, auf dem man fragen kann: ob Mystik wesentlich über ihre Medienpraxis, -pathik oder -formate und -formationen zu bestimmen sein mag. *Wer Gottunmittelbarkeit sucht, wird Medien dafür erfinden – und Medienunmittelbarkeit finden: die Medienpräsenz der Präsenzmedien, in denen Transzendenzmedien Medientranszendenz versprechen.* Dann verschiebt sich die Mystik-Bestimmung von ihrer üblichen Fokussierung auf Religionspraxis oder auf ihre Gegenständlichkeit (Gott, Schau, unio etc.) auf die *Medienpraxis*. Man kann diese Verschiebung weitertreiben: Sind bestimmte ‚unbestimmte' Medienpraktiken mystisch geladen oder Mystik-verdächtig? Das hieße: den historischen vom systematischen vom metaphorischen Mystikverständnis zu unterscheiden. Kraft der systematischen Bestimmung sind die historischen Formationen zu identifizieren und die metaphorischen Formen zu verstehen.

14. *Literaturwissenschaftlich gesehen hieße das:* Mystik als Sprachform verschränkt sich mit Sprachform als Mystik. Sie erscheint als Schreibform, Wortform, Textform, Leseform etc. Ich würde vorziehen statt von Form von Figur und Figuration zu sprechen, nicht im Sinne von Auerbachs Figuraldeutung, sondern Refiguration (Ricoeur) von Schreiber und Leser, Konfiguration als Eröffnung eines Textraums mit Präsenz und

Immersionspotenz, und daher womöglich zur Transfiguration, nicht nur der Leser und Schreiber, sondern der Sprache, der Textilität und des Visuellen. Mystik lebt in, von und durch Sprachfiguren, sofern sie als Figurationspraxis operiert mit dem Ziel der Transfiguration. Ihre Narrativität handelt daher nicht de dicto oder de re, sondern de suo und de figura: von der Figur Christi, der Figur des Glaubenden, der Überfahrt und unio.

2 Ironisierung und Heroisierung in mystischen Figurationen

In der literarischen Gestaltung der Mystik ist erwartbar, dass Vorbilder, also exempla gegeben werden. Die Literaturform der ‚vita' ist eine Form der Figuration von ‚Heiligen', die als exempla fingiert werden – und womöglich sogar solche exempla, deren Meditation und Aneignung als *wirksames* Wort gelten mögen. Partizipiert der Leser doch an einem Leben, das in besonderem Gotteskontakt zu stehen bezeugt wird. Figuration von Heiligen ist nicht ohne eine Tendenz zur Heroisierung, oder mehr noch: Heilige *sind* Heroen im Medium der Religion.[6] Ein klassisches Beispiel dafür ist die vita Antonii, in der der heilige Antonius ‚aufgebaut' wird als heiliger Held und heldenhafter Heiliger (der athanasianischen Orthodoxie). Der einsame Wüsteneremit besteht alle Versuchungen heldenhaft und vorbildlich. Heroisierung ist aber selbst in diesem Fall nicht ohne Risiken und Nebenwirkungen. Ob gewollt oder nicht (die intentio operis ist eine Leseregel der intentio lectoris), kann es in solcher Literatur zu ‚Kippeffekten' kommen, bei denen zumindest ein verspäteter Leser nicht ganz ohne Kichern lesen kann. Oder literarischer formuliert: das Erhebende und Erhabene kann je nach Kontext auch komisch wirken. Heroisierung kann in (versehentliche?) Ironisierung kippen oder beide können interferieren – was zu zeigen sein wird.

Ironisierung und Heroisierung in der Mystik lässt sich an Figuren und deren Szenen beschreiben: in Figuration und Inszenierung, an immersiven Medienpraktiken, in denen mit Pathos Pathos evoziert wird; an Schreibformen und Textilitäten, die als *‚Kette'* übliche Formen der Heiligenvita oder Heldengeschichte aufnehmen, aber als *‚Schuss'* quer dazu stehen – und dadurch das Pathos der Heroisierung brechen oder brüchig

[6] Vgl. den SFB Helden – Heroisierungen – Heroismen an der Universität Freiburg.

werden lassen. Solch produktive Brüchigkeit kann aus Versehen passieren (Emmaus, Antonius), mit Vorsicht oder Vorsehung (Seuses Vita), mit theologischem Kalkül (Luthers ‚fröhlicher Wechsel und Streit'), oder auch zur entfalteten literarischen Praxis werden (Manns Erwählter; Blumenbergs ‚finaler Mythos'). Dieses Beispiel von Mystik vor der Mystik (Emmaus) oder Mystik nach der Mystik bzw. mystisch formatierter Literatur (Mann) sind eine Topik von exempla, in denen literarische Kippphänomene aufschlussreich werden können.

2.1 Emmaus als Urszene der ‚visio beatifica'

Im Neuen Testament finden sich in den Reden Jesu in Gleichnis und Metapher eine Form erstaunlich tagheller Mystik, die prima facie nicht mystisch erscheint. Wenn das Reich Gottes im Gleichnis als Gleichnis zur Sprache kommt, zur Welt und zum Hörer oder Leser also, wird die Form des Gleichnisses zum Medium der Realpräsenz dieses Reiches. So die gängige und dennoch steile These neuerer Gleichnisforschung. Nicht die erzählte Welt allein, sondern wesentlich die Form dieser Erzählwelt gewährt Eintritt ins Reich Gottes. Das wäre in mystischer Lektüre die Wette auf eine unio per narrativer Immersion. Im Rückblick auf den Gekreuzigten, der als Auferstandener gegenwärtig wird, fungiert die Emmauserzählung als eine communio durch diskrete sakramentale Immersion – im Vorübergehen. Was später in mystischer Bildpraxis die Veronika werden mag, die visio beatifica im Bild als Bild, in dem man kopräsent das Antlitz Christi schauen kann, ist in narrativer Diskretion in der Emmausgeschichte erzählt. Das mystische Pathosereignis, den Herrn zu sehen, selber, ganz und gar – mit Evidenz im Augenblick – und im Vorübergehen. Die Schau des Herrn ist unmerklich, unbemerkt; kaum merken sie etwas und erkennen ihn – schwupps ist er weg. Eine Entzugserscheinung, die sich dem Begehren im Zugriff entzieht.

Die Ausgangslage der Emmausgeschichte ist der Verlust der Präsenz. Seit dem Tod Jesu war Schluss mit seinem Wandel unter uns. Und dieser Verlust provozierte verständlicherweise die Suche (wenn nicht gar die Sucht) nach Kompensation durch Surrogate und Supplemente. Nicht selten wird auf den Verlust von Präsenz übersteuert reagiert, mit mächtigem Brausen und Tosen, mit religiösen Events oder großartigen Erscheinungen: bei noch so großer Ohnmacht eine immer noch größere Macht in der

Ohnmacht.

Stattdessen finden die Jünger auf dem Weg nach Emmaus nur eine Präsenz, die kleiner kaum gedacht werden kann.[7] ‚All diese Geschichten' erinnerten sie im Rückblick. Das ist wunderbar erzählt. Es ist eine Szene vom Anfang der Evangelien: Die Urszene der Genealogie der Schrift aus dem Geist imaginativer Erinnerung, die Narration werden sollte.[8] Raffinierterweise erzählt hier das Lukasevangelium seinen eigenen Anfang. ‚Reentry' würden das die Jünger Luhmanns nennen: Der Ursprung des Evangeliums kommt in der Erzählung als Erzählung zur Sprache und zwar so, dass der Erzählte (Jesus) zum Erzähler wird (Christus). Das ist – kurz gesagt – das Fanal von der Geschicht': das Licht, das sie ihren Lesern aufsetzt. Dem sei hier etwas näher nachgedacht, um der evangelischen List narrativer Vernunft auf die Spur zu kommen.

Mag der Schlaf der Vernunft Monster gebären, das Erwachen der Erinnerung jedenfalls gebiert Erzählungen. Und Erzählungen sind nicht nur Fikta, sondern auch Fakta, keineswegs unwirklich. Das Erzählte entwickelt sein Eigenleben. Die Figuren der Erzählungen kommen in der Erzählung zur Sprache und damit zur Welt. Ob man will oder nicht, habent sua fata narrata. Das wird gelegentlich prekär. Denn das Erzählte kann einen verfolgen wie das Geträumte. Der Erzähler ist nicht Herr im Haus seiner Erzählung. Was einmal erzählt wurde, wird immer erzählt worden sein. Quod sripsi scripsi. Quod narravi narravi.

Was erzählt wird, wird stets imaginativ präsent werden und bleiben in der Erzählung als Erzählung. Funktioniert das mit der Erzählung vom Auferstandenen genauso? Wird *kraft* der Erzählung Christus an die Wand gemalt, auf dass er in Erinnerung und Erwartung auf ewig weiterlebt?

Im Laufe der Erinnerung und Erzählung der beiden Jünger verwandelt sich das Erzählte – in den erzählten Erzähler. Diese narrative Transsubstantiation – besser wäre Trans*figuration* – vollzieht sich in drei Schritten: zunächst liest man die *Erzählung^1 von den ‚Emmausjüngern'* im Lukastext; in dieser Erzählung^1 trifft der Leser auf die *Erzählung^2 der Jünger vom Vergehen Jesu* in der Passion (all die Geschichten, die sie sich erzählten); der Erzählung^2 entsprungen, tritt eine *Figur des Dritten* auf: Der erzählte Jesus (Thema des Evangeliums wie der Erzählung der Jünger)

[7] Statt in machtvollen Überhöhungen zu schwelgen, begnügen sie sich mit bloßen Worten von Erinnerung und Erzählung.

[8] Denn was die beiden Jünger auf dem Weg nach Emmaus tun, ist der Anfang der Evangelientradition.

hat seinen Auftritt als erzählender Christus: das ist *Christus als Erzähler seiner selbst* und Ausleger seines hermeneutischen Horizonts im Alten Testament in neuer Perspektive.[9]

Man bekommt es also mit drei Erzählern zu tun: Lukas, den Jüngern und dem Christus praesens – das ist mehr als doppelbödig. Das Gefälle dieser narrativen Konfiguration ist klar: dass dem Leser widerfahren möge, was den Jüngern Gutes widerfuhr, auf dass er einstimme in deren Bekenntnis. Inszeniert wird damit ein geschachtelter Auftritt des ‚Herrn selbst', dem narrativen Gravitationszentrum des Ganzen. Dabei ist bemerkenswert, dass dessen Präsenz zunächst nicht kenntlich ist, verborgen unter seiner ‚Auferweckungsgestalt'; kaum aber ist er offenbar, ist er schon wieder weg. Das alte Spiel von ‚Weg und Da, Da und Weg' auf neue Weise, auf ‚Christologisch'.

Nur endet dieses narrative Spiel im finalen Entzug: Nachdem der Auferstandene den Jüngern ‚die ganze Schrift' ausgelegt hat, heißt es: „Und er stellte sich, als wollte er weitergehen" (Lk 24,28). Diese andeutungsweise Geste des Entzugs bewegt die Jünger zum Zugriff: „sie nötigten ihn und sprachen: Bleibe bei uns …" (Lk 24,29). Die Bewegung der angedeuteten Distanz evoziert die Gegenbewegung der Bleibe, des Annäherns. Nach dem gemeinsamen Mahl aber ist es soweit: Kaum wurden ihre Augen geöffnet und sie erkannten ihn, „verschwand er vor ihnen" (Lk 24,31). *Er ist eine Entzugserscheinung*: wer er ist, zeigt sich im Entzug, und nicht vorher, sondern erst ‚im Rückblick'. Der Augenblick der Einsicht *ist* bereits Rückblick. Er erscheint ‚im Vorübergehen'. Und das ist auch gut so: denn erst als Vorübergegangener wird er verständlich.

Es erinnert übrigens an den Engel Rafael aus dem Tobias-Buch. Der sagte von sich: „Ich genieße eine unsichtbare Speise und einen Trank, den kein Mensch sehen kann" (Tob 12,19). Dann offenbart er sich und erklärt sogleich: „Und nun ist's Zeit, daß ich wieder zu dem hingehe, der mich gesandt hat; dankt ihr aber Gott und verkündigt alle seine Wunder!" (12,20) Kaum hatte er das gesagt, „verschwand er vor ihren Augen, und sie konnten ihn nicht mehr sehen" (Tob 12,21).

Dass in der Emmauserzählung der Erzählte zum Erzähler wird, die Erzählung also nicht weniger als die ‚ipsissima vox' *des Auferstandenen* bietet, ist so raffiniert wie riskant. Denn die Erzählung wettet darauf, dass

[9] Wobei das erzählte Erinnerung ist, in der ihm diese Selbstauslegung zugeschrieben und in den Mund gelegt wird.

das nicht als Anmaßung und Selbstermächtigung erscheint, sondern ratifiziert und anerkannt wird durch die Leser. Erst wer an diesem narrativen Wagnis Gefallen findet, wird die Wette halten. *Gewonnen* aber wird sie dadurch noch lange nicht. Denn dazu müsste in der Erzählung als Erzählung *der Geist* zu Wort kommen. Das wettet auf nicht weniger als auf eine ‚Transsubstantiation' der Erzählung: dass sie zum Leib des Geistes wird. Und das ist hoch gepokert – aber unterhalb dessen ginge es auch nicht um den Ursprung der Christologie.

Die Frage ist nun, wie man diese Wirkung (träte sie denn ein) verstehen könnte. Wäre das die Manifestation der Macht der Erzählung *als* Erzählung (so wie ein kraft des Vollzugs mächtiges Sakrament?); oder wäre es eine Ermächtigung der Erzählung durch den Leser (so wie ein kraft des Glaubens der Rezipienten mächtiges Sakrament); oder wird sie kraft der Autorität des Autors mächtig (als wäre er der Inspirationsvermittler)? Die theologisch korrekte Antwort wäre wohl eher: Die Potenz der Erzählung – ihre narrative Prägnanz und die symbolische Energie ihres Geistes – stammt vom Erzählten (Christus), der als Erzähler (im Geist) selber das Wort ergreift.

Wäre das hermeneutischer Animismus? Es wäre die Symbolisierung der Performanz und Funktion der Erzählung: In der animistisch klingenden Belebung der Erzählung – ihrer pneumatologischen Transsubstantiation – kommt das Imaginäre zu Wort: der Gekreuzigte als Christus praesens. Ich indes neige zu der – auch riskanten – Erwiderung: wenn denn diese Deutung geteilt würde, dann kraft des *Lesers* (oder des Hörers), der der Erzählung diese ‚efficacia' zuschreibt und sie sich darin aneignet. Diese Aneignung wäre die Antwort auf die unerwartet zuvorkommende Zueignung, die in der Erzählung Gegenwart wird. Das kann nun wiederum als Wirken des Christus praesens ausgegeben und verstanden werden – so dass man in einen hermeneutisch-pneumatologischen Zirkel gerät. Wenn und falls diese Erzählung (so) funktioniert, dann weil der Leser sie so liest und das Imaginäre erzeugt, mit der Wette darauf, dass darin der Geist des Auferstandenen am Werk sei.

Theologisch gravierend wird es erst, wenn der erzählte zum *erzählenden* Christus wird (allerdings als erzählter ‚erzählender Christus'). Das klingt nach hermeneutischem Hokuspokus. Wie könnte denn eine erzählte Figur zum Subjekt der Erzählung werden? Wenn in der Erzählung der beiden Jünger die Passion erinnert wird und der, der da gelitten hat und gestorben ist – wird dann etwa real gegenwärtig, woran erinnert wird?

Fließt Blut, wenn in der Erinnerung vom Kreuz die Rede ist? Glücklicherweise nicht. Das könnte man die *Gnade memorialer Distanz* nennen, die die Erzählung gewährt. Aber so wohltemperiert und distanziert ist es eben nicht. Es fließt durchaus Blut, wenn auch nur Tintenblut.

In der Erzählung der beiden Jünger springt etwas aus dem Rahmen der Erzählung. Das ist ihr Witz: Der, von dem die Rede ist, ist plötzlich gegenwärtig und spricht mit, erzählt selber. Das ist kein deus ex machina, sondern ein Christus ex narratione: ein der Narration entsprungener Erzähler. So zumindest erzählt es die Emmausgeschichte: Sie erzählten und siehe, er ward gegenwärtig. Das ist nicht ohne *hermeneutischen Humor*. Die Jünger ‚an und für sich' sind nach wie vor christologisch unmusikalisch: Sie merken nicht, was ihnen Gutes widerfährt. Insofern sind und bleiben sie eben Jünger (und sind noch keine Apostel): Sie stehen in der Tradition derer, die nichts verstehen, wie Petrus als der Unverständigste von allen.

Am Rande hingewiesen sei nur auf eine Vorgeschichte des Begehrens, den Herrn zu schauen, die Geschichte der streitenden Brüder Mose und Aaron. Auf der einen Seite steht die Heroisierung und Ironisierung Moses: nicht nur, dass er sprachschwach ist, gehandicapt und lustlos trotz seiner Berufung, sondern er will unbedingt den Herrn selbst sehen – und wird in die Ecke gestellt, in die Felsspalte. Nur im Vorübergehen kann er die ‚posteriora 'ie' schauen.

Sein ikonoduler Bruder Aaron ist offenbar von ähnlichem Begehren getrieben: Gott zu schauen, mehr noch, ihn alle schauen zu lassen im Bild als Bild. Sein grandioses Scheitern wird zur Urszene des Ikonoklasmus: der exponierten Unmöglichkeit, Gott im Bild zu schauen.

Mose mit seiner Schriftskulptur namens Gesetz, Aaron mit seiner Kult-skulptur namens goldenem Kalb verkörpern Sagen und Zeigen, Wort und Bild – als zwei Gottesmedien.

Wer Gott schaut, stirbt (anders im Psalter). Das Ideal des Begehrens wird ad absurdum reduziert, wobei eigens zu fragen wäre, was an der Gottesschau begehrenswert sein mag.[10]

[10] Die Nachgeschichte dessen ist Paulus zweifelhafte Schau des Herrn und seine Himmelsreise – eine Autoheroisierung – mit ironischen Nebenwirkungen: Christomorphie.

2.2 Antonius: Heroisierung des Eremiten – mit versehentlicher Ironie

Im Begehren Gott zu Schauen geht der Mensch *in riskanter Weise* über sich hinaus – und dabei kann er Gott gefährlich nahe kommen. Die Ambivalenz des Begehrens zeigt sich *gerade* im ‚Begehren Gottes'. Der heilige Antonius zum Beispiel – *die* heroische Verkörperung des Gottbegehrens. Der Eremit suchte in der Wüste maximale Gottesnähe und fand – vor allem den Teufel mit seinen Versuchungen – in allen Registern der Sinnlichkeit und Imagination (der Legende des Athanasius zufolge).

> Zuerst machte er [der Teufel] sich daran, ihn von der Askese abspenstig zu machen, [der versuchte, Antonius von seiner Askese abzulenken] indem er die Erinnerung an seinen Besitz in ihm wachrief, die Sorge für seine Schwester, den Verkehr mit seiner Verwandtschaft, Geldgier und Ehrgeiz, die mannigfache Lust des Gaumens und all die anderen Freuden des Lebens, indem er ihm endlich vorstellte, wie rau die Tugendübung sei und wie gross die Anstrengung dabei; er wies ihn hin auf die Schwachheit des Leibes und die Länge der Zeit. [Ökonomie der ‚rational choice']
> Mit einem Worte, er erregte einen gewaltigen Sturm von Gedanken in seinem Innern, da er ihn von seinem guten Vorsatz abbringen wollte.
> Als aber der böse Feind seine Schwäche gegenüber dem festen Entschluss des Antonius sah, ja als er merkte, wie er niedergerungen wurde durch seine Festigkeit, zur Flucht gezwungen durch seinen starken Glauben und niedergeworfen durch sein beständiges Gebet,
> da setzte er [der Teufel] sein Vertrauen auf die Waffen „am Nabel seines Bauches", und voll Stolz darauf – denn es sind seine ersten Fallstricke für Jünglinge –, stürmte er heran gegen ihn, den Jüngling; er bedrängte ihn nachts und setzte ihm am Tage so zu, dass auch die, welche den Antonius sahen, den Zweikampf zwischen ihm und dem Teufel bemerkten.
> Der Teufel gab ihm schmutzige Gedanken ein, Antonius verscheuchte sie durch sein Gebet; jener stachelte ihn an, er aber, gleichsam errötend, schirmte seinen Leib durch den Glauben, durch Gebet und Fasten.
> [Schließlich heißt es:]
>
> Der arme Teufel ließ sich sogar herbei, ihm nachts als Weib zu erscheinen und alles mögliche nachzumachen, nur um den Antonius zu verführen.
> [In der Not spielt der arme Teufel ‚Frau']

> Dieser aber dachte an Christus und den durch ihn erlangten Adel der Seele, an ihre geistige Art, und [Antonius aber] erstickte die glühende Kohle seines Wahnes. Dann wieder stellte ihm der böse Feind die Annehmlichkeit der Lust vor, er aber, voll Zorn und Schmerz, erwog bei sich die Drohung des ewigen Feuers und die Plage des Wurmes; dies hielt er ihm entgegen und ging aus den Versuchungen unversehrt hervor.[11]

Der Teufel verspricht alle ‚Freuden des Lebens'. Antonius betet dagegen an. Der Teufel weckt lustvolle Phantasien – im ‚Vertrauen auf die Waffen ‚am Nabel seines Bauches'. Aber Antonius betet und fastet nur. Schließlich lässt sich „der arme Teufel [...] herbei, ihm nachts als Weib zu erscheinen". Aber selbst das übersteht Antonius unversehrt.

Fromme Leser finden hier den Sieg des Glaubens über die teuflische Versuchung, die heroische Beherrschung des Begehrens mit den Mitteln der Askese: der Entweltlichung, Entsagung an die Natur, die wir sind. So einfach ist es nicht. Denn heilig wird der Heilige nur im Erleben der äußersten Versuchungen. Ohne das abgründigste Begehren kein Suchen und Finden Gottes. Aber – wenn der Heilige final allem Begehren entsagen würde – in radikaler Entweltlichung – dann würde er in der übelsten aller Todsünden enden.

Nicht zu begehren, gar *nichts* mehr, das kannten die Mönche in der Wüste als Akedie: als depressiven Zusammenbruch allen Begehrens, als unendlich Sinnlosigkeit, maximale Gottesferne. Akedie ist der Schatten der Apathie, der totalen Leidenschaftslosigkeit. Das Begehren muss daher *gerettet* werden und in *gewandelter* Gestalt wiederkehren: im unendlichen Begehren Gottes. Gegen das üble Begehren vermag nur das gute Begehren etwas. Denn im Verenden allen Begehrens – hätte der Teufel gewonnen.[12]

[11] Athanasius: *Vita Antonii*, c. 5: „So lief das alles zur Schande für den schlimmen Feind ab. Denn er, der sich vermessen hatte, Gott gleich zu werden, wurde nun zum Spott durch einen jungen Mann, und er, der voll Prahlerei Fleisch und Blut verachtete, wurde überwunden von einem Menschen, der im Fleische lebte. Denn diesem half der Herr, der für uns Fleisch geworden ist und der dem Leibe den Sieg gegen den Teufel gegeben, so dass jeder, der in Wahrheit kämpft, sagen kann: ‚Nicht ich, sondern die Gnade Gottes mit mir'".

[12] Daher meinte Augustin: „Wenn wir aber noch nicht begehren, noch nicht verlangen, noch nicht seufzen, dann sind wir daran die Perlen dem nächsten Besten hinzuwerfen oder selbst wie immer beschaffene Perlen zu finden. Ich möchte

Kein Begehren Gottes also, ohne den Reiz der *Natur*, die wir sind. Sonst wäre der Gläubige ‚denaturiert'. Sinnlichkeit und Imagination mögen Einfallstore ‚diabolischer' Versuchung sein, aber sie gehören auch zur Natur des Glaubens.

Geht es dem religiösen Begehren darum, Gott *nahe* zu sein, oder doch um mehr: auf fromme Weise *wie Gott* zu sein, soweit wie möglich apathisch, ewig, unsterblich zu werden? *Gott* zu begehren, der Maximalglaube, kann es zum äußersten Übel führen. Das fromme Begehren kann schnell abstürzen.

Zuwenig Begehren endet finster: in Apathie und Akedie. Aber *zuviel*, und aus *Gott* begehren wird *wie Gott zu sein* begehren. Die lebendige Energie des Begehrens ist nicht ohne dieses Risiko zu haben. In der valentinianischen Gnosis wurde der Anfang vom Ende als Fall der Sophia erzählt.[13] Sie fiel – aus der göttlichen Ordnung – weil Sie Gott *zu sehr* begehrte und so die himmlische Ruhe und Ordnung *störte*. Dadurch kam alles in Unordnung – bis zur Entstehung der Welt (aus diesem chaotischen Begehren).[14]

also, meine Lieben, ein Verlangen in eurem Herzen erwecken" (Augustin: *In Joh. Ev. Tr. 18,7*: Si autem nondum desideramus, nondum inhiamus, nondum suspiramus, margaritas quibuscumque projecturi sumus, aut margaritas qualescumque nos ipsi inventuri sumus Moverim ergo, charissimi, desiderium in corde vestro.)

13 Violet MacDermot: *The Fall of Sophia. A Gnostic Text on the Redemption of Universal Consciousness*, Herndon 2001 (vgl. 1978).

14 Vgl. Irenäus: *haer*. I,2,5; II,17,11; 18,3; Winrich A. Löhr: *Basilides und seine Schule: eine Studie zur Theologie- und Kirchengeschichte des zweiten Jahrhunderts*, Tübingen 1996, S. 310f.; MacDermot: *Fall of Sophia*; Irenäus: *haer*. I,2,2: „Sehr weit aber wagte sich der letzte und jüngste Äun der von Anthropos und Ekklesia emanierten Dodekas, die Sophia, nach vorn und geriet ohne die Verbindung mit ihrem Syzygos (Paargenossen) Theletos in leidenschaftliche Erregung [epathe pathos]. Sie begann im Bereich des Nous und der Aletheia, stürzte sich aber auf diesen (Äon), der abgewichen war (sc. die Sophia). Angeblich war es Liebe, in Wirklichkeit aber Tollkühnheit, weil er mit dem vollkommenen Vater nicht (solche) Gemeinschaft hatte wie der Nous. Die Leidenschaft ist aber die Suche nach dem Vater; sie (sc. die Sophia) wollte nämlich, so sagen sie, seine Größe begreifen. Das konnte sie aber nicht, weil sie sich in ein unmögliches unternehmen gemacht hatte, und geriet in allergrößte Bedrängnis wegen der Tiefe des Abgrundes wie auch wegen der Unerforschlichkeit des Vaters und ihrer Liebe zu ihm. Sie drängte immer weiter nach vorn und wäre

Nicht *wie* Gott, sondern *bei* Gott zu sein, sei das tiefste Begehren, meinte Augustin. Seine Metaphern dafür sind das *Heimweh* der Seele, die „Sehnsucht nach dem Himmlischen“, das „Begehren des Ewigen“, das „Verlangen nach dem Vaterland, das droben ist“[15]: „deshalb sind uns von Gott Erscheinungen gesandt worden, die unserer Pilgerschaft entsprachen, durch die wir erinnert werden sollten, daß nicht hier ist, was wir suchen, daß wir vielmehr aus der Fremde dorthin zurückkehren müssen, wovon wir abhängig sind“ (de trin. 4,1).

War es bei Antonius der Teufel, der verführerisch an die verlorene irdische Heimat und Verwandtschaft erinnerte – so ist es bei Augustinus eine von Gott gesandte Erinnerung, die uns die *wahre* Heimat begehren lässt.[16] Teuflisches und frommes *Heimweh* liegen dicht beieinander. Sind

von seiner Süßigkeit am Ende wohl verschlungen und in die Gesamtsubstanz aufgelöst worden, wenn sie nicht einer Kraft begegnet wäre, die das All festigt und außerhalb der unsagbaren Größe hält. Diese Kraft nennen sie Horos (Grenze). Von ihr ist die Sophia angehalten und bestärkt und mit Mühe zu sich selbst gebracht und überzeugt worden, daß der Vater unfaßbar ist. Und so hat sie die vorherige Absicht (Enthymesis) samt der aus jenem betäubten Staunen entstandenen Leidenschaft aufgegeben“ (Übers. Fontes Christiani: *Irenäus I*, 133ff.).

[15] Augustin: *In Joh. Ev. Tr.* 30,7: Ad desideranda coelestia, ad concupiscenda sempiterna, ad patriam quae sursum est et hostem non timet, desiderandam, ubi non perdimus amicum, non timemus inimicum; ubi vivimus cum bono affectu, sine ullo defectu; ubi nemo nascitur, quia nemo moritur; ubi nemo iam proficit, et nemo deficit; ubi non esuritur, et non sititur, sed satietas est immortalitas, et cibus veritas.

[16] Ders.: *In Jo. Ev. Tr.* 26, 4: „Daher sollst du auch hier, wenn du vernimmst: ‚Niemand kommt zu mir, außer wen der Vater zieht‘, nicht meinen, daß du wider Willen gezogen wirst; es wird der Geist auch durch Liebe gezogen. Wir dürfen auch nicht fürchten, daß wir von Leuten, welche die Worte kritisch betrachten und vom Verständnis gerade der göttlichen Dinge so weit entfernt sind, bei diesem evangelischen Ausdruck der heiligen Schriften vielleicht getadelt werden, und daß man zu uns sage: Wie glaube ich freiwillig, wenn ich gezogen werde? Ich sage: Freiwillig ist zu wenig, du wirst sogar mit Lust gezogen. Was heißt mit Lust gezogen werden? ‚Habe Lust im Herrn, und er wird dir die Wünsche deines Herzens erfüllen‘ 1. Es gibt eine gewisse Lust des Herzens, dem jenes Himmelsbrot süß ist. Sodann wenn der Dichter sagen durfte: ‚Jeden zieht seine Lust‘ 2. nicht die Notwendigkeit, sondern das Behagen, nicht der Zwang, sondern das Ergötzen, um wieviel mehr müssen wir sagen, der Mensch werde zu Christus gezogen, der seine Freude hat an der Wahrheit, seine Freude hat an

beide auf das Eigene aus, auf die eigene Heimat – wie Odysseus? Dann wäre dieses Heimweh nur ein Bedürfnis, das Befriedigung sucht – eine ‚letzte Ruhestätte'.

Gott zu begehren bleibt tief ambivalent – und ist keine Erlösung vom Begehren in seiner Ambivalenz. Das Begehren Gottes befreie dazu, im Endlichen nicht das Unendliche zu begehren. Aber: wer *nur noch* Gott begehrte, würde der Endlichkeit ermangeln – ebenso wie des sozialen Sinns für den Nächsten. Der asketische Weg endet apathisch: ihm fehlt der Sinn für Kultur des Begehrens. Wie also kann das Begehren kultiviert werden – ohne es abdriften zu lassen in die Lust am Unendlichen – und ohne dagegen in der Askese zu enden?

Wie kann man das unendliche Begehren Gottes *verendlichen*, ohne es verenden zu lassen?

der Seligkeit, seine Freude hat an der Gerechtigkeit, seine Freude hat am ewigen Leben, was alles Christus ist? Oder haben nur die körperlichen Sinne ihre Ergötzlichkeit und der Geist bleibt ohne die ihm zukommenden Ergötzlichkeiten?".

Trahit sua quamque voluptas. 4. Inde et hic si advertis: Nemo venit ad me, nisi quem Pater attraxerit. Noli te cogitare invitum trahi: trahitur animus et amore. Nec timere debemus ne ab hominibus qui verba perpendunt, et a rebus maxime divinis intellegendis longe remoti sunt, in hoc Scripturarum sanctarum evangelico verbo forsitan reprehendamur, et dicatur nobis: Quomodo voluntate credo, si trahor? Ego dico: parum est voluntate, etiam voluptate traheris. Quid est trahi voluptate? Delectare in Domino, et dabit tibi petitiones cordis tui 11. Est quaedam voluptas cordis, cui panis dulcis est ille coelestis. Porro si poetae dicere licuit: Trahit sua quemque voluptas 12; non necessitas, sed voluptas; non obligatio, sed delectatio: quanto fortius nos dicere debemus trahi hominem ad Christum, qui delectatur veritate, delectatur beatitudine, delectatur iustitia, delectatur sempiterna vita, quod totum Christus est? An vero habent corporis sensus voluptates suas, et animus deseritur a voluptatibus suis? Si animus non habet voluptates suas, unde dicitur: Filii autem hominum, sub tegmine alarum tuarum sperabunt: inebriabuntur ab ubertate domus tuae, et torrente voluptatis tuae potabis eos; quoniam apud te est fons vitae, et in lumine tuo videbimus lumen 13? Da amantem, et sentit quod dico. Da desiderantem, da esurientem, da in ista solitudine peregrinantem atque sitientem, et fontem aeternae patriae suspirantem: da talem, et scit quid dicam. Si autem frigido loquor, nescit quid loquor. Tales erant isti qui invicem murmurabant. Pater, inquit, quem traxerit, venit ad me.

2.3 Heroisierung und Ironie – im exponierten Leiden

Bei Tauler und Seuse gilt in jeder Hinsicht: *Leben ist Leiden*. Im Besonderen ist christliches Leben Leiden, und final ist das *Gottlieben* Leiden. Aber der *Sinn* des Leidens ist grundsätzlich verschieden, auch wenn die Phänomene verwechselbar sind. Zugleich gilt, dass *alles* Leiden *als sinnvoll* angesehen wird, was erst die hermeneutische Aufgabe provoziert, den jeweiligen Sinn ‚zu finden'.

Elementar ist Leiden das schmerzvolle Widerfahrnis, körperlich wie seelisch sowie gewöhnlich und außergewöhnlich.[17] Exemplarisch definiert Seuse: „Das nenne ich Leid und Herzeleid [leid und liden von herzen], wovon der Wille mit wohlbedachter Absicht befreit sein möchte [mit wolbedahter bescheidenheit]"[18]. Diese ‚voluntaristische' Bestimmung gründet nicht im Willen des Menschen, sondern letztlich sei alles Leiden zu verstehen aus dem Willen Gottes[19], von dem es gegeben werde: „es ist zu verstehen nach der ordnungsgemäßen Einordnung des preisgegebenen Eigenseins in den Willen der hohen Gottheit"[20].

Zur Schwierigkeit der Interpretation der mystischen Passionstheologie trägt die häufige *Paradoxierung* des Leidens bei. In Seuses Weisheitsbüchlein antwortet die ‚ewige Weisheit' dem ‚Diener' auf seine Klage „Ach, Herr, … sind die Leiden aber erst einmal da, so sind sie mühsam auszuhalten, denn sie schmerzen oft gar sehr" mit den Worten:

> Schmerzte Leiden nicht, so hieße man es nicht Leiden. Es ist nichts Schmerzvolleres als Leiden, und nichts Erfreulicheres, als Leiden überstanden zu haben. Leiden ist ein kurzer Schmerz und eine lange Freude.

[17] Vgl. „Die ungewöhnlichen, die auf so verborgene Weise mir Seele und Geist einengen", von Gott gegeben, (Heinrich Seuse: *Deutsche mystische Schriften*. Aus dem Mittelhochdeutschen übertragen und herausgegeben von Georg Hofmann. Mit einer Hinführung von Emmanuel Jungclaussen. Einleitung von Alois M. Haas. Nachdruck der 1. Auflage von 1966, Zürich/Düsseldorf 1999, [DMS], S. 263).

[18] Seuse: *DMS*, S. 119. Die Grundmetapher der Leiden ist der Rosenstrauch (ebd., S. 86f, vgl. S. 127)

[19] Vgl.: „Es ist ze verstene nah dem ordenlichen usgene der sinsheit in den willen der hohen gotheit" (Heinrich Seuse: *Deutsche Schriften*, hg. v. Karl Bihlmeyer, Stuttgart 1907 [Nachdruck Frankfurt a. M. 1961], [DS], S. 95).

[20] Seuse: *DMS*, S. 119.

> *Leiden bewirkt, daß dem, welchem Leiden auferlegt ist, leiden nicht mehr leiden bedeutet*[21].

Die Finalität, also der heilsökonomische Richtungssinn des Leidens ergibt sich aus der Ordnung des ‚desiderium naturale' der Rückkehr zu Gott. Anachronistisch formuliert ist das der ‚ordo salutis' von *liden* über das *Entwerden* zum *Gotliden*. Der Lebensweg des Menschen ist heilvoll im Weg der Bekehrung, Läuterung und ‚Überfahrt'. In der *Bekehrung* schmerzt das Ende des alten Lebens im Anfang des neuen.

In der *Läuterung* ist das Leiden *ohne Tröstung* der Preis der Entwerdung, d.h. der Lösung von der Welt und den eigenen Eigenschaften. Damit stellt es die negative Seite der Hinwendung zu Gott dar.

In der *Überfahrt* oder der Vervollkommnung *endet* das Leiden der Läuterung – aber es *bleibt* ein Leiden: die *finale Koinzidenz von Lieben und Leiden* im *Gottleiden*, dem höchsten Punkt der Leidensmystik:

> Wer sich beugte unter diese Bürde und unter alle Entscheidungen und Schickungen Gottes mit demütiger Gelassenheit und sich in Gottes Willen fügte im Haben und Darben, mit anhaltendem Ernst, in demütiger Hoffnung, wer alle Dinge von Gott nähme und sie ihm wieder auftragen wollte in wahrhaftiger Loslösung von allem Äußerlichen und mit Innebleiben in sich selber, mit Einsenken in den ewigen Willen Gottes in Verleugnung seiner selbst und aller Geschöpfe, wer dies täte und darin festbliebe, dem wäre Gottes Bürde in Wahrheit leicht, ja so leicht, daß, würden auf einen solchen Menschen alle die Lasten gelegt, die die ganze Welt trägt, die würden ihm so leicht, daß es ihm wahrlich wäre, es sei ein reines Nichts. Ja es wäre ihm eine Wonne, eine Befriedigung, eine Freude, ein Himmelreich; denn Gott trüge diese Bürde, und der Mensch wäre ihrer gänzlich ledig und ausgegangen aus seinem Selbst. Gott aber ginge ganz und gar, in aller Weise, hinein in dieses Menschen ganzes Tun und Lassen. Daß so der edle Gott in uns wirken möge, daß uns sein Joch süß werde und seine Bürde leicht, dazu helfe uns Gott. AMEN.[22]

Bei Seuse finden sich zwei Ordnungen und entsprechende Einstellungen

[21] Seuse: *DMS*, S. 263, kursiv P.S. „Liden tut dem liden liden ist, daz dem liden nit liden wirt" (Seuse: *DS*, S. 249).

[22] Johannes Tauler: *Predigten*. Übertr. und hg. v. Georg Hofmann, Freiburg 1961, S. 43f.

zum irdischen Leiden, eine alte und eine neue. Die *alte* Einstellung bestimmte sein Leben bis zu einer bestimmten Wende. Zunächst war er auf dem Weg der Leidenssuche in Selbstmarterung als Bußübungen. Dabei ging es um in frommer Gottsuche sich selbst zugefügte Schmerzen und Verletzungen wie Geißelung, das Nagelhemd, ein mit Nägeln gespicktes Holzkreuz, Fesselung der Hände, Kälte und Fasten.[23]

Die folgenden Kapitel der *Vita* bringen jedoch eine deutliche Distanzierung von diesen Praktiken der Selbstkasteiung, und der zweite Teil der *Vita* (ab c. 33), der die „geistliche Tochter" Elsbeth Stagel über den rechten Weg des mystischen Aufstiegs belehren soll, beginnt dann auch mit einer klaren Absage an die zuvor geschilderten „harten Übungen" und einer Mahnung zur „Besonnenheit":

> Eine Zeit lang trug er ein Hemd aus Haaren und eine eiserne Kette, bis das Blut von ihm niederrann, so daß er gezwungen war, sie abzulegen. Er sorgte heimlich dafür, daß ein Untergewand für ihn gemacht wurde, und an dem Untergewand hatte er Lederstreifen befestigt, in die etwa 150 eherne Nägel, scharf zugespitzt und gefeilt, getrieben waren, und die Spitzen der Nägel waren stets auf das Fleisch gerichtet. [...] Darin pflegte er in der Nacht zu schlafen. [...] und dann ersann er etwas anderes: zwei Lederhandschuhe, und er veranlasste einen Schmied, sie über und über mit scharf gespitzten Stiften auszurüsten, und er pflegte, sie nachts anzulegen, damit, wenn er im Schlafe versuchen sollte, das haarige Untergewand abzulegen oder sich selbst von den Stichen der ekelhaften Insekten zu befreien, die Stifte dann in seinen Körper eindringen sollten.[24]

Das erscheint ex post als Leiden*sucht* der Gottsuche, um mit aller Gewalt die Leidenszeichen Christi am eigenen Leib zu wiederholen bzw. gewaltsam die Imitatio Christi auszuagieren. ‚Leiden für Anfänger' wäre das zu nennen, die letztlich auf einem Abweg enden, final in der Selbsttötung. Hier zeigt sich die groteske Folge einer missverstanden beim Wort genommenen Bußmetapher, der mortificatio, und die gefährliche Wirkung des Todes als Heilsmetapher. Im Grenzwert führt das zum *‚cadaver'* in wörtlichem Sinne.

[23] Ebd., S. 130f.

[24] Heinrich Seuse: *Vita*; c. 35.

Das galt Seuse schließlich als ebenso unerträglich, wie es ex post erscheint:

> Nachdem der Diener solche Übungen seines äußeren Menschen [...] von seinem achtzehnten bis zu seinem vierzigsten Jahre getrieben hatte und seine ganze Natur so zugerichtet war, daß er nur noch die Wahl hatte, zu sterben oder auf derlei Übungen zu verzichten, ließ er davon ab; Gott ließ ihn wissen, daß solche Strenge und alle diese Formen nichts anderes gewesen seien als ein guter Anfang und ein Durchbruch durch seinen ungezügelten Menschen[25].

Auf den Schrecken darüber und die Trauer des Dieners hin hört er eine Stimme im Innern: „Tu auf das Fenster, schau und lerne!“[26]. Was er sieht, ist die entscheidende Vision: „Da sah er einen Hund, mitten im Kreuzgang, der hatte ein verschlissen Fußtuch im Maul und spielte damit auf seltsame Weise: Er warf es in die Höhe und wieder zu Boden und zerrte Löcher hinein“[27]. Die Stimme appliziert diese Vision auf Seuse: „Solch ein Spielzeug wirst du in deiner Brüder Gerede werden“[28].

Nach dieser sogenannten *Fußtuchvision*[29] verzichtet er auf seine Bußübungen. Die visionäre Kehre führte zum Übergang vom Anfang auf den Weg der Erleuchtung, was zunächst heißt, von solcher Leidenssucht zu *lassen*, weil sie im Grunde Selbstsucht sei.

Statt durch selbst gesuchte Übungen „bei den Leuten groß erhaben“ zu werden, solle man bereit sein, körperliche und seelische Leiden, die nicht selbst gesucht sind, zu ertragen, nämlich (u. a.) Krankheiten, Verleumdungen, seelische Verlassenheit (c. 20-32, S. 53-85). Zugleich solle man sich hinwenden „zu seines Nächsten heilsamer Hilfeleistung“ (c. 22, S. 59). Das „edelste Leiden“ sei ein „christförmiges Leiden“, nämlich geduldig „mit einem süßen Herzen Übles mit Gutem (zu) überwinden“ (c. 40, S. 124).

Ziel aller Askese ist die „ganze, vollkommene Gelassenheit“; diese wird jedoch mit „äußeren Übungen“ verfehlt (c. 19, S. 52f.); Leib und Geist seien mit „tugendlichen, besonnenen Übungen“ untertänig zu

[25] Ebd., S. 80.
[26] Ebd., S. 85.
[27] Ebd., S. 86.
[28] Ebd.
[29] Heinrich Seuse: *Vita*; c. 20, im 40. Lebensjahr.

machen, damit der Mensch sich mit einer „kräftigen Gelassenheit“ in eine „Stille des Gemütes“ setze, die ihn offen werden lässt für das Wirken des Göttlichen (so am Schluss der *Vita*, c. 53, S. 177f.).

Die Eskalation der immer aktiver gesuchten Leiden führt letztlich nur in die Steigerung der Selbstbezüglichkeit und kann nur unterbrochen werden von *außen* in einer *widerfahrenden* Vision. Das ist die Urimpression – in literarisch imaginärer Inszenierung der Urstiftungsszene –, mit der eine ‚basale, intentionale Rezeptivität‘ unterlaufen wird. Was hier ‚empfangen‘ werden soll, ist nicht mehr ‚secundum modum recipientis‘ maßvoll moderiert, sondern die unerträglich wirkende Brechung des Rezeptionsvermögens eines homo capax (reflexiv wie faktisch).

Wie schwer es fällt, damit zu brechen, zeigt die (sublimiert noch intentionale) Interpretation dessen: „Die hohe Schule und ihre Kunst, die man hier lernt, ist ein gänzliches, völliges Lassen seiner selbst, derart, daß der Mensch so zunichte wird, wie Gott sich auch gegen ihn erzeige oder durch seine Geschöpfe sich ihm gegenüber verhalte in Lieb oder Leid“, und das „in völliger Preisgabe des Seinen“[30]. Das *Lassen* wird zum *Vorsatz* Seuses[31]: „Diesem Können wolle er sein Leben weihen“[32], und nicht nur zum Vorsatz Seuses, sondern aller Menschen: „‚Nehme jeder Mensch *sein* Kreuz auf sich‘“[33]. Denn „Gott hat mancherlei Kreuze, mit denen er seine Freunde züchtigt“[34]. Damit entsteht hier von neuem der Widerspruch, dies tätig zu suchen und zu üben, obwohl es doch ein ‚Aufgeben seiner selbst‘ sein soll, mit *paradoxer* Struktur: „Je weniger man hier Geschäftigkeit entfaltet, um so mehr hat man getan; und damit zielte er auf ein Tun, bei dem der Mensch hindernd zwischen sein eigenes Selbst und das lautere Lob Gottes tritt“[35]. Noch die Akzeptanz des Widerfahrenden fordert das Tun – allerdings nicht mehr als basales Vermögen der *Intentionalität*, in deren Horizont das gesuchte Leiden nur das Leiden an sich selbst sein kann, sondern als *responsorische* Intentionalität, mit der auf die Widerfahrnisse geantwortet wird. Zwar wird durch die neue Einstellung die Problematik der alten überwunden, aber in sublimierter Form

30 Ebd., c. 81.

31 Gelassenheit steht versus Eigenschaft – folglich ist der Gelassene ein ‚Mann ohne Eigenschaften‘.

32 Ebd., c. 82.

33 Nicht ‚mein Kreuz‘, sondern das Christi (ebd., c. 131).

34 Ebd., c. 132.

35 Ebd., c. 82.

kehrt die Ambiguität wieder.

„Alles *liden* und *entwerden* in der Nachfolge Christi zielt letztlich auf *liden* als transzendenten [!] Überstieg, auf das *gotliden. Gotliden* ist – theologisch verstanden – Erfahren Gottes, *cognitio dei experimentalis*“[36]. Das muss nicht im Sinne eines Ziels als ‚finis passionis‘ verstanden werden, sondern besser als das coram deo mitgesetzte Regulativ zur Orientierung im Leben und im *Umgang* mit Leiden.

Die Doppeldeutbarkeit des ‚Gotliden‘ besteht darin, dass es *einerseits* als Strukturformel der Passivität gilt und als deren ‚höchster Punkt‘ jenseits aller Aktivität liegt, genauer gesagt: *quer* zu allen Korrelationen von Aktivität und Passivität im Selbst- und Weltverhältnis. Damit wird eine ‚grammatische‘ Differenz gemacht: von korrelativer Aktivität und Passivität (wie im Leben des Christen als ‚cooperatores ‘ie') gegenüber der quer stehenden Passivität (wie in Schöpfung oder Versöhnung).

Andererseits ist das ‚Gotliden‘ nicht nur eine Strukturformel, eine gleichsam transzendentale Bestimmung in erfahrungsfreier Reinheit. Sie ist – wie vielleicht das Abhängigkeitsgefühl bei Schleiermacher – durch und durch leibhaftig und affektiv getönt. Und das wiederum in doppeltem Sinn: *einerseits* ist ‚gotliden‘ auch ‚unlustvolles‘ Leiden im Abschied vom Alten als Übergang zum Neuen, im Ausstehen der Vollendung wie in Anfechtung und Versuchung auf dem Weg des christlichen Lebens. *Andererseits* ist ‚gotliden‘ initial und final ein Gott*lieben*. Hier erst ist ‚in liden nút liden‘[37]. Daher kann hier die Sprache der Minne, die Liebesmetaphorik, zum Tragen kommen. Die Prägnanz des Gottleidens als Gott*lieben* ist aber eine Pointe, die sich erst auf dem Hintergrund der Tradition des ‚Gottleidens‘ zeigt.

Bei *Eckhart* galt für das Gottesverhältnis die Regel, der Mensch sei ursprünglich und vor allem passiv: „Gott soll wirken, die Seele aber soll erleiden“[38]. Das hat Tradition. Die Grundformel der Theologie im Zeichen basaler Passivität stammt von *Dionysius Areopagita* aus ‚De divinis

[36] Christine Pleuser: *Der Begriff des Leides bei J. Tauler*, Berlin 1967, S. 76.

[37] Johannes Tauler: *Die Predigten. Aus der Engelberger und der Freiburger Handschrift sowie aus Schmidts Abschriften der ehemaligen Straßburger Handschriften*, hg. v. Ferdinand Vetter, Berlin 1910, S. 49.

[38] Eckhart, *Pred.* 58, Quint, 431, mit der Fortführung: „er soll sich selbst in ihr erkennen und lieben mit seiner Liebe. Und darum ist sie viel seliger durch das Seine als durch das Ihre, und so auch ist auch ihre Seligkeit mehr in seinem Wirken gelegen als in dem Ihren“.

nominibus': *das Göttliche zu erleiden*, genauer, es nicht nur zu erlernen, sondern vor allem zu erleiden (ou monon mathon alla kai pathon ta theia)[39]. Dionysius verweist dazu (wohl fingiert) auf seinen Lehrer Hierotheus, der „entweder von den geheiligten biblischen Schriftstellern gelernt oder auch infolge kundiger Erforschung der Heiligen Schrift nach vieler Beschäftigung mit ihr und Übung erkannt oder letztlich auf Grund irgendeiner göttlicheren Inspiration mystisch erfaßt hat, indem er das Göttliche nicht nur lernte, sondern auch erlitt [...]"[40]. Die Wendung wird *zitiert* als ‚passio divinorum' bei *Thomas*, der selber keinen systematischen Gebrauch von ihr macht.[41]

Seuses Vita ist ein ausgezeichnetes Exempel der *‚vita passiva'* der deutschen Mystik. Sie ist *nicht* bestimmt durch das traditionelle Gegeneinander von vita activa und vita contemplativa. Nicht die contemplatio spielt darin die Hauptrolle, auch nicht die Suche nach dem Weg zurück ‚ins tätige Leben', sondern die anfangs *destruktive* vita passiva (der Selbstkasteiung) wird durch die *kreative Passivität* (der Fußtuchvision) gewendet in eine sehr lebendige *vita passiva voller Aktivität* – als Ausdruck und Resonanz der Kreativität der christologisch bestimmten Passivität. Schlichter formuliert: in Seuses Vita zeigt sich die Kreativität einer heilsamen Passivität. In der Unterbrechung der *destruktiven* Anfänge in Selbstkasteiung wird so von dieser lebensfeindlichen eine lebensfreundliche Passivität abgesetzt, in der sich zeigt, was quer steht zur eigenen Aktivität und deren ‚Lassen' in der Kontemplation.

Entworfen ist die Vita von der gewissen Erschlossenheit her, als wäre der Verfasser ex post dem enthoben, wovon er schreibt. Der Blick auf sein Leben erscheint als Rückblick vom Ort des *überwundenen* Leidens her. Daher versteht sich auch seine ungeheure Sinnfülle, mit der alle ‚Warum, Woher und Wohin'-Fragen ihre fromme Antwort längst gefunden haben. Dieser beunruhigend ‚sinnvolle' Rückblick wirft allerdings Darstellungsprobleme auf. In jeder Thematisierung gerät der Betrachter (sei es der Autor oder der Leser) unvermeidlich in eine Distanz – und eben diese

[39] Dionysius: *DN* 648B; *Corpus Dionysiacum*, vol. I-II, hg. v. Beate R. Suchla/Günter Heil/Adolf M. Ritter, Berlin 1990/91, S. 134,1f.

[40] Dionysius: *DN* 648A/B (= 2,9) (MPG 3, 648B); übers. nach Pseudo-Dionysius Areopagita: *Die Namen Gottes*, übers. v. B. R. Suchla, Stuttgart 1988. Vgl. ebd. 684A; 872C/D; MTh 997B; Ep. 9,1105D.

[41] STh I-II q 22, a 3 ad 1; I-II q 111, a. 5; II-II q 100, a. 12; q 45, a. 2; q 97, a 2; q 154, a. 2; q 162, a. 3.

Distanz wird maximal minimiert in der Affektentechnik der Narration. In Seuses Vita wird in ‚rührender' Weise von den eigenen Leiden erzählt, um den Leser mit- oder nachvollziehen zu lassen, was ‚dem Diener' widerfuhr und wie er diese Widerfahrnisse als Glaubenserfahrung verstehen kann. Seuses Vergangenheit ist nicht nur nicht vergangen, sie wird in der Lektüre Gegenwart der Leser. Die Lektüre seiner vita passiva wird zu einer Passionsmeditation zweiter Ordnung, sofern der Leser eine Leidensgeschichte vor Augen gemalt bekommt, die denen der frühchristlichen ‚Blutzeugen' in nichts nachsteht.[42]

Orientiert wird Seuses ‚selbstbezügliche' Passionsmeditation von einer eindrücklichen Grundmetapher: der Vision von *Rosen*, bei denen die weißen die Lauterkeit bedeuten und die roten die Geduld im Leiden: „‚Es bedeutet Leiden und nochmals Leiden und noch mehr Leiden und wieder und immer noch Leiden, das dir Gott schenken will, und das versinnbilden die vier roten Rosen, die du an beiden Händen und Füßen siehst'. Der Diener seufzte und sprach: ‚Ach, lieber Herr, daß Leiden dem Menschen so gar weh tut, und es ihn, geistlich gesehen, doch so sehr verherrlicht, ist ein erstaunliches Verhalten Gottes!'"[43]. Die heroisierende Nähe zur christologischen Interpretation seiner selbst ist unübersehbar. Dass es nicht bei dieser gefährlichen Nähe bleibt, wird sich in bestimmten Szenen zeigen.

In der Vita folgt nach der Erzählung eines Scheintodes Seuses eine ‚tiefe Betrachtung'[44], in der er um eine Lehre aus den Leiden bittet, getreu dem Topos von Pathos-Mathos: „Ach, lieber Herr, die genannten Leiden erscheinen von außen betrachtet wie scharfe Dornen, die durch Fleisch und Bein dringen; darum, teurer Herr, laß aus den spitzen Dornen der Leiden ein wenig süße Frucht guter Lehren wachsen, damit wir in steter Not lebenden Menschen desto geduldiger leiden und unser Leiden zu Gottes Lob um so besser darbringen können"[45]. Auf diese Bitte um Belehrung hin vernimmt er ‚eine Stimme' (als Audition), in der *Christus selbst* zu ihm spricht:

[42] Vgl. Paulus (Seuse: *DMS*, S. 92) oder Hiob (ebd., 96).

[43] Seuse: *DMS*, S. 92. Im Original kommt die Paradoxierung besser zum Ausdruck: „es betútet liden und aber liden, und och liden und aber und och liden, daz dir got wil geben" (*DS*, S. 64).

[44] Seuse: *DMS*, S. 114ff.

[45] Ebd., S. 115.

> Heute will ich dir die Vollkommenheit meines Leidens dartun und zeigen, wie ein leidender Mensch in lobenswerter Weise sein Leiden dem liebevollen Gott wieder als Gabe darbieten soll.[46]

In der Bitte um Belehrung wird deren Sinn und Zweck bereits von Seuse antizipiert, ‚geduldiger zu leiden‹, was dem Ziel diene, das Leiden als Lob ‚ad maiorem Dei gloriam' darzubringen. Eben darin und in nichts anderem besteht die (somit tautologisch konzipierte) Belehrung durch die Stimme Christi – mit der feinen Inferenz, dass das Leiden *als Gabe* Gott dargeboten werden soll, und zwar *wieder*.[47] In dem ‚wieder' liegt das Moment der Rückgabe. Was von Gott gegeben wurde (Leiden als Schickungen) wird zu seinem Lobe vor ihn gebracht, als Opfer dargeboten und darin ‚zurückgegeben'. Es scheint eine Ökonomie des Gabentauschs wirksam zu sein als *Leidensökonomie*.[48] Dann kann keine Eskalation dieses Gabenzirkels mehr überraschen, weil darin die Kraft der Verherrlichung der Leiden nur gesteigert würde – zum Lobe Gottes. Seuses Antwort auf diese Belehrung geht aber über eine bloße Rückgabe signifikant hinaus mit einem „neuen und fremdartigen Loblied", das er nicht kannte und erst in seinem Leiden gelernt habe. Darin wird das Leiden nicht nur willig angenommen, sondern *als Lob Gottes* gefasst: „Aus der grundlosen

[46] Ebd.

[47] Im Mhd.: „Wie ein lidender mensch sol sin liden in lobricher wise dem minnektlichen gote wider uf tragen", also ohne den Ausdruck der *Gabe.*

[48] Vgl. die Ökonomie des Leidens: „Hättest du so viel geistiger Freundlichkeit, göttlichen Trostes, göttlicher Freude (in dir), daß du allezeit von himmlischem Tau überflössest, das wäre dir, an sich betrachtet, nicht so lohnbringend (wie Leiden); denn für all dies hätte ich dir nicht so viel zu danken, es machte mich nicht in gleicher Weise zu deinem Schuldner wie ein liebevoll (ertragenes) Leiden oder Verlassenheit in schlimmer Lage, in der du aus Liebe für mich aushieltest" (Seuse: *DMS*, S. 263). „Wer Zeit und Ewigkeit richtig zu wägen vermöchte, sollte (es vorziehen) lieber hundert Jahre in einem feurigen Ofen (zu) liegen, als auf den geringsten Lohn um des kleinsten Leidens willen in der Ewigkeit zu verzichten; denn jenes hat ein Ende, dies kennt keines" (ebd., S. 264). „Aus dem liebevollen Leiden [Christi] entnehme ich vollen Ersatz meines kleinen Verdienstes; hierin liegt meine vollkommene Gerechtigkeit: dies Betrachten nenne ich ewige Weisheit, aller Kunst Vollendung, alles Heiles Reichtum, allen Lohnes ganze Fülle" (ebd., S. 268). „Niemand beklage mehr (den Verlust) des Paradieses – wir haben *ein* Paradies verloren und zwei gewonnen" (ebd., S. 276).

Tiefe meines Herzens begehre ich, daß alles Leiden und alles Leid, das ich je erduldet" und alles Leiden aller Menschen aller Zeiten „dir, himmlischer Vater, ein ewiges Lob und deinem eingeborenen leidenden Sohn eine Ehre sei in die Ewigkeit der Ewigkeiten"[49].

Seuse setzt die Belehrung stante pede in die Tat um, nicht nur ein Loblied auf's Leiden zu singen, sondern *das Leiden selber* als singend zu loben.[50] Dieses Lob gipfelt in einer emphatischen Häresie: „Ich, dein armer

[49] Seuse: *DMS*, S. 115.

[50] Vgl. zum Lob des Leidens: „Leiden bewahrt vor schwerem Sturz, es läßt den Menschen sich selber erkennen, auf sich selbst stehen, seinem Nächsten glauben. Es bewahrt die Demut der Seele und lehrt Geduld; es ist eine Hüterin der Reinheit und bringt die Krone ewiger Seligkeit [...] Leiden läßt die Sünde ablegen, mindert das Fegfeuer, vertreib Anfechtung, läßt Mängel verschwinden, erneuert den Geist; es bringt mehr Zuversicht, ein lauteres Gewissen und steten hohen Sinn. Wisse, es ist ein gesunder Trank, ein heilsames Kraut, wertvoller als alle Kräuter des Paradieses. Es züchtigt den Leib, der ja doch der Fäulnis verfällt, speist aber die edle Seele, die ewig leben soll. Diese wächst durch Leiden, so wie die schöne Rose durch den Tau der Maien. Leiden bringt Weisheit und Erprobung. Was weiß ein Mensch, der nicht gelitten hat? Leiden ist eine Zuchtrute (der göttlichen Liebe), ein Schlag (meiner väterlichen Hand) für meine Auserwählten. Leiden zieht und nötigt den Menschen zu Gott, es sei ihm lieb oder leid" (Seuse: *DMS*, S. 265).

„Eher schüfe ich Leiden aus nichts, ehe daß ich meine Freunde ohne Leiden ließe; denn darin werden alle Tugenden bewährt, der Mensch geschmückt, der Nächste gebessert, Gott gelobt. Geduld im Leiden ist ein lebendiges Opfer, ein süßer Duft edlen Balsams vor meinem göttlichen Angesicht, ein vor allem himmlischen Heer in die Höhe dringender Gegenstand des Staunens. Nie schaute (die Menge) je so sehr auf einen turnierenden Ritter als der ganze Himmel auf einen geduldig leidenden Menschen. Alle Heiligen sind eines leidenden Menschen Mundschenken, denn sie haben Leiden zuvor selbst gekostet und rufen, wie aus einem Munde, es sei ohne jegliches Gift, ein heilsamer Trank. Geduld im Leiden bedeutet mehr als Tote auferwecken oder andere Wunder tun. Es ist der enge Weg, der da herrlich zur Himmelspforte hinaufführt. Leiden macht (einen Menschen) zum Genossen der Glaubenszeugen, es führt mit sich das Lob und den Sieg über alle Feinde; es kleidet die Seele in ein rosenfarbenes Gewand, in Purpur; sie trägt den Kopfschmuck aus roten Rosen, das Zepter aus grünen Palmzweigen, einen glänzenden Rubin in jungfräulicher Gewandspange. Mit süßer Stimme frohen Mutes singt sie ein neues Reigenlied vor in der Ewigkeit, wie es alle Engel nicht singen konnten, denn sie haben nie gelitten. Und, um es kurz zu sagen: Die Leidenden werden von der Welt als

Diener, begehre heute aller leidenden Menschen […] ein durch geduldiges, dankbares Gotteslob getreuer Stellvertreter zu sein, daß ich dir ihre Leiden statt ihrer heute zu deiner Verherrlichung darbringe, wie immer sie auch gelitten haben. An ihrer Statt opfere ich es dir, als ob ich selbst das alles nach meines Herzens Wunsch an meinem Leib und Leben allein erlitten hätte; an ihrer Statt biete ich es heute deinem eingeborenen leidenden Sohn dar, daß er dadurch in alle Ewigkeit gelobt und die leidenden Menschen getröstet werden“[51]. Seuse versetzt sich hier indirekt in die Position *des fürbittenden Christus* und glorifiziert die Leiden als Verherrlichung Gottes. Aber bei noch so großer Verherrlichung Gottes scheint im Hintergrund der Genitivus subiectivus mitzuschwingen: dass Seuse durch seine Leiden von Gott verherrlicht wird, wie die Rosenvision erklärte. Das Lob Gottes wird zweideutig – von der Ambivalenz der Leiden angesteckt.

Das hat Folgen, die sein ‚Büchlein der ewigen Weisheit‘ entfaltet. Dessen erstes Kapitel „Wie manche Menschen ohne ihr Wissen gezogen werden“ eröffnet die Zwiesprache der Seele (bzw. des Dieners) mit der ewigen Weisheit (dem *gekreuzigten* Jesus)[52]. Die Seele klagt dem Herrn ihre Abwege und ihr Verfehlen des Gesuchten, wobei ihr unklar bleibt, *was* genau sie denn gesucht habe: „Je mehr ich suchte, und je näher ich ging, umso mehr entfernte ich mich von ihm“[53]. Auf die Frage, was es denn sei, was sie heimlich bewegt habe, antwortet die Weisheit: „Ich bin es, die ewige Weisheit […]. Du fandest in allen Dingen stets etwas Widerstand: Und das ist das sicherste Zeichen für meine Auserwählten, daß ich sie für mich selber besitzen will“[54].

Die Unruhe der Seele ist das indirekte Anzeichen ihrer Bewegung, die nicht aus eigenem Antrieb rührt, sondern von einem Beweger, der „ihn [den Menschen] nirgends recht zur Ruhe kommen läßt, bis er seine Ruhe allein in dir sucht“[55]. Die Suche (in der Form einer diffusen Intentionalität) ist Bewegung und Unruhe (kreatürliche Passivität), die bestimmt wird (soteriologische Passivität), in Gott ihr Ziel zu finden und in ihm Ruhe zu

arm bedauert, mir heißen sie heilig, denn sie sind meine Auserwählten“ (ebd., S. 265f.).

[51] Seuse: *DMS*, S. 115f.

[52] Vgl. ebd., S. 268.

[53] Ebd., S. 219; so verfahren auch die ‚vielen‘: ebd., S. 236.

[54] Ebd., S. 220.

[55] Ebd., S. 221. Augustins ‚cor nostrum inquietum‘ ist nicht zu überhören.

finden (eschatologische Passivität). Den Lebensvollzug der so bestimmten responsorischen Intentionalität des Menschen entfalten die darauf folgenden ‚hundert Betrachtungen' des Leidens und Sterbens Jesu, die den Grundbestand des ‚Büchleins der ewigen Weisheit' bilden.[56] Entstanden seien dieselben nicht aus der unbestimmte Suchen des Menschen, sondern – so die fiktionale Einleitung – aus der Antwort auf die *Klage* eines Predigerbruders (Seuse) über sein Scheitern in der Betrachtung von „Christi Qual und Leiden"[57]. Auf die Vergeblichkeit der Passionsmeditation hin wurde er „entrückt, und in einem raschen und hellen Leuchten ward ihm Antwort" mit der Anweisung, sich hundertmal zu Boden zu werfen mit je einer Bitte an den Herrn und der Zusage, dann werde ihm „jegliches Leiden" so erschlossen, dass „du dasselbe um meinetwillen leidest"[58]. Das ist nicht weniger als eine indirekte *soteriologische Interpretation der Leiden des Christen* – und darin auch des Heiligen in spe, Seuses selber. Denn nicht Christus hat ein für allemal um Seuses willen gelitten, auf dass gilt ‚satis est', sondern das Paradigma der vita passiva wird zum exemplum jedes Christenlebens, auf dass gelitten werde ‚um Christi willen' – als bedürfte es eines Zirkels der Rückgabe seines heilvollen Leidens. Damit wird das Leiden Christi nicht nur perpetuiert, sondern es eskaliert in einer Weise, die das ‚solus Christus' vergessen zu machen (oder zu lassen) scheint. Die eingangs notierte ‚gefährliche Nähe' tendiert zur Verwechslung, als wäre das Leiden um Christi willen wirksam wie das Leiden Christi selber.

Die ambivalente Eigendynamik vita passiva zeigt sich auf vielleicht ironische Weise in einer Szene von Seuses Vita.
Als er auf einer seiner Reisen von seinem Begleiter als Giftträger verleumdet und vom ‚Volk' verfolgt wurde, drohte ihm Ertränkung, Verbrennung oder folgendes:

> Ein unheimlicher Kerl in einer rußigen Joppe packte einen Spieß, drängte sich durch sie alle hindurch und rief: ‚Hört mich, ihr Herrschaften all miteinander! Diesem schlimmen Ketzer können wir keinen schimpflicheren Tod antun, als daß ich diesen langen spieß mitten durch ihn hindurch renne, so wie man eine giftige Kröte aufspießt! Laßt mich diesen Giftträger nackt aufspießen, rücklings in die Höhe heben, ihn fest auf den starken

[56] Ebd., S. 215.
[57] Ebd.; auch S. 269f.
[58] Ebd.

> Zaun da heften und ihn festbinden, daß er nicht herunterfällt; da mag der Wind den treulosen Kerl austrocknen, damit jeder, der da vorbeigeht, den Mörder sieht und ihn nach seinem schimpflichen Tod verflucht, daß er in dieser und jener Welt um so mehr verdammt sei, denn das hat der Erzbösewicht wohl verdient‘[59].

Nicht ohne Lust imaginiert Seuse hier unheimlich eindringlich die ihm drohenden Grausamkeiten. Das Böse tritt auf im Namen des Guten, dessen Name hier fälschlich geführt wird. Die mögliche Ironie liegt darin, dass der drohende Mörder einen Unschuldigen des Mordes verdächtigt, der ‚sub contrario‘ ein ‚Heiliger‘ ist, der zum Märtyrer zu werden droht, während sich ersterer zum Diener Gottes stilisiert – ein unfröhlicher Wechsel. Die imaginative Inszenierung der Gewalt, in einem Wettkampf der Grausamkeit, dass er gepfählt und an den Zaun geheftet werden solle, hat den Zweck der Selbstinszenierung des drohenden Mörders als eifernden Frommen sowie der Demonstration gerechter Strafe an einem Giftträger – und damit letztlich der pervertierten Darstellung von Recht und Ordnung wie der eigenen Gerechtigkeit des Täters. Im Namen dieser Demonstration der (vermeintlich) göttlichen Ordnung des strafenden Gesetzes wirkt im erzählten Geschehen eine *Eigendynamik* von Verleumdung, Gerücht, Lynchjustiz und Grausamkeit. Die Lust am Leid*zufügen* mit der schaurigen Komparatistik der Greueltat wird so sinnenfällig wie widersinnig. Die hyperbolische, groteske Inversion von Gesetz und Ordnung ist ein literarischer Entwurf Seuses, in dem er sich seinerseits als der ‚leidende Gerechte‹ stilisiert und ‚die Welt‹ als leidvoll und ungerecht.

Wozu diese detaillierte Imagination der Gewalt *für Seuse* bzw. für seine *Leser*? Auf die zitierte Drohung hin erzählt Seuse ‚seine‘ Reaktion: Er war derart erschrocken, „daß ihm vor Angst große Tränen über das Gesicht rannen“. Das wäre kaum bemerkenswert, wenn diese ‚humorale‘ Reaktion nicht bei den übrigen Teilnehmern der Szene Wirkungen zeitigte. Denn als die „ihn ansahen, begannen [sie] bitterlich zu weinen“[60]. Während das ‚wilde Volk‘ ungerührt bleibt, gibt es offenbar einen ihm nahestehenden Kreis derer, die sich seiner erbarmen und *mitleiden*. Einige ‚gutherzige Frauen‘ hätten ihn denn auch „gern bei sich beherbergt“, wagten das aber aus Angst vor dem ‚Volk‘ nicht. Die ganze Szene wirkt wie

[59] Ebd., S. 102f.
[60] Ebd., S. 103.

eine (selbstgemachte) Version der Kreuzigungsszene: mit dem Volk, einem Soldaten mit Spieß, weinenden Frauen und einem leidenden Gerechten. Das Ganze ist eine literarisch sublimierte Passionsdemonstration zum Zwecke der compassio – mit Seuse.

Liest man die Szene auf die Selbststilisierung Seuses hin, wirkt seine ostentative Imitatio Christi einigermaßen plump, wenn nicht gar anmaßend oder peinlich. Sie scheint ihre religiös plausible und vielleicht theologisch vertretbare Pointe nur im Blick auf ihre ‚Arbeit am Leser' zu finden: in einer passionierten Antwort auf die Szene des verfolgten Gerechten. Der spontane Affekt ist das Entsetzen über die angedrohte Greul und die unwillkürliche Eingenommenheit für den Bedrohten. Wenn beim Leser auch nicht gleich Tränen fließen, wird ihm doch die conversio aus der ‚wilden' Menge hin zum leidenden Gerechten zugespielt und eine aversio gegen Volk und Täter.

Die rhetorische Dynamik entspricht insofern den Gleichnissen Jesu: Es geht um die Versammlung und Unterscheidung der Hörer durch die Erzählung hin auf die Pointe *dieser* Passion. Der evozierte Affekt *bewegt* die Hörer (und vermittels derer auch die Leser), und zwar zum Zwecke der Bewegung *weg* von der bösen Welt (nicht der Welt ‚an sich', sondern der, die mit unrechter Gewalt droht) *hin* zum Verfolgten. Das ist eine Narration der Kehre des regressus ad Deum. Aber ist es eine conversio ad Christum? Sofern der Verfolgte fraglos die Imitatio Christi repräsentiert, malt er die Passionsszene vor Augen – aber *wessen* und *was für einer Passion?*

Seuse als ‚leidender Gerechter' hat exemplarische Funktion, nicht sakramentale. Allerdings gerät diese Unterscheidung hier ins Wanken. Denn die Passion ‚des Dieners' erscheint wie eine Prolongation der Passion Jesu. Wie die creatio continuata scheint es eine passio continuata zu sein, die von Seuse vor Augen gemalt wird. Das ist insofern problematisch, als die Unterscheidung von Christus und Christ aufgehoben würde in der Kontinuität der Passion Jesu und der seiner Imitatoren. So gesehen erzählt Seuse hier von einer *Imitatio ohne Chorismos* in der *participatio* an der Passion. Damit wird eine *Indifferenz* und *Kontinuität* des Leids zum Vermittlungs*medium* von Christus und Christen – und das Leiden ‚des Gerechten' wird zum *medium salutis*. So bekommt das Leiden selber einen *sakramentalen* Vollzugssinn.

Allerdings folgt noch eine nicht zu verschweigende Wendung der Szene, die man als *Ironisierung der Autoheroisierung* auffassen kann.

Statt ‚nackt aufgespießt und an den Zaun geheftet' zu werden, flieht er, läuft aus der Szene heraus, um einen Unterschlupf für die Nacht zu finden. Auf der Suche „fiel er an einem Zaun hin aus Leid und Todesangst, erhob seine unglücklichen (vom Weinen), angeschwollenen Augen zum himmlischen Vater" und ruft ihn um Hilfe an.[61] ‚Aus tiefer Not' ruft er und wird erhört. Ein Priester rettet ihn, bettet ihn und hilft ihm tags darauf zu entkommen. Dieser Spieß ist an ihm vorübergegangen. Es ist eine Passionsszene – ohne Tod und Auferstehung, als wäre Seuse in Gethsemane fortgelaufen. Sieht man vom Gattungszwang seiner vita ab, für deren Fortgang das Überleben des Protagonisten unerlässlich ist, fragt sich, warum er vor dem Äußersten zurückweicht. Meldet sich hier ein Skrupel vor der Konsequenz seiner Imitatio?

Seuse führt sonst ‚jegliches Leiden' auf eine Schickung oder Zulassung Gottes zurück. Diese Episode der drohenden Lynchjustiz, wird von ihm allerdings nicht so gedeutet, sondern ergibt sich aus einer Sünde seines Begleiters (der Seuse verleumdet hatte). So wird hier die von Seuse erflehte *Errettung* aus dem drohenden Leid auf Gott zurückgeführt. Das ergibt eine Antinomie der Leidensinterpretation: Ist das Leid oder die Rettung davor Gottes Handeln? Wollte man diese Antinomie auflösen, wäre das drohende Leid nur eine Inszenierungshilfe für die Errettung. Zur ‚demonstratio ad oculos' würde den Lesern vor Augen gestellt, dass Gott und Teufel unterscheidbar bleiben.

Auf die eine Todesgefahr folgt in einem schnellen Schnitt die nächste lebensgefährliche Szene. Kaum hat Seuse den einen Spießer[62] überlebt, begegnet er wider Willen dem nächsten (was sc. keineswegs wider Willen von ihm so inszeniert ist). Auf einer anderen Reise war ‚der Diener' unterwegs von den Niederlanden rheinaufwärts mit einem Begleiter, der so gut zu Fuß war, dass er etwas schnell vorausging. Als ein Wald durchquert werden musste, war der Begleiter schon voraus und Seuse allein mit seinen Ängsten vor vagabundierenden Räubern. Wie zur Bestätigung derer sieht er einen unheimlichen ‚Mann mit einem Spieß und einem langen Messer', in Begleitung einer ‚jungen, hübschen Frau' auf demselben Weg.

Seuse wagt es notgedrungen und folgt ihnen. Kaum im Wald begegnet ihm die Frau, die ihn überraschenderweise kennt und prompt beichten

[61] Ebd.

[62] Ursprünglich wohl ein mit einem Spieß bewaffneter Bürger (vgl. Schildbürger).

möchte. Was sie zu beichten hat, dient indes kaum zu seiner Beruhigung. Denn ihr Begleiter sehe nicht nur aus wie ein Mörder, er sei einer, der sie entführt und entehrt habe, so dass sie jetzt als seine Frau mit ihm ziehen müsse. Von einer Absolution ist daraufhin keine Rede, sondern nur von Seuses Ängsten. Getrost dagegen wirkt die Frau (die wohl doch Absolution empfangen hat).

Zurück bei ihrem ‚Mann wider Willen' fordert sie nun ihn zum Beichten auf mit dem pikanten Argument: „daß Gott *den* niemals verlassen wird, der bei ihm gebeichtet, wie schwer er auch gesündigt hat"[63]. Das überzeugt selbst den Mörder, der Seuse ‚peripatetisch' auf dem Wege beichtet. Als er so seine Mordstaten zum Besten gibt, wird es Seuse immer unheimlicher, zumal die Szene plötzlich in der Beichte gespiegelt wird. Der Mörder hatte an demselben Ort schon einmal einen Priester getroffen und ihm gebeichtet, dabei aber sein Messer gezückt, den Beichtvater erstochen und beiläufig in den Rhein geworfen.

Bei diesen Worten verliert Seuse schließlich die Fassung und kann sich vor Angst kaum noch aufrecht halten. Als die ‚junge, hübsche Frau' das sieht, fängt sie den Niedersinkenden in ihren Armen auf und spricht ihm Mut zu: „Fürchtet Euch nicht, er tut Euch nichts"[64]. Der Mörder stimmt ein in diesen etwas zweifelhaften ‚engelsgleichen' Trost und verspricht, Seuse nichts zu tun, da er so viel Gutes von ihm gehört habe. Aber für die Verschonung seines Lebens fordert er Seuses Fürbitte bei Gott, „daß er mir armem Mörder in meiner letzten Stunde um Euretwillen helfe"[65]. Bevor Seuse Gelegenheit hat, diesen unfreiwilligen Tausch und unfröhlichen Wechsel zu bestätigen, kommen sie aus dem Wald heraus, er läuft zu seinem schon wartenden Begleiter und fällt zitternd zu Boden, während der Mörder samt Frau von dannen zieht. Seuse allerdings hält den ‚sittenwidrigen‹ Tauschvertrag und bittet „Gott mit Ernst und innerem Seufzen um das Heil des Mörders, daß Gott ihm seinen guten Glauben, den er zu ihm – dem Diener – gefaßt, entgelte und ihn bei seinem letzten Seufzer nicht verdamme"[66].

Die Szene ist so skurril wie kaum ohne Ironie zu verstehen: Seuse bittet um das Heil eines Todsünders, für die Vergebung von dessen begangenen *und künftigen* Sünden, und zwar bittet er darum ‚*propter fidem*',

[63] Seuse: *DMS*, S. 105.
[64] Ebd.
[65] Ebd.
[66] Ebd., S. 106.

nicht per Christum, sondern ‚*per Seuse*'. Des Mörders Glaube ‚an Seuse' ist *das* gute Werk, um dessentwillen er errettet werden soll. Vertragsabschluss und -erfüllung sind beide von solch exemplarischer Sittenwidrigkeit, dass hier schwerlich die strafende Gerechtigkeit Gottes am Werk sein kann. Das Argument, mit dem die ‚junge, hübsche Frau' ihren Mördergatten überzeugt hatte, bestätigt sich. Denn auf die Fürbitte hin erhält Seuse die Antwort von Gott, „der Mordgeselle werde errettet und um seines Zutrauens willen von Gott niemals geschieden werden“[67].

Was soll man dazu sagen? Groebner meinte, „die Schreckensbilder handeln von den Paradoxa der Emotion und der Erinnerung. Die Zuschauer wollen weinen, erschrocken und sprachlos sein – aber aus der Distanz, bitte schön“[68]. Die Logik ästhetischer Distanz führt in diesem Beispiel jedenfalls zu einer durchaus unterhaltsamen Inszenierung des Leidens – aber sie hat den Preis, dass die Theologik des Leidens grotesk wird. Da man hermeneutisch unterstellen sollte, dass diese Groteske kein bloßes Versehen ist, bleibt die Suche nach dem theologischen ‚Kalkül dieser Absurdität'. Ist das mit feinem Sinn für Ironie eine Persiflage auf die soteriologische Überinterpretation der Leiden Seuses? Könnte hier der Humor an die Stelle der Logik schrecklicher Leiden treten?

Die Wirkungen der Leidensdarstellungen in Seuses Vita sind potentiell dreifältig: Erschütterung zur Zerstörung des Selbst, Erschütterung zur Konsolidierung (Trost) oder Erschütterung zur Veränderung (movere). Die Zerstörung des Selbst hat das Ziel der Eigenschaftslosigkeit in der Selbstaufgabe. Die Konsolidierung wäre die Bestätigung des Christen in seinem Glauben an Gott als Sinn und Geber des Leidens oder negativ die Bestätigung in der Abwendung von der Welt. Die Veränderung kann die Bekehrung des Sünders oder die Wendung des ‚äußerlichen' Christen zum innerlichen meinen, um ein besseres oder anderes Selbst zu werden. Aber was *bewirken* die Leidensdarstellungen? Die Frage ist vom vermeintlichen Darstellungszweck ebenso klar zu unterscheiden wie von der Semantik, dem ‚Sinn der Leiden', weil die Wirkungen von den Lesern mitbestimmt werden. Auch wenn all die Leiden ‚nur zum Besten' gedacht und geschickt sein mögen, kann die Performanz ihrer Erzählung eigenartig sein. Christologisch betrachtet sollen sie eine Schickung in den Willen Gottes bewirken und darin eine Handlungs- als Leidenseinheit mit

[67] Ebd.

[68] Valentin Groebner: *Ungestalten. Die visuelle Kultur der Gewalt im Mittelalter*, München 2003, S. 171.

Christus. Die passive imitatio (im Leiden in, mit und unter dem guten Leben) ist eine mimetische Identität[69] und participatio am Leiden Christi. Wenn er litt, sind wir mit ihm eins, wenn wir mit ihm leiden. Diese compassio ist nicht allein der Affekt in der Passionsmeditation, sondern der Effekt der entsprechenden Lebensform: ein leidvolles Leben als imitatio der Passion. Aber der Effekt *dieser* Leidens*darstellungen* ist eine deutliche Verkürzung der Christologie: Das sakramentale Ein-für-allemal und das solus Christus wird konfundiert mit einem exemplarischen ‚Alle wie der eine' und ‚Non solus Christus, sed etiam Christiani'. Der Sinn wird durch den Eigensinn der drastischen Sinnlichkeit überwältigt und bleibt im theologischen Zwielicht. Ob Seuse womöglich nicht ohne Selbstironie um diese Ambivalenz wusste und sie sogar literarisch als Selbstkritik zu gestalten vermochte, bleibt eine Frage der Interpretation. Aber die Frage nach den *Effekten* liegt jenseits der Intentionalität, auch jenseits der rhetorischen Affektentechnik.

2.4 Der ‚heilige Vater' als lebende Reliquie

Das gibt Anlass zu einer etwas anderen Gegenprobe auf die prekäre Logik der Exposition des Leidens, zumal wenn es einem Stellvertreter widerfährt. Was machte Papst Johannes Paul II, was ließ er zu und was bewirkte er, wenn er seinen sterbenden Leib exponierte mit aller Macht der Medien? Die Ambivalenzen, die sich in der Exposition des Leidens seit den Märtyrer- und Heiligenlegenden stets von neuem einstellen, können auf dem Hintergrund der Mystik verständlicher werden als ohne sie.

Es war der Cantus firmus einschlägiger Äußerungen von Kirchenoberhäuptern, manchen Theologen, Medienprofis und Politikern, zu begrüßen, was der Papst tat bzw. was die Medien mit ihm taten: den alten und kranken Körper zur Schau zu stellen. Zu begrüßen sei das, weil damit gegen den ‚mainstream' der ‚modernen Gesellschaft' wie der Medien angegangen werde, Krankheit, Alter und Tod zu verschweigen und nicht sichtbar werden zu lassen. Damit werde nicht nur ein Teil unserer

[69] Hier kann bewusst eine semantische Öffnung vorgenommen und von einer *mimetischen* Identität gesprochen werden, da auch Mimesis von einer Reversibilität lebt, die sich in einer Grundfragen der Imitatio, um wessen Leiden es eigentlich geht, wiederfindet (mit herzlichem Dank zu notieren auf Hinweis von Simone Hankel).

Wirklichkeit verdrängt, sondern eine normative Selektion unserer Kommunikation und Wahrnehmung demonstriert: Leiden zu verdrängen statt es sich manifestieren zu lassen, um daran zu ‚lernen‘ oder sich zumindest damit auseinandersetzen zu können. Der *ganze* Mensch als Objekt der Medien galt ‚plötzlich und unerwartet‘ als wünschenswert, nicht nur die Jungen, Schönen und Reichen. Ob das nur gilt, weil es der medienwirksame Papst war, an dem hier ein Exempel statuiert wurde, oder ob das auch gelten würde, wenn ein amerikanischer Expräsident krank und sterbend vor Augen gestellt würde, oder gar noch unbedeutendere Zeitgenossen, ist fraglich. Zwar ist mit dieser Horizonterweiterung der Wirklichkeitswahrnehmung bzw. ihrer medialen Konstruktion ein plausibler Punkt getroffen. Aber dennoch scheint damit eine Ambivalenz erstaunlich eindeutig positiv reduziert zu werden.

In Tradition der Legenda aurea ist die Darstellung außerordentlichen Leidens nicht nur eine Erinnerung zum Zwecke der Wiederholung und Durcharbeitung der gern verdrängten Schattenseiten humanen Daseins. Die Erinnerung des memento mori gehört ohnehin zum Sonntag eines jeden Christenmenschen, als memento Christi. Die Heiligenviten wie exemplarisch Seuses Vita bekommen von daher ihre besondere Funktion: Sie sind narrative Exempla der imitatio Christi, Vorbilder im Glauben und Leben, deren Vorbildlichkeit sich verdichtet in ihrem ‚heroischen‘ Gehorsam noch im größten Leiden. Damit übernehmen oder übersetzen sie die Funktion desjenigen exemplum, von dem der Hebräerbrief schreibt, dass Christus in seinem Leiden den Gehorsam lernte: „So hat auch Christus […] in den Tagen seines Fleisches Bitten und Flehen mit lautem Schreien und mit Tränen dem dargebracht, der ihn vom Tod erretten konnte; und er ist auch erhört worden, weil er Gott in Ehren hielt. So hat er, obwohl er Gottes Sohn war, doch an dem, was er litt, Gehorsam gelernt“ (Hebr 5,5ff).

Auf dem Hintergrund dieser – in der mittelalterlichen Passionsfrömmigkeit dominierenden – ‚Exemplum-Christologie‘ und deren narrativer Vervielfältigung in den Heiligenlegenden wirkt die Exposition eines leidenden Körpers bis in den Tod wenig überraschend, auch wenn die Medien wechseln. *Diese* exempla erweisen sich als konvertibel in die neuen Medien. Neu ist allerdings, dass die Legendenbildung mittlerweile ‚live‘ geschieht, in Echtzeit und zu Lebzeiten. Damit wird mehr getan, als in unserer Wirklichkeit Verdrängtes zur Wahrnehmung zu bringen. Es wird – gleich ob nolens oder volens – eine Heiligsprechung medial initiiert, antizipiert und inszeniert. Der außerordentliche Gehorsam im äußersten Leiden wird zum Inbegriff des willentlich getragenen Leidens – bis dahin, dass an Ostern 2005 der Körper des Papstes den corpus Christi zu überlagern schien, zumindest in den Medien. Wurde da der Stellvertreter zur ‚Reinkarnation' dessen (gemacht?), dessen Tod und Auferstehung gefeiert wird?

Man kann hier in aller benevolentia spectatoris eine exemplarische und erbauliche „Gleichförmigkeit von Haupt und Gliedern im Leiden" sehen, von der Thomas sprach.[70] Aber in den multimedialen Passionsfestspielen des sterbenden Papstes wird der Schausteller der Passion, derjenige, an dem die Passion vor Augen geführt wird, zur Verkörperung dessen, den er doch nur darstellen soll. Thomas meinte noch: „Christum per passionem suam initiavit ritum christianae religionis"[71]. Gilt das auch in dieser Neuinszenierung des Leidens und Sterbens seines Stellvertreters? Wer kann entscheiden, ob die Wiederholung mit ihrem ‚Urbild' konvergiert und nicht konkurriert? Wer könnte die Eindrucksmacht des lebendigen Bildes vor Augen bändigen, auf dass das Supplement sich nicht verselbständigt?

Wenn ein weiß gewandeter, offensichtlich ‚sündloser heiliger Vater' den Weg allen Fleisches gehen muss, wird eine Passion ‚ohne Juden und Römer' inszeniert, gewissermaßen eine politisch korrekte Passionsgeschichte. Dieser Tod kann keine Strafe sein – wofür auch? –, sondern nur ein Leiden des Stellvertreters *für* die Seinen, wenn nicht gar für Alle. Es wird nolens oder volens ein *Sinn* ‚zugeschrieben', der in theologischer Tradition solo Christo vorbehalten ist. Jedenfalls wird eines beinahe undenkbar: dass bei aller Vorbildlichkeit im Tragen seines Leidens der Papst nicht *für* die Anderen litt, sondern ‚an und für sich'. Theologisch gesprochen aber ist sein Tod seiner eigenen ‚Sünde Sold'. In dem Maße aber wie er als (angehender) Heiliger inszeniert wurde, konnte undenk- und unsagbar werden, dass er um seiner *eigenen* Sünde willen starb und nicht als Stellvertreter *für* die Welt. Dieses exemplum bekommt in seiner Heiligsprechung durch die Medien eine gefährliche Eigendynamik. Das sterbende Vorbild und der vorbildlich Leidende wurden je länger desto klarer zum sacramentum verklärt, und sei es nur kraft des frommen Begehrens der Betrachter seiner Leiden. In jeder Fürbitte, mit jedem ‚Bitten und

[70] STh III q 49, a 3.
[71] STh III q 62, a 5 (q 63 a 8).

Flehen', das der Papst ,mit lautem Schreien und mit Tränen‹ vor Gott brachte, wurde er ununterscheidbarer von dem, den sein Vorgänger dreimal verraten hatte. Was unterscheidet diesen ,heroic death' noch von dem am Kreuz?

Beiläufig geschieht dabei noch etwas anderes. Denn die Vermittler dieser Passion, die neuen Schriften gewissermaßen, sind die audiovisuellen Medien. Keine Exposition des stellvertretenden Leidens ohne sie. Daher vollzieht sich hier auch eine latente Nobilitierung der Medien, nachdem deren ,Reality-TV' in die Krise geraten ist. Statt aus Containern wird aus der heiligen Stadt berichtet. Eine Selbstdarstellung der Medien und ihres Mediums: dem Körper des Papstes und derer, die dessen Sinn vermitteln. In theologischer Perspektive lässt sich kaum vermeiden, hier eine Sakramentalisierung der Medien dieses exponierten Heilsgeschehens zu entdecken. Mit dem kleinen Unterschied allerdings, dass sich in diesem Fall die Medien *selbst* einsetzen, ohne Stifter und ohne Stiftungsakt. Nur, wer ermächtigt die Medien derart? Ist es letztlich das Begehren der Betrachter – oder doch der schöne Schein, der sich als Abglanz des Wahren inszeniert?

2.5 Luthers Liebesmystik

Luthers Freiheitsschrift ,De libertate christiana' gilt zu Recht als die maßgebende Darstellung seiner Rechtfertigungslehre. Dass der Christenmensch freier Herr aller Dinge sei und niemandem untertan, konstituiert seine christliche Freiheit im Gottesverhältnis. Dass der Christenmensch daher dienstbarer Knecht aller Dinge sei und jedermann untertan, formuliert die Konsequenz des Lebens in Liebe aus Glaube.

Den Auftakt zur Deutung des ,fröhlichen Wechsels (und Streits!)' bildet eine befremdlich mystische Metapher: a) „Quod animam *copulat* cum Christo, sicut sponsam cum sponso" (Verlobte mit Verlobtem)[72], also nicht zuerst die Hochzeit[73] und Gütergemeinschaft von Christus und Seele, sondern zuerst und vor allem die *Kopulation*.[74] Diese drastische

[72] WA 7 S. 54,31, kursiv P.S.

[73] Vgl. Gerhard Ebeling: *Luther Studien St 2,3. Disputatio de homine. Die theologische Definition des Menschen. Kommentar zu These 20–40*, Tübingen 1989, (LuSt 2,3) S. 169f.

[74] Bekanntlich steht hier das Hohe Lied mit seiner Auslegungsgeschichte der

und prägnante Metapher ist die Figur, mit der b) die *unio* von Seele und Christus als *„una caro“*[75] gedeutet wird. Darin zeige sich c) das „*verum*que inter eos matrimonium“[76], die Ehe, die viel vollkommener sei als alle zwischenmenschlichen, weil sie nicht zwei soteriologisch ‚alte‘ Menschen vereint, sondern den alten mit Christus, so dass der alte *neu wird* (*mere passive*). Nach der metaphorischen Grundlegung wird von Luther *rhetorisch* (aus dem endoxon) geschlossen auf d) die Gütergemeinschaft von Christus und Seele, „omnia eorum communia fierei tam bona quam mala“[77]. Aus der *unio* geht die *communio* hervor, so dass kraft einer *communicatio idiomatum* alle Eigenschaften der Seele auf Christus übergehen und umgekehrt.

Was als fröhlicher Wechsel den Gewinn dieser *unio* und *communicatio* artikuliert, den Gewinn christlicher Freiheit und versöhnter Personalität *coram Deo*, hat eine oft verkannte Kehrseite: *Krieg und Duell.* Das „dulcissimum spectaculum“[78] ist ein „froelich wechßel *und streytt*“[79]. Im Lateinischen wird das deutlicher, wenn Luther – metaphorisch gegenläufig (wirklich?) zu Kopulation, Vereinigung und Ehe – vom „salutare bellum“[80] und „stupendum duellum“[81] spricht. Das Vereinigungsgeschehen der Glaubensgenese ist *polemisch*, nicht nur friedlich lustvoll, sondern kämpferisch. Nur auf die Metaphern von Braut und mystischer Hochzeit abzuheben, ist daher eine Verharmlosung. Warum aber *bellum* und *duellum*? Weil die Genese des Neuen die Vernichtung (oder zumindest Überwindung und Verwandlung) des *Alten* bedeutet, und mehr noch: Das Alte (der Sünder) wird sich verständlicherweise zur Wehr setzen gegen den Verlust des Alten (Eigenen). Ist der Mensch ‚von sich aus‘ doch Gottes Feind, der Gott nicht Gott sein lassen will.

Brautmystik im Hintergrund, vgl. Bernhard von Clairvaux: *Sämtliche Werke*, hg. von Gerhard B. Winkler, Innsbruck 1994, SC 7,II, S. 110–113; vgl. Reinhold Rieger: *Von der Freiheit eines Christenmenschen*, Tübingen 2007, S. 182ff.

[75] WA 7, S. 54,33.

[76] WA 7, S. 54,33f, kursiv P.S.

[77] WA 7, S. 54,35f.

[78] WA 7, S. 55,7.

[79] WA 7, S. 25,34, kursiv P.S.

[80] WA 7, S. 55,8.

[81] WA 7, S. 55,16; zum *duellum mirabile Christi* vgl. Ebeling: *LuSt 2,3*, S. 171f (mit Anm. 261 zum historischen Hintergrund).

Deswegen ist Glaubensgenese nicht nur *resurrectio*, sondern auch *mors*: „Quare dum incipimus credere, simul incipimus mori huic mundo et vivere deo in futura vita, ut fides vere sit mors et resurrectio, hoc est spiritualis ille baptismus, quo immergimur et emergimus“[82]. Diese *mors* geht mit allen schmerzlichen Zügen einher, die in der Mystik ausgedeutet wurden: „das hynfurt (wie [Gal. 2, 20.] Paulus Gal. ij. sagt) nit wir, sonder Christus in uns lebe, wirck und rede. Das geschicht nu nit mit sussen, guten tagen, sondern hie musz man der natur weh thun unnd weh thun lassenn. Hie hebt sich der streyt zwischen dem geist und dem fleisch“[83].

2.6 Thomas Manns Erwählter

‚Der Erwählte‘ ist *auch* eine Liebesmystik, allerdings im Ausgang von abgründiger Sündenlust, der aus Versehen eine ironische Heroisierung entspringt: der Sünder wird zum Papst, mit einer selbst Gottes Gnade unendlich übertreffender Vergebungslust.

Mit großem Geläut beginnt die Erzählung und öffnet sich mit einer Inklusion von Anfang und Ende des Ganzen: ein glorioser Rahmen, der dem Leser von Beginn an die Gewissheit gibt, am Ende werde alles gut. ‚Alles kommt letztlich in Ordnung‘, so die geweckte Erwartung; aber innerhalb dessen wuselt die Unordnung, das Außerordentliche ebenso wie das Widerordentliche. Der Rahmen gewährt dem Leser ein Vorherwissen um das Ende und lässt ihn Bekanntschaft machen mit dem ‚Wer‘, der hier die Glocken läutet und eigentlich das Sagen hat.

Wer spricht, wer erzählt hier? Kaum gefragt, beginnt die Erzählung sich zu häuten und entblättert ihre Schichten. Die Erzählwelt im Innersten zusammen hält der Geist der Erzählung, wer oder was immer das sei. Dieser gute Geist zeigt sich im Geläut und spricht durch den Mund eines Erzählers, des irischen Mönches Clemens. Der erscheint auf Erden der Erzählung in zweierlei Natur: Erzähler und Inkarnation des Geistes der Erzählung, eine ‚natürliche Person‘ in der Erzählwelt und Stellvertreter des übernatürlichen Geistes. Diese Rahmenkonstruktion ist eine Autorisierungsfiktion für Clemens wie für den Text. Wie aus ‚heiligen Texten‘ bekannt, sei es die Tora, die Propheten oder die paulinischen Briefe, geht es

[82] WA 6, S. 534,15ff.
[83] WA 6, S. 244,16–20.

um eine Ermächtigung, letztlich die Selbstermächtigung des Textes kraft Gottes, des Geistes oder einer Berufung zum Stellvertreter. Wenn Paulus spricht, spricht er im Namen Gottes, auf dass in seinen Briefen Gott selbst sprechen möge. Was Paulus recht ist, ist Clemens billig: Wenn er spricht, spricht der Geist.

Die Erzählwelt formiert sich so als Schöpfung des großen Geistes, der kraft eines Schöpfungsmittlers, des Erzählers, die Welt ins Werk setzt. Wer der Dritte im Bunde wäre neben dem Geist und seiner Inkarnation, bleibt im Dunkeln. Die Position von Gottvater ist in einer Weise latent, dass man einen Gott hinter dem Geist oder einen Autor hinter dem Erzähler vermuten mag. Aber der bleibt weitgehend ‚absconditus'. Der Allmachtsgott tritt nur gelegentlich an den Rändern und zwischen den Zeilen hervor, ansonsten hält er sich diskret im Hintergrund und verlässt sich auf seine Gnadenmittler: den Geist und seine Inkarnation. Narration ist Geistwirken, Narratologie daher Pneumatologie, lautet die These zum *Rahmen*. Der Erzähler ist Inkarnation, eine Person von zweierlei Natur, die Geist ist und Geist gibt, den Lesern Anteil gibt am Geist der Erzählung, lautet die These zum *Erzähler*. ‚Clemens' fungiert christusgleich als Medium zwischen Erzählung und Lesern. Dazwischen entfaltet sich die Erzählwelt als Schöpfung des Schöpfungsmittlers.

Ist im Anfang und am Ende alles in Ordnung, in plerophorer Harmonie des Glockenklangs, entsteht dazwischen Raum für Störung, Unordnung und manches Außerordentliche. Der Sinn der Welt entfaltet sich in ihrer Vielheit in Differenz zum anfänglich Einen. Das Leben dieser Welt bringt Bewegung in sie – kraft der ‚geistlosen' Störung der Ordnung und der Harmonie des Geistes. Natur tritt gegen Geist: Wider die harmonische Ordnung öffnet sich der Raum für Bewegung in der Eigendynamik der Erzählwelt. Ohne Störung kein Leben, ohne Eigendynamik der Natur keine Bewegung, oder narratologisch gesagt: ohne unordentliche und außerordentliche Eigendynamik des Mediums keine Erzählwelt. Der Geist bliebe weltlos ohne das gelegentlich widrige Eigenleben seiner Schöpfung. ‚Ohne Fall kein Leben' oder ‚ohne Sündenfall keine Geschichte', keine Vergangenheit, Gegenwart und Zukunft, könnte man das theologisch kurzfassen. Diese Umwertung des Unwerts, der Sünde, scheint hier im Hintergrund mitzuschwingen.[84]

[84] Das erinnert an die Gnosis, der der Sündenfall als Ausgang aus der fremdverschuldeten Unmündigkeit, der Blendung durch den Demiurgen, gelten konnte. Oder an die Mystik der Sabbathianer: der Fall als Menschwerdung des

Raum gibt die Erzählung der Geschichte von zwei Königskindern, die so exzeptionell wunderschön sind, dass sie *nur einander* lieben können und einander nur *lieben* können – und das daher passenderweise auch nicht lassen können. Was folgt, ist der erste Inzest, der aber eigentlich fast nur natürlich scheint. Allein, dass der treue Hund dabei dran glauben muss und blutig gemetzelt wird, damit er den Inzest nicht stört, ist die eigentliche Sünde wider die Natur.[85] Den inzestuösen Königskindern ward daraufhin ein Kind geboren – an und für sich sündlos, wie jedes Kind, aber doch mit exzeptioneller ‚Erbsünde' belastet. Ist er doch Frucht größtmöglicher Sünde, Frucht eines ‚verdorbenen Baumes', so die Unterstellung. Nur ist die Frucht selber darum verdorben? Doch hier spannt und sperrt sich die Erzählung: Dem Sündenpathos mit seinem Komparativ einer Sünde, die größer nicht gedacht werden könne, widerstreitet eine überraschende Natürlichkeit und Naturalisierung des Inzestes. Ähnlich sperrig ist die Sündenfrucht eigentlich selber sündlos – Inkarnation eines Paradoxes –, bis das Verdrängte wiederkehrt und wiederholt ausagiert wird mit seiner Mutter.

Für den Fortgang der Geschichte muss der arme Grigorß alle Sünde seiner Eltern auf sich nehmen und als Verkörperung der Erzsünde durch die Erzählwelt wandern. Ärger als Christus, der sündlos empfangen sündlos die Sünd' der Welt zu tragen hat, ist der arme Grigorß unverschuldet in Sünde empfangen, an sich sündlos, und muss ganz ohne göttliche Vollmacht die Sünd' seiner Welt tragen. Ist doch auch seine Sünde im Folgenden nicht wirklich gewusst und gewollt, sondern unwiderstehlich: ihm vom Geist der Erzählung zugeschrieben und zugemutet. Vom Geist der Erzählung gezeugt, kraft eines Zeugungsmittlers, des bis dato ebenso sündlosen Bruders Wiligis, und von der Jungfrau Sibylla empfangen, wird Grigorß zum Schauplatz eines Gnadenwettstreits: ob denn die Allmacht Gottes so mächtig ist, selbst diesen Maximalsünder zu versöhnen, was allemal mehr und wunderbarer wäre, als seinen sündlosen Vorgänger Christus aufzuerwecken.[86]

Menschen und Anfang der Geschichte der Freiheit.

[85] Nach Meinung des Erzählers, vgl. Thomas Mann: *Der Erwählte*. Gesammelte Werke in dreizehn Bänden 7, Frankfurt a. M. 1974, S. 36 (wie Mann auch in den Selbstkommentaren wiederholt notiert). Verweise auf das Werk erfolgen im fortlaufenden Text als Seitenzahlen in Klammern.

[86] Theologisch gesehen ist das ganz traditionelle Topik aller Erwählten, von Moses über die Propheten bis zu Paulus. Keiner wurde aufgrund besonderer

Auch wenn Grigorß' Weg in die Welt an Mose erinnert (nicht im Weidenkorb, sondern im Fässlein) und sein kommender Mutterinzest an Ödipus, inszeniert der Geist mit ihm eine Hyperbolé Christi: Von sich aus ohne Fehl und Tadel, ohne Sünde, ist er dazu in die Erzählwelt gesandt, die Sünd' seiner Welt zu tragen, selber zu übernehmen und zu wiederholen im zweiten Inzest. Was es heißt, die Sünde zu tragen, zu ertragen, zu tun, um sie abzutragen, wagt die Erzählung in Grigorß vorzustellen. „Denn er hat den, der von keiner Sünde wusste, für uns zur Sünde gemacht, damit wir in ihm die Gerechtigkeit würden, die vor Gott gilt" (2 Kor 5,21). Darf man vermuten, dieser Hauptsatz paulinischer Christologie stehe Modell für Grigorß' Erniedrigung und Erhöhung? Ähnlich dem Philipperhymnus (Phil 2)? So dass er zum Gnadenmittler wird und sogar letztlich als fast allmächtiger Papst zum Allversöhner oder Allvergeber? Wäre dem so, wäre die Ironie eine ‚ganz besond're', eine hyperbolische Ironie, hoffnungsvolle Übertreibung: zu schön, um unwahr zu sein; aber doch auch zu schön, um einfach wahr zu sein. Die Inzestfrucht und der Maximalsünder würde zum Christus redivivus, oder mehr noch: zum Erweis einer Gnade, die noch mehr vermag, als sich in Christus offenbart hat. Als hätte Gott mit Christus erst geübt, was ihm in Grigorß gelingt – als soteriologische Nagelprobe?

Solch ‚fromme Frechheit' wäre leicht zu kritisieren. Aber damit wäre das Ansinnen wie die Zumutung verspielt, ob denn der maßlose Komparativ, die bis in die Komik und Absurdität übertriebene Gnadenlust, nicht eine theologische Pointe fingiert, die man zu denken wagen sollte: eine Gnade, über die hinaus größeres nicht gedacht werden kann? Oder noch mehr: die größer ist, als dass sie gedacht werden kann? Deswegen – so die narratheologische Hypothese – kann sie nicht (widerspruchsfrei) gedacht, sondern nur *erzählt* werden. Wobei ‚nur' nicht gering zu schätzen wäre. Ist doch die Freiheit und ‚Gnade' der Literatur ihre Lizenz zum Unmöglichen: zu erzählen und zu imaginieren wagen, was nicht real, nicht einmal real möglich, sondern ‚inkompossibel' ist (und bleibt?). Davon

Tugenden erwählt, sondern die Demutsrhetorik der Berufungen besagt stets, dass sie wider Willen, wider Erwarten, trotz ihrer Unfähigkeit erwählt wurden. Denn Gott liebt üblicherweise gerade die verlorenen Schafe (Mt 15,24), die Hässlichen und Kranken (Lk 5,31f.), die Sünder (Lk 19,10 par), und erwählt, was verachtet und verworfen ist von der Welt (1 Kor 1,27f.). Vgl. Eberhard Jüngel: *Gott als Geheimnis der Welt. Zur Begründung der Theologie des Gekreuzigten im Streit zwischen Theismus und Atheismus*, Tübingen [8]2010, S. 452.

zehrt jede Hoffnungserzählung, die den Horizont der gegenwärtigen Welt zu überschreiten wagt. Eschatologie ohne solche Horizontüberschreitungen wäre unsagbar. Literatur hat diese Paradoxie, gegenwärtig Unmögliches als zumindest erzählbar und damit denkbar darzustellen, nicht nur begriffen, sondern kultiviert. Die Phantastik[87] eines Borges zum Beispiel überschreitet den Horizont des konsistent Denkbaren und kann in diesen imaginativen Expeditionen ins Undenkbare Unmöglichkeiten entdecken, die mehrwertig sind: Grund des Möglichen, vielleicht nicht ganz unmöglich. Ähnlich wie die eschatologischen Narrationen der Propheten Horizontüberschreitungen imaginieren, die gelegentlich absurd scheinen, angesichts dessen, was der Fall ist – aber nicht absurd bleiben, wenn man mit und von ihnen leben kann, anders leben. *Der Erwählte* scheint mir nicht weniger zu wagen.

Um den Gnadenkomparativ hoch zu treiben, muss die Erzählung zuvorkommend die Sünde eskalieren, wie im zweiten Inzest von Mutter und Sohn. Ob der un- oder halbwissentlich geschah, kann narrativ im Vagen bleiben. Aber Unwissenheit schützt vor Schuld und Strafe nicht. Daher folgt auf die Sündenerkenntnis des Inzests beiderseitiges Entsetzen, Furcht und Zittern – und der Bruch, die Umkehr, nach gut biblischem Muster, wie es im Bußsakrament geregelt wurde. Bei Sybilla bleibt die Buße unspektakulär durch erneuten und endgültigen Rückzug in die demütige Nächstenliebe der Hospizarbeit. Bei Grigorß hingegen wird es spektakulär mit dem Willen zur Maximalbuße (auch einem Willen zur Macht). Mit Sündenstolz wird er überaus bußwütig und will auf fromme Weise seinem Leben ein Ende machen auf einer einsamen Insel. Mit seinem ‚descensus ad inferos' sucht er die heroische Einsamkeit der leblosen Insel, einer Totenwelt, die ihm zugleich gute Aussichten bietet, zum angehenden Säulenheiligen (oder besser: Inselheiligen) zu werden. Der Erniedrigung wohnt schon der Keim zur Erhöhung inne. Die Ambivalenz der gesuchten Selbsterniedrigung zeigt sich auf beiden Seiten: im Anfang mit seinem Willen zu Größe der Buße wie im Ausgang der triumphalen Erhöhung.

Die Inselepisode bleibt eine ebenso wundersame wie wunderliche Provinz in dieser Erzählwelt: ein kleiner Hades mit entsprechender Überfahrt. Ein Ort, um alle Hoffnung fahren zu lassen – wäre da nicht die

[87] Vgl. dazu Renate Lachmann: *Erzählte Phantastik. Zur Phantasiegeschichte und Semantik phantastischer Texte*, Frankfurt a. M. 2002.

seltsame Spur einer Naturgnade. Der Geist der Erzählung gewährt dem Büßer Nahrung kraft der mythischen Erdmilch, die ihn am Leben erhält. Der absolutistischen, indifferent lebensfeindlichen Natur wird eine Spur von Gnade eingeschrieben. Ein seltsam rationalistisches Motiv, um Grigorß am Leben zu erhalten, mit mythischen Mitteln und metaphysisch-metamorphotischer Wirkung. Denn das Ergebnis ist eine wundersame Wandlung des Menschen in ein Tier, ein zotteliges Naturding, zwischen Moos und Igel (195). Als müssten Leib und Seele vergehen, aber doch ein Rest an Kreaturkontinuität bestehen bleiben. Kein Ganztod also, aber doch eine Maximalregression in ein gerade noch lebendes Etwas.

Aus dieser äußersten Niedrigkeit (nicht aber aus dem Tod!) wird er daher nicht erweckt, sondern ‚nur' erhöht. Die zweite wundersame Wandlung steht an, als er von den beiden prominenten Papstscouts entdeckt wird. Was der Geist der Erzählung vorhersagt, geschieht. Und das nicht ohne Spannung und Ambivalenz. Einerseits könnte man meinen, die Erhöhung des Büßers sei Lohn für seine Maximalbuße. Das wäre so traditionell wie erwartbar in der Tradition der Bußtopik. Andererseits ist die römische Doppelvision vom Opferlamm, das den neuen Papst verheißt, so schräg und quer zu allem Lohndenken, dass hier kaum das Schema vom Lohn der Buße das Gnadenkalkül bestimmen kann.

Was dann? Auf der Ebene des Erzählten bleibt das dunkel. Nachdem Grigorß zum moosigen Igel regrediert ist, springt der Geist der Erzählung nach Rom, wo ein akuter Papstmangel im Überfluss des Schismas herrscht. Wie ein Pneuma ex machina tritt die doppelte Vision ein, um den Fortgang der Geschichte ‚von oben' zu dirigieren. Seltsam eigentlich. Hätte hier doch auch eine narrative Selbstmeditation vermitteln können, in der Clemens etwa auf Gottes Gnade reflektiert, seine Wandelbarkeit und vielleicht die Reue oder Anfechtung Gottes bedenkt, mit der er sich erweichen lässt, die Allmacht der Gnade eintreten zu lassen, wo die Ohnmacht der Buße die Geschichte zu Ende zu kommen lassen droht. Aber – stattdessen der Bruch, die harte Fügung zwischen äußerster Niedrigkeit und anhebender Erhöhung. Das Warum der Gnadenwendung bleibt dunkel, als gälte gut augustinisch das nackte ‚quia voluit' oder mit Grigorß' Gebet: „Deine heilige Alchimie" (234).

Narratheologisch wäre denkbar, dass hier eine Logik des Außerordentlichen am Werk ist: Die Wendung folgt *nicht* einer etablierten Ordnung: der Buße, des Lohnkalküls, den Heiligenviten, dem leidenden Gerechten oder der Theotopik Christi, auch wenn das alles im Hintergrund mitklingen mag. War doch schon im *Doktor Faustus* im Zwiegespräch Adrians mit dem Teufel die „völlig veraltete“ Theologie der Reue und Umkehr kritisiert worden.[88] Die Gnadenwahl, den Erniedrigten zu erhöhen, ist ein nicht ‚intelligibler Akt‘, sondern ein außerordentliches ‚Ereignis‘. Hatte Blumenberg den Willkürgott des Nominalismus als ‚theologischen Absolutismus‘ kritisiert, wäre hier von einem Gnadenabsolutismus zu sprechen: größer, als dass er gedacht werden könnte, und anscheinend in diesem entscheidenden Punkte auch wunderbarer, als dass er erzählt werden könnte. Wenn sich der Erzähler oder vielleicht sogar ‚Mann selber‘ im Blick auf das Überleben Grigorß' auf der Insel Sorgen machte um die narrative Plausibilität, ist er an diesem Punkt auffällig sorgenfrei gewesen. Als würde die Größe der Gnade durch die Härte der Fügung nur umso eindrücklicher.

Danach läuft die Geschichte wie am Schnürchen, wie eine Karwoche mit Palmsonntagsjubel – nur ohne Gang ans Kreuz. Stattdessen geht's in den Vatikan unter großem Geläut. Der Rahmen schließt sich. Die Narratheologia gloriae eskaliert, weil der Stellvertreter an der Vergebungsvollmacht derart Gefallen findet, dass der Erwählte den Erwählenden übertrifft: „seine verwegene Art, die Gottheit zur Gnade anzuhalten“ (239) erscheint nicht nur gnädig, sondern allzugnädig, wenn nicht allzumenschlich. Nicht nur „Gnade vor Recht“ (242), sondern in dubio Gnade *statt* Recht scheint die Maxime, nach der er alles Mögliche und Unmögliche ‚löst‘. Die narrative Liquidität dieser Allvergebung wirkt wie eine Liquidierung der strengen Währungshüterschaft der Kurie, die den Thesaurus gratiae bis dato so restriktiv wie möglich verwaltet hatte. Die Vergebungslust wird vom Stellvertreter derart exzessiv ausgelebt, wie es sich selbst ein Gott wohl kaum träumen ließe.

Kommt in dieser Erzählung *als Erzählung* die Gnade zur Sprache, mit der die Erzählung spielt? Will man nicht eine ‚Gnade dahinter‘ erfinden, für die die Narration dann dienstbares Darstellungsmittel sein darf, geht es nicht nur um die *erzählte Gnade*, sondern die *Erzählgnade* (wie den erzählten Geist und Erzählgeist): – nicht die, von der gesprochen wird, sondern *in und mit* der erzählt wird: Narration als Spiel mit der Gnade, in dem sie mitspielt.

Von all den *erzählten* Gnaden ist die *Erzählgnade* zu unterscheiden:

[88] Vgl. Friedrich Ohly: *Thomas Mann „Doktor Faustus“ und „Der Erwählte“*, in: ders.: *Der Verfluchte und der Erwählte. Vom Leben mit der Schuld*, Opladen 1976, S. 123–135, hier S. 123.

nicht die gesagte, dargestellte, sondern die Form und Dynamik der Darstellung als Gnadenmedium. Erzählwelt und Erzählzeit sind bekannt, Erzählgnade ist die narratheologische Pointe des *Erwählten*. In der Erzählung als Erzählung, kraft der Erzählung also, kommt eine Gnade zur Sprache und zur Welt bis hin zu jedem Leser. Diese Gnade ist nicht nur thematisch, sondern ‚effektiv' oder ‚fungierend'. Sie gehört zur Performanz und medialen Eigendynamik der Narration, ohne die sie nicht wäre und wirkte, was sie alles vermag.

Theologisch könnte man weitergehend den Gnaden*begriff* ‚dahinter' und (nicht zu verwechseln) die ‚Gnade *selbst*' als Gottes Eigenschaft unterscheiden; oder auch Gnade als ‚Ereignis' und die Erfahrung des Menschen als ‚wirkliche' Gnade im Unterschied zur erzählten oder Erzählgnade. Aber diese theologischen Differenzen scheinen mir für die Narratheologie des *Erwählten* zwar möglich, jedoch sekundär zu sein.

Die Art und Weise des Erzählens – so die Vermutung – verkörpert, inszeniert und vergegenwärtigt die Gönnerlaune und Gnadenlust, den Humor und die sprachliche, imaginative, investigative, experimentelle ‚Liquidität', mit der gelöst, erlöst und verflüssigt wird, was doktrinal oder allzu fromm verhärtet ist.

Literatur wie die Narration des Erwählten hingegen ist so frei mit ihrer Lizenz zum Unmöglichen, die dogmatischen Unmöglichkeiten nicht nur möglich, sondern wirklich werden zu lassen. Dass das dann dogmatisch nicht ganz stubenrein ist, versteht sich. So sei auf die ‚Mutabilität' Gottes, seine Beweglichkeit oder Responsivität hingewiesen. Das narrative Gedankenexperiment, Gottes Gnade derart beweglich zu denken, ist auch dogmatisch nicht unsinnig.

Tritt die narrative ‚Gnadenlehre' im Medium der Distanzkunst der Ironie auf, scheint eine wechselseitige Potenzierung die Folge zu sein: eine Art Eskalation, mit der das ‚Lösungsmittel' der Ironie das ‚Erlösungsmedium' der Gnade steigert, hochtreibt, so dass es größer nicht gedacht werden kann und größer wird, als dass es noch gedacht werden könnte – während andererseits an diesen Eskalationen der Gnade die Ironie ihren Spaß hat und sich hochtreiben lässt. Die beiden befördern einander aufs Lustigste. Es sei nicht ‚*nur* der Geist *der* Erzählung', sondern der Geist *als* Erzählung – wie die Erzählung *als* Geist? Wer inkarniert hier wen und worin?

Dem Erzählgott und seinem Erzählgeist ist anscheinend wirklich gar nichts unmöglich: Ist es doch die Erzählung *als Erzählung*, die eine

Vergebung des Unvergebbaren *in der Erzählung als Erzählung* wirklich werden lässt. Diese ‚unmögliche Vergebung' *wird* möglich und wirklich, weil der allmächtigen Erzählung ‚nichts unmöglich' ist. Der Erzählgeist ist allmächtig und allwissend, allvergebend und allversöhnend. Er tötet und macht lebendig, vollbringt Wunder, lässt die Glocken läuten, ist der Schöpfer der Geschichte, ihr Beender und Vollender. Er macht Worte über Worte, eine Erzählung über die Erzählung: über das Erzählen. Er versucht sich an einer Narratodizee: nicht nur, wie Erzählen nach der Shoa noch möglich sei, sondern was die Erzählung als Erzählung vermag: Vergebung des Unvergebbaren.

Die Erzählung also als Erbin Gottes? Die moderate Deutung wäre, es gehe nicht um einen friendly oder unfriendly takeover von Gottes Eigenschaften, sondern die Erzählung inszeniere sich als *Medium Gottes*, nicht als sein Konkurrent oder Nachfolger. Dann wäre die Erzählung ‚nur' Gnadenmedium. Aber wann wäre je ein Medium *nur* ein Medium? Wettet die Erzählung auf ihre Medialität, auf ihre Lösungsenergie für die genannten Konflikte? Wird das ‚Wort allein' zum Erlösungsmedium für die erzählte Welt, die erst als Erzählwelt ihre höhere Ordnung findet?

Wie Geist mit Buchstabe - und Buchstabe mit Geist (mit Lesergeist) zusammenspielen, ist die ‚sakramentale' Kommunion der Erzählung: der Erzählung als verbum efficax. In ihr wird präsent, ironisch realpräsent, wer sie erzählt. Seinesgleichen geschieht *in* Erzählung *als* Erzählung. Sie *gibt* den ‚Geist der Erzählung' – *er gibt sich in ihr* als Mittler von Sünde und Gnade, von Geist und Natur – wie von Erzähl- und Leserwelt.

2.7 Hans Blumenbergs rabbinisches Gleichnis

Hans Blumenberg, der teils katholische, teils jüdische Phänomenologe der Figuren und Geschichten, in und von denen wir leben, ließ seine narrativ-imaginative Kulturphilosophie unter dem Titel ‚Höhlenausgänge' enden mit einer kleinen rabbinischen Fabel, einem Gleichnis auf die Grenzen der Mystik – von einer glühenden, feurigen Mystik über eine göttlich auferlegte Kontemplation als Wende in die vita activa:

> Einst saßen R. Jehuda, R. Jose und R. Simon beisammen, und der Proselytenabkömmling Jehuda war unter ihnen. Da begann R. Jehuda und sprach: Wie schön sind doch die Werke dieser Nation [sc. der Römer]!

Sie haben Straßen angelegt, Brücken gebaut und Bäder errichtet. R. Jose schwieg. Darauf nahm R. Simon b. Johaj das Wort und sprach: Alles, was sie errichtet haben, geschah nur in ihrem eigenen Interesse. Sie haben Straßen angelegt, um da Huren zu setzen, Bäder errichtet zu ihrem Behagen, Brücken gebaut, um Zoll zu erheben. Der Proselytenabkömmling Jehuda erzählte ihr Gespräch weiter, und es wurde der Regierung bekannt. Diese beschloss dann: Jehuda, der gelobt hat, soll erhoben werden, Jose, der geschwiegen hat, soll nach Sepphoris verbannt werden, und Simon, der geschmäht hat, soll hingerichtet werden. Da ging er hin und verbarg sich mit seinem Sohne im Lehrhause; dahin brachte ihnen seine Frau täglich Brot und einen Krug Wasser, und sie speisten. Als aber [die Verfolgung] verschärft wurde, sprach er zu seinem Sohne: Frauen sind leichtsinnig; wenn man sie quält, könnte sie uns verraten. Hierauf gingen sie und versteckten sich in eine Höhle. Da geschah ihnen ein Wunder und es wurde für sie ein Johannisbrotbaum und eine Quelle erschaffen. Sie zogen die Kleider aus, setzten sich bis zum Halse in den Sand, und studierten den ganzen Tag; zur Zeit des Gebetes kleideten sie sich an, bedeckten sich und verrichteten das Gebet, nachher aber zogen sie die Kleider wieder aus, damit sie nicht verschleißen. Nachdem sie zwölf Jahre in dieser Höhle gesessen hatten, kam Elijahu, stellte sich an den Eingang der Höhle und sprach: Wer verkündet dem Sohne Johajs, daß der Kaiser gestorben und sein Befehl aufgehoben ist? Darauf kamen sie heraus und sahen Leute pflügen und säen. Da sprach er: *Sie lassen das ewige Leben und befassen sich mit dem zeitlichen Leben.* Jeder Ort, auf den sie ihre Augen richteten, ging sofort in Flammen auf. Da ertönte eine Hallstimme und sprach zu ihnen: Seid ihr herausgekommen, um meine Welt zu zerstören? Kehret in eure Höhle zurück. Darauf kehrten sie zurück und saßen da ein Jahr von zwölf Monaten. Sodann sprachen sie: Das Strafgericht der Frevler in der Hölle dauert ja nur zwölf Monate. Da ertönte eine Hallstimme und sprach: Verlasset eure Höhle! Da kamen sie heraus. Überall, wo R. Elehzar schlug, heilte R. Simon. Er sprach zu ihm: Mein Sohn, *die Welt hat an mir und dir genug.*[89]

Als Ende einer Kulturphilosophie ist diese Fabel symptomatisch oder emblematisch: Wenn Kultur sich in Höhlen entwickelt und die Höhle zur

[89] Hans Blumenberg: *Höhlenausgänge*, Frankfurt a. M. 1989, [H] S. 819f, Blumenberg nennt als Quelle: Aus dem Babylonischen Talmud: Seder Moed, Traktat Sabbath 11 6 (Dt. L. Goldschmidt. Königstein ^{3}1980, I 532 f); kursiv P.S.

Grundmetapher der Kultur wird, ist die Höhlenzeit der feurigen Mystiker Einübung in die Endlichkeit: eine Kultivierung der überhitzen Begehrens, über die Kultur hinaus zu kommen. Denn sonst würde die Welt unter dem Blick des Begehrens verbrennen. Die Form der indirekten Mitteilung auf dem Umweg über den Talmud leiht ihm eine jüdische Stimme, die das letzte Wort hat.

Dieser Mythos, eine Kritik der Kulturkritik, erzählt von Exerzitien, von der Einübung in die Endlichkeit ohne hintergründige Ausflucht in neue Unendlichkeiten, aber auch ohne Flucht vor dem Tod.[90] Und hierin zeigt sich final Blumenbergs Verständnis der Philosophie und ihrer Funktion: „*Philosophie* wäre dann auch die ‚Disziplin', von dem zu reden, was man sich nicht mehr leisten kann", und „von dem zu reden, was man sich zumuten muß an Konzession und Kontraktion" (H 810): die Einschränkung, „daß Bewußtsein von Realität nur in der Toleranz eines Ausschnitts möglicher Erscheinungen, Gegebenheiten, Sachlagen entsteht, daß hingegen Bewußtsein aussetzt, wo die Gewohnheit vollkommen wird oder die Ungewöhnlichkeit jede Chance ihrer Bewältigung ertötet" (H 816).

Im Blick auf die kulturelle Welt, in der wir leben, gilt es daher, sich mit weniger als der Unendlichkeit zufrieden zu geben. Der ‚Weltenbrand' durch den Blick des jüdischen Theologen wäre stets ein antizipiertes kleines Weltende, in dem die Endlichkeit unter unendlichen Ansprüchen vergeht. Und eben diese Übertreibung der Ansprüche veranlasst Gott selbst einzugreifen und die beiden stracks wieder in die Höhle zu schicken, damit sie sich bescheiden lernen. Erst wenn sie an dieser Welt genug haben,

[90] Bei aller phänomenologischen Ernüchterung, oder gerade als deren Antrieb, meint Blumenberg dennoch: „tatsächlich sind neue Trostbedürftigkeiten entstanden. Es ist die Frage, ob mit den drei Namen [Kopernikus, Darwin und Freud] die härteste Bedürftigkeit annähernd erfaßt werden konnte, die den Menschen zum trostbedürftigen Wesen macht: der Tod" (Hans Blumenberg: *Die Sorge geht über den Fluß*, Frankfurt a. M. 1987, S. 153). Denn: „Niemand läßt sich darüber trösten, daß er sterben muß" (ebd.). Als harte Aufgabe bleibt, diese Trostlosigkeit auszuhalten, ähnlich wie die Daseinsgrundfrage offenzuhalten und nicht letztbegründend zu ‚beantworten'. Aber gleichwohl sei es „nicht unbillig und nur leichtfertig in Verruf gebracht, den ‚Trost der Philosophie' zu suchen" (ders.: *Die Genesis der kopernikanischen Welt*, Frankfurt a. M. 1975, S. 792). ‚Kein Grund zur Sorge' ist eben nicht der Tod, sondern eine ars moriendi als ars vivendi. „Jede Philosophie letzter Fragen ist auch eine letzter Mittel" (Blumenberg: *H*, S. 779), „im Grenzfall […] der absoluten Metapher als einem prekären Substitut" (ebd., S. 781).

hat diese an ihnen genug – auch eine Satisfaktion, nicht ohne Opfer als Verzicht auf die Unendlichkeit.

Die Heroisierung der Mystiker – trifft auf Ironisierung, wenn die Stimme Gottes sich darüber beschwert, dass die beiden mit ihrem feurigen Blick die Welt verbrennen, die Schöpfung Gottes. Kurzum werden die beiden zum Nachsitzen zurück in die Höhle geschickt. Ist ihre mystische Transzendenzkompetenz offenbar noch etwas unterentwickelt und Nachhilfe-bedürftig. Sie müssen lernen, ‚an der Welt genug zu haben'.

Gott zeigt einen feinen Sinn für Ironie, genauer: diese Fabel erdichtet ihm seinen Sinn für Ironie, die er ohne solch eine Erdichtung nicht zeigen könnte – womöglich gar nicht entdeckt hätte. Mir scheint, hier zeige sich eine besondere Potenz der Narration und eine besondere Lizenz der Literatur: Sinn und Geschmack fürs Unmögliche zu sein, und das Unmögliche, wirklich werden zu lassen, das Undenkbare denkbar, das Unsagbare sagbar. In der Erzählung als Erzählung kommt Gott zur Sprache in dieser Literatur kommt es zur Gottesbegegnung. Narrative unio – aus Versehen – könnte man das nennen.

Literaturverzeichnis

Blumenberg, Hans: *Die Sorge geht über den Fluß*, Frankfurt a. M. 1987.

–: *Die Genesis der kopernikanischen Welt*, Frankfurt a. M. 1975.

–: *Höhlenausgänge*, Frankfurt a. M. 1989, [H].

Clairvaux, Bernhard von: *Sämtliche Werke*, hg. von Gerhard B. Winkler, Innsbruck 1994.

Ebeling, Gerhard: *Luther Studien St 2,3. Disputatio de homine. Die theologische Definition des Menschen. Kommentar zu These 20–40*, Tübingen 1989, (LuSt 2,3).

Groebner, Valentin: *Ungestalten. Die visuelle Kultur der Gewalt im Mittelalter*, München 2003.

Haas, Alois M.: *Mystik als Aussage. Erfahrungs-, Denk- und Redeformen christlicher Mystik*, Frankfurt a.M. 1996.

Hamm, Berndt: *Typen spätmittelalterlicher Gnadenmedialität*, in: ders./Volker Leppin/Gury Schneider-Ludorff (Hg.): *Media Salutis. Gnaden- und Heilsmedien in der abendländischen Religiosität des Mittelalters und der Frühen Neuzeit*, Tübingen 2011.

–: *„Die nahe Gnade" – innovative Züge der spätmittelalterlichen Theologie und*

Frömmigkeit, in: Jan A. Aertsen/Martin Pickavé (Hg.): *„Herbst des Mittelalters“? Fragen zur Bewertung des 14. und 15. Jahrhunderts*, Berlin/New York 2004.

–: *Die Medialität der nahen Gnade im späten Mittelalter*, in: Carla Dauven-van Knippenberg/Cornelia Kiening/Christian Herberichs (Hg.): *Die Medialität des Heils im späten Mittelalter*, Zürich 2010.

Jüngel, Eberhard: *Gott als Geheimnis der Welt. Zur Begründung der Theologie des Gekreuzigten im Streit zwischen Theismus und Atheismus*, Tübingen 2010.

Lachmann, Renate: *Erzählte Phantastik. Zur Phantasiegeschichte und Semantik phantastischer Texte*, Frankfurt a. M. 2002.

Löhr, Winrich A.: *Basilides und seine Schule: eine Studie zur Theologie- und Kirchengeschichte des zweiten Jahrhunderts*, Tübingen 1996.

MacDermot, Violet: *The Fall of Sophia. A Gnostic Text on the Redemption of Universal Consciousness*, Herndon 2001 (vgl. 1978).

Mann, Thomas: *Der Erwählte. Gesammelte Werke in dreizehn Bänden 7*, Frankfurt a. M. 1974.

Ohly, Friedrich: *Thomas Mann „Doktor Faustus“ und „Der Erwählte“*, in: ders.: *Der Verfluchte und der Erwählte. Vom Leben mit der Schuld*, Opladen 1976,.

Pleuser, Christine: *Der Begriff des Leides bei J. Tauler*, Berlin 1967.

Pseudo-Dionysius Areopagita: *Corpus Dionysiacum*, vol. I-II, hg. v. Beate R. Suchla/Günter Heil/Adolf M. Ritter, Berlin 1990/91.

–: *Die Namen Gottes*, übers. v. B. R. Suchla, Stuttgart 1988.

Rieger, Reinhold: *Von der Freiheit eines Christenmenschen*, Tübingen 2007.

Seuse, Heinrich: *Deutsche mystische Schriften.* Aus dem Mittelhochdeutschen übertragen und herausgegeben von Georg Hofmann. Mit einer Hinführung von Emmanuel Jungclaussen. Einleitung von Alois M. Haas. Nachdruck der 1. Auflage von 1966, Zürich/Düsseldorf 1999, [DMS].

–: *Deutsche Schriften*, hg. v. Karl Bihlmeyer, Stuttgart 1907 [Nachdruck Frankfurt a. M. 1961], [DS], S. 95.

Stoellger, Philipp: *Spiel als Medium pathischer Erkenntnis und Immersion als theologisches Deutungsmuster*, in: Christian Polke/Markus Firchow/Christoph Seibert (Hg.): *Kultur als Spiel*, Leipzig 2019.

–: *Vom Geist als Medium Christi*, in: Petra Bahr (Hg.): Denkskizzen, Stuttgart 2018.

–: *Gott als Medium und der Traum der Gottunmittelbarkeit*, in: Hans-Peter Großhans/Michael Moxter/ders. (Hg.): *Das Letzte – der Erste. Gott denken. Festschrift für Ingolf U. Dalferth zum 70. Geburtstag*, Tübingen 2018.

–: *Passivität aus Passion. Zur Problemgeschichte einer categoria non grata*, Tübingen 2010.

Tauler, Johannes: *Die Predigten. Aus der Engelberger und der Freiburger Handschrift sowie aus Schmidts Abschriften der ehemaligen Straßburger Handschriften*, hg. v. Ferdinand Vetter, Berlin 1910.

–: *Predigten*. Übertr. und hg. v. Georg Hofmann, Freiburg 1961.